U0489475

The Anthropology of Landscape

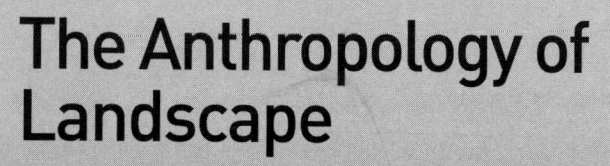

Perspectives on Place and Space

建 筑 人 类 学 ■ 跨 文 化 的 视 野

景 观 人 类 学
地 方 与 空 间 的 视 角

[英]埃里克·赫希（Eric Hirsch） [英]迈克尔·奥汉隆（Michael O'Hanlon）主编 | 徐桐 周丹丹 译

清華大学出版社
北京

北京市版权局著作权合同登记号 图字：01-2022-6063

Copyright © The several contributors 1995
The Anthropology of Landscape: Perspectives on Place and Space was originally published in English in 1995. This translation is published by arrangement with Oxford University Press. Tsinghua University Press is solely responsible for this translation from original work and Oxford University Press shall have no liability for any errors, omissions or inaccuracies or ambiguities in such translation or for any losses caused by reliance thereon.《景观人类学：地方与空间的视角》最初于1995年用英文出版。此版本依据与牛津大学出版社签署的合同出版。清华大学出版社对原书的翻译全权负责，牛津大学出版社对此版本的差错、遗漏、不准确之处或歧义，以及由此带来的任何损失不承担任何责任。

版权所有，侵权必究。举报：010-62782989，beiqinquan@tup.tsinghua.edu.cn。

图书在版编目 (CIP) 数据

景观人类学：地方与空间的视角 / (英) 埃里克·赫希 (Eric Hirsch), (英) 迈克尔·奥汉隆 (Michael O'Hanlon) 主编; 徐桐, 周丹丹译. -- 北京：清华大学出版社, 2025. 3 (2025. 6重印).
(建筑人类学·跨文化的视野). -- ISBN 978-7-302-68339-1
Ⅰ. K901
中国国家版本馆CIP数据核字第2025BM2795号

责任编辑：张　阳
封面设计：吴丹娜
责任校对：薄军霞
责任印制：宋　林

出版发行：清华大学出版社
　　　网　　址：https://www.tup.com.cn, https://www.wqxuetang.com
　　　地　　址：北京清华大学学研大厦A座　　邮　　编：100084
　　　社 总 机：010-83470000　　　　　　　　邮　　购：010-62786544
　　　投稿与读者服务：010-62776969, c-service@tup.tsinghua.edu.cn
　　　质量反馈：010-62772015, zhiliang@tup.tsinghua.edu.cn
印 装 者：三河市东方印刷有限公司
经　　销：全国新华书店
开　　本：154mm×220mm　　印　张：25　　字　数：327千字
版　　次：2025年3月第1版　　　　　　　　印　次：2025年6月第2次印刷
定　　价：159.00元

产品编号：095086-01

中文版序言

这本书的构思源于巴布亚新几内亚的一个山谷。在对富尤格人（Fuyuge）进行人类学田野调查的过程中 [Hirsch，2021]①，我发现景观的概念对于理解他们的社会生活和宇宙观（cosmology）非常重要。虽然他们有表示"地方"和"土地"的本土词汇，却并没有"景观"一词。然而，对于描述富尤格人在其土地上构建的社会关系和宇宙观来说，英语中的"景观"（landscape）一词似乎很有用。在有关祖灵过往的传说之中，神灵存在通过独特的方式创造了这片土地，富尤格人遵从这些神灵存在的方式去建立他们的仪式性村落。我听到的叙事描述了神灵存在的活动和行为，而这些叙事对富尤格人谈论和感知其周遭环境——他们的景观——产生了影响，过去和现在所建立的仪式性村落也是如此。所有这些都表明，"景观"这一概念已经做好了准备，去迎接人类学的详细审视。

我最初在巴布亚新几内亚进行田野调查是在 20 世纪 80 年代中期，距今已有约 40 年。当时，人们对气候和环境危机的关注，以及对所谓"人类世"的关注还没有达到今天的危机临界点程度：这些关注改变了人们对景观的看法。因此，当时我感兴趣的是能否对景观进行比较人类学分析。所有这些都说明，如果今天我们再出版一本关于景观概念的书，那将与现在大家看到的这本约 30 年前出版的书大相径庭。尽管如此，正如我将在下文中所表述的，除了作为持久的民族志的价值之外，这本书中的文章也确实反映了当前人们所关注的问题，如气候和环境危机等。

在我开始汇编本书各章时，景观的概念——作为一个描述性和分析

---

① 本书 [ ] 内为原书注释，（ ）内为译者注释。——译者

性的概念——已经在地理学和艺术史等领域占据中心地位。我想知道人类学是否也是如此。人类学与其他学科的主要区别之一，在于人类学研究建立在田野调查的基础之上，即在较长时间内与特定人群进行密切的日常交流，就像我在巴布亚新几内亚与富尤格人在一起时所做的那样。正是通过这种研究，人类学家才能深入了解人们是如何思考和感知他们的世界的。这就是人类学家所说的民族志，也正是从民族志中获得的洞见让我这样的人类学家理解了特定的景观。

不过，所有人类学家都会遇到一个问题。人类学家用来描述和解释他者的世界的词语和概念并不一定为他者所认同。这里，"景观"就是一个很好的例子。有些文化确实拥有英语中"景观"概念所包含的词汇和概念，比如汉语中的"山水"，且山水画和山水审美的传统在中国要早得多。这就是民族志对于人类学分析的重要性所在。通过详述一种文化中的社会关系和宇宙观的细节，人类学家能够说明这种文化中的人使用的概念——如景观——如何被潜在地适用于当地发生的事情，即使该文化中没有这样的概念。

这正是我在本书中想要实现的目标。导论首先介绍了景观一词在英语中的起源，以及该词的出现是如何与人们体验、感知土地和乡村的方式的转变联系在一起的。导论的一个核心主旨是说明如何从人类学的角度将景观理解为一个过程，一个文化过程。公众视野中的景观（landscapes on the ground）是根据独特的观念、价值观和权力关系形成的。我认为，景观的形成过程涉及在土地上显现特定族群、社会或文化所珍视的潜力或能力。

我在巴布亚新几内亚做田野调查时的经历可以说明这一点。与我生活在一起的富尤格人吸引我注意的一件事是，他们如何评估自己的景观。他们经常会眺望整个山谷，然后向我指出他们感兴趣的周围环境的这样或那样的特征：一个正在被种植的花园，一个正在修建的仪式性村落，一个神灵居住之地，等等。虽然富尤格人没有"景观"一词，但作为人类学家，我需要能够描述他们的行为和感知，而景观的概念似乎是最合适的术语。不过，我需要转换对景观的传统理解。换句话说，景观在英语中通常被理解为一片土地上的可见特征，通常被认为具有审美趣味。在导论中，我认为这种对景观的传统理解暗含着一个过程：景观不仅具有审美趣味，而且是在特定条件下产生的。

富尤格人景观的产生既是他们在这片土地上行动的结果，也是最初建构这片土地的神灵存在的结果。在建造仪式性村落，以及与这些村落相连的大型花园的过程中，富尤格人认识到了他们所珍视的潜力和能力。当他们观察周遭环境（他们的景观）时，他们所欣赏的正是这一过程及其结果，而这一过程正是他们在遵循神灵存在所创设的行为的同时，自己的行动所产生的结果。

带着这些想法，我想看看这种景观概念是否有助于理解其他社会和文化情境。正是基于这一考虑，我将本书中的各章节编撰在一起。当时，所有受邀撰稿人都在英国工作，但又都在世界其他地区从事过人类学研究：澳大利亚、亚马孙流域、以色列、蒙古国、马达加斯加、印度、斐济和巴布亚新几内亚。撰稿人中还有一位研究 19 世纪法国景观和资产阶级文化的艺术史学家。[②] 我与本书的共同主编迈克尔·奥汉隆（Michael O'Hanlon）一致认为，我们编撰本书的目的是彰显每位作者所描述和诠释的独特景观，同时也让读者了解如何将每一章与书中其他章节进行比较阅读。

尽管本书中的所有章节都是在 30 多年前撰写的，但其中每一章都有可能涉及 21 世纪突出的问题和关切。这些内容之所以具有这样的价值，是因为它们都是基于对特定社会和文化情境进行的细致经验性描述和解

[②] 遗憾的是，其中三位撰稿人已不在人世：尼古拉斯·格林 [在本书英文原版编撰时去世]、彼得·高和阿尔弗雷德·盖尔。——译者

释，读者可以从中体会到当今的问题和关切在当时是如何在当地形成的。由于这些章节的描述内容丰富，分析深入浅出，因此也能够对其他学科的理论问题有所启发。

同时，每一章都让人真切地感受到生活在那个世界的人们是如何看待景观的。即便是书中的艺术史章节也是如此。让我依次解释一下每一章是如何做到这一点的，以便读者了解本序言之后各章的内容。我首先介绍关于19世纪法国的一章。

尼古拉斯·格林（Nicholas Green）在其文中表示，19世纪巴黎人对乡村及其景观的欣赏在很大程度上源于拱廊画和透视画中对乡村风景的描绘，这些风景画在城市中大量出现，从而培养了一种特殊的审美习惯。同时，这也与19世纪30年代霍乱流行后人们对巴黎不健康的卫生状况的担忧有关。与城市的环境相比，乡村的风景被认为是健康的。格林提到的画家之一是西奥多·卢梭（Théodore Rousseau）。格林指出，卢梭"（在绘画中）使用了暗化的前景和聚焦效果，[这]既利用了[遍布全城的]大众审美机器的戏剧性，也利用了传统艺术的透视法"。

格林还指出，卢梭成了一位著名的"景观思想家"。最近，一些学者借鉴了格林的开创性研究，强调了卢梭的生态意识。例如，格雷格·托马斯（Greg Thomas）在《法国19世纪的艺术和生态：西奥多·卢梭创作的景观》[2000年]（*Art and ecology in 19th-century France: the landscapes of Théodore Rousseau*）（Thomas，2000）一书中指出，卢梭创造了一种新的视觉体验，即对景观的生态审美。这也引出了如下问题：卢梭这样的人物，在强调生态对人类塑造、表现和欣赏景观的方式的重要性方面，是否领先于他所在的时代？

亚马孙流域是彼得·高（Peter Gow）研究的田野地，正如他在文中所说，在热带雨林环境中，人们很难看到（通常）温带气候下所理解的景观。（热带雨林环境中）视线被树木和植被阻挡的情况与更为开阔的温带景观截然不同。亚马孙的广袤也给人一种错觉,以为多数区域当地原住民基本未曾涉足。然而,威廉·德内文 [Denevan, 1992] 和其他学者的研究表明,亚马孙几乎到处都是人类干预过的景观。在 1492 年和随后的欧洲征服之前,该地区就有众多人口。这些人口改变了森林,在一些地方开辟了草地,并进行了其他改造。

彼得·高的研究有助于理解这些景观的性质,尤其是在森林因放牧、木材和其他类似用途而遭到大面积和大规模破坏的情况下,所有这些破坏都加剧了气候变化。彼得·高描述了当地居民是如何理解这些景观的。他们在观察地貌时看到的是亲属关系。彼得·高的意思是,原住民认为自己是通过被喂养而得以生产出来的,正是这种食物生产和流通的过程以其独特的方式改变了景观。用彼得·高的术语来说,人们认为村庄周围的森林和植被是"亲缘场所"(loci of kinship)。值得注意的是,彼得·高对亚马孙景观的阐释虽然写于几十年前,但最近却对聚焦气候变化适应性的研究人员的工作产生了影响。这些研究者引用彼得·高的章节并指出,土地和亲属关系是相互关联的,并分析这种相互关联如何创造出景观,从而使当地人的生计能够在气候变化的情况下得以维持 [Adger et al., 2009: 348]。

森林砍伐是莫里斯·布洛赫(Maurice Bloch)撰写章节的一个主题,但在这里,砍伐森林的人是马达加斯加当地的扎菲马尼里人。与彼得·高所描述的西亚马孙人一样,扎菲马尼里人试图在这片土地上留下印记,但原因却有所不同。亚马孙森林因其与亲属制度的关联而受到重视,但对扎菲马尼里人来说,森林则成了一个问题。扎菲马尼里人为了开辟良好的视野,即他们所说的清晰度,而去砍伐森林。清晰度的价值与祖先有关。扎菲马尼里人终其一生都在试图超越他们日常生存的不稳定性,最终以建造纪念父母的巨石的形式,通过在这片土地上留下永恒印记来追寻祖先的足迹。

布洛赫的研究为考古学家提供了内部洞察力，帮助他们理解过去的人们留下的人类制品，当然，这一过程中是没有过去活着的人直接参与的。英国威尔特郡索尔兹伯里平原上的巨石阵就是一个鲜明的例子。这些巨石与周围的景观之间是什么关系呢？布洛赫写道，扎菲马尼里人对木材很感兴趣。这些人之所以对木材感兴趣，是因为木材既是一种有生命的东西，但又比人类更持久。村庄和家屋都是用木头建造的，因为木头坚硬而持久，但它也并不是永恒的。相比之下，石头被认为是永恒的，但它却从未有过生命。考古学家利用这些关于木材、石头及其与人类关系的观点，重新思考巨石阵等建筑与景观以及与创造它的人类之间的关系 [Bender，1998：45]。

谈到美景的概念，在当代印度，美景呈现为一种与扎菲马尼里人所欣赏的截然不同的形式。在这里，一种流行艺术式样以非常特殊的方式描绘印度的景观。一方面，它源于印度风景画所受的外来殖民传统影响，其中以 18 世纪和 19 世纪托马斯·丹尼尔（Thomas Daniell）和威廉·丹尼尔（William Daniell）的风景画最为著名。另一方面，它起源于一种文化民族主义，这种文化民族主义通过"新传统化的印度教"创造了一个理解过去的版本。由此产生的混合形式被称为"日历艺术"或"集市艺术"，甚至是"信仰海报"。克里斯托弗·平尼（Christopher Pinney）将其称为石版画，并展示了观赏者是如何参与到场景之中的。这些作品被陈列在平尼进行研究的工业城镇的各家各户。事实上，它们遍布印度各地，甚至在大城市的棚户区住宅中也占有重要位置。

最近的研究借鉴了平尼的开创性成果，研究发现，这些图像在当代德里贫民窟居民的小屋中既是装饰品，也是功能性物品 [Ghertner，2015]。在这些背景下，"信仰海报"描绘的印度教神灵通常身处青翠的田园风光之中，这让人想起几个世纪前丹尼尔夫妇所画的那种风景。图像的观赏者被他/她的神灵召唤，并被指示要求作出回应。这种图像具有达善

(*darshan*)③的目的，即图像使信徒与神之间产生感情并相互认可。"信仰海报"中描绘的风景与神合二为一，这使得图像中的神像成为宗教源泉，同时也成为某种国家景观；它将当代印度构建为印度教诸神的神圣景观。

由于被视为神圣的景观，以色列的景观也被赋予了神圣的特质。然而，正如汤姆·塞尔温（Tom Selwyn）在他的章节中所记述的，19世纪的犹太复国主义主要性质并不是一场宗教运动。相反，它寻求一种能够更加亲近自然的真实工作方式。犹太复国主义具有社会主义色彩，它将当时巴勒斯坦的生活设想为一个救赎过程，在这个过程中，工作和生活的中心是土地。引发转变的核心是这片土地上业已生活着的居民——贝都因人和阿拉伯农夫（fellah）。在当时，他们被视为"圣经中的真实居民"（authentic residents of the Bible）。早期定居者（犹太人）在这片土地上定居时，也试图将自身塑造为这一形象。那时，人们认为宗教和民族共存是可能的。但随着1948年以色列的独立，这一切都发生了翻天覆地的变化。新的国家景观被视作阿拉伯人的威胁，因此需要捍卫。而在此之前，阿拉伯人和贝都因人被许多以色列人视为逃脱欧洲贫民窟社区的希望源泉。

以非常特殊的方式构建以色列景观的自然之旅，构成了塞尔温这一章的民族志核心。最近的人类学研究以他的原创成果为基础。杰基·费尔德曼 [Feldman，2007；2016] 研究了前往圣地的新教朝圣者。与塞尔温的研究一样，他描述了以色列导游和新教牧师如何通过"圣经之旅"，共同将有争议的以色列景观打造为"圣经之地"。某些与伊斯兰教有关的景点被忽略，阿拉伯人的居住地也未被提及。艾米莉·麦基 [McKee，2016] 对以色列南部内盖夫景观的民族志研究也讲述了一个类似的故事，冲突充斥着这一高度政治化的共同景观。

---

③ 在印度哲学和宗教中，尤其是在印度教中，达善（*darshan*）指对神灵（尤其是以图像形式）、受尊敬的人或圣物的注视。——译者

在汉弗莱（Humphrey）的章节中，有一类不同的政治力量在起作用，他研究了蒙古高原各地出现的两种相关的景观形式。这些景观表达了相互竞争的能动性观念，而这种能动性通过人们以截然不同的、将自我置身于世界中的方式显现出来。汉弗莱将这些景观称为部落政治景观和萨满教景观。这并非不同的社会或民族，也不是具有部落政治或萨满教观念的景观。相反，这些都是曾经隐秘、现在显现的某些禀赋，在这片广袤的土地上随处可见。部落政治及其中央集权的政体往往出现在中部那无树的大草原上。萨满教则往往出现在草原与森林、湖泊、河流和山脉交错的地区。部落政治模式重视变动的仪式中心的"垂直性"——其以父系血统（垂直传承）为核心。萨满模式则崇尚差异、横向性和移动性，这与部落政治模式下重复出现的地名形成鲜明对比。魂灵和宇宙的精神力量都指向萨满，而不是父系。这两种模式处于持续的张力和潜在转换关系之中。

最近的研究将汉弗莱的重要成果推向了新的方向。梅特·海（Mette High）对这一地区小规模的或手工的金矿开采进行了研究（High，2017）。虽然蒙古国的资源开采历史悠久、争议不断，但直到最近，蒙古族人仍因其对土地的精神属性认知而避免参与此类活动。然而，随着苏联的解体及其造成的巨大混乱，许多人开始参与淘金，淘金热以一种非常负面的方式改变着这里的景观。人们认为，由于地下挖掘和在河流中淘金，魂灵受到了干扰，以这种方式扰乱魂灵会导致各种不幸，包括事故和疾病。人们认为这片土地被施了魔咒，采矿会导致好运被夺走。这种景观会受到诅咒。鉴于这些观念，梅特·海在进行田野调查时没有公开他们的采矿活动。她发现这是一个极易引起情绪激动的问题。参与淘金的蒙古族人面临的现实是，他们能够获取财富，但同时又承担着由此带来的对土地的恐惧。

托伦（Toren）在本书中的章节探讨了土地的变化，以及这种变化如何影响当地居民对景观的看法。她在斐济群岛进行了田野调查。斐济人受到了各种外来因素的影响，如基督教式西方制度和资本主义的经济作物种植。然而，托伦所展示的是，这些制度的呈现方式与土地中固有的祖先力量 [法力] 相一致。因此，所有这些形式都凝聚在一个景观中：基督教和资本主义市场关系被纳入斐济日常社会生活的空间活动中。她在书中着重讨论了曾经作为部落首领的祖先宅基 [yavu- 雅武] 的建立。如果将此视为更"传统"，而将经济作物种植和基督教视为更"现代"，那就忽视了斐济人经常进行的（社会生活）变革活动过程。斐济人认为，乡村生活的所有这些特征都是"以亲属关系的方式""以部落首领的方式""以土地的方式"存在的；它们都是祖先传承下的独特方式。

托伦对斐济景观描述所提供的启示，已被后续其他研究所吸纳，尽管这些后续研究是在与之背景非常不同的领域开展的。其中一个领域是冰岛传说故事中的景观。伊恩·怀亚特描述了旧冰岛家族传说中如何包含大量有关冰岛景观的细节（Wyatt, 2004）。传说叙事使用了地形术语，从而产生了丰富的地方感。怀亚特在对一系列文本材料展开研究时，侧重于分析这些文本材料中是如何将传说中的地形描述与实际景观联系起来的。借鉴托伦的研究，他强调了这些景观的动态性，以及这种动态性是如何通过它们（现实中的景观）与传说中描述的地方的联系展现出来的。怀亚特追随托伦的观点，认为这些景观的动态过去继续影响着它们的动态现在；当代的冰岛景观通过关联传说人物而得以人格化：换句话说，正是基于过去与现在的不断交融，（当代的冰岛景观）得以持续人格化。

霍华德·莫菲（Howard Morphy）在本书中描述了另一种景观动态，涉及澳大利亚北部阿纳姆地区的雍古族人（Yolngu）。在雍古族人的文脉中，意外变化经常被吸收进祖灵的不变结构之中。在雍古族人中，祖灵存在一再转变为地方。并且，只有通过活着的雍古族人在祖灵创造的地方之间的轨迹上移动，才能再现祖灵过往那不变且有序的领域。祖灵在这些轨迹上移动，然后才转变成一个个被赋予了名称的地方。在这个民族中，关于人如何出生、生活和死亡的观念里，地方的概念优先于时间的概念。人出生时，祖灵的力量以"灵魂"的形式存在于人体内，人死后，灵魂归于大地。然后，灵魂沿着祖灵的足迹穿越阿纳姆景观。就这样，祖灵过往不断从土地中涌现出来，化身为生灵（不仅仅是人类），然后在死亡时又回归大地。在祖灵变成地方之前，他们通过足迹创造了莫菲所说的"神话地图"（mythological map），活着的雍古族人在叙事、歌曲、仪式和婚姻习俗中召唤的正是这张地图。

罗伯特·莱顿（Robert Layton）在他的章节中描述了澳大利亚西部沙漠中的类似过程，但表达方式不同。这是因为两者的生态环境截然不同：澳大利亚北部的季节性降雨与西部沙漠的不定期水源形成鲜明对比。在西部沙漠，与阿纳姆地不同的是，一个人不是出生进入一个地方，也不会在死后回到一个地方。相反，一个人"拥有"或照看着一个乡里。在阿纳姆地区，人们在婚姻、狩猎和其他活动中都会遵循祖灵的足迹。在西部沙漠，祖灵的足迹为尽可能多的行动提供了便利，例如每天都能获得食物和水。在这种情况下，（西部沙漠地区中的）人们努力累积脉络关系，而在阿纳姆地，则是再现已有的模式。

莱顿曾与乌鲁鲁的阿南古人一起进行土地索赔。与雍古族人一样，人们认为西部沙漠的景观是祖先在"正法时代"形成的。然而，当澳大利亚的法律体系对这种地方观念进行审查，需要明确边界和权利时，困难的问题就出现了。莱顿转述了一个荒谬的问题：梦创（祖灵传说）中的路径有多宽？在澳大利亚，路径（或轨道）是一个制图学下的类别，其"宽度"是可以测量的。阿南古人并非不知道路径是如何出现的，但他们不会将路径从景观中分离出来，以便作为法律讨论的对象。

莫菲和莱顿撰写的关于澳大利亚原住民的章节与本书其他章节一样，对之后不同领域学者的研究产生了影响。这两章为在世界不同地区工作的考古学家、人类学家，以及研究文化遗产、人权和原住民知识的学者提供了参考。巴蒂斯特（Battiste，2005）等学者在其著作中强调了重视和保护本土知识的必要性；这些知识是系统性的，她借鉴了莫菲的研究，强调这些知识往往与土地有着内在的联系。正是在这些特定的景观之中——正如莫菲和莱顿所记述的，不是一般的土地——人们的生计得以维持，仪式和故事得以上演，知识得以按照原住民习俗代代相传。所有这一切都需要保持这些景观的完整性，以维持其相应的原住民知识。

本书最后一章的作者是阿尔弗雷德·盖尔（Alfred Gell），他的研究对象是巴布亚新几内亚的乌梅达（Umeda）人。乌梅达人生活在茂密的森林中。盖尔认为，这种环境给居民带来了他所说的"知觉重组"，与温带气候中更为"开阔"的环境形成鲜明对比。这意味着，在更为开阔的环境中，视觉在感官中占据首要地位，而在乌梅达人居住的环境中，声音和语言的重要性超过它们在视觉优先文化中的地位。盖尔认为，在单一感官模式占主导地位的环境中（如乌梅达人的声音/听觉），象似性（iconicity）将成为语言的一个广泛特征。在语言学中，象似性被理解为符号的形式与其意义之间的相似性。在这种高度可听的环境中，不存在西方意义上的可视景观。乌梅达人的景观是通过以下两种体验之间的联系创造出来的：一种是在一定距离内环绕着人的声音景观，另一种是作为"发声腔"产生声音的身体本身。乌梅达人语言中的一些模式对这两种体验（之间的关联性）进行了编码。

盖尔描述了乌梅达人的声音景观是如何在概念上被界定的。当地有一道高大的山脊作为地理分界。而这种地理分界（的本地词汇）又被语音学编码为圆滑的、紧缩的发音，用以暗示着周围的界限。另一个典型案例是村庄选址所在的山丘。从语音学的角度看，它的发音是一个表示坚硬的音 [就像山丘本身] 和一个表示胖、同时暗示繁荣的音 [这应该是村庄的普遍愿望]。这些语言特点应当结合乌梅达人如何在周围环境中活动来理解。

在亚马孙热带雨林等森林茂密地区工作的人类学家从盖尔的论述中得到了启发。爱德华多·科恩 [Kohn, 2005] 在亚马孙河上游的厄瓜多尔阿维拉地区的鲁纳人（Ávila Runa）中进行了田野调查，该地区的语言中象似性非常普遍。他同意盖尔的分析，即基于声音的象似性在森林茂密的景观中是有优势的。他认为，在这种植被茂密的环境中，听觉是比视觉更可靠的感官。在这些景观中，主要的感官模式是听觉，因此在口语和森林世界的声音景观之间，象似性就会变得非常突出。

正如我在上文对本书各章的简要回顾中所指出的，每一章不仅对人类学，而且对一系列学科的景观研究都具有影响力。同时，这些内容以不同的方式对当前关注的问题和讨论做出了贡献，譬如地球和诸多不同地方的景观目前所面临的环境和生态危机。

虽然这本书的英文原版是近 30 年前出版的，但我们希望中国的新读者能从书中找到许多感兴趣的内容。如前所述，所有章节都蕴含着丰富的民族志的信息和理论的洞见。正是由于这种特质，可以说书中每一章都对人类学 [和艺术史] 有着重要而持久的贡献。

最后，我想引用史蒂文·费尔德（Steven Feld）在本书刚出版时的一段评论来结束我的这篇序言：

总之，我发现这是一本引人入胜的书，相比许多编撰的文集，尤其是当代有关空间和表征的文集，本书更有内涵，读起来更有收获。这主要归功于作者们在其民族志叙述中以相对一致的方式将历史、能动和实践结合起来，从而对源自西方实践的静态景观概念提出了越来越多的批判 [Feld, 1997: 612]。

埃里克·赫希

2024 年 6 月于伦敦

参考文献

ADGER W N, DESSAI S, GOULDEN M, et. al., 2009. Are there social limits to adaptation to climate change?[J]. Climate Change, 93: 335-354.
BATTISTE M, 2005. Indigenous knowledge: foundations for first nations[J]. International Journal of Indigenous Education Scholarship, 1: 1-17.
BENDER B, 1998. Stonehenge: making space[M]. Oxford: Berg.
DENEVAN W, 1992. The pristine myth: the landscape of the Americas in 1492[J]. Annals of the Association of American Geographers, 82: 369-385.
FELD S, 1997. Review of "The anthropology of landscape: perspectives on place and space" [J]. Journal of the Royal Anthropological Institute, 3: 610-612.
FELDMAN J, 2007. Constructing a shared Bible Land: Jewish Israeli guiding performances for Protestant pilgrims[J]. American Ethnologist, 34: 351-374.
FELDMAN J, 2016. A Jewish guide to the Holy Land: how Christian pilgrims made me Israeli[M]. Bloomington: Indiana University Press.
GHERTNER A, 2015. Rule by aesthetics: world-class city making in Delhi[M]. Oxford: Oxford University Press.
HIGH M, 2017. Fear and fortune: spirit worlds and emerging economies in the Mongolian gold rush[M]. Ithaca, NY: Cornell University Press.
HIRSCH E, 2021. Ancestral presence: cosmology and historical experience in the Papuan highlands[M]. London: Routledge.
KOHN E, 2005. Runa realism: Upper Amazonian attitudes to nature knowing[J]. Ethnos, 70: 171-196.
MCKEE E, 2016. Dwelling in conflict: Negev landscapes and the boundaries of belonging[M]. Stanford: Stanford University Press.
THOMAS G, 2000. Art and ecology in 19th-century France: the landscapes of Théodore Rousseau[M]. Princeton: Princeton University Press.
WYATT I, 2004. The landscapes of the Icelandic sagas: text, place and national identity[J]. Landscapes, 5: 55-73.

序言和致谢

本书源起于1989年6月22—23日在伦敦政治经济学院举办的"景观人类学"专题会议。会议由埃里克·赫希（Eric Hirsch）和阿尔弗雷德·盖尔（Alfred Gell）召集，不同学科的参会者围绕会议主题找到了很多共同话题，从而证明"景观人类学"这一主题的时代已经到来，基于此认识，会议论文集得以编辑出版。由于工作的原因，阿尔弗雷德·盖尔无法与埃里克·赫希一起担任本书的共同编辑；因此，曾在会议上作为对谈嘉宾的迈克尔·奥汉隆（Michael O'Hanlon）接替了他的工作，与赫希一同担任本书的联合主编。

除导论外，本书所有章节内容都曾在会议上发表和讨论，并为本次出版做了大量修订。导论是在该次会议之前的"共识声明"基础上编写的，并与各篇文章一同进行了修订。遗憾的是，本书第1章的作者尼古拉斯·格林（Nicholas Green）在本书出版前不幸因艾滋相关疾病离世，但在离世前，他仍对自己的文章进行了修订。

"景观人类学"专题会议期间，参会对谈嘉宾也对本书的出版做了大量贡献。在此，我们要特别感谢布莱恩·莫里斯（Brian Morris）、乔纳森·帕里（Jonathan Parry）、迪克·沃博纳（Dick Werbner）和詹姆斯·伍德伯恩（James Woodburn）。斯蒂芬·丹尼尔斯（Stephen Daniels）也在会议上提交了论文，但由于会前其他承诺，他的文章没有被收录在本书之中。此外，出版社的匿名读者也对本书的两份初稿提供了非常有用的意见和建议。在本书被出版社定稿后，我们得知了这位匿名读者的身份，吉米·韦纳（Jimmy Weiner），在此向他表示特别感谢。琳达·弗兰克兰

（Linda Frankland）在书稿修订期间提供了非常宝贵的帮助。最后，我们要感谢彼得·蒙奇洛夫（Peter Momtchiloff）和詹妮·斯科特（Jenni Scott），由于各种不成借口的原因，本书的酝酿过程十分漫长，而他们给予了充分的支持和耐心。

"景观人类学"专题会议是由经济和社会研究委员会（Economic and Social Research Council）拨款促成的，在此，我们要对该委员会再次表示感谢。

埃里克·赫希　迈克尔·奥汉隆

目录
CONTENTS

图片列表 xxiii

关于撰稿人的说明 xxvi

导 论 景观：在地方和空间之间（埃里克·赫希） 1

　　自然进入景观 7

　　地方与空间 10

　　如画的风景 13

　　局内与局外 16

　　图像与表征 20

　　结论：作为文化过程的景观 27

　　注释 30

　　参考文献 34

第1章 观看景观：阶级的形成与视觉图像（尼古拉斯·格林） 38

　　注释 50

　　参考文献 51

第2章 西亚马孙流域的土地、原住民和土地所有权证书（彼得·高） 52

　　圣克拉拉的景色 54

亲属关系与土地 58

景观含义 60

景观中的死者和强者 65

意义与表征 68

结论：景观与土地所有权证书 72

注释 75

参考文献 76

第3章 人成为地方：扎菲马尼里人有关清晰度的观念（莫里斯·布洛赫） 78

景观 78

优美的景致 81

人成为地方 83

显现婚姻关系的家屋 84

巨石纪念碑 89

清晰度与两类景观 93

注释 94

参考文献 95

第4章 道德的恋地情结：印度石版画中景观的意义（克里斯托弗·平尼） 97

传统、现代性和"自我的迷失" 98

"我们的全部领域"：景观和占有 101

民族志的情境 106

石版画、彩色印刷和日历 111

"昌巴尔河毒气室"中的诸神之地 118

作为图像的世界 126

注释　136

参考文献　141

第 5 章　解放与监禁的景观：迈向以色列景观的人类学（汤姆·塞尔温）　144

引言　144

1　背景　145

2　景观、自然和认同　150

3　捍卫自然与国家：作为政治神话的景观　162

结论　165

注释　166

参考文献　167

第 6 章　蒙古族群的部落政治景观和萨满教景观（卡罗琳·汉弗莱）　169

部族首领和萨满巫师：潜在冲突的背景　172

景观观念的共同基础　175

部落政治景观　177

萨满教景观　185

注释　197

参考文献　200

第 7 章　看见祖先之地：斐济人土地观念的转变（克里斯蒂娜·托伦）　201

对地方和事件的评论　201

祖先之地　204
祖先的陆地与海洋之力　211
土地与个人身份　213
作为物质力量源泉的上帝以及商品交易　216
既定传统的当下转变　219
注释　224
参考文献　228

第 8 章　景观与祖灵过往的再生产（霍华德·莫菲）　230

时间、空间和景观　233
祖灵的调节　237
生态学和地方的祖灵性质　240
诞生于图腾景观之中：个体、亲属关系和仪式　245
作为社会中心性网络的景观　248
仪式中的景观秩序　251
结论：体验景观，改造祖灵过往　253
注释　257
参考文献　258

第 9 章　理解西部沙漠中的乡里观念（罗伯特·莱顿）　261

与土地相关的原住民和法律话语　262
关于生计的话语　264
朱库尔帕（Tjukurpa）的话语　265
沉入大地之中　271
个人身份的来源　273
话语和实践习惯　275

照看一个"乡里"[恩古拉（Ngura）] 278

乡里之内的亲属关系 280

乡里之间的亲属关系 280

结论 284

注释 287

参考文献 287

第 10 章　森林的语言：乌梅达的景观和语音象似性（阿尔弗雷德·盖尔） 289

乌梅达：一种听觉文化 294

发音景观（The Articulatory Landscape） 300

感官模式与语言象似性 306

结论：语言和民族诗学 311

参考文献 317

索引 318

译后记 347

图片列表

图 3.1　从下方的森林看去，扎菲马尼里人的村庄正清晰显现　　81
图 3.2　来自扎菲马尼里神圣房屋中的木雕装饰的中柱和炉灶　　86
图 3.3　扎菲马尼里村庄中纪念男性和女性的竖石　　89
图 4.1　"3399" 号图片作品（彩色照片版的明信片，耆那教图片出版社，1990 年）。该图片承蒙耆那教图片出版社提供　　99
图 4.2　日历印刷品，女演员赫玛·马利尼位于近景中（出版社未知，1985 年）　　105
图 4.3　瓜廖尔人造丝制造（纺织）有限公司（GRASIM）壁画（综合办公楼），纳格达。克里斯托弗·平尼拍摄　　108
图 4.4　瓜廖尔人造丝制造（纺织）有限公司（GRASIM）壁画（粘胶部门附近），纳格达。克里斯托弗·平尼拍摄　　108
图 4.5　湿婆神（石版画，由夏尔马图片出版社发行。20 世纪 80 年代的彩色石版画来自于 20 世纪 50 年代的水粉画）。图片承蒙夏尔马图片出版社提供　　114
图 4.6　萨拉斯瓦蒂（Saraswati）（彩色石版画，出版社未知，1990 年）　　120
图 4.7　安贝德卡尔（彩色石版画，出版社未知，1990 年）　　124
图 4.8　苏巴斯·钱德拉·鲍斯（彩色石版画，出版社未知，1990 年）　　125
图 4.9　中国香港（照片日历插画，出版社未知，1985 年）　　129
图 4.10　名为"乡村风光"的日历印刷品（出版社未知，1985 年）　　129
图 4.11　圣雄甘地（Mahatma Gandhi）（水彩石版画，出版社未知，1990 年）　　131
图 4.12　日历印刷品中"年幼的士兵和农民"（出版社未知，1985 年）　　132
图 4.13　题为"农业宝贝"的日历印刷品（出版社未知，1985 年）　　133
图 4.14　题为"农业美人"的日历印刷品（出版社未知，1985 年）　　133
图 6.1　亚洲内陆图　　170
图 6.2　游牧循环时空的抽象示意图　　178
图 6.3　一幅现代美术作品，显示牧民族群在献祭前围着山上石堆 [oboo，敖包] 进行的绕行。他们将自己喜爱的马的头骨放置在敖包之上，以示对这些动物的尊重　　183
图 6.4　西布里亚特人的萨满巫师葬地 [根据 M. N. Khangalov 的草图绘制]。萨满巫师的尸体被放在两棵树之间的一个木制平台上。萨满巫师的道具 [金属冠、铃铛、野生动物皮、代表神马的棍子、代表辅助魂灵的模型等] 都挂在树上　　192

图 8.1　1976 年，纳瑞金·梅穆鲁走过尼米蒂贝尔（Nimitabel）附近雪山的一个山谷。河道开阔的水面以及河床上、河岸边的尖锐石头让他想起了女性祖灵加尼贾拉拉，作为石矛创造者，她在森林中寻找蜂蜜时在阿纳姆地所开辟出的地方（Morphy 1991：图 9.4）　　　　　　　　　　　　　　　　　　　　　231

图 8.2　1976 年，伊尔里加部族（Yirritja）的加伊米尔部落（Ngayimil）的拉特扬加（Larrtjanga）画的一幅达拉乌伊（Darawuy）绘画。这幅画表现的是水巨蜥和大鸨（*walpurrungu*），它们正围绕在由女性的祖灵詹-卡武（Djan' kawu）创造的水坑四周。几何背景图案代表了被达拉（*dara*）[野生香蕉]覆盖的沼泽地以及鸟类在泥土中的脚印。每个与詹-卡武神话有关的忽瓦族部落都拥有一个以他们地区的某个水坑或一组水坑为中心的图案设计变体。但在这幅画里，该图案的特殊构造，即鸟的脚融入白色虚线之中，与加伊米尔部落有关　　　　239

图 8.3　玛阿·木努古尔（Maaw' Mununggurr）在他妻子们的协助下，在乌尔乌尔乌伊（Wurlwurlwuy）画的鲨鱼，伊儿卡拉州（Yirrkala），1974。背景图案表现了鲨鱼在云景（cloudscape）中痛苦地死去　　　　　　　　　　　　　　242

图 8.4　杜恩迪乌伊·沃南比（Durndiwuy Warnambi）指着特瑞亚湾（Trial Bay）的古尔卡-乌伊（Gurka' wuy）海滩上的红树林，说那是祖灵的澳洲桉树的表征，通过它挖出了古尔卡-乌伊河的河道。河流穿过了远处的红树汇入海湾　　　244

图 8.5　罗伊·马里卡在布拉德肖港（Port Bradshaw）的悬崖顶上看到了水中的鳄鱼（图片中，在最小的男孩头顶上方的水中，几乎看不到的一条线）。图片右侧，他的嫂子后来出面干预，阻止了鳄鱼被射杀　　　　　　　　　　　　　247

图 8.6　社会中心性宗族关系词汇的谱系基础　　　　　　　　　　　　　　　　249

图 8.7　1975 年，在伊儿卡拉地区（Yirrkala）制作的一个沙雕，其是房屋净化仪式的一部分。这一沙雕由雅卫迪-古玛奇（Yarrwidi Gumatj）宗族设计，它代表了传说祖灵过往中，"梦创"玛查桑在卡里顿湾（Caledon Bay）所建造房子倒塌后的形状 [Morphy 1984：1]。沙塑表现了房子的柱子 [前景中的平行线] 和上面的两个房间 [后景中的矩形]。这座沙雕塑于一位死者的房子外面，以作为净化和纪念仪式的一部分。死者的财物被放置在沙雕之中，以便净化或随后销毁。而死者的灵魂则被引导至卡里顿湾的方向　　　　　　　　　　　　　　251

图 9.1　乌鲁鲁 [艾尔斯岩]　　　　　　　　　　　　　　　　　　　　　　　　262

图 9.2　塔普拉：从低矮的山脊上看去，那是七姐妹的防风墙，而后是标志着过夜营地的水洼 [牛群的践踏已经破坏了周围的植被]。远处矗立着阿蒂拉（Atila）[康纳山]，其由冰人创造，与冬季的霜冻有关　　　　　　　　　　　　　　　268

图 9.3　卡匹-玉拉兰雅-普卡（Kapi Yularanya Pulka）是乌鲁鲁以北 20 千米处的一个岩洞，也是传统上在乌鲁鲁觅食时要去的临时水源地之一。两条祖先的足迹在此处交叉；其中一条是"魔鬼丁戈"（Devil Dingo）前往乌鲁鲁的足迹。远处可以看到乌鲁鲁　　　　　　　　　　　　　　　　　　　　　　　　　　　　　273

图 9.4　属于克钦库拉（Kikingkura）乡里的人，在多克尔河（Docker River）附近。他们是廷加里人（Tingari）鲜活的化身，廷加里人在"正法时代"发生争吵，并派"魔鬼丁戈"来惩罚乌鲁鲁的玛雅瓦拉比人（Maia Wallaby），因为这些人没有参加廷加里人的仪式。这些人站在一个沙丘上，（那里是）廷加里人传说的一部分　275

图 9.5　地方族群之间的社会亲属关系　282

图 10.1　三重类比　306

图 10.2　科勒实验的图片　309

关于撰稿人的说明

莫里斯·布洛赫（Maurice Bloch）是伦敦政治经济学院的人类学教授。他的研究方向是马达加斯加的民族志和认知人类学。布洛赫最近的著作有《从祝福到暴力》(*From Blessing to Violence*, Cambridge University Press, 1986)，《仪式、历史和权力》(*Ritual, History and Power*, Athlone Press, 1989)和《从猎物到猎人》(*Prey into Hunter*, Cambridge University Press, 1992)。

阿尔弗雷德·盖尔（Alfred Gell）是伦敦政治经济学院的人类学副教授。他曾在巴布亚新几内亚和印度中部进行田野调查。盖尔写过三本专著：《卡索瓦里人的蜕变》(*Metamorphosis of the Cassowaries*, Athlone Press, 1975)，《时间人类学》(*The Anthropology of Time*, Berg, 1992)和《意象缠绕：波利尼西亚的纹身》(*Wrapping in Images: Tattooing in Polynesia*, Clarendon Press, 1993)。他目前的研究方向是艺术人类学。

彼得·高（Peter Gow）是曼彻斯特大学的社会人类学讲师。他曾在秘鲁和巴西进行田野调查，是《混血》(*Of Mixed Blood*, Clarendon Press, 1991)一书的作者。

尼古拉斯·格林（Nicholas Green）在本书筹备期间去世，他是东安格利亚大学艺术史和音乐学院的艺术和文化史讲师。格林的著作有《自然的奇观：19世纪法国的景观和资产阶级文化》(*The Spectacle of Nature: Landscape and Bourgeois Culture in Nineteenth-Century France*, Manchester University Press, 1990)。

埃里克·赫希（Eric Hirsch）是布鲁内尔大学人文科学系的社会人类

学讲师。他曾在巴布亚新几内亚进行田野调查,最近在英格兰东南部进行田野调查。赫希与人合编了《对技术的消费》(*Consuming Technologies*, Routledge, 1992)一书,并与人合著了《生殖技术》(*Technologies of Procreation*, Manchester University Press, 1993)一书,目前他正在撰写一部基于巴布亚新几内亚田野调查的专著。

卡罗琳·汉弗莱(Caroline Humphrey)是剑桥大学社会人类学系的讲师,同时也担任剑桥大学国王学院的研究员。她的研究方向是俄罗斯、蒙古国和中国北方当代的社会转型。汉弗莱著有《卡尔·马克思式的集体合作:西伯利亚集体农场的经济、社会和宗教》(*Karl Marx Collective: Economy, Society and Religion in a Siberian Collective Farm*, Cambridge University Press, 1983)一书。

罗伯特·莱顿(Robert Layton)是达勒姆大学的人类学教授。他的研究方向是艺术人类学、原住民权利、社会变迁和社会进化。莱顿出版了《乌鲁鲁:艾尔斯岩的原住民历史》(*Uluru: an Aboriginal History of Ayers Rock*, Institute of Aboriginal Studies, 1986)和《澳大利亚岩石艺术:新的综合视野》(*Australian Rock Art: A New Synthesis*, Cambridge University Press, 1992)等著作。

霍华德·莫菲(Howard Morphy)是牛津大学社会和文化人类学研究所的人类学讲师,同时担任皮特·里弗斯博物馆的馆长。他的研究方向是艺术和物质文化,以及澳大利亚民族志。莫菲的近期著作是《与祖先的关联》(*Ancestral Connections*, University of Chicago Press, 1991)。

迈克尔·奥汉隆(Michael O'hanlon)是大英博物馆民族志部的助理馆长。他的研究方向是视觉人类学、物化和新几内亚民族志。奥汉隆著有《理解肤色》(*Reading the Skin*, British Museum Press, 1989)和《天堂:描绘新几内亚高地》(*Paradise: Portraying the New Guinea Highlands*, British Museum Press, 1993)等书。

克里斯托弗·平尼（Christopher Pinney）是伦敦大学亚非学院的南亚人类学讲师。他曾在印度中部乡村的产业工人中进行田野调查，并发表了关于早期人类学摄影和当代印度摄影的文章。平尼目前正在开展一项关于"批量生产的印度教流行艺术品"的历史学和民族志研究。

汤姆·塞尔温（Tom Selwyn）是伦敦罗汉普顿研究所的社会人类学高级讲师，与人联合讲授旅游人类学的研究生课程，并负责一项旅游业对欧洲共同体（欧盟前身）的社会和文化影响的项目。塞尔温的研究兴趣还包括南亚和中东，以及政治人类学和象征主义，他著有《旅游图像：旅游业中的神话和神话制造》(*The Tourist Image: Myths and Myth-Making in Tourism*, Wiley, 1995)一书。

克里斯蒂娜·托伦（Christina Toren）是布鲁内尔大学的人类学和心理学高级讲师。她的主要研究方向是作为微观历史过程的认知，她尤其关注斐济，并在那里做了深入的调查。托伦著有《理解等级制度：作为斐济社会过程的认知》(*Making Sense of Hierarchy: Cognition as Social Process in Fiji*, Athlone Press, 1990)一书。

导论
景观：在地方和空间之间

埃里克·赫希（Eric Hirsch）

本篇导论及之后的系列文章，将从人类学的角度探讨景观的概念。近年来，交换、仪式、历史等概念一直是人类学领域讨论的核心概念，与此相比，"景观"在人类学领域则颇受冷遇。[1] 在此意义上，"景观"在人类学界的处境与"身体"概念颇为相似——虽无处不在，却未被问题化。"大多数研究者只是简单地将其悬置①，视之为黑匣并弃于一旁。"[Lock，1993：133] 实则"景观"在两个相关联的方面，一直潜存于人类学领域并颇具意义。其一，"景观"作为约定俗成的框架性表述，用于提示读者，人类学家即将把他/她的研究带入某特定"视域"[即从一个"客观的"视角——某特定人群的景观]；其二，"景观"用于指涉当地人对其文化和物质环境所赋予的意义 [也就是某特定景观在当地人"看"来意味如何]。"景观"的黑匣子亟需被打开并将其带入我们的视域。

最近，德雷施（Dresch）评论过"景观"在人类学领域的第一重要义，并指出"景观"在社会人类学"英国学派"的民族志作品中如何被策略性地运用，使其发挥标准化框架的作用。他注意到，"地形被编织进一本又一本的民族志之中"[Dresch，1988：50]。这种策略被马林诺夫斯基用于有关特罗布里恩群岛的民族志中，以制造一种参与性的效果。"想象一下，你独自一人……突然被置于热带孤岛 [Malinowski，1922：4]。"[2] 这

---
① 悬置（bracketed）概念及其更多讨论可参见胡塞尔现象学研究。本书中所有脚注均为译者注，原书注释为每章结尾处"注释"。——译者

一策略不断被马林诺斯基的后代传人们所复制,如弗斯(Firth)和福忒斯(Fortes)[Dresch, 1988: 51-52]。在他们的每一部民族志作品中,人类学家都将当地人绘置于一片可被识别的景观或如画风景之中。但是,一旦人类学家开始捕捉当地人的视域,这种"客观的"、局外人的视角就立即被抛之脑后。

而后一种看待"景观"的方式,近年来在不少民族志作品中也可见其踪影。基辛[1982: 76]在关于瓜依沃(Kwaio)的民族志作品中讨论祖先这一议题时,展示出对"景观"的这种与当地人的相关性的理解:

> "在局外人的眼中,瓜依沃内部的景观如同一片绿色海洋。稠密的森林不时被花园、耕地及聚落隔断……而在瓜依沃当地人的眼中,这片景观不仅被不可见的线条分割为特有名称的土地和聚落场所,更由当地的历史而建构。"

这里存在着我们直观可见的"第一景观",以及由当地人的实践所制造的"第二景观"。通过我们的田野工作,以及民族志书写和阐释,我们才能逐渐识别和理解这种"第二景观"。

本书每篇文章的主要目标都是基于这样两个角度来思考景观:以景观的传统观念[西方的观念]这一富有成效的出发点入手,去探寻类似的地方性观点,并反思性地与西方观念对话。诚如帕金[Parkin, 1991: 7]所言,正是通过"文化观念和分析性概念之间的相互印证,从而让他者变得更为明晰"的重塑过程,人类学才能成功地实现其作为一门比较学科的最高目标。

"景观"一词在16世纪晚期被画家作为一种专业术语引入英文。它来源于荷兰语"landschap",在英语中长期被视为"landskip"。景观概念的绘画起源具有深远影响。景观之所以被人们认可为景观,是因为这种景象通常提示观者，这看起来如同一幅起源于欧洲的风景画。凯斯·托马斯（Keith Thomas）记录了16世纪至19世纪早期，"景观"在英格兰的这种发展过程。尤其在18世纪，此类鉴赏在英文的语境中具有一种自我意识——"乡村景致最初的吸引力在于它会诱发观赏者的风景绘画审美记忆。的确，优美的景象被视为'景观'是因为它与一幅被绘制的'风景画'相似——它是'如画的风景'。"[Thomas，1984：265]

这种被诸多类型的风景画所描绘的理念化或想象的世界 [Poussin，Claude，Salvator Rosa]，与人们对乡村景致的感知及其后的提升运动 [通过景观的园林化、庄园的管理等] 相关联：其目的是在图像化的理念与乡村本身之间实现一种呼应。景观概念被运用于更广泛的社会与文化生活领域，便体现了这种趋势。[3] 19世纪晚期田园城市的发展可能也是此处的一个例证，正如托马斯 [Thomas，1984：253] 所说："当埃比尼泽·霍华德（Ebenezer Howard）在19世纪90年代宣称'城镇和乡村必须相互结合'之时，他的这一思想实则源自一种更悠久的传统。"

霍华德的倡议中最有趣的是这一目标——要在同一个地方来统一两种相互排斥的选择，此种灵感融汇了19世纪郊区的中产阶级与20世纪城市的工人阶级 [Cosgrove，1984：267-268]。一方面，拥有城镇里的社会交往和就业机会 [硬劳动力和物质报酬]；另一方面，拥有乡村可以提供一种田园牧歌般生活的可能 [参见 Cronon，1991：368 一种类似的比较，但来自"乡村的"视角]。正如托马斯 [Thomas，1984] 在英文语境中所记录的，日常生活长期被视为一种潜在性的现实化；现在这种形式体现于带有花园的房子、小块土地、乡村小屋、郊区之家与退休村舍。在此，日常的生活与理想化的存在之间存在一种联系——后者与前者具有一定关联，但又与日常生活相分离。我们可以将前者视为"前景的"，以显示社会生活的具体现实 [我们此刻的存在方式]；将后者视为"背景的"，以表明由于前景存在所释放的可能性 [我们可能的存在方式]。

那么，如果在这个意义上定义"景观"，就涉及社会生活的"前景"与"背景"之间的关系问题。毕竟，理想化的世界在被绘制的图像中得以再现；被绘制的图画使得我们从绘画本身和/或在绘画的观看者和图像化表征的关系之中能够注意到这一点。此处提出的观点表明，西方传统中的景观表征是一种更为普遍的前景与背景关系的独特表达，这在跨文化中也有所表现。不过，我们也会发现，社会生活永远难以企及一幅绘画的永恒性，尽管后面的各章将表明在一种独特的文化语境[虽然在大多数案例中，所谈论的图画并非使用画布来绘制的图画]中人们常力图去弥合这一点。

笔者认为，这一界定与近期卡特[Carter，1987]提出的观点具有一定的相似性。在《通往植物湾之路》(*The Road to Botany Bay*) 一书中，卡特探讨了他称之为"帝国的历史"的这一话题：此种形式的历史"将空间压缩为舞台"，在舞台之上，演员再现了富有意义的历史事件，例如引起澳大利亚被"发现"与"定居"的事件。卡特[Carter，1987：xxii]倡导一种"空间的历史"——此种历史"通过空间的形式和想象，得以宣称文化自身的存在"。

卡特的论证是：错误的目的论使得我们认为，澳大利亚的旅行者首先抵达一块有待"被发现"的土地，进而定居于此。事实上，旅行者[如Cook]所做的是将一块土地带入其自身所处的欧洲历史文化语境。卡特探讨的主题之一，就是旅行者在关注这个国家时需要持续面对的问题：在一片新的领土，试图建构"此时此地"（前景）与相关的视域（背景）之间可识别的联结。澳大利亚被命名和定居的方式与这种关系的确立方式相互呼应：

> 这有赖于确立一个"此"（旅行者的视点和态度）和"彼"（视域）。在此种视角不存在之处，则通过假设和修辞性地插入命名等方式……

山川河流在文化上都是可欲的，它们连接了令人愉悦的属性。但更为基础性的是，通过显示区别进而展示出差异——这暗示了不同视角和向度的可能性……[Carter，1987：48]

在卡特的描述中，"前景"[此时此地，地方（here and now，place）]和"背景"[视域，空间（horizon，space）]的关系，与澳大利亚的历史和殖民化叙事之间并非偶然关联：这种关系是澳大利亚如何被设想的方式中最核心的，正如卡特强调的，这样的模式在今天仍不断被激活。卡特的论述不仅仅适用于为澳大利亚命名并定居下来的欧洲人，也适用于那些在旅行者的记述中经常处于边缘地位或沉默的原住民。尽管旅行者[发现与定居]的"旅程"与原住民[传说中梦创时代]的"旅程"是在完全不同的文化逻辑中被设想的，但都包含对前景的现实性和背景的潜在性之间关系的处理。正如卡特指出的，"当他——游牧的、黑种人或白种人——书写或跳舞，或仅仅只是走过时，其所象征的并非是物质的世界，而是激活了一个历史性的空间"。[Carter，1987：349] 在这些历史相似、地理相邻，而文化相异的语境中，最初将这个国家带入视域的诸多形式仍被持续不断地激活。[参见 Munn，1973a]

在此，尽管能够将景观分离出来，但它作为一种鲜明的文化观念和一个分析性概念，事实上很难从一系列相关性概念中剥离，比如：地方和空间（place and space）、局内和局外（inside and outside）、图像和表征（image and representation）。[4] 每一组相关性概念，它们自身都有其地方性的一面，并与前文勾勒的景观概念之一"端"相呼应。景观概念的"两极"可用以下图例表示：

前景的现实性 ⟷ 背景的潜在性

地方 ⟷ 空间

局内 ⟷ 局外

图像 ⟷ 表征

图例左端的概念大体可以视为我们所理解的日常语境和形式、未经反思的经验[Bourdieu，1977]，而右端的概念大体等同于超越日常的经验语境和形式。后者往往被设想为独立、相对分离和超脱，但并非完全与前者无关。我将此指涉为"可能性"[我们的可能方式]。可能性最纯粹的形式是空无本身，有趣的是，神圣的场所和地方有时候就是物理上空无的[5]或很大程度上无人居住的，且位于与对其有意义的人群具有一定距离之处。

尽管上述图例分左右两端进行排列，但很重要的是，左右两端并非毫无关联。相反，它们可能即刻或瞬时处于一种关系之中，类似于一个人在熟悉的旅程中暂时迷失方向，然后参照外部视角重新定位的经历；或者也像在一片空地退回惯常的"背景的"位置之前，时不时填满"前景的"经验。帕金[Parkin，1991]所描绘的东非吉里亚马人空无的仪式之都——卡亚（Kaya）正是这种形式。它是复原力的一种来源，但是长期以来被空置，与大多数吉里亚马人的日常经验相分离。尽管物理距离相距甚远，但卡亚仪式与地方家屋具有一些相似之处——与地方家屋一样，它可以被污染和净化。帕金描述了在家屋和卡亚仪式中，都会进行一种相似的动物献祭活动。当这种仪式活动在家屋中举行时，卡亚的背景潜在性成为日常经验的前景。当这种仪式活动在卡亚举行时，前景地方的各种经验进入这个神圣的中心，似乎是要短暂地实现可能的经验，而卡亚独立而有力的生活则退隐到背景之中，吉里亚马人回到其碎片化的日常存在之中。在此，被定义为景观的是被视为存在于任何文化语境的两端之中的一种关系。由此，景观成为一种文化过程。[参见 Ingold，1994：738][6]

此处所提出的景观概念，与相关学科，如地理学等所发展出的景观概念相当不同。在地理学中，对于景观的论争当然更为突出。英戈尔德[Ingold，1993：154]最近在丹尼斯和科斯格罗夫[Cosgrove，1988：1]的研究中注意到了这一差异。这两位地理学家在这一领域的前沿研究中，将景观界定为"一种文化的图像,一种再现或象征周遭环境的图示化方式"。正如英戈尔德所指出的,这一界定强调景观在本质上是静止的,否认了过程性[参见 Cosgrove,1984]。这种界定的问题在于,它将经验之一端本质化于景观表征之中,并将此种经验简单地概括于景观之中。当然,通常的情形是,人们依赖于文化与历史的瞬间,试图在前景中实现那些仅仅是具有转化为前景的可能性而主要存在于背景中之物。与此相比,丹尼斯和科斯格罗夫的界定忽略了那些日常社会生活的部分。他们的界定只捕捉到了景观本质的一半经验,而忽视了另一半,忽视了经验两端都是文化过程——也正是在文化过程中经验两端相互产生关联。那么,关键的问题在于,什么样的社会-文化因素导致了对过程的否定?笔者将在这篇导论的结论部分谈到这个问题。

导论剩下的部分打算谈谈本书中的这些文章,它们围绕一个预设的共同主题,更为详尽地展示了以上所勾勒的"景观作为一种文化过程"这一概念界定。通过跨学科地概述每篇论文,笔者的第一个目标是拓展一种探讨景观的人类学视野,此前,地理学和艺术史学科也都在各自领域探讨过景观的议题。笔者的第二个目标是为景观的跨文化比较研究提供一个框架,在人类学及相关学科中,这种框架都长期缺席。

自然进入景观

雷蒙德·威廉姆斯(Raymond Williams)认为,"自然"是英语中最为复杂的概念之一[Williams,1972:146]。他的大多数著作都致力于阐述"自然"这一观念在英语/英国语境中随时间变迁而产生的社会、政治和文本维度的概念内涵。在近期与基恩·托马斯(Thomas,1984)合作的研究中,威廉姆斯大量探讨了"景观"之欣赏的产生,他注意到这一现象在16—19世纪整个欧洲都存在。当然,也是在同一时期,产生了现在所说的人类学学科，人类学与西方语境中景观之明晰观念的产生拥有共同的思想背景。景观人类学需要阐明这一关联。

科林伍德（Collingwood）区分了西方自然概念相对明确的三个时期 [Collingwood, 1960: 3-30；还可参见 Olwig, 1984: 1-10]。他认为，在这些时期盛行的自然概念源自与人类社会领域的类比。在中世纪的表征中，自然概念盛行之处涵盖了人性之意——自然是上帝的创造，人性只是它的一部分。在后文艺复兴时期，人的位置在自然的概念中变得更不确定，一种更世俗化的、更理性的自然观念有赖于一种新的、独特的抽象——人类自身的抽象 [参见 Foucault, 1970]。更进一步，这一抽象与另一种过程相关——人类被想象为"自然的"东西——以科学、园艺改进和工业革命的形式逐渐介入。

与对自然干预能力逐渐增强的过程相伴随的，是诸如主观和客观相区分的新观念的产生。正是围绕着这些新的区分观念的产生，西方的景观观念才得以形成。一方面，艺术史家已经发现了这一点；另一方面，聚焦于空间的物质变迁的地理学家也注意到了。在第 1 章中，尼古拉斯·格林（Nicholas Green）考察了 19 世纪初期和中期法国该历程的一个典型历史案例 [参见 Green, 1990]。格林指出，在他所讨论的 19 世纪的巴黎，人们越来越欣赏乡村，这既不能归因于乡村的开放，也并非因为乡村的变迁——尽管这些因素无疑很重要。格林认为，更为重要的是当时巴黎大量涌现的风景画、旅游指南、乡村房屋广告，以及一种更为普遍的融入乡村的欲望。正如他所表明的，"正是首都巴黎的物质改善和文化发展，产生了关于'看'的各种词汇，从而使得将'自然'作为一种社会经验的重点形式带入视野成为可能"。

在格林（Green）的分析中，这一时期巴黎人日常经验中两种交叠的意识形态被置于前景：一是 19 世纪 30 年代霍乱流行病之后人们对巴黎非健康状态的担忧；二是大量涌现的"景象"，例如拱廊街和西洋镜作为城市的策略性区域。由此,"潜在性"成为焦点,即沉浸于乡村中对健康的益处,以及"景观"自身成为一种景象的形式,尤其是西洋镜中所展示的 [参见 Crary,1990],它们自身促成了一种特殊的观看形式。在介绍乡村的各种指南和广告中,被重点强调的并非"图画如同文本",而是一种由巴黎都市生活的主导方面所建构的观看方式。格林的文章是一个优雅的恳求,希望艺术史家、地理学家及人类学家,放弃他们对待图画的传统态度:"是时候该与宣称图画的主要特征是视觉性这一常识进行了断了"。

作为一种独特的绘画题材,风景画的兴起比格林提到的要早几个世纪。格林指出,在这种绘画题材兴起的各种记录中,其主题描述的重点是对体验观看的"主体"和乡村作为可欲的"客体"之间积极关系的建构。因为与以往相比,人在自然中的位置变得越来越容易被质疑,这一时期,在视觉表征中"前景"和"背景"之间的关系也逐渐开始变形。

贡布里希 [Gombrich, 1966:108-109] 曾提出过一个制度性的解释——与此种风格化的解释相反——用以说明风景画这一题材的兴起。他认为风景画产生于两种文化的交汇,即视觉化和表征形式之间的相互限定。正如我们接下来会看到的,欧洲在太平洋探险和拓殖时期制作的各种艺术品中,以不同的方式运用了这些视觉化的传统:历史发展重要地塑造了后续人类学和相关学科对景观观念的运用 [参见 Smith,1985:ix-x]。

在此,极有必要总结贡布里希的观点,因为在相近的地理学科中,他的观点对景观的争论颇具影响 [参考 Cosgrove,1984:22-25]。艺术史家们长期以来就已注意到,在安特卫普等早期现代市场城市中,风景画已经大量出现。对于风景化的这种发展情形,他们的解释是:在以市场为主导的语境中,艺术品的生产主要不是为了满足私人委托者,而是满足更多大众市场的需求。[8] 贡布里希则将"景观"的概念化追溯到阿尔伯蒂(Alberti)的美学理论,以及他有关文艺复兴视觉表征的奠基性著作《建筑十书》(*Ten Books on Architecture*)[9]。

阿尔伯蒂正式提出了如下观念，即艺术作为人类活动的一个自主领域，应该重视其心理影响。产生这种影响的途径之一，正是通过对诸如乡村这样令人愉悦的"景象"的描绘。继而，这一形成过程可以与阿尔伯蒂式的图画定义相联系，即将图画视为一种框面或窗格。图画与观看者保持一定的距离，观看者通过替代物的世界或"舞台"看过去。[10] 与这一"南方的"传统相反，还存在一种"北方的"视觉化传统———一种"描绘的艺术"[参见 Alpers，1989][11]。后一种传统并非以阿尔伯蒂的"窗格"为依据；相反，其重点更多放在一种表征帝国的技艺。地图的盛行，地图似的表征，以及具有"现实主义"品质的图画，在此种视觉文化中极具表现力。[12]

贡布里希指出，风景画（landscape）作为一种广受欢迎的类型，是支配性的、"南方的"美学理论挪用了"北方的"现实主义而兴起的产物[Gombrich，1966：114]。然而，这种趋势，以及景观这种观念的出现，仅在个人作为主体被想象之时才可能产生，这又回到阿尔伯蒂的主张，即自我意识使个体从令人愉悦的景象之中获得快乐 [参考 Williams，1973：121]。进而，景观观念的产生与一种中心的核心重要性紧密相关，继而也将与世界的图像化、地图化、镜像化、表征化作为唯一可信的认知方式相关 [参见 Alpers，1989]。[13]

地方与空间

然而，如果把这些与文艺复兴 [尤其是线性视角的重新发现 [Cosgrove，1985] 及地图制作的大量出现] 相关的发展，视为预示此前经验形式的激进、不可分离的断裂之序幕，则是一种误解。笛卡尔式的（Cartesian）世界观术语，是为了阐明此前异文化语境中的模糊含义的一部分，而并非将自身想象为一种脱离于这个世界而独特存在的方式。[14]

强调从具体的[主体的]视角观看一个独特的地方,强调剥离于主体性视角的空间研究,这两种视角是地理学和人类学这两门不同学科对景观的不同理解和关注之处。[Livingstone,1992:290-300] 美国地理学家索尔(Sauer)的工作,尤其是他的《景观形态学》(*The Morphology of Landscape*,1963)一书是典型的例证。

索尔的景观概念来自 19 世纪晚期形成的欧洲地理学趋势[尤其与兴起的社会学相关领域有关]。地理学[如以德国的拉策尔(Ratzel)为代表]和社会学[如以法国的涂尔干(Durkheim)为代表]之间的辩论聚焦于什么是人们所知的"社会–环境"关系。[15]索尔的专著融合了德国和法国学派的洞见与批评,他指出,文化形塑自然景观,形成文化景观。"文化景观由一个文化群体从自然景观中塑造。文化是能动者,自然领域是中介,文化景观是结果。"[Sauer,1963:343]

索尔该观点的动力在于反对环境决定论[与拉策尔有关]。并且,他试图制定一个客观的程序来研究和比较景观中难以消除的内在主观因素,他认为:景观之中,依然蕴含着一种"超越科学"层面的涵义,对其理解不能简化为形式过程[Cosgrove,1984:17]。因此,视景观为一个分析性概念的话,地方的主体位置与空间的非主体位置这两者之间的关系存在明显的张力。这在地理学中尤其显著。

高(Gow)的第 2 章关于亚马孙流域秘鲁的皮洛人(Piro)的案例,正好表明了上述视角之间的张力。对于来自温带气候的人而言,他们很难辨别原住民对亚马孙河流域的文化塑造,因为从固定视点的观察难以建立与远景之间的关系。只有当大面积的森林被砍伐、道路被修筑之时,不习惯这种环境的人才能够辨识地方与遥远的空间之间的关系。

与此相应,当皮洛人看这片土地时,他们看到的则是亲属关系。高描述了皮洛人如何通过食物的生产、流通和互惠来生产自我。他指出,正如亲属关系是以这种方式产生的一样,村庄周围的植被模式也被视为"亲属关系的场所"。该章及其他部分章节中反复出现并被不断强调的一个重要主题,就是亲属关系和土地之间的相互关联 [Munn, 1986; Cronon, 1983]。皮洛人的地方和空间概念,通过暗示过程得以产生。通过讲述这些无穷无尽的关联过程的故事,皮洛人自己可以清楚地看到这一点,这也在托伦(Toren)那章②中得到了阐述,即通过情境化叙述,从"此在"的地方拓展到更遥远的远景,使之由过去和现在的关系构成,例如花园营造和房屋建造。同时,这也使得被叙述的地方具有独特的优势或具备视野的特性,得以涵盖这些关系——简言之,即拥有"空间"的各种特征。

但是,活着的人们与土地之间的关系也颇为含混多义。皮洛人必须不断利用再生森林和新的河流的一部分。然而,这些空间是疾病和死亡的根源,并体现于皮洛人的"骨魔"概念。从"前景"的特定地方来看,人们依赖这些无人居住的空间,作为潜在的花园、村庄等。而皮洛人的萨满能够通过使用死藤水进入这些河流和森林空间,萨满认为这些空间中充满了人。因此,萨满能够看到其他男人和女人在日常经验中看不到的东西,并带着治愈病人所需的知识从他的萨满航行中返回。萨满在近处和远处 [基本上是不可见的] 的空间之间架起了一座桥梁。

乍一看,布洛赫(Bloch)在第 3 章中描述马达加斯加扎菲马尼里(Zafimaniry)的情形与此大不相同。在扎菲马尼里,问题似乎在于树木的存在。因此,砍伐森林成为扎菲马尼里人试图超越日常生活的不稳定状态,进而将自己更永久地铭刻于这片土地上这个过程的一部分,他们试图通过这样的方式继承祖先的一些品质。尽管扎菲马尼里人有砍伐森林的偏好,但他们与皮洛人之间存在显著的相似性。在这两个案例中,都存在试图建立与背景的潜在性之间关系的努力——以此克服他们日常的、情境化存在的、可感知的不稳定性。在皮洛人的语境中,这是通过

---

② 第 7 章。——译者

作为代理人的萨满穿越一个无形的空间 [再生森林]，并将其识别为充满人的空间而实现的；在扎菲马尼里，则是通过一个暂时被森林遮蔽的空间，因森林被砍伐清理而成为村落中行人的空间而实现的。在这两种情况下，地方 [在生计的意义上] 和空间 [在生命再生产的意义上] 之间的关系是通过死亡和不朽的特定概念来实现的 [Bloch et al., 1982]。

扎菲马尼里人结婚时会建造家屋，如果一对夫妻后代很多，家屋本身就会成为一个日益扩大且清晰可见的村落的焦点。进而，布洛赫描述了扎菲马尼里的高度、清晰度、永久性、合法的政治权力与世系资历如何相互关联。随着时间的推移，最初用于建造这对创始夫妻家屋的暂时性材料，将会被更坚硬的木材所取代，从而使其婚姻生育得以不朽。然而，在这对夫妻死后的一段时间，另一种表达婚姻和兄妹关系之间竞争性的物质形式出现了：在村落边界之外竖立巨石，使不变的、静止的兄妹关系得以不朽。而死者在逐渐成为周遭环境中籍籍无名的一部分时，也为其后代承担起他们在生前试图超越的那种冰冷的永恒。目前，这片土地变得更加稳固，因为它只能用于灌溉水稻种植，而不再依赖再生森林刀耕火种的不稳定形式。

如画的风景

扎菲马尼里人对砍伐森林后带来的"美景"的喜悦让人想起了一系列矛盾的西方态度。一方面，砍伐森林对土地的彻底改变被视为环境退化的一种形式。地方似乎失去了它们的个性，没有未来再生的希望。[16] 另一方面，从另一种角度来看，这种改变可以被视为改变自然以符合预先存在的积极的形象：使其看起来具有如画之美 [或者，"富有成效的"（Thomas，1984：267）]。这两种观点在一种不安的张力中并存，彼此为对方创造了条件。当然，作为非西方文化被感知、被表征和被殖民的方式，风景如画的概念被证实为一种强大的框架工具。自从伯纳德·史密斯（Bernard Smith）开创性地对欧洲人在南太平洋航行期间所创作的艺术作品进行分析以来，我们已经开始更清楚地认识到景观（如画的风景）表征与民族志书写的早期形式之间的密切关系 [Smith，1985: ch.7]。

史密斯（Smith）研究的一个重要发现是，欧洲的表征风格 [视觉和文本] 被转化为他者与该地区人民和地方的相遇模式。他的作品也体现了前文提到的表征技艺的张力——即以意大利起源的新古典主义思想为前提的风景如画的模式，与以观察、经验记录和实验相关的"摹写"模式之间的张力。例如，在个别植物和动物的绘画中，后一种模式占主导地位 [Smith，1985: 112]。然而，在描述当地居民及其周围环境时，风景如画的阿尔伯蒂模式更为突出。这反映了运用阿卡迪亚（Arcadia）、伊甸园、原始主义和"野蛮"这些约定俗成的概念来取代本土族群自身对环境之理解的尝试。[17]

史密斯认为，浪漫主义描绘中的惯例和更"科学的"民族志信息之间的紧张关系，导致了他所谓的"典型景观"的出现：这些表征会唤起人们对该地区的人和地方特征的感受。正如洪堡（Humboldt）指出的那样，在这一时期变得明确的是每个国家都有其独特的景观类型——某种自然地貌。在人类学中，这是博厄斯（Boas）随后也认同的观点 [Livingstone，1992: 291]。

这种表征之重点的转变，以及该地区人民的殖民化，在很大程度上相互影响。[18] 可以将"风景理论家"[Gilpin，Payne Knight，Price] 之间的最初争论视为殖民趋势成为 19 世纪重要特征的微缩预兆。一方面，风景如画被理论化为"被动的"，并受到观赏规则的约束 [如无能为力的旅行者所经历的那样]。另一方面，风景如画继而被理论化为"主动的"[由强大的殖民主义者制定]。第一种立场与吉尔平（Gilpin）的思想和著作有关；第二种立场一方面源自佩恩·奈特（Payne Knight）和普莱斯（Price）

的争论，另一方面与雷普顿（Repton）围绕景观"改善"的性质的讨论有关 [Michasiw，1992]。

围绕英国风景如画概念的讨论，是对克洛德（Claude）、普桑（Poussin）和萨尔瓦托·罗莎（Salvator Rosa）所画的理想化风景的回应，也是对当时盛行的壮游（Grand Tour）的回应——壮游给予这些画作可视化的表达。在此意义上，这场讨论与英格兰人/英国人的"民族认同"有关。[19] 与此同时，关于英国风景如画的讨论预示了后续有关乡村评价的发展 [Thomas，1984：262]。

正如史密斯 [Smith，1985：200-202] 所示，库克的南太平洋航行对当时英国和欧洲人的想象力产生了深远的影响。如前所述，人们逐渐意识到，每个地区都有自己独特的景观类型，壮游本身的传统在地理范围上太过受限——"在遥远的殖民地冒险的可能性，描绘以前从未画过的绘画场景的可能性，都比意大利之行更具吸引力"。如此看来，太平洋航行可能是世界旅行的前奏；因此，印度成为许多人的主要目的地。[20]

平尼（Pinney）在第4章考察了印度如画风景观念以及如画风景画作的殖民传统如何转化为石版画的视觉形式["日历艺术"]。他探讨了石版画中所反映的内容，与他进行实地考察的工业城镇纳格达（Nagda）——也是许多此类石版画被出售和"消费"的地方——这两者之间的关系。

在部分石版画中，代表传统存在维度的前景位置与代表现代性的背景空间之间存在一种不安的、时常割裂的关系。平尼表明，这种张力既是表征领域的一个特征，又是纳格达居民生活经验的一部分。还有部分石版画——特别是那些包含印度教神灵的石版画，实现了前景和背景之间的统一关系。然而，这种内在的统一与那些实际购买石版画的人的当代生活经历完全割裂。印度民族主义引发了解决传统与现代之间割裂的尝试，并在一系列石版画中采用神祇的惯例来代表一个统一、多产和自给自足的国家。正如平尼所说，"正是在这个民族的政治虚构中，近景与远景、空间与地方,瞬间结合在一起"。

平尼引起我们注意的政治虚构是民族国家历史上一个反复出现的主题,但正如布洛赫在他那章所表明的那样,政治虚构的存在并不依赖于民族国家。平尼的章节清楚地表明,感知到什么存在于表征之内,什么存在于表征之外,这二者之间的关系虽重要却模棱两可。该章的讨论中还强调了一种不安的关系,即被纳格达当地人视作地方景观内部之物,却被大型工业地产视作领域边界之物。

局内与局外

雷蒙德·威廉姆斯(Raymond Williams)被广泛引用的一个观点是,"局外人"——房地产所有者、改良者、实业家、艺术家——经常诉诸景观的概念,而并非那些实际居住在相关区域的人。在《乡村与城市》(*The Country and the City*,1973)一书中,威廉姆斯认为景观概念的传统使用方式,使得局内/局内人和局外/局外人之间的模糊性变得显著。例如,正是这种模糊性促使地理学家在第二次世界大战后[Livingstone,1992:308]将景观从地理学词汇中剔除。[21] 最近,科斯格罗夫[1984]在这种模糊性中发现了景观概念的意识形态属性。

然而,威廉姆斯对"居住"于其景观的"局内人"与接受客观化概念的"局外人"之间的鲜明区分,实难以维系。它的含义是前者根植于自然,而后者则完全基于对商业/占有价值的理解[Berger,1972],这种观点带有浪漫主义色彩。与"场所"和"空间"一样,"局内"和"局外"这两个概念并非完全相互排斥,而是取决于文化和历史的语境。

塞尔温(Selwyn)在第5章关于以色列的景观中,展示了局内和局外的观点如何从根本上改变国家和更广泛的地缘政治事件的背景。19世纪犹太复国主义者的利益,和威廉姆斯对陆地上的"内部人"——被描绘成更接近"自然"并从事更"真实"的工作形式——的愿景之间，存在有趣的相似之处。正如塞尔温所指出的，犹太复国主义与其说是一种宗教运动，不如说是一种基于物质生活和土地劳作的救赎过程。犹太复国主义者希望将犹太人的生活从基于欧洲空洞的商业主义形式 [作为局外人] 转变为基于巴勒斯坦 [作为局内人] 的男性、女性、自然与土地劳作之间的一种新的、正常的关系。

这种转变的关键是该国现有的居民、阿拉伯的农夫和贝都因人。阿拉伯人唤起的内在形象——作为希伯来过去的遗产，是早期定居者希望通过进入巴勒斯坦重新扮演的形象。布伯（Buber）等人考虑到这些形象，并勾勒出宗教和民族共存的可能性。但正如塞尔温巧妙地表明的，景观在以色列国家观念中的中心地位——特别是自独立 [1948 年] 以来，已从根本上改变了那些被认为是局内人和局外人之间的关系。他通过三个案例研究和一个涉及局内 [善的 / 我们 / 以色列人] 和局外 [恶的 / 他们 / 阿拉伯人] 相关概念的历史勾勒，对此进行了讨论。我们所理解的当代以色列景观，是这些局内和局外概念及其历史转变之间的关系。

在这些转变的基础上，塞尔温发现了"捍卫自然"和"捍卫"以色列国家的概念之间的密切关联。现在，景观被视为一个"舞台"，需要从双重威胁——阿拉伯的人口扩张和美国消费主义的价值观——中被拯救出来。具有讽刺意味的是，正如塞尔温所指出的那样，"现在景观已成为重建早期定居者试图解放自己的价值的策略化隐喻"。以前想象的、存在于阿拉伯人和贝都因人中的解放潜力已被重新塑造为外部威胁。

当代以色列的案例涉及两个相对独立的民族和宗教传统之间的局内和局外关系的转换，这些宗教传统在同一语境之下产生了关系。这里出现的张力可与汉弗莱（Humphrey）在第 6 章中描述的蒙古族群案例进行比较。但在后一种情况中，张力的出现，与其说是围绕特定的民族，不如说是围绕着相互竞争的能动性概念,这些能动性概念通过将人们置于世界上的完全不同方式而得以凸显。汉弗莱将这种人们置身世界之中的不同方式称为"部落政治式"和"萨满教式"景观。这两种景观模式既不应与单独的社会相混淆,亦不应与作为包含部落政治、萨满教观念的预设性实体的景观相混淆。相反,这两种景观模式是潜在的,且在整个文化区域中都显示出潜力。它们(两种景观模式)通过某些生态、政治和宗教因素的结合而出现;此外,它们互为彼此存在的预设。

汉弗莱指出,部落首领制和大型中央集权政体往往出现在广袤的、中央无树的草原地区。萨满教多发生在草原、森林、高山、大江大湖等较为"边缘"的地区。但生态只是其中的一个因素。作者在这一章节中认为,部落政治式和萨满教式的景观只是偶然地相互关联。从一种模式到另一种模式的转变需要不同的内部和外部概念。在部落政治式的景观模式中,这集中在"垂直"领域的——山脉就是一个例子——移动仪式中心的重复。这反过来又与重复的地名和萨满巫师作为局外人的情境特征有关。对萨满巫师的排斥与他们被认为拥有的精神域有关,这种精神域可能会颠覆(部落政治模式下的)垂直性的成就,加之(这种精神域)会以不受限制的变化取代地名的统一性。只有当(部落政治模式下的)重复性中心无法再保持政治性的持续时,作为背景的萨满教式景观才成为主导性的模式。

萨满教模式偏好的是差异,被视为宇宙中固有的精神力量指向(个体的)人而非父系。与部落政治模式下的重复地名形成对比,(萨满教模式)强调偏侧性和运动;这使得萨满巫师在死亡后转换为魂灵,并在以此与特定地方相关联而被纪念时,能得到可视化的表征,而非像部落政治景观模式中发生的那样,遗忘并被从土地上抹去。然而,作为背景的(部落政治景观模式中)垂直性和重复中心化的结构性趋势也未消逝:它作为一种潜力而存在,随时准备再次成为这整个广阔地区中更占主导地位的社会和政治形式。

乍一看，汉弗莱记录的（两种景观模式间的）张力和转换似乎与我们在西方背景文脉下所习惯的大不相同。但与此同时，部落政治景观中固有的趋势——强调消除空间特异性，强调重复性的时间运动——让人想起马克思关于资本主义逻辑的核心论述之一："时间对空间的湮灭"[引自 Cronon，1991：92]。在蒙古族语境中，强调社会性和宇宙意义的垂直性意味着"空间[是]沿着时间轴开始倒塌的"。根据资本逻辑，基于技术和市场效率以及不断增加的联系的要求，地理[空间]作为一种增加商品时间流动的方式而趋于湮灭。例如，克罗农[Cronon，1991]在他对芝加哥["自然之都"]与"大西部"之间的历史关系的典型研究中记录了这一过程。他描述了一个日益相互关联和整合而形成"景观"的经济过程，如何讽刺性地在局内与局外、城市与乡村之间制造着越来越尖锐的分离。

以类似的方式，资本主义具有相反的趋势，这让人想起上述萨满教景观模式，其所倾向于特定生态系统的多样性。在这里，研究者试图超越资本逻辑所带来的内外体验之间的同质化和去个人化的关系[Harvey，1989：254-259]。这种相反的对抗性趋势具有悠久的历史，譬如在英国。托马斯（Thomas）讨论了这个问题，因为它在18世纪变得更加明显。他问道，如何才能"在保护野生自然的同时又将其拒之门外？"[Thomas，1984：285]。

正如我们在上一章中所看到的那样，在南太平洋的欧洲旅行家们也遇到了类似的问题，他们试图利用当代的如画风景这一惯例来再现当地人民。南太平洋岛民被如此再现，是为了表现他们的"他者性"——他们的外部性，从而使其符合欧洲的意象，但这从来都不是一个单向的过程。托伦（Toren）在第7章中，描述了斐济人如何运用各种西方制度，使其符合当地关于内外关系的观念：土地中所固有的前殖民的祖先法力

[玛纳（mana）]与殖民主义伴随的经济作物和基督教如何共融于单一的景观之中。将前者视为更"局内"，而将后者视为更"局外"，这是不正确的。相反，基督教和资本主义市场关系现在都包含于斐济乡村生活的空间性之中。托伦展示了这一点，他通过斐济人对其乡村生活中最普通事件的例行评论和更具体的叙述，将此事实进行了呈现。

在这一章中，托伦描述了祖先的主要房屋基础[雅武（yavu）]。雅武存在于普通乡村生活运行之外，但它的外部性被认为是一种潜在的玛纳（法力），并在最高酋长身上得到活生生的体现。与此类似，基督教的宣教和资本主义经济作物也被认为具有通过叙事解释而纳入斐济人内外关系的潜在可能。将其中一种视为更"传统"，而将另一种视为从外部强加的、更为"现代"的（认知），则忽略了（基督教的宣教和资本主义经济作物）在当地的转换过程。因此，乡村生活的视野和空间性已经扩大到包括国家和基督教意识形态。但与此同时，这些变化则是继续通过当地的叙述和想象得以表达，（这种本地表达）强调上述变化是"以亲属制度的方式""以酋长制的方式"和"以土地的方式"实现的。

图像与表征

斐济的案例将我们的注意力吸引到叙事中，如何不断地关注作为前景中的场所和"内部性"与空间和"外部性"之间的关系。正是这种反复出现的过程——通过图像和隐喻来表达——被当前一些作家视为本地景观建构的核心特征[Basso, 1988; Weiner, 1991]。还有另一种分析人们与其周围环境关系的传统，其与斐济案例的叙事维度相对立。这种分析传统是笛卡尔之后在西方站稳脚跟的，并且其经常被描述为导致了社会调查中"客观主义"形式的出现[Bourdieu, 1977]。事实上，斐济案例对图像和隐喻的强调正是笛卡尔传统所批判的重点，"（笛卡尔传统的）理性主义纲领包括，从我们的语言中清除所有的比喻和隐喻的概念，清除只有通过参考图像才能理解的此类表达"[Hampshire，1969：477]。（理性主义）程序的目标是找到一个确实性的、不受任何外部影响的知识基础。其所针对的语言可以被称为是"在各种条件下都能够成立"的语言——像人工地图一样确切的知识。正如以上所述，笛卡尔的观点与制图学的长足发展以及西欧大众消费性地图大量制作的时期相吻合，（这一事件）并非偶然。

然而，在西方传统中还存在另一条与笛卡尔主义针锋相对的思想路径，这条路径将图像、隐喻和"常识"置于中心地位——也即众所周知的"记忆的艺术"[Yates，1992]。对于这一传统中可能是最雄心勃勃的理论家维科（Vico）而言，知识并不像笛卡尔所认为的那样，存在于任何预先建立的人或环境中。相反，知识会在"他们[人和环境]于其自身的活动流所创造的社会共享的身份感中被发现"[Shotter，1986：199，强调已被删除]。这些身份就是维科所说的"感官主题"。选择这个词是"因为[这些身份]会引起老生常谈的讨论，例如，在共同社会活动之流中共享某时刻，这提供了一种普遍的参考，而用'感官'一词，因为它们是对已经共享的环境产生共享感觉的时刻"[Shotter，1986：199，强调已被删除]。与笛卡尔的知识和语言传统相比，维科的传统可以被称为"参与式语言"。[22]

笛卡尔观点的目标是一种绝对位置性的形式。地方的细节不是核心问题，因为目标是实现清晰和独特的地图式表达。[23] 维希安（Vichian）的观点更具相对性，他优先考虑图像和位置。在某种层面上，这两种观点似乎是不可调和的。然而，在明显差异的背后是一种关联性，可以通过参考几乎被认为是理所当然的日常运动、寻路和导航实践来凸显这一关联。事实上，盖尔（Gell，1985）已经发现了绝对位置和相对位置之间的关系（在对地方的依附和更分离的空间之间，在内部感觉和外部有利位置之间，在图像和表征之间）。盖尔根据布迪厄（Bourdieu）对"客观主义"

的重要批评发展了这一观点。布迪厄指出：

> 文化有时被描述为一张地图，这具有深远意义。这是一个外来者想到的类比，他必须在异国他乡寻找出路，并使用所有可能路径的模型，来弥补他对实际掌握的不足，弥补他缺乏的当地人的特权。这个潜在的抽象空间之间的鸿沟，没有地标或任何特权中心……从我们在地图或城镇规划上识别熟悉路线的困难中，可以看出旅行实际发生的实践空间，或者说旅行实际被发生的实践空间，直到我们能够将潜在领域的轴线汇集在一起。正如庞加莱（Poincaré）所说，轴线系统与我们的身体不可改变地联系在一起，被我们随身携带，它将实践空间分为左右、上下和前后。[Bourdieu，1977: 2]

盖尔认为，这段话中有一个潜在的假设，即"本地人"没有求助于"地图"[参考 Harley et al., 1987: 505-508; Harvey, 1980]。当然，这很大程度上取决于如何界定地图。盖尔建议，在定义地图时，首要的是区分相对的、以主体为中心的知识形式[他称之为表征性的（知识）]和绝对的、不以主体为中心的空间知识[非表征性的]。根据这种区分，地图可以被定义为"任何空间知识系统……它采用关于地点和物体空间位置的非表征性陈述"[1985: 278]。相比之下，图像是知识的表征性形式，因为它们总是具有感官的形式。因此，图像是"关于基于感知的信念，即关于感知主体的位置是什么"[第280页]。因此，与布迪厄相反，盖尔认为只有在非表征性知识[地图]的基础上，才能建立关于当前位置和对象的表征性知识[图像]。

出于分析目的，虽然区分图像和地图很重要，但实际上，正如盖尔[第278～280页]所阐述的那样，图像和地图以相互关联的方式相互融合。这一点在最近对澳大利亚原住民的一些研究中得到了特别微妙的体现，其灵感源于芒恩（Munn）对瓦尔比利人（Walbiri）的研究 [Munn, 1973a]。她对瓦尔比利人图像表征的分析揭示了它们是如何"描绘不同地区空间分布的方式"，因此有时被称为"地图" [Munn, 1973a: 136]。莫菲（Morphy）在第 8 章中强调了雍古族（Yolngu）语境中图像和地图的这种内在关系，因为这种内在关系更聚焦于地方的重要性（内涵）。他在这一章节还介绍了汉弗莱所讨论的蒙古族案例中的一个有趣变化：在蒙古族语境中，多样性和变化与萨满教景观模式有关，而不变的结构则源自部落政治景观模式的支配。相比之下，在雍古族的案例中，偶然性变动被反复地纳入祖先的、不变的结构之中。这一过程的焦点在于地方的本土化概念。

　　莫菲的大部分讨论都致力于描述这样一个观念，即在雍古族人的个体发育过程中，地点概念优先于时间。这一点在他们的语言结构中表现得尤为明显，其中"就位"（emplacement）的概念尤为突出——类似于我们更为熟悉的祖灵存在（ancestral beings）不断地就位的过程。然而，这个祖灵过往（ancestral past）那有序而冰冷的世界也只是在个体经验中被重新创造的，而这些个体经验是经由个人和集体在地方之间的移动而得以获得。莫菲将祖灵创生出的轨迹——在他们自身转换为某个特定地方之前——当作一幅"神话地图"。我们应该注意这里用到的"地图"的概念，它是一种与雍古族男人和女人的日常经验领域原本相距甚远的再现形式，但通过叙事、歌曲、婚姻实践和仪式等不断地被带入到这个再现领域。就像一幅更传统的人工地图一样，它是为了定位和行动的目的而绘制：与谁结婚或不与谁结婚，狩猎何物或不狩猎何物。

　　莫菲描述了为何这种方向感和行动感也是亲属关系的产物。正如在上面讨论提到的许多文章中所反映的，亲属关系和土地是一个相互影响的过程。在这个澳大利亚的案例中，日常图像、祖灵和神话地图，在被概念化为一段"终生旅程"的过程中彼此相互融合。这种融合是在（个体）出生时建立，在婚姻中被加强，并在丧葬仪式中最终完成。（个体）出生时，灵魂作为祖灵力量的某种表征形式进入人体，而在死亡时，灵魂则返回大地，沿着一条特殊的路径穿越阿纳姆地（Arnhem Land）。莫菲引用芒恩[Munn, 1973b: 199]的话，指出：从这个意义上说，梦创时代的[祖灵过往]不断地从大地中涌出，被重新形塑为一个生命实体，并在死亡过程中不断地返回到地里。图像[作为生活经验]和地图[作为土地上的标记，标示生命过程的潜力，以及死亡时的个体物化]不断地相互再造。

在阿纳姆地，出生、婚姻和死亡是特殊的时刻，雍古族的风景在这些时刻暂时可见[作为"图像"]，却只是再次成为日常实践中无形背景的一部分[如祖灵地图]。这些相同过程在西部沙漠中很明显，但正如莱顿（Layton）在本书第9章中所阐明的那样，我们发现它们在这种文化背景下的表达方式不同。这是不同生态状况的结果[澳大利亚北部的季节性降雨与西部沙漠的不规律降雨]。正是这种生态环境影响了莱顿所关注的西部沙漠"话语"的独特风格。他在为乌鲁鲁（Uluru）的阿南古人（Anangu）争取土地权益时参与了这一讨论（Layton, 1986）。他在文章中采取的立场源于其将西部沙漠话语转化为法律或人类学话语时遇到的难题。

正如在雍古族的背景下，西部沙漠的土地被认为是祖先在朱库尔帕（tjukurpa）期间——莱顿将其翻译为"正法时代"（time of law）——所创造的。当这些地方性观念被置于澳大利亚白人法律体系中对权利和界限意图的审查之下时，就会出现无法回答的问题。例如，"'梦创时期的轨迹有多宽？'这个荒谬的问题是在早期土地听证会上被提出来的"。

之所以能够提出这样的问题，反映了澳大利亚政府试图将本土知识以特定的形式呈现出来：将"（梦创时期祖灵的）轨迹"想象作某个制图类别，并由此而可能指定其"宽度"。并不是说西部沙漠的居民没有求助于盖尔所描述的那种非表征性的地图，只是他们通常不会将这种基于图像的知识分离成（官方）话语下的合法"对象"。

因此，莱顿的这一章可以从两个层面上进行阅读。首先，在一个层面上，此章试图证明"指称意义"上的难题：即一个词或短语的意义是由其产生的语境所塑造的。这触及了当下关于后现代主义局限性的核心议题。莱顿提倡一种具有实践重要性的语言观：语言是用来满足实践需要的 [Shotter，1986；Merleau-Ponty，1962]。

其次，此章展示了图像和地图在西部沙漠和阿纳姆地之间如何以不同的方式相互关联。在此，莱顿又一次抛出其观点，认为这种差异源于前者更不稳定的生态状况。在西部沙漠中，一个人既不会出生于，也不会（在死后）回归进某个作为"祖灵网格"（ancestral grid）或"地图"构成部分的地方。更多的情况下，一个人只是在照看或"保有"某个乡里。这里的地图，作为一种非表征性的空间性知识的形式[3]，导致了不同的方位观。与其说它（地图）是用于规定婚姻、狩猎等的祖灵轨迹网格，不如说它是在尽可能多的方向上（沿着祖灵轨迹）去积极拓展这些实践的推动者。"同胞关系"的习语 [这里的同胞关系同时"关联"某个人和某个地方] 是实现这一点的社会机制。获得食物和水的日常经验 ["图像"] 存在于所有可能的（祖灵）轨迹的潜力背景之中。西部沙漠地图是一种基于关系积累（生产的），而不是某种复制预先存在的模式。

虽然这里强调了西澳和北澳之间的差异，但两个地区的共同点是知名度高。芒恩 [Munn，1973a] 在西部沙漠和莫菲 [Morphy，1991] 在阿纳姆地所进行的分析中，将（地方）的文化价值置于视觉（意象），即在图形象征中赋予其符号性表达。相关的是，在巴布亚新几内亚森林环境中工作的人类学家与此研究也进行了比较和对比，例如瓦尔比利人的民族志等。在巴布亚福伊人（Foi）中开展田野工作的维纳（Weiner）最近讨论了与之相似的现象，特别是聚焦于（福伊族）男性和女性在日常移动

---

[3] 原文如此。但译者认为作者原意是想说："这里的地图，作为一种表征性的空间性知识的形式。"——译者

中的题刻行为，以及通过福伊人的地名、梦境和歌曲召唤起祖先的足迹[Weiner，1991：196-197]。这两种文化语境的核心是象似性（iconicity）的普遍存在：在瓦尔比利人语境中，其以图形方式表达；而在福伊人语境中，其则通过语言方式表达。这种差异的本质基础正是盖尔所撰写的本书最后一章分析的起点，此章内容是基于他对新几内亚乌梅达人（Umeda）的田野调查。

在乌梅达，日常"图像"（everyday "images"）和更具广泛性的表征["地图"]之间的关系主要不是通过使用视觉产生的。盖尔认为，乌梅达人居住的那种茂密的森林环境强加了"感官重组"，这与在更"开阔"环境中所发展出来的不同。乌梅达的语言比其他视觉文化中发展出来的语言更加突出。具体来说，盖尔认为，在单一感官模态占主导的文化背景或环境背景下 [在乌梅达案例中，单一感官模态是听觉。因为视觉经常被森林所遮蔽，（良好的）"视野"变得难以获得]，象似性就成了语言的一个普遍特征。[24]

在（乌梅达人）这个高度发达的听觉世界中，没有任何我们可以理解为 [可见] 景观的东西存在——只有部分瞥见 [可与高所撰写的第 2 章内容进行比较]。（环境中）没有中央制高点可供获取总览性视野。在乌梅达人的语境中，"可见"的定义是（某物或某人）在物理状态上的接近。隐藏（Hiddenness）在形式上不是"不可见"，而是"听不见"。因此，乌梅达人居住的景观是一种"（语音）表达"，正如盖尔所说：

> 这种景观是在两种体验之间的界面中构建的：在远端，它包括环境声音的编码，即声景；在近端，它包括作为发声腔的基础性全部身体器官，以其对声音的敏感，通过语言和模仿发声的自动感知体验，产生声音。

盖尔用乌梅达人的语言描述了编码这两种体验的图式。通过他的描述，我们能够理解乌梅达的声景是如何在概念上进行限定的。在那里，由一组高大的当地山脊构成了物理上的极端，一道"垂直栅栏"代表着作为背景的地平线。在语音上，这种（环境）是通过圆润但受限的声音进行编码的，暗示着环绕的界限；而另一个物理极端是附近村庄所在的山丘，在语音上，其也被编码以表达这个相反的物理极端。这些语言特征上的编码类似于乌梅达人穿越其周围环境的物理性移动。换句话说，语言特征必须被理解为来自瞬时声音和发音：它们必须被动态地理解为运动。

盖尔在这个章节中强调，表征性的"图像"和非表征性的"地图"之间的关系不限于视觉形式，乌梅达人的听觉地图在口语中找到了它的物理表现；从某种意义上说，地图是通过这些听觉手段被重新创建的。通过他们的讲述，乌梅达的男人和女人用语言表达了他们通过移动以及实践性和仪式性行动所建构的东西——乌梅达景观的最远 [最不明显] 和最近 [最明显] 维度。

因此，盖尔的论述将我们带回到格林（Green）针对 19 世纪法国所做的类似讨论：(格林)反对将视觉作为 [景观] 图画的首要属性的常识性主张。只不过，视觉在表达方式上与其他感官模式有所不同而已，其不同之处取决于更细微的社会和历史情境。在法国的背景下，乡村与巴黎大都会中心的关联性发展为以独特的方式将其带入视野创造了条件。从某种意义上说，与乌梅达一样，缺乏空间景观 [在巴黎市区]，以及其他强调商业创造的景象体验因素，促成了将自然在视觉中转化为"景观"。在各自的情境中，景观都是作为一种文化过程的形式出现的。

结论：作为文化过程的景观

本导论中发展的景观模型是基于景观作为过程的概念。这些单篇论文都从民族志角度描绘了这一过程。有人认为这个过程是将"前景"的日常社会生活["我们现在的样子"]与"背景"潜在的社会存在["我们可能的样子"]联系起来。在某些理想化和超验性的情况下，这会获得一种永恒和固定的形式，例如绘画的景观表征。但在具有社会关系的人类世界中，如果存在这种可能的话，那也只是短暂性地得以实现。最后这一点需要进一步论述，它同时也提出了一个对人类学以外的景观研究具有影响的问题。

科斯格罗夫 [Cosgrove，1984：32] 有力地论证了景观意味着对过程的否定——"景观作为一种意识形态概念正式否定了过程"。科斯格罗夫所讨论的景观概念，基于对这一概念的历史性生成解读，强调其视觉性、绘画性的维度。在这种理解中，景观是一种有限性的观看方式，这强化了"局外人"的观点，同时延续了土地上局内人和局外人之间的彻底割裂：在那些与土地"直接"相关的人和那些与交换价值的形式相关的人之间 [Cosgrove，1984：269-270]。

毫无疑问，西方景观概念的历史性演进暗示了此前不甚明晰的观看方式及其与土地和环境相关联的方式。景观概念还表达了此前不太明晰的局内和局外的概念。但是如果认为景观概念意味着对过程的否定，那就是混淆了在艺术表征、花园和庄园之中所追求的东西，以及与此相反作为日常社会实践的一部分而存在的东西 [Cosgrove，1993：250-251]。

我们在上文中已经看到[这在接下来的各章中有所描述]，在某些情况下，男人和女人努力获得无时间性的永恒，这让人想起山水画所取得的成就——风景如画的扎菲马尼里及其最远地端，在此请记住，巨石在他们的界限之外。但正如布洛赫提醒我们的那样，这些扎菲马尼里人试图克服他们所认为的土地冷漠的永久存在，结果只会带来代价高昂的胜利——永久的石头本身成为那种冷漠的环境的一部分。或者，在不同的环境中，国家等外部机构试图将固定性和持久性强加于本土的分类体系和实践，例如莱顿为西部沙漠原住民描述的人工地图相关的固定性和持久性。[25] 相比之下，汉弗莱详述的蒙古族案例表明，否认偏侧性和运动的趋势 [部落政治景观模式] 如何与偏好运动和地名差异的萨满教景观模式共存。

因此问题的关键在于，景观是一种过程，因为男人和女人试图在前景中认识到什么只能是一种潜在性，并且大部分存在于背景中。前景现实和背景潜在是在一个相互暗示的过程中存在的，因此日常生活永远无法获得表征的理想化特征。正如科斯格罗夫所提示的那样，试图超越这个限制、否认过程，将我们带到了权力和历史的问题上。正是在这种背景下，这里提出的景观跨文化研究框架成为在更广泛的人类学和社会理论中更被普遍关注的理论部分 [参考 Dirks et al., 1994]。[26]

虽然这里提出的框架是通过开启和分解景观概念产生的，但也有人拒绝由此出现的相关概念集锚定的精准场域。场所与空间、局内和局外、图像与表征无法更进一步排列成一组同等物或精确的同源物，而景观是它们的总和。因为这是没有"绝对"的景观：地方与空间、局内与局外、图像与表征之间的显著性和关系取决于文化和历史情境。

最后，让我们回到导论开头提到的一个问题。有人认为景观在人类学中与身体这一议题的地位相似：尽管它们无处不在，但没有被作为一个学术问题 [希望这种情况已通过此处的呈现部分地得到纠正]。然而，盖尔在他的文章中提醒我们，就像景观一样，没有"绝对"的身体；身体是一个地方、一种氛围和一种感知环境。类似于身体，景观的情景化和变化性属性出现在所有文章中；或许，这在平尼（Pinney）对印度石版画表征的探讨中尤为明显。在他的文章中，我们发现当代印度工业化环境中日常发生的紧张和矛盾被转移到视觉媒介上。在某一个时刻，在前景突出的"传统"概念和以单一表现形式出现的"现代"背景之间存在着一种不安的关系。而在另一个时刻，传统的稳定表现似乎占主导地位，或者现代性再次占主导地位。最终，传统与现代之间的张力——前景与背景、地点与空间——似乎在一种概括了统一国家的政治虚构的表征中得到了暂时的缓解。在这里，没有一种绝对的景观，只有一系列相关的、甚至是矛盾的时刻——视角——凝聚在一种可以被视为单一形式的东西中：也就是，景观是一种文化过程。

注释

本导言受益于许多人的评论和建议，我衷心感谢他们。艾伦·艾布拉姆森（Allen Abramson）阅读了初稿，事实证明，他富有洞察力的评论对于澄清几个关键的理论问题非常重要。他还非常友好地同意对后期的文章发表评论。布鲁内尔大学人文科学系的几位同事给了我建议和鼓励；在此我要感谢 Adam Kuper、Mark Nuttall、Ralph Schroeder 和 Charles Stafford。此外，对于 Jonathan Benthall、Gustaff Houtman 和 Tim Ingold 的评论，以及几位嘉宾对本文的评论，我也相当感激。Nicola Abel Hirsch 在导言的观点形成时聆听并阅读。她的耐心和洞察力被证明是无价的。特别感谢和我一起担任主编的迈克尔·奥汉隆（Michael O'Hanlon），他仔细而透彻地阅读了导论几个版本的文稿，在风格和观点方面都进行了大量修订。导论中包含的许多想法，最初在"自然与表征"的讲座课程中进行过探讨。感谢参加这些课程的学生的建设性意见和鼓励，特别要感谢 Bryan Cleal，他非常友好地对本文的初稿进行了富有洞察力的评论。本文仍然存在的事实或形式上的错误，统统归咎于我本人。

1. 在撰写此导论之际，本德 [Bender，1993] 编著的相关作品也已问世：这些都表明，景观作为人类学议题的时代已经来临。
2. 此处的全文为：想象一下，你独自一人突然被置于一座热带孤岛，身边是你的全部装备，不远处是一座当地的村落，而搭载你前来的船已消失在视野之中。
3. 参见《牛津英语词典》中"Landscape"词条，第二版，Viii，第 628—629 页。
4. 还可参见阿尔珀斯 [Alpers, 1989]；巴恩斯（Barnes）和邓肯（Duncan）[1992]；

巴雷尔 [Barrell，1972]；布蒂墨（Buttimer）和西蒙（Seamon）[1980]；科斯格罗夫 [Cosgrove,1984]；科斯格罗夫（Cosgrove）和丹尼斯（Daniels）[1988]；盖尔 [Gell，1985]；段义孚 [Tuan，1977]。

5. 例如，1920年休战日在白厅揭幕的英国纪念碑上刻着："这可能是建立的第一个国家圣地……设计者劳埃德·乔治（Lloyd George）和勒琴斯（Lutyens）都并不……期待人们在这空无之地能自动产生回应……成千上万的死者亲友在临时的祭坛赠送花环，将其悲伤凸显于这空无之中……"[Laqueur，1994：156-157]

6. 在此，有必要将我自己对神圣与世俗的定义与涂尔干的界定相区分。尽管当前的理论惯例是将其与社会—文化的关系这一传统相联系，此处的核心不在于将空间作为社会分类的映射 [Durkheim&Mauss，1963]，也不在于将其视为社会与物质之间相互分类的形式 [Lévi-Strauss，1966]。它也不同于聚焦空间将其视为被"实践的"身体和室内关系之特征的那些研究，它们将其类比于一个文化文本如何被形塑。[Moore，1986；参见 Duncan，1990] 相反，我的理解与帕金 [1991：9] 对空间 [通过其与前景地方之关系] 的描述相似，将其视为一种背景的可能性，它时常是无定型的，或者如我已提到过的，它是空空的。换言之，在此处要强调的是神圣空间与世俗空间之间彼此蕴意的诸多过程，而非涂尔干意义上的僵化的二分法。

7. 因此，在基督教神学作为一个共同的参照点的时期，上帝被视为第一绝对，自然不过是其辅助和副手。之后，在17—19世纪，自然的支配性风格使其成为一种"制度性法律"，存在着对于"自然之律"诸细节的深思熟虑，包括其分类、预测及发现。[Thomas，1984] 这种对于"如同法律的"、制度化特征的自然的强调，经由进化论的出现，制度性特征的自然概念又产生了变形——自然的形式不仅具有一种"制度"特征，也具有一段"历史"属性。由此，自然的概念逐渐由与一种"制度性法律"相关转变为一种"有选择的起因"。

8. 弗里德兰德（Friedlander）是贡布里希的一位老师，他认为风景画的产生本身可以视为曾经作为图画中的"背景"凸显为"前景"。弗里德兰德指出，由于文艺复兴时期对人文主义的强调，对宗教性和神秘性主题的压缩，这一显著变化加速产生。在中世纪的作坊里，存在人物画家、背景画家和静物专家的劳动分工，而现在背景画家成了一种专门的绘画类型 [风景画] 的画家。

9. 逝世后发表于 1498 年前后。

10. 此后，如普桑 [Poussin, 1593-1665] 的阿卡迪亚风景画，正是这一文化价值观的例证。[Bann, 1989: 100]

11. 阿尔珀斯（Alpers）对于视觉表征的争论也聚焦于它与物质的或社会—经济的因素之间的关系。她指出，荷兰绘制地图的实践 [她称之为"制图冲动"]，是如何受到荷兰人与土地关系的影响：这种影响不同于同时期英格兰 / 不列颠的状况 [这是特纳（Turner 1979）提出的]，特纳对于这一时期诗歌的讨论，聚焦于对 [土地] 权威与占有的关注。

12. 例如，维米尔（Vermeer）创作的现实主义画作《代尔夫特的风光》，堪比于地形学的印刷品，这一类印刷品于 17 世纪盛行于荷兰和欧洲。维米尔再现一处图像，如同是取自一个特定的地方 [地志]，地图再现世界如同排列于空间，提供了一种与地方之间的度量和关系 [地理学]。

13. 阿尔珀斯 [Alpers, 1989: 133-138] 认为，这种制作地图的冲动可以追溯到文艺复兴时期对托勒密地理学概念——最初形成于公元 2 世纪——的重新挪用。他的概念涉及"地势图"[以主体为中心的地方感] 与"地理学"[不以主体为中心的多重地方感] 之间的对比 [见上一条注释]。

14. 尽管有些人，如卡西尔（Cassirer）已经提出，在所谓的"神秘的"与"几何的"空间之间，存在一种彻底割裂，"细致的观察显示，神秘的空间依赖于几何策略的标识与连贯性，正如几何空间有赖于神秘策略的主体性的视角和观察。"[Noyes, 1992: 29]

15. 正如布蒂墨 [Buttimer, 1971: 28] 已经注意到的：

> "拉策尔和涂尔干都从有机体的视角来看待社会。对于地理学家来说，社会群体如同生物的细胞与它们的自然环境之间的共生关系，并且有一种自然的冲动要扩张领地。对社会学家来说，他们是在一个制度性的框架中的集体意识自成体系的产物。与生态环境或自然环境的关系，在涂尔干的分析框架中并不凸显。"

伯克 [Burke, 1900: 109] 讨论过与拉策尔对立的观点如何在法国地理学的传统中被维达尔（Vidal）和稍晚的列斐伏尔（Lefebvre）所延续。当然，这持续否定了其与涂尔干遗产的不同来源：

"涂尔干的学术遗产鼓励概括和比较，与此相反，维达尔式的方式则关注对于一个特殊的区域而言什么是独特的。"

16. 近期的例子，可参见《卫报》[*Guardian*，5 Sept. 1992]。

17. 类似的表征的张力，在与本土相关的问题上也得以凸显。[Barrell，1980]

18. 关于殖民地印度的如画风景的作品，可参见蒂洛森[Tillotson，1990：141-151]。

19. 例如，吉尔平（Gilpin）质疑是否有必要走出英国去寻找如画的风景。他认为，英国/英格兰的荒野[例如坎伯兰]提供了离家更近的这种体验。但是，英国的壮丽风景有其限度，因此需要进一步"改善"。改善者的概念源于佩恩·奈特（Payne Knight）和普莱斯（Price）对吉普林作品的批评。这些后来的理论家努力使"风景如画"在哲学上更加复杂[通过将其与当时流行的联想心理学理论结合起来]。他们还与景观改善者雷普顿（Repton）进行了持续的辩论。正如米切索[Michisaw，1992：84]所说，"吉普林如画风景的计划，是对国内景观的重新施魅，而不是重新设计。只是在第二阶段，这个项目本身才被驯化，将一个转型的英国[进而延伸到西欧]转变为一种规范"。

20. 本导论[以及本书各章]忽视了有关中国和日本景观过程和景观表征的相关研究。在中国语境中，有大量关于山水画流派和传统的文献[Bryson，1983：87-92]。这些文献所涉及的领域在很大程度上属于汉学家的研究范围。相比之下，有关风水或通过土地上的线、图形和点进行的占卜过程，涉及大量的人类学文献[参见 Feuchtwang，1974]。在日本语境中，应该提到伊古奇[Higuchi，1983]的重要文本，它记录了主导日本城市和乡村语境的视觉和空间结构的七种"景观类型"的存在。

21. 这导致在随后的几十年中，学者们对这种"客观主义"概念和对"局内人"观点的强调作出反应[Cosgrove，1984：33-38]。景观的概念是这一重构概念的核心，并成为用于描述地理经验的现象学术语的一部分[例如：Lowenthal，1961；Relph，1976；Tuan，1977]。在这里，重点是研究人们与周围环境的日常、直接和原初的关系。来源于20世纪欧洲大陆的存在主义哲学传统[海德格尔、梅洛-庞蒂、萨特]。例如，雷尔夫（Relph）发展了一个地理术语来描述"存在于世"["being-in-the-world"，Relph，1985；参见 Weiner，1991 以理解人类学中的类似情况]。

22. 这就是肖特 [Shorter, 1986：208] 所说的"从何认知"（"knowing-from"）；也就是说，从情境中了解。我们对日常语言的使用意味着一种地方性和定位性——从正在进行的情境的"有组织的环境"中讲起。[参见 Berlin, 1969；Edie, 1969]。

23. 在笛卡尔空间中，对象的位置是绝对定义的，与同一空间中认知主体的存在无关 [Gell, 1985：273]。

24. 盖尔（Gell）同样提示我们注意美国手语中普遍存在的拟象性，这是视觉占主导地位的一个例子。

25. 高（Gow）强调了围绕皮洛和州之间的地图/土地声明的类似困境。

26. 一个重要的关注领域是前景现实与背景潜在、地点与空间等之间的存在差距，以及在特定语境中跨越和协调的方式。詹姆逊（Jameson）对后现代主义的描述中，从文化和历史的角度对这种差距的性质进行了理论化——特别是参见他对"认知地图"以及权力/意识形态的"跨越"和"协调"能力的讨论 [Jameson, 1991：51-52, 415-417]。斯特拉森（Strathern）在她对美拉尼西亚社会性的综合描述中，从不同的文化和历史角度对其进行了理论化——特别是参见她对"预期结果"的讨论。[Strathern, 1988：274-288]

参考文献

ALPERS, S. (1989). *The Art of Describing: Dutch Art in the Seventeenth Century*. Harmondsworth: Penguin Books.
BANN, S. (1989). *The True Vine: On Visual Representation and the Western Tradition*. Cambridge: Cambridge University Press.
BARNES, T., and DUNCAN, J. (eds.) (1992). *Writing Worlds: Discourse, Text and Metaphor in the Representation of Landscape*. London: Routledge.
BARRELL, J. (1972). *The Idea of Landscape and the Sense of Place 1730–1840: An Approach to the Poetry of John Clare*. Cambridge: Cambridge University Press.
—— (1980). *The Dark Side of the Landscape: The Rural Poor in English Painting 1730–1840*. Cambridge: Cambridge University Press.
BASSO, K. (1988). ' "Speaking with Names": Language and Landscape among the Western Apache', *Cultural Anthropology*, 3/2: 99–130.
BENDER, B. (1993). *Landscape: Politics and Perspectives*. Oxford: Berg.
BERGER, J. (1972). *Ways of Seeing*. Harmondsworth: Penguin Books.
BERLIN, I. (1969). 'A Note on Vico's Concept of Knowledge', in G. Tagliacozzo (ed.),

Giambattista Vico: An International Symposium. Baltimore: The Johns Hopkins University Press.
BLOCH, M., and PARRY, J. (eds.) (1982). *Death and the Regeneration of Life*. Cambridge: Cambridge University Press.
BOURDIEU, P. (1977). *Outline of a Theory of Practice*. Cambridge: Cambridge University Press.
BRYSON, N. (1983). *Painting and Vision: The Logic of the Gaze*. London: Macmillan.
BURKE, P. (1990). *The French Historical Revolution: The Annales School 1929–1989*. Cambridge: Polity Press.
BUTTIMER, A. (1971). *Society and Milieu in the French Geographic Tradition*. Chicago: Association of American Geographers.
—— and SEAMON, D. (eds.) (1980). *The Human Experience of Space and Place*. New York: St Martin's Press.
CARTER, P. (1987). *The Road to Botany Bay: An Essay in Spatial History*. London: Faber & Faber.
COLLINGWOOD, R. (1960). *The Idea of Nature*. Oxford: Oxford University Press.
COSGROVE, D. (1984). *Social Formation and Symbolic Landscape*. London: Croom Helm.
—— (1985). 'Prospect, Perspective and the Evolution of the Landscape Idea', *Transactions of the Institute of British Geographers*, NS 10: 45–62.
—— (1993). *The Palladian Landscape: Geographical Change and its Cultural Representation in Sixteenth-Century Italy*. Leicester: Leicester University Press.
—— and DANIELS, S. (eds.) (1988). *The Iconography of Landscape: Essays on the Symbolic Representation, Design and Use of Past Environments*. Cambridge: Cambridge University Press.
CRARY, J. (1990). *Techniques of the Observer: On Vision and Modernity in the Nineteeth Century*. Cambridge, Mass.: MIT Press.
CRONON, W. (1983). *Changes in the Land: Indians, Colonialists and the Ecology of New England*. New York: Hill and Wang.
—— (1991). *Nature's Metropolis: Chicago and the Great West*. New York: W. W. Norton.
DANIELS, S., and COSGROVE, D. (1988). 'Introduction: Iconography and Landscape', in D. Cosgrove and S. Daniels (eds.), *The Iconography of Landscape: Essays on the Symbolic Representation, Design and Use of Past Environments*. Cambridge: Cambridge University Press.
DIRKS, N., ELEY, G., and ORTNER, S. (eds.) (1994). *Culture/ History/ Power: A Reader in Contemporary Social Theory*. Princeton, NJ: Princeton University Press.
DRESCH, P. (1988). 'Segmentation: Its Roots in Arabia and its Flowering Elsewhere', *Cultural Anthropology*, 3/1: 50–67.
DUNCAN, J. (1990). *The City as Text: The Politics of Landscape Interpretation in the Kandyan Kingdom*. Cambridge: Cambridge University Press.
DURKHEIM, E., and MAUSS, M. (1963). *Primitive Classification*. London: Cohen & West.
EDIE, J. (1969). 'Vico and Existential Philosophy', in G. Tagliacozzo (ed.), *Giambattista Vico: An International Symposium*. Baltimore: Johns Hopkins University Press.
FEUCHTWANG, S. (1974). *An Anthropological Analysis of Chinese Geomancy*. Laos: Vithagna.
FOUCAULT, M. (1970). *The Order of Things: An Archaeology of the Human Sciences*. London: Tavistock.
GELL, A. (1979). 'The Umeda Language Poem', *Canberra Anthropology*, 2/1: 44–62.

—— (1985). 'How to Read a Map: Remarks on the Practical Logic of Navigation', *Man*, NS 20: 271–86.

GOMBRICH, E. (1966). 'The Renaissance Theory of Art and the Rise of Landscape', in *Norm and Form: Studies in the Art of the Renaissance*. London: Phaidon Press.

GREEN, N. (1990). *The Spectacle of Nature: Landscape and Bourgeois Culture in Nineteenth-Century France*. Manchester: Manchester University Press.

HAMPSHIRE, S. (1969). 'Vico and the Contemporary Philosophy of Language', in G. Tagliacozzo (ed.), *Giambattista Vico: An International Symposium*. Baltimore: Johns Hopkins University Press.

HARLEY, J., and WOODWARD, D. (eds.) (1987). *The History of Cartography*, i. *Cartography in Prehistoric, Ancient and Medieval Europe and the Mediterranean*. Chicago: University of Chicago Press.

HARVEY, D. (1989). *The Condition of Postmodernity: An Enquiry into the Origins of Cultural Change*. Oxford: Basil Blackwell.

HARVEY, P. (1980). *The History of Topographical Maps: Symbols, Pictures and Surveys*. London: Thames & Hudson.

HIGUCHI, T. (1983). *The Visual and Spatial Structure of Landscapes*. Cambridge, Mass.: MIT Press.

INGOLD, T. (1993). 'The Temporality of Landscape', *World Archaeology*, 25: 152–74.

—— (1994). 'Introduction to Social Life', in T. Ingold (ed.), *Companion Encyclopedia of Anthropology: Humanity, Culture and Social Life*. London: Routledge.

JAMESON, F. (1991). *Postmodernism, or, the Cultural Logic of Late Capitalism*. London: Verso.

KEESING, R. (1982). *Kwaio Religion: The Living and the Dead in a Solomon Island Society*. New York: Columbia University Press.

LAQUEUR, T. (1994). 'Memory and Naming in the Great War', in J. Gillis (ed.), *Commemorations: The Politics of National Identity*. Princeton, NJ: Princeton University Press.

LAYTON, R. (1986). *Uluru, an Aboriginal History of Ayers Rock*. Canberra: Australian Institute of Aboriginal Studies.

LÉVI-STRAUSS, C. (1966). *The Savage Mind*. Chicago: University of Chicago Press.

LIVINGSTONE, D. (1992). *The Geographical Tradition. Episodes in the History of a Contested Enterprise*. Oxford: Basil Blackwell.

LOCK, M. (1993). 'Cultivating the Body: Anthropology and Epistemologies of Bodily Practice and Knowledge', in *Annual Review of Anthropology*, 22: 133–55.

LOVEJOY, A. (1964). *The Great Chain of Being: A Study of the History of an Idea*. Cambridge, Mass.: Harvard University Press.

LOWENTHAL, D. (1961). 'Geography, Experience and Imagination: Towards a Geographical Epistemology', *Annals of the Association of American Geographers*, 51: 241–60.

MALINOWSKI, B. (1922). *Argonauts of the Western Pacific. An Account of Native Enterprise and Adventure in the Archipelagos of Melanesian New Guinea*. London: Routledge & Kegan Paul.

MERLEAU-PONTY, M. (1962). *The Phenomenology of Perception*. London: Routledge & Kegan Paul.

MICHASIW, K. (1992). 'Nine Revisionist Theses on the Picturesque', *Representations*, 38: 76–100.

MOORE, H. (1986). *Space, Text and Gender: An Anthropological Study of the Marakwet*

of Kenya. Cambridge: Cambridge University Press.
MORPHY, H. (1991). *Ancestral Connections: Art and an Aboriginal System of Knowledge*. Chicago: University of Chicago Press.
MUNN, N. (1973a). *Walbiri Iconography: Graphic Representation and Cultural Symbolism in a Central Australian Society*. Chicago: University of Chicago Press.
MUNN, N. (1973b). 'The Spatial Presentation of Cosmic Order in Walbiri Iconography', in J. A. W. Forge (ed.), *Primitive Art and Society*. London: Oxford University Press.
—— (1986). *The Fame of Gawa: A Symbolic Study of Value Transformation in a Massim (Papua New Guinea) Society*. Cambridge: Cambridge University Press.
NOYES, J. (1992). *Colonial Space: Spatiality in the Discourse of German South West Africa 1884–1915*. Reading: Harwood Press.
OLWIG, K. (1984). *Nature's Ideological Landscape: A Literary and Geographic Perspective on its Development and Preservation on Denmark's Jutland Heath*. London: George Allen & Unwin.
PARKIN, D. (1991). *Sacred Void: Spatial Images of Work and Ritual Among the Giriama*. Cambridge: Cambridge University Press.
RELPH, E. (1976). *Place and Placelessness*. London: Pion.
—— (1985). 'Geographical Experience and Being-in-the-World: The Phenomenological Origins of Geography', in D. Seamon and R. Mugerauer (eds.), *Dwelling, Place and Environment: Towards a Phenomenology of Person and World*. Dordrecht: Martinus Nijhoff.
SAUER, C. (1963). 'The Morphology of Landscape', in J. Leighly (ed.), *Land and Life: A Selection of the Writings of Carl Sauer*. Berkeley, Calif.: University of California Press.
SHOTTER, J. (1986). 'A Sense of Place: Vico and the Social Production of Social Identities', *British Journal of Social Psychology*, 25: 199–211.
SMITH, B. (1985). *European Vision and the South Pacific*. New Haven, Conn.: Yale University Press.
STRATHERN, M. (1988). *The Gender of the Gift: Problems with Women and Problems with Society in Melanesia*. Berkeley, Calif.: University of California Press.
THOMAS, K. (1984). *Man and the Natural World: Changing Attitudes in England 1500–1800*. Harmondsworth: Penguin Books.
TILLOTSON, G. (1990). 'The Indian Picturesque: Images of India in British Landscape Painting, 1780–1880', in C. Bayly (ed.), *The Raj: India and the British, 1600–1947*. London: National Portrait Gallery Publications.
TUAN, Y. (1977). *Space and Place: The Perspective of Experience*. Minneapolis: University of Minnesota Press.
TURNER, J. (1979). *The Politics of Landscape: Rural Scenery and Society in English Poetry 1630–1660*. Cambridge, Mass.: Harvard University Press.
WEINER, J. (1991). *The Empty Place: Poetry, Space and Being among the Foi of Papua New Guinea*. Bloomington, Ind.: Indiana University Press.
WILLIAMS, R. (1972). 'Ideas of Nature', in J. Benthall (ed.), *Ecology, the Shaping Enquiry*. London: Longman.
—— (1973). *The Country and the City*. London: Chatto & Windus.
YATES, F. (1992). *The Art of Memory*. London: Pimlico.

第 1 章

观看景观：阶级的形成与视觉图像

尼古拉斯·格林（Nicholas Green）

有关景观及其被感知的方式，艺术史学家能告诉人类学家些什么？乍一想，还确实不少。在艺术史领域，风景画（landscape）被经典化地建构为一种主要的绘画类型。如果要追溯西方现代 [即文艺复兴和后文艺复兴] 艺术传统的源流，风景画则是其源头之一：从凡·艾克（Van Eyck）或列奥纳多（Leonardo）的全景画面中闪现的早期"现实主义"的迹象，到普桑（Poussin）和克洛德（Claude）的经典、构图有序的作品，它们都经常被 18 世纪的景观园艺家模仿；从康斯坦布尔（Constable）素描的新鲜感知到印象派画家更真实的事实感知。在绘制这一路线的过程中，艺术史已经明确了用一个特定的词汇来处理这一系列问题——地方或环境的表征，空间的组织和分类，都浓缩于"景观／风景画"一词。

这种观点可从两方面来分析。第一方面，它承认在考量景观时探讨视觉代码的重要性。也就是说，它把我们如何看待外部世界的问题——无论是心理上的、历史上的还是社会上的，视为一个并非是理所当然的，而是需要理论化、分析和辩论的问题，并将其带入讨论的焦点。这是恩斯特·贡布里希（Ernst Gombrich）在其开创性的著作《艺术与幻觉》[Art and Illusion, 1960] 中，从知觉心理学的特定立场出发所研究的那种领域。贡布里希选择康斯坦布尔的风景画作为他的论点所围绕的关键图像之一，这绝非偶然。第二方面，这只在艺术史中更具社会导向性的分支中表现出来，即意识到西方对景观的反应（如同封装在图画中）并非必然是自然的或普遍化的。[1] 相反，感知/表征这一对概念是由特殊的物质条件和社会压力而历史化地塑造所成。人们最熟悉的例子是庚斯博罗（Gainsborough）的《安德鲁斯夫妇》（Mr and Mrs Andrews）的双人肖像风景画，约翰·伯格 [John Berger，1972：106-108] 等人对此进行了讨论。即使不是一个教条的马克思主义者，也会赞同这种迷人的前景与财产所有权以及对早期农业资本主义的颂扬相关的观点。由此，艺术史可以说是有助于为与景观概念相关的跨学科议题提供一些概念规约。一方面，我们对空间/感知关系的理解建立于一套完善和明确的规则中：对模仿的探讨，以不同的命名方式将空间划分为前景、中景和远景，以及空间透视、线性透视。另一方面，我们致力于历史的特殊性。问题是：无论是对于艺术史学科本身，还是对于同样密切关注空间的感知和解释的人类学和地理学学科，这些技术和策略加起来能提供多少具有普遍分析价值的图式？

　　艺术史的范式中有一些相当成问题的内涵需要厘清。或许它们可以再分为两个方面。第一，这种范式几乎无一例外地在表征与"现实"之间，在景观图像和它在所谓现实世界中的指涉物之间，存在明确的划分。换句话说，它把"外在"的树木、田野、山川这些原材料（当然，一旦引入农民，这些原材料就会立即变得更加复杂！）视为不容置疑的、不可挑战的：它们是先于艺术或社会解释的客观现实层面。因此，当图像可以从各种相互竞争的角度进行呈现时，图像所表征的事物——地点或环境——在某种程度上却变得难以改变。但是艺术史领域的其他绘画类型显然不是这样的情况，无论这些绘画内容是历史的或颇具寓意的场景，还是对社会和当代场景的描绘。而这也解释了为什么对景观的讨论一直处于将现实主义视作一种表征方式这一相当轻率的辩论的核心，这场辩论旨在根据图像与"外在"的客观世界的假定相似性来判断图像的现实性。当艺术史学家将自己拍摄的场景照片 [好像照片本身是对现实的透明指南] 与艺术家 [无论是库尔贝、莫奈还是塞尚] 的解释进行比较时，这种方法就达到了最糟糕的程度。此外，如果根据这样的逻辑，最真实的或真正的图像最接近它声称要描绘的"图像"，那与此自相矛盾的是，被认为是"现实主义"的图片可以告诉我们到底什么是"外在"的世界——这就像一种基本的循环论证。

第二个问题与理解景观图像生产和消费中使用的视觉代码的方式有关。艺术史家克拉克勋爵 [Lord Clark, 1949] 在《文明》(*Civilisation*) 一书中回顾性地界定了风格的进化史，而我指的不仅仅是这种传统的形式主义叙述。相反，我认为任何以图像制作和图像欣赏为框架的景观讨论，最终都倾向于以艺术价值和美学诠释的相关议程为基础。简而言之，对景观图像的感知——在某种程度上，如果遵循上述关于现实主义的观点来看，即景观本身的物质性——都被认为是西方高雅或精英文化的特殊版本。似乎两者之间存在某种基本或必要的关系——这个等式肯定会在当前的国家遗产产业中产生反响。

换句话说，画面构图、视图和全景、封闭和开放的视角永远不会没有价值，它总是带有隐含的美学假设和含义。现在，很可能正是这种与美学的联系，以及与美学提出的"美"和解释的话题，对热衷于进行非西方文化的比较性探索的人类学家具有一定的吸引力。但在艺术史中，美学等式就像一件"紧身衣"，阻碍了对景观进行更有效的历史理解的可能性。

我们可能会进一步论证，在更抽象的层面上，艺术史范式带来了我们应该如何处理视觉的固定概念。即使那些"进步的"或"激进的"发展已经考虑到社会关系、意识形态和表征理论这些问题的重要性，也同样如此。从方法论上讲，步骤是这样的：我们从一组给定的文本 [它们通常是视觉的，但并非一定是] 向外扩展到更广泛的历史结构——这是这些文本得以产生和传播的基础。在这样做的过程中，"激进派"的版本在吸收资产阶级文化模式、专业团体、国家的投入、性别关系等方面，都比艺术史涉及得更广。正是从这里获得了这些知识，便可以得出本章开头讨论的一些问题的结论。同时，存在一种隐含的循环性将我们从文本带入社会环境 [由此又被分离]，并再次返回文本。在视觉与称之为历史、生产条件、读者和观众的诸因素之间，再生产出一种"在地的形象"（figure-on-ground）的关系。这种基于文本分析的优先顺序 [在其他人文学科领域，如文学研究中也很常见] 通常无意识地支持了传统的艺术形象概念——即艺术形象是一个固定和封闭的实体，在其框架的四个侧面中，其含义是自洽的。此外，这种模式与文本和观看者之间一对一的关系同时起作用，将过程隔绝于其他理解线路和阅读。也就是说，强烈的感知对话植根于艺术和艺术史家 [被视为"理想型读者"] 之间的移情解释概念，为感知 / 接受等式的历史化思考方式设定了条件。

这一切让我担心的，不仅仅是对某些特权对象和图像的人为和任意固定，使各种无法完全以文本方式捕捉或固定的过程边缘化。我更忧虑的是，尤其是在与景观相关的问题中，基于文本的范式极大地缩小了我们得以想象视觉的可能性，它排除了所有那些更流行或随意的观看形式，在这些形式中，观看本身不能轻易地从连锁的活动网络中被剔除出来，它也无法探索过去和现在的表征模式对观众产生积极作用、塑造身份和经验的不同方式。让我从另一个领域举个例子，正如默利 [Morley，1986：27-29] 在他有关观看电视的讨论中所表明的那样，像《加冕街》(Coronation Street) 这样的节目很少被观众孤立地观看，观看此类节目的过程涉及多个时刻、多种活动和多个主体的交集。《加冕街》节目被嵌入在一系列更广泛的傍晚仪式中：泡茶，哄孩子们上床睡觉，重新探讨家庭关系。在其他场所——酒吧、工作场所、洗衣店——还上演着其他的故事，而其他的故事文本则被《加冕街》节目围绕，因其故事而被添枝加叶地渲染，由此人们得以确认友情，得以在学校或工作中打发时间。

上述批判的倾向表明了本章的发展方向。借鉴结构主义和后结构主义关于意识形态的物质运作和表征系统的建设性力量的争论，此处的目的是将景观文本分解为分析的起点和终点，并将其置于更广泛的文化活动的范围内。这就要否定将图像制作的美学角度视作解释的主要焦点，而采用一种更有话语权的方法来处理景观和景观感知的历史定义。这意味着探究等式的另一端：感知环境的结构和语言如何影响观众的体验。所有这些都可能对一个更普遍的跨学科议题——"观看景观"——产生根本性的影响。通过简要回顾19世纪早期法国的案例研究，我希望表明，虽然本案例研究展示的乡村图像只是构成这一话题所涉及的图像"拼图"的一小部分，但可以发现，感知/接受的准则在很大程度上并不是根据艺术史的理解中的美学术语表达而定义的[2]，且远非如此。

纵观19世纪早期的法国，立马引人注目的就是自然的印刷品和图片的泛滥。这些作品包括各省如画风景指南中描述性的地形印刷品[19世纪20年代新兴的出版类型]，以及诸如漫画《夏利文报》（*Charivari*）或艺术评论《艺术家》（*L'Artiste*）[始于1831年]等的小说或杂志插图。它们的范围涉及由新一代和不断扩大的艺术品经销商推销的许多小画作，还包括在年度或双年沙龙展中展示的更雄心勃勃的画作，越来越多的艺术评论家在报纸和期刊上撰写评论文章，对其进行评论。其中有多少作品可以被视为艺术，还有待争议。当时的官方和非官方的评论（来自一些自由艺术评论家），将景观置于既定艺术价值等级中的低端，尽管评论家至少确实乐于享受所描绘的乡村。事实上，与其将这些意象硬塞入高雅文化的"紧身衣"中，不如将其置于不断增长的文化实践中，这种实践包含了对乡村的真正体验。

这些活动以多种方式被记录。例如，在巴黎周边各区的乡村住宅（maisons de campagne）的扩张中，从首都的脚下遍及卢瓦尔河和枫丹白露森林。此类乡间小屋——或者，也许更准确的描述是乡间别墅——的公证人广告，表明它们的类型遍及从为普通访客或退休夫妇专门建造的小型两居室或三居室住房，到拥有宽敞庭院的大别墅。[3]此外，它们既可以出售也可以出租：这意味着对它们的使用是临时的和短暂的。1847 年，巴黎南部的一处中型房产被联合出售给两位巴黎商人，但显然不足以同时满足他们两家的经营需求。在此后的 20 年里，这座房子先是由一位巴黎医生经手，再由一位巴黎的酒吧老板或称之为软饮料经销商 [limonadier] 的人接手。[4]

同样重要的是大都市范围内区域性导游的发展。与 18 世纪对自然的卢梭式幻想的先驱不同，这些后来的指南变得越来越实用。"如何到达那里，住在哪里，注意什么"这类信息与主要景点和全景图的图片相结合。当时的一个主要旅游景点是巴黎西南约 50 千米处的枫丹白露森林。那里有古老的树木、郁郁葱葱的绿色林间空地、贫瘠的沙砾、突如其来的远景和奇特的岩层，它非常适合充当"最自然的"和"最原始的"大自然的角色。1849 年，途经枫丹白露的巴黎—里昂铁路部分开通，极大地推动了旅游业的发展。但推动力并非全部来自城市中心，在枫丹白露，当地企业家和文学家发挥了关键作用。其中最重要的是退伍士兵、白手起家的商人克洛德-弗朗索瓦·德内考特（Claude-François Denecourt），他几乎垄断了当地的导游市场。[5] 德内考特不仅利用他的军事经验绘制了穿过森林的各种新奇路线，以便连接起森林中最美丽的景观，而且也获得官方许可开辟新的路线，越过岩石穿过灌木丛，去发掘意想不到的视角，建造观景台和瞭望点。

如果我们系统考察所有这些景观视觉表征的图像"文本"，并将其与乡村其他文化实践相比较，那么，有三大特征显而易见。首先是巴黎的持久存在感，乘坐长途汽车、汽船以及从 19 世纪 40 年代开始乘坐火车前往首都，是许多旅游指南和乡间别墅广告的基调。同样，风景画和图片也是主要通过城市的经济和文化路线得以生产和流通的商品，特别是通过有意识的现代流通路线：报纸、奢侈品经销商、展览和林荫大道的娱乐活动。

只有一个极小的例外，在大型区域中心或首都以外快速工业化的城镇中，自然意象和活动并没有相应地扩散。在王朝复辟的短暂时期，像布列塔尼这样的独立省份中的地主绅士和小镇名人，确实主张通过古代城堡和当地如画风景的奇观这一言辞编码另一种愿景。[6]这里的景观被解读为一种关于国家的假设性话语——明确反对大都会的立场，并且经常（尽管不完全是）与右翼合法主义政治相关联。地理、历史甚至经济的相关性被用来验证植根于土地的文化遗产。但从19世纪30年代后期开始，在不断变化的政治选区和词汇以及巴黎文化日益占据主导地位的影响下，这种另类的愿景已经逐渐消退。土地的民族主义只是在19世纪70年代第三共和国初期才有效地重新出现。

因此，在承认这些例外和逆流的同时，我们所讨论的材料大体上是一种大都市现象，在物质上和象征性上都被锁定在首都的文化怀抱中——它针对大都市或大都市特定的客户。目前，将城乡之间视为相反相成的关系成为相当程度上的一种标准 [Williams，1973]。但这里所说的"巴黎联系"是指一些非常具体的东西：正是基于首都巴黎的物质条件和文化发展，产生了有关"观看"的各种词汇，从而使得将自然作为一种社会经验的显著形式带入人们的视域成为可能。

当我们转向19世纪早期法国景观所共有的其他特征时，这一点就变得尤其清楚。第二个方面的特征——同样出现在报纸上的绘画评论、房屋广告和旅游指南中，强调投入与沉浸在乡村感官体验中获得的乐趣和好处，哪怕这种沉浸、体验与快乐只是短暂的。19世纪30年代后期的一位艺术评论家邀请他的读者走进画作中，坐在彩绘的树下，或潜入清澈的蓝色湖中。[7]同样，温和的共和党政治家朱尔斯·西蒙（Jules Simon）[1890：3-4]回忆起19世纪40年代在卢森堡风景如画的地带漫步的情景——这是一个位于城市中心的朴素的景观花园。他说："在疲惫的一天结束之后，没有什么比这更令人愉悦：发现自己隐匿在这些大树中，在巴黎的中心忘记城市的繁华，闻到大地和植物令人振奋的气味。"还有一回，一个令人愉悦的新闻报道 [Janin，1843：241] 召唤人们在星期天到城市北部的蒙莫朗西山谷远足，在那里，"高大的年轻人和纯真的女孩们立即被这些甜蜜而简单的行为——喊叫，奔跑，攀爬，躺在草地上，骑马，驰骋在丘陵和古老的森林中——所吸引"。

感官沉浸在大自然的景象和肌理中的观念，当然可以用多种方式来解释，例如，这符合当代对诗意遐想的界定；或者，这也吻合卢梭式"自然主义"这一更为哲学化的传统。但现在的关键是，它吸收了19世纪20年代以来在巴黎推广和实施的强劲的环境话语。从有关卫生、疾病、犯罪和卖淫的官方报告 [最著名的是派伦特·杜沽特莱1836年的主要研究]，到乌托邦规划者和大众社会学的计划，都记录了对城市环境深刻的感知焦虑。医学语言非常重要，它在黑暗、封闭和恶臭的空间与疾病、犯罪甚至暴动的入侵之间建立了一系列相互加强的方程式。这种话语本身并不新鲜，但这种情形的特殊之处在于：首先，作为国家内部（尤其是警务部门中）的专业性压力集团，医护人员的影响越来越大；其次，环保主义的效力在许多可感知的危机中被浓缩，如1832年的霍乱流行，1830年革命后持续的政治动荡，以及旧城中心区的破败。与我们最相关的是这种话语逻辑的广泛而灵活的形式。在大都市地形的背景下，对黑暗和幽闭空间的感官感知带有社会和道德色彩。按照同样的逻辑，在开放空间充满了新鲜空气和阳光、茂密的植被——无论是在城市花园中还是在城市边界之外，这些空间都被赋予了健康、卫生和安全的内涵。

第三个方面的特征——也许对当前的讨论来说最重要——是对视图和全景词汇的反复提及，以及对一种明显的图像观看模式的引用。显然，这在图片本身的物质性中很明显，但我认为，在艺术家般使用构图格式和编码 [例如取景装置和透视效果] 时，它们会引起人们对观看过程的关注。在19世纪40年代的西奥多·卢梭（Theodore Rousseau）的风景画中

（由于官方的反对，当时他还鲜为人知，但在随后的几十年中他成了领先的风景画理论家），使用暗化的前景和聚焦效果，[这]既利用了[遍布全城的]大众审美机器的戏剧性，也利用了传统艺术的透视法。[8] 同样，图像的重点体现在旅游指南中的许多视觉描述以及公证人广告中的情境和前景的巧用中。再次转向枫丹白露的企业家德内考特，我们可以发现，他建造的道路也充满了画面感，呈现出千变万化的万花筒场景：时而是开阔的视角，时而是戏剧性岩层的特写，时而是透过白桦树的屏风，诱人的一瞥。始建于19世纪50年代第二帝国时期的布洛涅（Boulogne）和万塞讷（Vincennes）等地的都市公园也遵循类似的原则。在工程师阿道夫·阿尔法德 [Adolphe Alphand 1885] 的指导下，水泥被巧妙地堆积在如画般优美的岩石和瀑布组合中。成组的树木和精心设计的斜坡被组合在一起，呈现出一系列自然景观，时而亲密，时而宏伟。

在此，你可能会说，图像——实际上是艺术——定义了景观感知的术语。当然，其中一种解读在于强调18世纪观赏模式的连续性，这一模式与拥有地产的上流社会和早期金融资产阶级的自然风致园相关。另一个明显的回应，是关注当时在艺术理论家、评论家以及鉴赏家和收藏家的精英受众中流传的艺术鉴赏准则。但从历史证据中可以看出，这些精英传统是多么边缘化和无效。艺术回应似乎在很大程度上被植根于现代城市文化中的流行感知模式所过度影响。我论点的核心是：观看的图像形式并不总是表面呈现的样子。需要注意的是，自然商品主要通过经销商、展览和报纸报道进行流通，所有的线路都集中在城市最具活力的地区。在特定的城市环境中，"观看图像"涉及一套完全不同的修辞——这是一种依赖于观众的独特原则的现代性文化。

巴黎的现代性是由一系列于19世纪20年代和30年代聚集的物质条件所塑造的：金融资本的发展，土地和建筑的投机，通常在国家推动下应用新形式的城市技术（沥青路面和天然气照明），包括艺术品交易在内的奢侈品贸易和消费的增长，以及报业的快速扩张。所有这些发展的连贯性都通过它们在城市中特定地形的位置来确保，即旧城北部和西部的区域，并以意大利大道和安顿大马路（Chaussée d'Antin）为中心。在这些地区——尽管它们与现代商业、动态金融投机和娱乐相关——现代性通过一种交叉的外观和活动模式被投射出来：剧院、林荫大道和咖啡馆的奇观，泛着光泽的沥青和新奇的气体燃料，男女散步者的时尚服饰，商店橱窗陈列近乎色情的吸引力。这一切的见证是拱廊街，那些装饰雅致的人行道，两旁是诱人的精品店，窗户两侧的镜带增强了橱窗展示的视觉魅力，漫步的购物者或闲逛者除了购买精品店提供的精美商品，也能在购买的同时在镜带中捕捉到自己外表的自恋式镜像。[9]拱廊街的空间和视觉布局汇聚了散步、观看、自我展示和消费之间的一系列联系——这完全是大都市文化的特征。

因此，我们谈论的是一种观看结构，它将现代外观和技术的魅力与城市娱乐的快感和消费凝视的乐趣相互结合。自然商品是大都会环路的重要组成部分，西洋镜最形象地展示了这一点。西洋镜是路易·达盖尔（Louis Daguerre）于1821年前后发明的一种原始的电影娱乐方式，通过在画布上改变灯光效果来向观众展示变换的场景。[10]众所周知，这是一种简短但"神奇的体验"。景观——尤其是风暴、地震和火山，在一个似乎将发明的快感与真实的场景结合的事件中非常引人注目。我认为，当旅游指南和广告中满是广阔的全景和迷人的景色时，这些指南和广告也至少部分地从现代城市文化所催生出的相似的观看结构中获得了启发。换句话说，他们不是将图片作为文本来指涉，而是将图片视为一种融新奇、娱乐和消费于一体的观看方式。

19世纪早期法国的景观可以看作是一种与巴黎相关的现象，无论我们谈论的是图片还是"鲜活"的乡村。在这种情况下，自然在两个不同意识形态轴的交汇处被形象化了——在健康环境中的感官沉浸和对消费奇观的修辞。或者更确切地说，自然在任一有意义的方式下变得可见。正是这种混合使自然成为一种强大的力量，它不但是休闲和快乐的容器，而且还积极地构建了观众的身份认同和体验。哪怕自然被构建为孤独的，乃至私人的，这都是一种由条件和语言塑造的深刻的社会关系，从而使参与者与现有的阶级和性别类型建立起非常具体的关系。也就是说，它主要针对那些不仅有经济资源和闲暇时光去乡村旅行并聘请导游的阶层，同时，这些人也认同充满活力的城市现代性，并承认存在的各种环境威胁。事实上，正是在个人经验和身份认同的层面上，与自然的对话才具有社会性的效力。

举一个这种状况的实际例子就足够了。以历史学家朱尔斯·米什莱（Jules Michelet）为例，他是白手起家、积极进取的都市专业人士主力的典型代表。听一听米什莱 [1924：179] 在南特附近的乡村（1851 年拿破仑政变后，他撤退直至自愿流放的地方）中所说的：[11]

> 我在这里给你写信……在阳光明媚的果园的明亮白天，伴着绿色的草坪，和穿过另一扇窗户直通我的绿树成荫的小巷的深绿，我就在这里给你写信！除了几只昆虫的鸣叫和鸟儿的歌唱之外，没有任何噪声……这是一片生机勃勃的野地，果蔬丰沛。我如同被悬置，吮吸着大自然的乳房。

一种独特的感受结构被书写于熟悉的乡村意象中：一方面通过沉浸在触觉、听觉和视觉感知中投射出一种自我感觉 [在感性的，实际上是母性的环境中迷失自我]；另一方面，通过个人操控的宣言，将场景布局成透视图和画面。对米什莱而言，自然催生了一种复杂且相对不稳定的主体性形式——一种以自我为中心的微妙平衡感，但这种感觉与他在城市中更公开的角色相辅相成、相互补充。

尽管我不认为这种主体性模式与阶级形成之间存在任何直接或功能性的契合，但似乎很明显的是，在19世纪三四十年代，"成为大都市"的过程的确在新兴的资产阶级力量集团中对进步的贵族、金融名人、投机者和实业家等部分关键人物施加了文化霸权。这一文化系统与新兴的文化专业人士群体——记者、历史学家（如米什莱）、经济学家、作家、艺术家——尤其非常相关，他们经常通过自己作品中对巴黎的分析和颂扬而参与其中。但它也对许多外省人产生了更大的象征意义，他们通过阅读报纸和小说（如福楼拜的《包法利夫人》）或通过当地的文化圈，想象性地认同了大都市。与此同时，传统的右翼贵族阶层、手工业者和城市"下层阶级"，都没有认同这种意识形态立场，因为他们本身就被定义为一种威胁。此外，与自然的对话并不是以反思或静态的方式表达阶级认同。这是一个积极的过程，它部分地和不均衡地重塑了参与者的主观体验，从而增强了他们的自我中心感——个人目标明确地反对旧统治阶级。且就男性而言，这也强化了他们的男子气概。

让我简要地把文中讨论的线索梳理一下。为了使"景观"概念所产生的问题得到集中关注，我将历史论证彻底地压缩了。在最基本的层面，本章与理想主义倾向进行了一场辩驳，那些倾向在艺术史中尤为明显，在城市社会学和人类学的一些方面也有体现。当讨论景观时，那种理想主义的倾向涉及的是景观的普遍或内在涵义。因此本章反对在"观看景观"和美学之间建立任何必然如此的联系。任何试图解释可适用于不同领域跨学科风格的普遍性景观概念，都必须解决诸如"美学的"和"图像的"等概念所固有的问题。此外，本章还认为，在这个特定的历史案例中，景观也不能被简化为一组携带着意识形态意味的对象和主题——事实上，它并不能被简单地作为静态的"文本"来把握。相反，它涉及在景观的感知和识别过程中，如何去进行感知者和识别者自身所处的社会物质条件的定位与嵌入。这是一种塑造社会认同形式的双向对话，这种方式颠倒了通常将图片视为社会关系之表达的方程式。

在试图解析这种历史形态的过程中，重要的是要拒绝在表征和某些被称为"现实"的东西之间的惯常区分，并认识到空间的组织总是以它被体验的方式所编码。所有这一切的另一面，是我们所说的图像视觉的相对化。现在是时候该与宣称"视觉性"为图画的主要特征这一常识进行了断了。事实上，这正是艺术史可以从人类学中学到很多东西的地方，人类学对感知和接纳模式采取了更加灵活和相对主义的方法。在打破这种特定限制性实践的枷锁时，我们可以将注意力转向那些塑造空间体验感及通过空间塑造社会关系的"观看之道"。

注释

1. 参见巴雷尔 [Barrell，1980]。

2. 这个历史案例研究提出的问题构成了格林 [Green，1990] 探讨的主要内容，本文的大部分证据都来源于此。

3. 参见贯穿整个 19 世纪 40 年代的《普通期刊布告：法定声明、法律公告及其他通知》(*Journal Général d'Affiches*，*annonces judiciaires*，*légales et avis divers*)。

4. 公证档案，部门档案，梅伦（塞纳河和马恩河）18E352- 公证档案，1847 年 11 月 7 日，于格拉维耶。(Archives Notariales, Archives Départementales, Melun (Seine-et-Marne)—18 E 352—file of the notary Gravier, 7 Nov. 1847.)

5. 参见：枫丹白露森林之友协会，1975（Société des Amis de la Forêt de Fontainebleau, 1975）。

6. 参见德鲁什（Delouche，1977) and 贝尔托（Bertho，1980）。

7. 参见《艺术家》(*L'Artiste* 1839, 2/2: 269)。

8. 请参阅西奥多·卢梭（*Theodore Rousseau*）目录 [Louvre，1967]，了解艺术家的一系列图片，其中许多同时使用取景装置和深度透视效果。我在此处的阅读部分基于当代景观著作的规范，例如劳伦斯 [Laurens, 1849]。

9. 关于拱廊街的重要性，参见本雅明 [Benjamin, 1973]。

10. 参见赫尔马特（Helmut）和艾莉森·根舍姆（Alison Gernsheim）[1968：14-38]。

11. 米什莱拒绝了所有国家公职人员必须遵守的对拿破仑三世的效忠宣誓，因此失去了他在法兰西学院有声望的职位。

参考文献

ALPHAND, A. (1885). *L'Art des jardins*, 3rd edn. Paris: J. Rothschild.
BARRELL, J. (1980). *The Dark Side of the Landscape: The Rural Poor in English Painting, 1730–1840*. Cambridge: Cambridge University Press.
BENJAMIN, W. (1973). *Charles Baudelaire: A Lyric Poet in the High Era of Capitalism*, trans. H. Zohn. London: New Left Books.
BERGER, J. P. (1972). *Ways of Seeing*. London: BBC and Penguin Books.
BERTHO, C. (1980). 'L'Invention de la Bretagne: Genèse sociale d'un stéréotype', *Actes de la recherche en sciences sociales*, 35 (Nov.), 45–62.
CLARK, K. (1949). *Landscape into Art*. London: John Murray.
DELOUCHE, D. (1977). *Peintres de la Bretagne, découverte d'une province*. Paris: Librairie Klincksieck.
GERNSHEIM, H. and A. (1968). *L.-J.-M. Daguerre: The History of the Diorama and the Daguerrotype*. New York: Secker and Warburg.
GOMBRICH, E. (1960). *Art and Illusion: A Study in the Psychology of Pictorial Representation*. New York: Pantheon Books.
GREEN, N. (1990). *The Spectacle of Nature: Landscape and Bourgeois Culture in Nineteenth-Century France*. Manchester: Manchester University Press.
JANIN. J. (1843). *The American in Paris or Heath's Picturesque Annual for 1843*. Paris: Appleton & Son.
LAURENS, J.-B. (1849). *Théorie du beau pittoresque*. Montpellier: M. Sevalli.
LOUVRE (1967). *Théodore Rousseau, 1812–1867*. Paris: Musée du Louvre.
MICHELET, J. (1924). *Lettres inédites (1841–1871)*, ed. P. Sirven. Paris: Les Presses universitaires de France.
MORLEY, D. (1986). *Family Television: Cultural Power and Domestic Leisure*. London: Comedia.
PARENT-DUCHÂTELET, A. (1981). *De la prostitution dans la vie de Paris* [1836], ed. A. Corbin. Paris: J. B. Baillière.
SIMON, J. (1890). 'Souvenirs de jeunesse', *Faisons la chaîne*, ed. P. Audebrand. Paris: Levy.
Société des Amis de la Forêt de Fontainebleau (1975). *Claude-François Denecourt*. Fontainebleau.
WILLIAMS, R. (1973). *The Country and the City*. London: Chatto & Windus.

第 2 章
西亚马孙流域的土地、原住民和土地所有权证书

彼得·高（Peter Gow）

对于来自温带气候的人而言，很难将亚马孙流域一带视为通常意义上的景观。在亚马孙流域，土地无法从近处的观察点隐退到远处的地平线，因为人们的视线到处都被植被遮挡。人们的视线只能穿透森林的一小段距离。沿着大河，你可以看得更远，但即使在这里，也看不到遥远的蓝色地平线。天空会猝不及防地从森林的"屏风"后面闪现。如果没有飞机的航行或数日的长时间旅行让你了解这片含有大河和广阔森林的土地之规模，那么，由于视线受到限制，你将屈服于幽闭恐惧症。在亚马孙流域的大部分地方旅行，都要经过无数个封闭的小区域，而人们的想象力自身则用于构想如何在其中建造一个巨大延展空间这一任务。只有当亚马孙流域的景观因森林砍伐和道路修建而彻底被改变时，这片区域才会被视为在视觉上具有延展性的空间。一条明亮的红褐色道路一直延伸到地平线，而建筑物、栅栏和孤立的树木则退到了远方。这样，它看起来才更像是北方的温带景观，荒野森林不再占据视野，只留下远处天地之间的朦胧过渡。

可见，亚马孙流域与单纯的视觉感知体验无关。将殖民边界视为景观的眼睛是由一种特定的视觉实践所建构的。正如翁（Ong）所说，"只有在印刷术和大量地图的广泛经验之后，人类在思考宇宙或'世界'时，才会主要想到摆在他们眼前的东西——就像现代印刷地图集——是一个巨大的表面或表面组合（视觉呈现的表面），准备好被他们'探索'"[Ong，

1982：73]。这并非纯粹因为我们将世界结构化地视同地图或风景画。看着被砍伐的亚马孙流域的景观，我们正在寻找由地图构建的视觉环境，以及北部温带环境的模拟物。亚马孙流域的大部分殖民活动都是沿着道路进行的，而道路本身最初是作为跨越地图上空白空间的线而存在的。这种新建景观中"最发达"的形式是以牛牧场为基础的，其唯一的经济原理是它使这片土地看起来更加"文明"，就像欧洲或北美被"驯化"的乡村景观。在巴西和秘鲁，亚马孙地区的畜牧业之所以成为可能，是因为国家提供了大量补贴 [Hecht & Cockburn，1989]。就像修建道路一样，它是因为在纸上达成协议而被推进的，而不是在土地上生产的，这使得对于某些人来说，亚马孙流域被殖民和被砍伐的部分就像真实的景观。

从飞机上看，未被殖民的亚马孙流域就像无人居住的荒野，但事实并非如此。这里的土地上人口稠密。这些地方要么目前有人居住，要么——如果没人居住——也不断显示出近期有人居住的痕迹。即使是天真的观看者也可以从空中看到定居点，而知识渊博的探险者可以看到不规则的次生植被斑块的网络，这是刀耕火种农业的标记。最有知识的人，例如某些生态学家和亚马孙原住民，能看到的则更多，并能在显然是原始森林之地找到人类活动的痕迹。对于生态学家来说，这些知识本质上是抽象的，是他们自己在科学实践中积累的纸上记录所产生的。对于亚马孙原住民来说，这种知识是["正在发生什么"意义上]生活经验的一部分，本章所处理的就是后一种作为生活经验性质的知识。亚马孙原住民并不创造他们土地的表征形式，这是何意？这对他们的体验模式有什么影响？

在此，必须从一开始就明确表示：我并非要论证亚马孙原住民与这片土地之间只存在某种直接的关系。在下文中，我们将清楚地了解到，特定的人与特定的地方有着紧密的相互调适的关系；而这正是使亚马孙流域成为一片有人居住的人类景观的原因。但我认为这些调适总体上并不采取"表征"这一形式。我在此所说的"表征"的意思是，在某物不存在的情况下可以代表它的东西。使用吉布森的术语，表征是一种视觉显示，它为感知展示出模拟表象 [Gibson，1986]。使一个物体成为一种表征的原因，既有它的制造方式，也有一种想象的加入。一张上面画满线条的纸，仅仅就是一张上面画满线条的纸。只有当直接感知被否定时，它才会成为巴觉 – 乌鲁班巴河（Bajo-Urubamba）的地图，而那条大河的河道则被想象成纸面上的线条。这个问题主要不是一种感知，而是一种社会过程。什么样的过程产生并依赖于表征，什么样的过程不产生表征？我在这里要解决的就是这个表征机制的问题。

在此，我认为秘鲁东部巴觉 – 乌鲁班巴河上的人与土地之间的接触是有意义的行动，且这种接触的结果本身对当地人来说是有意义的。对于原住民来说，在古老的花园中，实现森林再生的过程与神话故事或萨满治疗的意义一样丰富。因此，重点必须放在象征过程的存在形式上 [参见 Munn，1986]，以明确森林再生、神话叙述和萨满治疗并非同一类型的事物。但是，对这种象征过程的存在形式的分析，不能依赖于表征物与被表征物之间的区别。这个问题太重要了，因此无法根据事物本身与代表该事物的其他事物之间的关系来进行模式化分析。亚马孙流域地图上的空白空间，已经让太多人假想那里无人居住。

圣克拉拉的景色

圣克拉拉是巴觉 – 乌鲁班巴河右岸的一个小型原住民社区。它有 80 ~ 90 人的波动人口，其中大多数可以被识别为皮洛（Piro）或坎帕人（Campa）。1980 年我第一次来到巴觉 – 乌鲁班巴时，选择在圣克拉拉而非附近的其他社区学习，因为它非常接近我心目中一个美丽的亚马孙村庄应有的形象。大部分房屋都围绕着一个中央广场分布，许多房屋被大芒果树遮掩。当人们凝视着天空中棕榈树的高大轮廓或背景中标志着森林边界的一排高大的乳汁树时，即使是波纹铁屋顶这不和谐的音符也很容易被原谅。如果你是来来往往的旅行者中的一个，那么，你难以从圣克拉拉或港口看到乌鲁班巴河的水流。但是你永远不会错失对河流的认识机会，在旱季，你可以听到卵石在河床上滚动的声音，以此来认识河流；或者在雨季时，当河流缓缓地漫过河道并淹没村庄和森林时，你也可以认识它。

当我住在圣克拉拉后，我开始了解到河流和森林并非彼此未分化，它们都是嵌入于不同的小生态区域的"马赛克"。学习森林的区分相对容易，因为我通过阅读来识别花园、次生林和原始森林。但学习区分河流和森林相互作用的复杂产物则更加困难。在抽象层面上，很容易了解到景观是由流动的水组成的，但在实践中要理解亚马孙河流域的动态却很难。在我了解圣克拉拉地区的 8 年里，胡奥（Huau）河口向上游移动了半英里，而圣克拉拉的高度明显上升。我花了这么长时间才没有被类似这样的说法迷惑，比如"这是建造大蕉花园的好土地。它是新的土地，曾经是河流的主要通道"。同样，所有的居住空间，每个聚落，都具有精确的社会意义。我慢慢了解到胡奥（Huau）、新意大利（Nueva Italia）、金孔（Kinkón）、贝亚维斯塔（Bellavista）、艾·阿古杰（El Aguajal）等的含义。我了解到，总体而言，圣克拉拉的居民与这些地方所有人的关系都相当糟糕。对于一些定居点，例如胡奥或新意大利，这种敌意与亲属之间的古老争斗有关。但在许多案例中，圣克拉拉的居民过去曾与这些人住在一起，他们有时会提到，希望再次与这些人同住。在其他地方，如贝亚维斯塔和艾·阿古杰，敌意建立在赞助人与下属、老板和工人之间的联系之上。这些定居点是非本地人拥有的小型商业种植园，他们雇用来自圣克拉拉的男性作为劳工。但在这里，圣克拉拉的几个人过去曾在这些种植园里生活过，所有老年人都曾像奴隶一样在大赞助人潘乔·巴尔加斯（Pancho Vargas）的庄园里生活。

随着我对当地认知程度的加深，圣克拉拉也开始展现出更复杂的面相。它不再是一个没有开始的地方，它的居民也不再是一群不可避免地与这个地方联系在一起的人。我开始意识到圣克拉拉定居点拥有一段精确但相当短暂的历史，比起其他地方，它的居民并没有更多理由居住于此。如果我提早 15 年到达此地，圣克拉拉看起来会像罗伯托（Roberto）在马普奇尔加（Mapchirga）溪流上建造的房子一样脆弱而崭新。我也意识到老毛里西奥（old Mauricio）和他的妻子克洛蒂尔德（Clotilde）搬进这所房子的意义比他们所说的更多。他们告诉我，当他们的儿子罗伯托在海边时，他们就已经搬去照看房子了。但那时我知道罗伯托离开圣克拉拉主要是因为他与他的哥哥阿尔特米奥（Artemio）——此人是首领——关系紧张。老毛里西奥和克洛蒂尔德住得离村子很远，并以此来表达对阿尔特米奥的不满。小女儿萨拉（Sara）跟随他们一起搬家，从而加剧了社区内的摩擦。在圣克拉拉，其他人开始批评阿尔特米奥的高压行为。他的大姐和姐夫宣布他们打算将住所搬到位于马普奇尔加溪流的新花园，他们已婚的儿子也说了同样的话。我现在意识到，这些微小的居住变化是当地社区无限微妙的政治的一部分。阿尔特米奥的行为激怒了他的同住者，因此他们选择搬走。罗伯托在马普奇尔加河流上的家看起来好像要成为一个新社区。

7 年后，每个人都再次搬回圣克拉拉。虽然作为首领的阿尔特米奥没有以前那么受人尊敬，但罗伯托似乎已经永远消失了，他的父母现在显然太老了，不能远离他们的孩子。他的侄女米里亚姆（Miriam）已经从一个幼稚的少女变成了一个年轻而有能力的母亲，她抱怨流经圣克拉拉的河道越来越干枯。她告诉我:"我们要把村子搬到马普奇尔加。当河水变低并且有干净的水可以饮用时，独木舟可以到达那么远。圣克拉拉没那么好了，所以我们要搬到那里。"米里亚姆和她的丈夫林伯（Limber）年轻而活跃，但也足够成熟，可以在公共场合表达自己的意见并被倾听。

一天，我的教子赫尔墨斯（Hermes）——萨拉和父母住在这里时生下了他跟在我身后，路过罗伯托家的腐烂柱子。我指给他看房子所在的地方，说这是他出生之地。他对我的陈述显得有些困惑，但还是跟着我小跑到马普奇尔加溪流中游泳。泡在河里的时候，他告诉我，他害怕待在这个地方，因为他妈妈告诉他那里有美洲虎出没。"别害怕，"我告诉他，"这里没有美洲虎。"但他的恐惧让这个曾经热闹的地方显得荒凉，我不知道他说的是不是真的。

多年来，随着我对圣克拉拉这个地方与人们的了解日益加深，我意识到这里不仅仅是人们生活和赋予意义的自然景观，更重要的是，人们的生活与此地有着亲密联结。我通过四处走动来了解这片景观，也通过倾听当地人讲述的成千上万种不同的故事来理解它。人类学家会习惯性地分析这些讲述，因为它们揭示了人们赋予景观以意义的方式。但问题肯定不止于此，巴觉-乌鲁班巴的原住民不仅仅将意义赋予这片土地——就像我告诉年轻的赫尔墨斯这里是他出生之地一样。而且，与当地人相互之间的关系有关的某些东西也与这片特定的地方相关联，这表明当地人共存于此地。同样，如果没有赫尔墨斯的母亲作为一种权威，他对美洲虎的幼稚恐惧应很容易消除。经验使我在对过往的了解度方面比赫尔墨斯更具优势，但经验使萨拉在森林偏僻地带面对危险方面比我更有优势。

对我而言，也许告诉赫尔墨斯他出生在某地，反映了我与这个年轻的陌生人建立更深层关联的焦虑。但是对于在巴觉-乌鲁班巴当地社区长大的小男孩赫尔墨斯来说，他告诉我美洲虎经常光顾这个地方，是他对自己所居住的景观越来越了解的一部分。他对这片景观的了解部分来自他不断穿越这片景观，部分来自老年人告诉他的事情。虽然赫尔墨斯还是个小孩子，但他已经从母亲那里学会了畏惧马普奇尔加溪流上的这个地方，同时也从他的教父那里寻求安慰。赫尔墨斯已经知道——如果他曾经被教导的话——土地是亲属关系的一个方面。

亲属关系与土地

在其他文章中，我详细分析了巴觉－乌鲁班巴原住民的亲属关系[Gow，1991]。我认为，在这个特定的社会背景下，"亲属关系"这个术语必须从最广泛的意义上来理解。亲属关系不能局限于出生、生育和死亡的社会影响，因为它还必须包括这些社会影响更为广泛的环境。在巴觉－乌鲁班巴，出生并不是成长为人的充分理由，因为人还必须通过喂养来成长。同样，性也不是生育的充分原因，因为性是以养活另一个人为基础的，就像生育是以反复性交为基础的一样。死亡也以这些关系为前提，老人的死亡是因为他们在养育子女时已经耗尽了生命力，而新生儿的死亡是因为父母的生产或消费行为报应为疾病所致。血缘关系的产生没有初始行为，因为每一种血缘关系都建立在先前的行为之上，这些行为创造了相互关联的人们。亲属关系与巴觉－乌鲁班巴原住民的整个社会体系有关，在这个社会中，任何非亲属关系的关系只有在与亲属关系的呼应中才能获得全部意义。

事实上，我并没有通过传统人类学的技艺了解到亲属关系在原住民文化中的核心地位。我发现使用著名的系谱法很尴尬，因为我的报道人因我将其亲属关系客观化而感到备受侮辱或委屈；或者，仅仅是引导他说出亲属关系的表达惯用语也不是一件容易的事，因为我的报道人敏锐地意识到我存在于他们之中，因此我具有成为其亲属（kinsperson）的潜在可能。我通过当地人来了解这片土地上的事情，也通过观察他们如何在与包括我在内的其他人的关系中使用这片土地，进而来了解亲属关系。

从一开始，我与当地人的关系就集中在我吃的东西上。我可以或者我会吃他们所谓的"真正的食物"吗？与我同住的第一对夫妻是胡阿

（Hua）老师和他的妻子，他们建议我为他们做的精致食物付费，他们认为这些食物是白人吃的食物。后来我和胡阿妻子的父母同住在圣克拉拉时，从来没被要求支付任何饮食费用，并且吃到了当地人吃的"真正的食物"。我总是被不断提醒无需支付任何费用，但我也不断地被要求向他们提供帮助，帮助的形式包括：源源不断的火枪弹壳、商店买来的食物、各种小礼物和大量酒精饮品。我将这些帮助视为比此前为食物买单的那种关系稍微昂贵一点的关系新版本，但我错了。当地人无休止地告诉我，他们免费为我提供吃喝，因为他们自己没有为食物花钱。正如一个人所说，"在这里你不必为食物付费。如果你想吃大蕉，只需清理花园并种植即可，这样你就会有大蕉吃。如果你想吃鱼，就去河边，里面全是鱼。在这里你吃得好，并不需要付钱。"对于原住民来说，"真正的食物"是免费的，但它并没有被严格地定义为"不付费"。"真正的食物"是通过人与土地的互动在当地生产的。

巴觉-乌鲁班巴的原住民是刀耕火种的农业家。每年，每个已婚男人——尤其是有孩子的男人——都会为自己和妻子在森林里开辟一个新花园。然后，这对夫妻根据他们未来几年的需求预期，在这个花园里种植一系列作物。花园可种植1年多，有时几乎可以无限期种植，因此每对夫妻都有一系列分散在社区周围的种植花园。而且，人们会在未来的数年内收获各种树种和其他被种植在花园里的作物。一对夫妻对花园的单独控制权随着他们投入花园的工作量而下降。随着他们停止除草和重新种植花园，并且由于作物的二次生长占了上风，他们的独控权开始减弱。旧花园 [purma] 的产品对任何一位不厌其烦去收获的人都是免费的，但该地点仍将作为原初种植主的旧花园而被人们提及，直至人们对此的记忆最终消失。

除了从事园艺工作之外，男性以及一小部分女性也制作野味。森林野味，特别是偏远内陆地区的各种动物，是人们最想吃到的食物，但他们通常吃的就是河鱼。与园艺作物不同，来自森林和河流的野味存在于人类集团之外。人类无法创造它们，也无法努力繁殖它们。它们通过森林和河流之灵而产生和繁殖——它们是各自领域的"主人"和"母亲"。人们通过锚定位置并捕捉动物，进而将野味烹制为食物。

主要的园艺作物是大蕉和木薯。大蕉是人们的日常主食，与鱼或森林野味一起被食用，大蕉是构成亲属关系的"真正食物"。妇女将木薯加工成马萨托（*masato*）啤酒，这种啤酒可以最大限度地扩大亲属关系。真正的食物和木薯啤酒在原住民社区中持续流通，在这个过程中，过去已形成的亲属关系被人们所记忆，而未来将产生的亲属关系则被人们所创设。正如我在其他地方详细讨论过的 [Gow，1991]，对于原住民来说，亲属关系是由成年人哺育孩子的行为而产生的：这些行为随后由具备劳动能力的成年人而延续，以回馈他们在儿童时期所受到的照顾。亲属关系建立在因婚姻而结合的男女积极的工作之上。通过工作，他们建造花园、收获大蕉和木薯、烹饪和酿造啤酒，然后这项工作的产品被传播。这就是我每天在圣克拉拉看到的，在那里，"生活的沉闷轮回"正是亲属关系持续不断的过程化。[1]

景观含义

食物的生产和流通让人们得以存活，因而人们会对提供食物的照料的记忆有所回应。但同时，这些生产活动创造了村庄周围植被区的"马赛克"格局。用索尔 [Sauer，1963] 的术语来说，这些正是人类经由景观而对自然环境的调适。然而，这些区域并不是当地人生产活动无用的副产品或残渣。它们既是当地人的重要资源，也是亲属关系的所在地。如果要理解这一点，就需要绕开最近关于亚马孙原生生态学的一些研究结论。

许多关于亚马孙原住民生态知识的研究，令人印象深刻。任何了解自然史的人类学家都会有这方面的经验。新热带雨林中存在许多神秘的生态关系,例如新大陆金莺(oropendolas)[New world orioles]与一种黄蜂的共生关系,或藤本植物寄居在大型蚂蚁身上,这些都是亚马孙原住民的常识。但随着民族生态学家对亚马孙原住民更加深入的调查,可以发现,原住民显然不仅了解他们自身的环境,而且也在很长一段时间内有意识地"操纵"环境。我参考了德内瓦人(Denevan)制造坎帕(Gran Pajonal Campa)草原以及秘鲁东北部博拉人(Bora)长期"操纵"森林再生的相关研究,还有波西人(Posey)对巴西中部森林和稀树草原改造的相关研究。[2]这些研究揭示出原住民与经由有目的的人类活动而形成的环境之间的相互作用,这些研究为亚马孙原住民的生态学研究拓展了新的实践维度。

我对巴觉-乌鲁班巴原住民的研究并没有考虑到这些问题,但这些研究提示我,我在这些社区的日常生活中收集的信息具有新的重要性。当我了解圣克拉拉的当地景观时,我对亲属关系作为一个时间过程与之紧密相连的方式越来越印象深刻。这可以通过以下例子来说明:

> 罗伯托想建一个放牛的牧场。但他没有牛,于是打算从当地一位雇主那里购买一些。他选择了一个地点,这里有一条从圣克拉拉通往艾·阿古杰(El Aguajal)的路,并且还穿过马普奇尔加溪流。在我看来,这是一片未分化的森林。但随着森林被清理干净,我甚至可以看到其中生长着像皮福阿约(pifuayo)棕榈树这样的物种,它是完全被驯化的,无法在野外传播。罗伯托清理这片地方时保留这些树傲立于此,使得我对自己有关该物种的感知判断更为确信。我问罗伯托的父亲毛里西奥,是谁栽种了这些树,他告诉我,他的姐夫蒂布西奥(Tiburcio)在大约30年前就种植了这些树。我知道蒂布西奥过去曾住在马普奇尔加,现在仍能够准确地找到他的住

所。与此同时，在这附近，圣克拉拉的人正在帮助罗伯托的兄弟阿尔特米奥清理一座新花园。就在这时，有人发现地上躺着一根又长又直的原木。在用砍刀测试之后，阿尔特米奥评论说这样的原木将会是一根很好的房柱。老毛里西奥过来看了看，说它确实是做房柱的好材料，而且这棵树在25年前曾被坎帕人胡里奥·费利佩（Julio Felipe）砍伐过，当时他就住在马普奇尔加。这一信息自然让我兴奋，因为它为老人几周前告诉我的故事提供了空间和时间定位。他告诉我蒂布西奥住在马普奇尔加，一些来自阿尔托·乌鲁班巴（Alto Urubamba）的马奇根加人（Machiguenga）也加入了他的行列。然后蒂布西奥离开了，胡里奥·费利佩从坦博（Tambo）移居该地。后来，马奇根加人离开了，搬回阿尔托·乌鲁班巴，胡里奥·费利佩也是一样。我对马奇根加人一无所知，从未见过他们，但我确实认识胡里奥·费利佩，因为他多年后回到了马普奇尔加，现在住在罗伯托的新房子上游一段距离之处。

关于这一系列事件和故事，有几个要点需要说明。首先，正是这样的过程让我了解到原住民亲属关系的时间深度。我听人们无休止地讲述过这样的故事，通常是因其事件的幽默色彩、悲剧性或神秘意义。每种叙述都将焦点事件嵌入到事件发生时还有谁在哪里、他们正在吃什么以及他们在做什么这些显然冗余的信息中。在圣克拉拉的自然环境中讲述这样一个故事，会深深地激发我，提供大量我已发现的血缘关系的"硬数据"——虽然是以一种不精准的方式。如果我问："当这件事发生时，你到底住在哪里？"回答会很模糊——"在那边"或者"就在老胡里奥·费利佩将要建造的新花园的下游"。

然而，这种不精准却具有精准的含义。一旦你已经知道"在那里"是在哪里，或者老胡里奥·费利佩在哪里建造他的花园，你就可以定位事件的空间意义。如果你不知道，这有什么关系？你作为一个听众，与这些事情发生的场景无关，所以只能抽象地与它们联系起来。随着你进入景观含义之中，这些故事就有了新的意义。我说的是与景观有关，而不是简单地说"当你获得景观知识时"。在这种情况下，知识将暗示一种纯粹的主观体验。它并非就是这样的体验，因为其含义取决于活跃地在景观中四处走动，并在其中留下痕迹。

倾听者所理解的含义，在环境中是通过长辈作为中介而发生的。为胡里奥·费利佩清理花园时，大多数清理阿尔特米奥花园的人并不住在该地区，而在剩下的少数人中，很多还太年轻而不能参加。因此，之前的园艺活动并不是他们个人经历的一部分。但是老毛里西奥在那里，所以能够解释发生了什么事。这是最重要的事实，因为它暗示了很多关于亲属关系的内容。花园正在被清理，以供阿尔特米奥和他的妻子莉莉（Lili）抚育他们的孩子。花园的农产品也将制作成木薯啤酒流通给圣克拉拉的其他人，以及来自其他地方的来访者。但在建造这个花园时，人们心里一边想着这些事实，一边重新清理曾经是老胡里奥费利佩花园的土地。这个花园的农产品养活了老毛里西奥和他的妻子克洛蒂尔德，他们经常和胡里奥·费利佩一起喝啤酒。那天在花园里工作的人是老毛里西奥、克洛蒂尔德和胡里奥·费利佩的儿子、女婿、孙子以及其他年轻的亲属。因为这些长辈之间的关系，这些年轻人正在合作建造阿尔特米奥的花园，就像他们将合作建造每个人的花园一样。而老毛里西奥、克洛蒂尔德和胡里奥·费利佩之间的关系也牵涉到这个古老的花园，以及曾经从这里辐射出来的定居点和花园网络，这些地方现在是古老的次生林。

在巴觉-乌鲁班巴，没有人会呼吁把废弃的花园作为当前社会行为的基础。没有人会说："我帮助了他，是因为我们小时候都吃过那个花园里的食物。"当地人会说："我帮助他，因为我们是亲戚。"[参见 Gow，1991] 人们强调的重点始终放在两个活着的人之间的积极关系上。但是景观以两种不同的方式被暗含于这些关系中：作为积极的场所营造；作为场所的叙事。亲属之间的活跃关系中暗含着景观，因为他们相互帮忙进行景观改造，例如亲属之间相互帮忙将森林开辟成花园。彻底体现景观中的亲属关系内涵的行为是建造房屋。亲戚互相帮忙盖房子，这样他们就可以住在一起。共同生活是至高无上的亲属行为，因为它意味着得以形成"生命的沉闷轮回"的持续不断的慷慨抚育行为。由此，村子既是亲情的场所，也是亲情的产物。

原住民很善于用"系谱法"的简单术语来说明亲属关系。任何人都会说："他／她是我的哥哥姐姐／父母／姑母或姑父／等等。"同时，任何人也会追踪他们之间的联系。一个人们不熟识的本地年轻人来到社区，会被长辈以这种方式提问："你住在哪里／你的父亲是谁／你的母亲是谁／你的祖父母是谁？"追问一直持续到这个年轻人提及一个彼此都熟悉的名字，这时长辈会说："哈，你是我弟弟的孙子！叫我'祖父'。"但这种例子并不多，出现这种情况通常是由于这家人远距离搬过家。通常来说，原住民们都认识自己的亲属，这要么因为这些年轻的晚辈在他们中间长大，要么因为这些年轻的晚辈不断地在长辈的故事中听到自己。

这正是原住民叙事中明显没有直接联系的信息的力量。正如我已提到的，长辈们向晚辈们讲述的故事充满了地点和人物的各种细节。通常，这些地点对听众来说毫无意义，例如当老豪尔赫·曼奇纳里（Jorge Manchinari）告诉他的孙子帕伯罗（Pablo）和我"他差点在尤鲁阿（Yuruá）河上被巴西人杀死"之时。老豪尔赫详细描述了他和同伴们在尤鲁阿河上漫长而艰辛的航行过程，在哪里吃饭和睡觉。帕伯罗和我都没有在这条河上旅行过，所以这些地方对我们来说毫无意义。但豪尔赫的同伴是帕伯罗的亲属长辈，也是许多居住在圣克拉拉地区的人的直系亲属。这些长辈们居住地的历史正是年轻一代的起源。帕伯罗的母亲出生在巴西，帕伯罗有时开玩笑称自己是巴西人。帕伯罗与他从未见过的遥远景观有些关联，但微乎其微。他确实与胡奥（Huau）和圣克拉拉的景观有关，老豪尔赫和他的所有亲属都回到了那里抚养他们的孩子。

这些故事的细节与其他地方形成的亲属关系并非没有关联。它们并不仅仅是人们远离严肃生活的冒险。这些故事中的英雄就是叙事者本人，他们将这些故事讲述给年轻晚辈亲属们。在其他地方，我讨论过这些叙述如何在其形式、内容和叙述地点中暗示亲属关系 [1990，1991]。这些故事被讲述给那些不知道这些事的人——即无法亲身经历这些事件的晚辈。当地人通过讲述这些故事将其作为一种证据，表明他们正如在皮洛人（Piro）中所说的那样，是"那些拥有记忆、善于思考并懂得关爱"的人 [*kshinikanu/kshinikano*]，而晚辈的倾听则表明他们愿意学习。这些叙述是根本意义上的"面对面"交流，因为它们表明长辈和晚辈在一个地方的共存。共同生活是亲属关系的核心，也是亲属之间不断展现慷慨行为的核心。个人经历的叙述，经由其他地方和其他人，得以追踪当前大家同居共存的形成，追溯一个此时此地的村庄的前世今生。叙述的行为将村庄的空间和时间维度向外扩展，形成更为广阔的景观，同时将这些维度聚焦于叙述者和听众在这个地方的共同存在。

景观中的死者和强者

景观所内含的意义是当地人理解其生命的核心。对于特定的个体来说，这种意义经由出生、成长、结婚、成年后抚育下一代以及死亡而产生。但原住民总是将意义赋予持续变迁的特定景观。一个孩子在特定村庄的特定房屋中长大，吃特定花园出产的食物。但当这个孩子长大成人，并作为成年人开始工作后，童年的景观将会发生改变。房屋所在地无疑会被遗弃，村庄所在地可能也会被遗弃，花园将长成再生林。这种景观的历时过程不仅仅是一个物理事实，它也会被当地人反复讲述。年轻一辈经常到处迁移，商量改变房屋和花园的地点，甚至也可能迁到其他社区。老年人则拒绝搬家，并说："我现在老了，我知道我想死在哪里。"这样说并不是因为他们对死亡的美丽地点有某种浪漫选择，而是因为他们选择的地方总是自己的生活之地。这是一种面对衰老时的接纳态度，因为老年人意识到他们日渐衰弱的体力将阻止他们再建造花园或房屋。

当一个成年人在巴觉－乌鲁班巴去世时，他或她曾居住过的房屋就会被遗弃。这些房子有时会被烧毁，但更多时候会被拆除，房屋可以被再利用的部件，比如新的茅草屋顶或制作精良的门，会被用于建造新房屋。人们之所以这样做，是因为死去的灵魂 [西班牙语：*alma*；皮洛语：*samenchi*] 会强烈地依附于这个房屋，事实上也会依附于它曾经在生活中所知道的所有地方。它会在这些地方徘徊、哭泣并乞求它幸存的亲属与它一起死亡。死亡的灵魂的悲伤唤起了生者致命的乡愁，如果他们难以抵挡它的诱惑，他们就会生病并死亡。死去的灵魂是记忆的影像，除了唤起其亲属的怜悯之外，无法开展任何亲属关系的行为。当地人坚忍地无视这种诅咒，并避开可能遇到死者灵魂的地方。通过这种方式，随着时间的推移，景观会被生者避开的那些地点所隔断，因为那些地点与死去的灵魂有关。

死去的灵魂是记忆的影像，随着记忆的消失而消失。原住民不惧怕死去的陌生人的灵魂，因为他们与这种灵魂没有记忆的联系，两者之间无法建立关系。同样的道理，他们也不惧怕远祖的灵魂，这些灵魂对他们来说也是陌生的。但他们确实惧怕另外一种死者，即骨魔或尸魔 [西班牙语：*difunto/muerto*；皮洛语：*gipnachri*]，但这种惧怕与记忆无关]。死去的灵魂总是关联于一个特定的人和一个特定的地点，正如我所说，这是记忆的影像。骨魔也是一个死去的人，但是骨魔并不是一个特定的人。因为骨魔并不受特定地点的束缚，而是自由地四处游荡，它甚至会在晚上进入村庄。骨魔会设法吃人或通过暴力性交的方式杀人，可见骨魔是欲望的体现。

　　死去的灵魂相对容易避开，因为只要避开与之相关的地点即可。但骨魔却难以避开，因为它和人类居住在同一个区域，且可以自由移动。人们时常以不可预测的方式，在已知有人居住的景观中遭遇骨魔。骨魔与人类居住在相同的区域，但没有特定的地点。骨魔对生者的吞噬欲望和性欲反映了人类欲望在创造亲属关系中的位置，也反映了景观改造的动力。正是拥有夫妻关系的男人和女人的口欲和性欲促使森林变成花园和房屋。我认为，断定骨魔位于这种景观改造过程的终点并不牵强，因为曾经使用过的地方被重新转变为未分化的森林。骨魔是森林再生的"代理人"，并且与那些"会导致人不知不觉死亡"的植物种类有关。它们尤其与死藤水、治愈性致幻剂有关。[3] 骨魔既是亲属关系的遥远过往 [在次生森林中被遗忘的匿名死者]，又是形成当下亲属关系并将其投射到未来 [通过口欲和性欲] 的无实体意象。

　　在生者和死者的景观之外，并与其划定边界的，是作为自治空间的广义世界的河流和森林。这些空间由森林和河流的最高代理者、"所有者"和"母亲"创造。这些代理者，被多样化地描绘为巨型蟒蛇和高大而美丽的外国白种人，他们创造、维护着森林和河流之域。据说森林"来自"[venir de] 巨大的"森林母亲"（sachamama），正如河流和湖泊来自"河母"（yacumama）。这些领域分别由"森林神"（sacharuna）和"河流神"（yacuruna）维护和巡守。他们是萨满话语体系中的"人"（gente），因为他们是道德和知识的代理者，同时他们不受生或死的影响。因此，他们是通过其令人敬畏的知识 [通常与他们的歌曲相关] 创造和维持空间的。

　　作为不朽的强者，森林和河流的"主人"和"母亲"并不依赖人类而生存，且通常对人类漠不关心。但为了生存，人类在狩猎、捕鱼和旅行中得闯入这些空间——尤其是在建造特定的村庄和花园景观时。作为对人类闯入行为的回击，这些强者会使人类遭受生病和死亡的厄运。虽然人类巫术是重病或致命疾病最惯常的诊断，但毁灭的力量最终会来自这些强者，无论这种力量是直接侵入，还是通过萨满式地运用这些力量作为中间媒介。然而，它们同样也是治愈力量的来源。萨满巫师通过使用死藤水，运用疗愈歌曲的中间媒介，将强者降服为人 [Gow, 1991]。

萨满巫师吸食药物后进入森林和河流，他们会直接将这些地方视为住满"人"的定居点。由此，森林和河流四周都成为因"人"的活动而形成的景观，而河流的深处和森林的中心——作为无人之地，因此也是人类活动的终极对立面——也成为"人"的定居点。当萨满巫师服用致幻剂时，他们的灵魂会离开身体自由地游荡。萨满巫师的灵魂可以直接看到河流和森林中的"人"之灵所看到的东西。"人"之灵召唤萨满巫师的灵魂，邀请他们进屋吃喝。萨满巫师的灵魂与"人"之灵的亲属一样生活，吃着他们的食物，听着他们响亮而优美的歌。森林和河流作为一般的空间，在日常经验中是暗含特定人物的特定景观的场所，而在此，森林和河流则被转化为强者的特定房屋和村庄，成为空间最普遍的代理者。这种从一般到特殊、从特殊到一般的转变是萨满巫师体验的特征。[4]

意义与表征

当萨满巫师服用致幻剂时，他们将森林或河流视为住满"人"的定居点。有人可能会争辩说，这些萨满巫师将一种文化形象 [人类定居点] 转移到自然领域 [森林和河流] 中，并接着说萨满在他们的话语中"表征"着作为文化的自然。但这样的辩解会忽略景观寄寓于人与人寄寓于景观的所有其他复杂的方式。当一个萨满巫师说，在他服用死藤水时，他会将森林的一棵树视为挤满"人"的屋子。我们不能将分析限定于那棵树和那种意象，我们还必须考虑到，房屋是由森林里的树木建造的，在曾经树木高耸的地面上建造起房屋，而房屋又会被遗弃，这个地方也会重新变成森林，等等。萨满巫师的幻觉可能会让我们觉得特别戏剧化，具有一种异国情调。萨满巫师的幻觉体验是人与景观互动的复杂过程中的一个独特时刻，只有这样来看待，我们才能理解其幻觉体验。

萨满巫师对他们服药经历的陈述可能不容易被理解，但至少萨满巫师所说他们看待这些事情的方式与日常环境中对亲属关系的感知密切相关。正如我所论证的，亲属关系在环境中被当地人直接感知，因为亲属关系存在于此。而它之所以存在于此，在于亲属关系是由人类景观这一中间媒介所创造的。我在这里所持的立场，可能会引发知觉心理学的某些问题——尽管在我看来本不应该引发出这些问题。我怀疑大多数心理学家会否认人们能够直接感知如此复杂的文化类型，就如同亲属关系对于巴觉-乌鲁班巴原住民而言是如此复杂。但亲属关系仅涉及直接的社会关系，而这些社会关系又寓意于直接的景观改造。因此原住民必然能够从景观中感知到亲属关系。当然，每个原住民都必须通过社会化的过程才能够做到，但社会化过程已在亲属关系中被给定了。[5]

在分析中，我试图避免声称巴觉-乌鲁班巴的原住民将亲属关系"解读"进他们的环境中，或者他们将环境"表征"为亲属关系的一个方面——表征的问题将在后续内容中谈到。将文化的隐喻作为对世界的一种特殊解读，这种方式虽颇受欢迎但并未经过分析验证。这种方式以非常有限的西方文化实践模式为人类所有文化建立模型。这种方式必然包含信息的编码和解码，信息的发送者和接收者。在我描述的过程中，没有发送者和信息编码，因此也没有接收者和解码。如果你认为，蒂布西奥在位于马普奇尔加的房子周围栽种果树，是要将其作为留给后代的一种类似明信片的信物，这种说法十分荒谬。因此，从逻辑上讲，如果说我或其他人从罗伯托清理花园露出的成熟果树中，解读出他的住宅历史，这也同样非常荒谬。

书写和阅读本身就是有趣的人类文化实践，但它们不应成为未经思辨的隐喻而为人类文化或人类思想服务。被恰当理解的书写和阅读如同形成了某种文本，这种文本是图形表征的虚构形式。正因为如此，这种文本是物质客体，因此也是物质环境的一部分。在此做一个总结，我将讨论一个这样的客体，该客体与我在此已经描述过的景观和亲属关系的过程密切相关。该客体是由书面文字和地图组成的文本——即圣克拉拉原住民社区（Comunidad Nativa de Santa Clara）的土地所有权证书。

据圣克拉拉当地学校的老师说，该文本一式两份。一份保存在秘鲁首都利马的农业部，另一份由社区最有责任心的人——唐·毛里西奥·法萨比（Don Mauricio Fasabi）保存。这份文件放在毛里西奥老家的一个盒子里，大多数时候没人看得到。我只见过一次，当时，学校老师呼吁在土地纠纷（下面即将讨论）最激烈的时候应印制土地所有权证书。我对土地所有权证书上的地图感兴趣，主要是因为它可以帮助我了解圣克拉拉的生活景观。而即使将其视为地图，它也显得非常抽象。除了某些抽象界定的方位坐标外，地图上没有任何其他方位参考点。即使是生态特征显著的边界和地点，如巴觉-乌鲁班巴河或马普奇尔加河的河岸，在图中也只是被粗略地加以描绘。作为一张地图，它唯一让人感兴趣的地方，在于它展示了圣克拉拉村以及被居民们建造成花园的大部分土地，实际上位于社区领域之外。

毫无疑问，圣克拉拉这里并没人使用这份土地所有权证书来将他们自己定位于环境中，当然也许是没有人能够做到这一点。它甚至也没被用来作为有关自然环境的一种知识。如果圣克拉拉当地人或外人需要确定社区土地的精确边界，他们不会参考这张地图，而会参考圣克拉拉的农业工程师进行首次土地确权调查时在社区边界所开辟的道路。这些道路是由当地人熟识的人在熟知的时间于景观中修建的，因此这些道路界定了社区的领域范围。这些道路存在于自然环境中，它们是社区土地划界行为的客观化，并且当地人会定期清扫道路，以凸显其存在感。

在圣克拉拉，没人将土地所有权证书作为自然环境的知识，但它却被圣克拉拉当地人用作与近邻有关土地所有权的持续争斗的客观依据。圣克拉拉下游的土地是尤斯塔奎奥·鲁伊斯（Eustaquio Ruis）的种植园。此人1981年被淹死，因此种植园被他的女婿马诺洛（Manolo）接管。1975年，圣克拉拉在法律上成为原住民社区（Comunidad Nativa），鲁伊斯仍一直声称拥有这一带所有的土地。鲁伊斯的这一主张没有法律依据，但得到了该地区白人赞助者阶层的全力支持。几年前蒂布西奥和他的亲戚住在马普奇尔加时，鲁伊斯的猪经常袭击他们的花园。作为报复，皮洛人杀死并吃掉了其中的一头猪。鲁伊斯报了警，警察将蒂布西奥和他的同伴带到阿塔拉亚（Atalaya）当地行政中心的法庭。法官是鲁伊斯的朋友，他判处这些人为鲁伊斯工作一个月，鲁伊斯让这些人清理一大块牧场，以便他养牛。为了逃离鲁伊斯和他的猪还有现在这些牛，蒂布西奥和其他人离开马普奇尔加，搬到上游很远的一个地方。圣克拉拉目前的居民并没有卷入这场争端，但这件事仍被当地人讲述为一个展示了白人赞助者能力的例子。土地所有权证书被当地人用于与鲁伊斯的女婿马诺洛的争斗，以表明马洛斯的土地和圣克拉拉社区的土地之间的边界并非随意确定。道路沿着彼此区域的界限而修建，边界就得以如此呈现于感知之中。这条道路是一种物质现实，这种物质现实与土地所有权证书的物质现实相联系。土地所有权证书以某种神秘的方式指涉着利马（Lima）的国家权力。在与马诺洛的任何争斗中，圣克拉拉的人们都非常不愿意诉诸利马的模糊权威，但幸运的是，马诺洛也同样不愿这样做。[6]

因此，圣克拉拉的土地所有权证书作为一个客体，对于该地区的任何人来说都并不代表圣克拉拉的自然环境。它至多是原住民在历史上学会用来对付剥削者的另一套权力的物质象征。因此，位于唐·毛里西奥盒子里的土地所有权证书，作为巴觉-乌鲁班巴政治历史中一系列特定事件和特定权力关系格局的物质体现，具有特殊的功效。土地所有权证书在圣克拉拉居民与当地景观之间富有意义的关系中，只占据很小的位置。它并不代表、也无法代表原住民与景观之间的全部关系。对于原住民来说，只要人们还需要为建造花园和房屋而清理土地，那么，随着孩子的成长，随着人们在叙述中追溯过往并联系当下，就不可能存在人与景观之间的关系，因为这种关系还会继续延续。

存放在利马的另一份土地所有权证书则是另一回事。它是大量文本和文件、法律和地契以及当地居民社会关系的一部分。该土地所有权证书将圣克拉拉人民与其土地之间的关系定义为占有的非定向性关系。它将这种关系以相似或不同的秩序与多种其他关系联系起来，使得圣克拉拉的原住民和土地被束缚在一个他们知之甚少或一无所知的图示表征和社会关系的网络中。通过表征圣克拉拉的原住民与土地之间的联系，土地所有权证书对这些联系的意义施加了潜在的限制，同时也赋予了新的意义。具体来分析，作为有意义的行动，人们与圣克拉拉景观之间多重关系的复杂循环，不能被简化为集体性的主体（圣克拉拉的原住民社区）和客体（圣克拉拉的领域范围）之间的单向关系。但是土地所有权证书暗示他们可以，而它运作的权力关系表明他们很可能确实如此。

结论：景观与土地所有权证书

我带着这样的问题撰写本章：温带地区的北方人是否将亚马孙地区看作是人文景观。我认为，亚马孙河流域的一小部分——巴觉 - 乌鲁班巴河一带，是通过当地原住民居住于此而形成的一片人文景观。当地的原住民与森林和河流之间具有多重密切联系，原住民彼此之间通过慷慨的食物馈赠和抚育行为、通过故事的表述以及通过生者与死者和灵魂的偶然遭遇也建立了密切联系，经由所有这些关联而形成了这样一片人文景观。最后，我指出了一个隐藏在原住民社区景观中的小物件，即土地所有权证书，它包含了对这片景观的另一重视域。在结论部分，我想引申出这种分析的一些意义。

对于巴觉－乌鲁班巴的原住民来说，当地环境是一个生存的空间。通过其他人和代理者在这个空间中活动的痕迹，以及通过其他人的代理者的表述，当地人得以了解这个空间。这些表述虽然表面上与具身体验相距甚远，但实际上密切相关，因为它们依赖于表述者和倾听者同时出现在某个地方。与具身体验相距甚远的，是人类能动性之外的一般景观空间的起源，它只能通过萨满巫师药物的媒介来揭示。在这个层面上，这种景观与土地所有权所体现的景观之间的主要区别，在于前者的具体性和后者的抽象性。土地所有权证书似乎是这片土地上的原住民们具体存在的虚幻表征。但事实并非如此，因为它是某些非常重要的社会过程的具体体现。在我进行实地考察时，土地所有权证书对巴觉－乌鲁班巴的影响并不明显，但它们的潜在影响绝对存在。

人们可能会认为，我赋予那张体现圣克拉拉土地所有权纸片的意义超出了应有的程度，但是，只要看看亚马孙流域的土地斗争过程，或者其余任何地方的原住民部落为掌控自己领土而斗争的过程，就可以看出这些小纸片的重要性。对于要求原住民土地权利的合法登记，以及围绕它的法庭争斗，主要是关于土地所有权证书的预示意义的问题。我们设想这张纸片体现了所有权和控制权的抽象原则，但它们之所以如此，只是因为它们是土地所有权证书。毕竟，利马农业部拥有的并不是圣克拉拉的土地，而是它的纸质表征。正如许多亚马孙原住民付出惨重代价后所发现的那样，正是这些土地所有权证书，决定了谁拥有什么，而并非他们自己与土地的复杂关系。

圣克拉拉正在开展的社会进程中，重要的是划清社区周边领地界限的道路，而不是将该边界抽象表征为土地所有权证书地图上的墨水线条。边界道路是当地人在圣克拉拉景观中的直接体现，但那张土地所有权证书上的小墨水线条却是其他人直接的物质体现。圣克拉拉人民和我自己都不知道的这个其他人，是指在注册圣克拉拉原住民社区的过程中代表秘鲁国家法律的人。并非土地所有权证书上墨水画的地图看起来像圣克拉拉，它便表征着圣克拉拉，而在于它"代表"了圣克拉拉的景观在具体的社会行动中可能遭受潜在影响，因此它才得以表征圣克拉拉。

民族志本身是对文化的书写，它也是写在纸上的。正如我们现在所知，民族志是一种表征方式。但这并不意味着民族志学者所书写的"文化"或"社会"本身就是一种表征形式。然而不幸的是，我们最重要且普遍的文化模型都基于涂尔干（Durkheim）的"集体表征"和博厄斯（Boas）的"传统之眼"[参见 Sperber，1985 和 Sahlins，1976，了解最近对这些立场的有力重述]的隐喻。在这两种情况下，文化过程都以经典的表征顺序为模型。以涂尔干为例，身体内部状态被建模为特定类型的物质制造对象；而在博厄斯看来，文化是建立在审美沉思的基础上，审美沉思建立了表征关系中观者的位置[参见 Foucault 1970，关于古典表征的论述]。这就像西方经典风景画的两个方面：虚构的画作和观看的审美家。

正如福柯（Foucault）对维拉斯奎兹（Velasquez）的画作《宫娥》（Las Meninas）的分析中所清楚表明的那样，主体、客体和世界以表征秩序的特定模式结合在一起。[7] 然而，尽管福柯的著作对西方知识模式的内在建构具有启发性，却没有为民族志学家提供他们寻求参与的经验模式的反思指南。圣克拉拉原住民和土地之间的关系不能脱离对西方哲学的批判性反思，因为必须在土地与原住民的密切联系及所涉及的所有问题中去理解这种关系。但同样，我们必须避免执着于"直接在场"（immediate presence）的幻想——即认为其他国家的其他人也一起神秘地参与。我们绝不能将圣克拉拉原住民的经历模式化为我们自己的反面或直接映射。

这就是我如此强调巴觉 - 乌鲁班巴景观具体生活体验形式的原因。正如芒恩（Munn）在她对嘎瓦（Gawa）[1986]的研究中所表明的，特定的实践创造了它们发生的世界或时空，从而构成了产生它的主体的直接体验。就构成世界和主观经验的具体实践而言，我们必须关注具体实践的变化。从这个角度来看，创造和运用印有墨水线条的小纸片（即土地所有权证书）是一种特殊的实践，并且可以看出这产生了与巴觉-乌鲁班巴年长亲属的口头叙事截然不同的时空。事实上，拉图尔 [Latour，1987] 认为，科学的核心实践是在纸上产生和积累各种标记，而非任何思维模式或对客观现实的沉思。这些纸上标记或表征所产生的时空，就是我们所说的"真实世界"。我们生活的时空，是在其他时空中强行加入抽象秩序：换句话说，就像在地图上绘制的一条线成为一条穿过亚马孙地区的道路。

在对新英格兰殖民地不断变化的生态关系的研究中，克罗农（Cronon）写道："我们的研究必须锚定一种历史之中的自然，而非无历史的自然，因为只有这样，我们才能找到处于自然内部而非自然外部的人类社区。"[1983：15] 但我们必须谨慎，不要将历史简化为人类物质生产的一个方面，将其简化为文本的生产及其表征。我们必须开始思考自然界中其他可能的历史，思考植被变化模式的意义，思考穿过森林的道路、废弃的旧花园，以及在特定地点和特定时间讲述故事的意义。我们必须开始思考作为生活经验模式的其他历史之含义。

注释

本研究所依托的田野调查是在1980—1988年开展的，该研究得到英国社会科学研究委员会和纳菲尔德基金会的资助。感谢 Tim Ingold、Eric Hirsch、Michael O'Hanlon、Cecilia McCallum、Alfred Gell、Christina Toren 和 Maria Phylactou 对本研究初稿的评论。本研究问题的形成极大地受益于与尼古拉斯·格林（Nicholas Green）的讨论。

1. 我从里维埃尔 [Rivière，1969] 那里借用了这个恰当的短语。

2. 德内文 [Denevan，1971]，德内文等 [Denevan et al.，1986] 和珀西 [Posey，1987]。

3. 在皮洛，死藤水被称为卡马拉丕 [*kamalampi*]，这似乎与词根卡马 [*kama-*] 的含义（即"具有超自然的力量"）和"杀死"密切相关。卡驰（*kamchi*）一词指的是任何超自然的存在，但也用于骨魔。在坎帕（Campa），也存在类似的关系。

4. 我对死者和灵魂的分析借鉴了芒恩 [Munn, 1970] 的研究。参见迈尔斯 [Myers，1986]。

5. 不过，可以参考托伦 [Ingold，1990] 对"社会化"（socialization）这个概念的批评对此处分析的影响。

6. 参见高 [Gow，1991] 了解关于巴觉－乌鲁班巴的土地所有权及其争端的更详细说明。

7. 参见格林 [Green 1990] 对景观表征中这种三方系统的分析，以及他对景观作为个人体验的反思。

参考文献

CRONON, WILLIAM (1983). *Changes in the Land: Indians, Colonists, and the Ecology of New England*. New York: Hill & Wang.
DENEVAN, W. (1971). 'Campa Subsistence in the Gran Pajonal, Eastern Peru', *The Geographical Review*, 61/4: 496–518.
—— TREACY, J. M., ALCORN, J. B., PADOCH, C., DENSLOW, J., and FLORES, S. (1986). 'Agricultura Forestal Indígena en la Amazonía Peruana: mantenimiento Bora de los Cultivos', *Amazonía Peruana*, 13: 9–33.
FOUCAULT, MICHEL (1970). *The Order of Things*. London: Tavistock.
GIBSON, JAMES (1986). *The Ecological Approach to Visual Perception*. London: Lawrence Erlbaum Associates.
GOW, PETER (1990). '"Aprendiendo a defenderse": la historia oral y el parentesco en el Bajo Urubamba', *Amazonía Indígena*, 11: 10–16.
——(1991). *Of Mixed Blood: Kinship and History in Peruvian Amazonia*. Oxford: Clarendon Press.
GREEN, N. (1990). *The Spectacle of Nature*. Manchester: Manchester University Press.

HECHT, SUSANNA, and COCKBURN, ALEXANDER (1989). *The Fate of the Forest: Developers, Destroyers and Defenders of the Amazon.* London: Verso.

INGOLD, TIM (ed.) (1990). *The Concept of Society is Theoretically Obsolete.* Manchester: Group for Debates in Anthropological Theory, University of Manchester.

LATOUR, BRUNO (1987). *Science in Action.* Milton Keynes: Open University Press.

MUNN, N. (1970). 'Transformation of Subjects into Objects in Pitjantjatjara and Walbiri Myth', in R. Berndt (ed.), *Australian Aboriginal Anthropology.* Nedlands: University of Western Australia Press.

——(1986). *The Fame of Gawa.* Cambridge: Cambridge University Press.

MYERS, F. (1986). *Pintupi Country, Pintupi Self.* Washington: Smithsonian Institution Press.

ONG, WALTER (1982). *Orality and Literacy: The Technologizing of the Word.* London: Methuen & Co.

POSEY, D. (1987). *A Ciência dos Mẽbêngôkre: Alternativas contra a Destruição.* Belém, Pará: Museu Paraense Emílio Goeldi.

RIVIÈRE, PETER (1969). *Marriage among the Trio.* Oxford: Clarendon Press.

SAHLINS, M. (1976). *Culture and Practical Reason.* Chicago: University of Chicago Press.

SAUER, CARL (1963). *Land and Life.* Berkeley, Calif.: University of California Press.

SPERBER, D. (1985). *On Anthropological Knowledge.* Cambridge: Cambridge University Press.

第 3 章

人成为地方：扎菲马尼里人有关清晰度的观念

莫里斯·布洛赫（Maurice Bloch）

景观

扎菲马尼里人是一群生活在马达加斯加东部的轮垦者，传统上，他们主要依赖玉米、豆类和芋头为生，人口数量大约为 20 000 人。他们是许多这样的族群之一——这些族群被称为塔纳拉人（Tanala）或贝奇米萨拉卡人（Betsimisaraka），但由于扎菲马尼里人所处的环境非常特殊，他们与这些族群中的任何一种都不相同。他们居住在一个狭窄的山地森林带，该森林带位于一个几乎贯穿马达加斯加全境的南北向陡峭悬崖的台阶上。这里海拔约 1400 米，在气候和植被方面，这里几乎与马达加斯加任何其他地方都大不相同。[1] 该处西边是马达加斯加较为干旱且树木稀少的中部高原，那里最重要的农业活动是灌溉稻田。这个高原上的扎菲马尼里人的邻居是贝齐寮人（Betsileo），他们在许多方面与位于北部的梅里纳人（Merina）相似。东部悬崖脚下的森林与此迥异，因为那里气候更热。在这一边，扎菲马尼里人的邻居通常被称为贝奇米萨拉卡人，他们实行不同类型的轮作，主要种植旱稻和甘蔗，而这是扎菲马尼里人无法种植的两种作物。[2]

丹尼尔·库洛（Daniel Coulaud）在对扎菲马尼里 [1973] 出色的地理学研究中，确切地描述了当地的寒冷、多雾和潮湿。在同一本书中，他还选择性地强调扎菲马尼里的森林正在被耗尽的事实，这是人口迅速增长造成的过度扩张而导致的。与自 19 世纪以来就熟悉马达加斯加的许多欧洲人一样，库洛在某种程度上夸大了森林被砍伐的速度，并以纯粹负面的态度来看待这一问题。当然，毫无疑问，这一进程确实正在发生。森林砍伐确实是由于过度耕作 [部分原因是自然保护区的建立以及人口增长]，这导致人们不得不采用一种新型农业，因此他们转向灌溉稻田——这在山谷地区被砍伐的土地上是可能的。1971 年，我初次开始研究这个我称之为马莫莱纳（Mamolena）的村子时，当地 33 户居民中只有 2 户拥有灌溉稻田；而到现在，50 户居民中只有 8 户没有这样的稻田。

事实上，大部分稻田是在最近 3 年才开垦的。这种急剧的变化，是由于在当地天主教传教士鼓动之下建设的灌溉工程，也是由于气候普遍变暖而导致稻米提早成熟，但是扎菲马尼里人则可能恰当地将其归因于森林的退化。

因此，扎菲马尼里人面临着两种相互关联的景观变化，而外部观察者也应该能理解这一点。一是森林逐渐消失。这意味着有些地区的次生林已经让位于大草原般的草地，更概括地说，即原始林比以前更稀少、位置也更遥远了。二是现有宽阔有序的山谷梯田用于灌溉稻田，这些梯田在有些地方面积非常广阔。

扎菲马尼里人主要用族群的术语来解释这一变化过程。对他们来说，生活在帕特拉纳（an patrana）——树木稀少、可以采用灌溉稻田的土地——的人是贝齐寮人；而且因为扎菲马尼里人自己的土地也正变得跟帕特拉纳那里一样，因此他们说自己也正在变成贝齐寮人。同样，他们经常还会说，住在他们西边——那片森林几乎完全消失的土地——的人，曾经也是扎菲马尼里人，但由于环境变化，那里生活的人现在已经完全变成贝齐寮人。在某种程度上，对于那些不熟悉马达加斯加族群概念的人来说，这看起来可能很奇怪，但正如阿斯图蒂 [Astuti，作品即将出版][1] 指出的那

---

[1] 阿斯图蒂（Astuti）的这篇文章已于 1995 年发表，参见：Rita Astuti, "'the Vezo are not a kind of people': identity, difference, and 'ethnicity' among a fishing people of western Madagascar", in American Ethnologist, 22(3)（1995），464-482.
　　——译者

样,马达加斯加的族群性更多地取决于一个人的生活方式,而并非一个人的父母是谁。因此,在这种情况下,如果地理变化使一个族群采取另一个族群的生活方式,那么这个族群的人也会因此成为另一个族群的成员。[3]

令人惊讶的是,扎菲马尼里人似乎并不介意这种去族群化,因为他们发现这个过程非常有趣并且不断地谈论它。他们对此既不后悔,也并不试图反抗。[4]这种族群淡漠性也体现在他们看待森林退化和草地区域增长的方式上。在田野中,当每天晚上听着BBC的世界新闻节目播放有关世界热带雨林消失这一让人悲哀的报道时,我的后–卢梭、后–西贝柳斯式的敏感性不断被强化。我尽力让村里人告诉我,他们对环境的变化以及随之而来的所有生物物种的灭绝感到多么痛心。但是我的努力失败了,我并没有得到丝毫的回应,尽管人们偶尔会在没有多大兴趣的情况下注意到一丁点因森林砍伐导致的少许不便。

一天晚上,我和一位熟悉的老妇人并肩坐在岩石上,沉浸在她非常喜欢的、有点感伤的谈话中。我们从村子望向在夕阳的霞光中被照亮的森林[这是少有的、没有下雨的日子之一],我想是时候该让她说出她多么喜欢森林并为它的消逝感到遗憾了。于是我又一次问她这个话题,经过长时间的思考,她若有所思地说,是的,她喜欢森林。"为什么呢?"我急切地问。"因为你可以把它砍掉。"她回答说。

在这里,有关环境的观念在许多方面与西方最近"生态恐慌"的特征完全相反。扎菲马尼里人对环境的关切不在于如何不破坏环境,而在于如何成功地在环境上留下印记。本章将对这种观念的内涵展开探讨。对这种完全颠覆了依循传统的现代欧洲美学的态度,我的第一反应是设定扎菲马尼里人以纯粹功利的方式理解景观。然而,我很快意识到这是完全错误的。这种错误意识一次又一次地迫使我思考,我的[现代的、欧洲的]敏感性与他们的敏感性之间的对应领域是什么。扎菲马尼里人与米其林指南和市政当局一样,对优美的景致充满热情。

优美的景致

在通往我居住的村落的路上,人们在进入必须穿越的山谷之前,可以在一个地方看到家屋和村落所在的山顶。每当人们经过这里,无论天气多么恶劣,无论他们多么急于结束一天的辛勤工作,都会稍微停留片刻或更长时间,以便从这个有利位置观看村落(图3.1)。当一群在马达加斯加其他地方打工数月的年轻人回家时,他们也会在这个地方停下来坐一会,唱一小时或更长时间的歌,并一边看着村落,有时眼里还会噙着泪水。

图 3.1 从下方的森林看去,扎菲马尼里人的村庄正清晰显现

这种对优美的景致以及可以看到优美景致的地点的惯常喜爱,并非一种例外。在我和同村人去别的村落的短途旅行中,每当我们从森林里走出来,到达一个可以远眺的山顶时,我们也会驻足良久,热烈地谈论清晰度,兴致勃勃地把这里或那里指给对方看。我们晒着太阳,讨论优

美景致的美和价值普遍话题，并对彼此面对这些愉悦景象时的欣喜若狂而感同身受。对优美景致的赞美强调了"空间感"[malalaka]，而尤为强调的是"清晰度"[mazava]。每当人们评论所观看的景观时，"空间感"和"清晰度"这两个词都会出现。这种观看呈现出一种非常具体的形式：包括列出视线中的丘陵和山脉以及曾经或仍然存在的村落和城镇。人们看到的山脉越遥远——有些非常遥远，远远超出扎菲马尼里村落的范围，那么，人们就越是称赞其景致。的确，我的同伴们很高兴地向我展示，他们能够说出多少这样的山峰和村落的名字，他们教我并考我，偶尔也向一个不敢相信外来者会知道这些事情的朋友夸赞我。

最重要的是，我们可以清楚地看到这一事实——"清晰度"的观念被反复强调。只有当人们记住有关乡村地理环境的两个事实时，才能充分理解这种评价的影响，这也说明了通常情况下扎菲马尼里村落的清晰度是多么差。首先，村中多山，树木繁茂，人们通常很难远望。从一个村落去另一个村落或去一个大农场必须穿过森林，这往往令人感到压抑和威胁，以至于在扎菲马尼里极其容易迷失方向，这种情况经常发生，偶尔也会带来致命的后果。其次，乡村大部分时间都笼罩在薄雾、雨水和云层中，雾气常常紧贴森林，能见度降低到几英尺。因此，毫不奇怪，扎菲马尼里人非常不喜欢并害怕这种看不清远处的寒冷天气，并且经常对此充满抱怨，因为他们意识到，每天为寻找柴火或其他原因，他们都得再次进入森林，身着不耐寒的薄衫而瑟瑟发抖。

因此，"清晰度"是扎菲马尼里人的核心价值。它既具有美学价值，又与宜人的生活条件相关。清晰度概念的内涵远远超出了扎菲马尼里文化中的视觉性。因此，当一个人想要对一位使用权威的祖先规范讲话的人表示尊重和钦佩时，应该在他每说两句话时插入一个感叹词"马扎瓦"(Mazava!)，这个词的意思是"清晰啊"。对扎菲马尼里人清晰度概念的另一层洞见，是来自当地一种对很多疾病具有疗效的药物，这种药物是一种名为"法纳扎瓦"（*fanazava*）的木头，这个词的字面意思是"使其清晰的东西"。

因此，通过理解清晰度的重要价值，通过了解当地人热衷于欣赏清晰的全景画面背后的原因，我认为我们可以来分享扎菲马尼里人关于景观的伦理和美学概念，并理解他们面对周围发生的地理变迁时的平静，无论这些变迁是否由他们自身引起。

人成为地方

最常被人们引用的扎菲马尼里谚语是：*Ny tany tsy miova fa ny olombelona no miova*。[5] 可以将其翻译为："如果土地[6]无法改变，那么土地上的人[7]就得改变。"

这句谚语以及许多其他类似的谚语，可以让我们很好地初步了解扎菲马尼里人有关人与环境关系的基本观念。它反映了人类对于生存于世的脆弱性和无常性的持续认识，这个世界并不关心人类生活的问题并任意影响着人类生活。人们会使用安德玛尼特（*Andriamanitra*）或扎纳哈瑞（*Zanahary*）这样的词来谈论冷漠的环境——森林、天空和天气，传教士们选择将这些词翻译为"上帝"（God），但对于扎菲马尼里人来说，这里是一种与欧洲基督教的"上帝"不同的力量。扎菲马尼里人之所以这样认为，是因为"上帝"与道德目的无关。"上帝"将其自身显现为既非奖励也非惩罚的命运，形成一种它影响着你而你无法抵抗的事态。[8] 从这个意义上说，"上帝"是一个人生命中来自外界的、不可改变的决定因素，这些因素中包括地形，因为地形以人们难以解释的方式影响着他们。

因此，作为"上帝"显现的乡村是一种永恒而冷漠的环境，短暂而脆弱的人们不得不生活于其中。然而事情并不像看起来的那样糟糕，因为尽管环境对人们漠不关心且恒久不变，但人类有可能超越其短暂性，并以此成为环境的一部分。

显现婚姻关系的家屋

当人类繁衍成功，这近乎使繁衍者永垂不朽，此时，短暂者永恒的潜力就会得以实现。每一次怀孕的结果，每一个长大成年的孩子，每一个生育后代的成年人，都是这项事业的结果——虽都几乎不敢指望总是能成功，但通常确实会成功。[9]然而，尽管宇宙环境对此显得漠不关心，但当这些不确定的计划取得成功并积累起来时，人类生活就开始呈现出它非本质性的一面，且有时这是确实可以实现的。人类生命获得了持久性的潜力，而持久性是土地恒定性的一种特征。或者更确切地说，在这些情况下，通过人类的成功繁衍，人类获得一种社会的成功，人类生命成为一种可以附着于土地的持久事物，从而得以参与土地的静止与永恒。

一个成功生长着的家庭——或者更确切地说是一种成功"生长着的"婚姻，因为这是扎菲马尼里人真正的关注点——是在与土地相关联的物质事物中实现的，即他们的家屋 [参见 Bloch, 1993 及其即将出版的作品]。[②] 成功繁衍子嗣的社会成就使婚姻成为一个社会的持久特征，并使代表这种成功的物质显现——家屋——成为恒常地球的持久特征。婚姻与家屋的这种密切联系之所以存在，是因为婚姻主要是从家屋的角度来考量的，因此婚姻的开始被称为"为灶取房"。然后，随着婚姻稳定以及他们的孩子、孙子的出生，这对夫妻的家屋变得更加持久。发生这种情况的原因是，起初大部分家屋由竹编建造，之后则逐渐被沉甸甸的硬木梁取代，最后还将采用木雕装饰——据说这是为了"赞美"木材的耐用性和

---

② 布洛赫（Bloch）的这篇文章已于 1995 年发表，参见：Bloch Maurice, "The Resurrection of the House Amongst the Zafimaniry of Madagascar," in *About the House: Lévi-Strauss and Beyond*, eds. Janet Carsten and Stephen Hugh-Jones（Cambridge: Cambridge University Press, 1995）.——译者

硬度。[10] 这一切都归功于这对夫妻、亲属和后代多年的辛勤工作。

即使创始夫妻去世，也不会标志着这种演变的终结。在成功的婚姻中，虽然有个体的死亡以及骨与肉的消失，但创始夫妻以另一种形式存活下来，即作为家屋的物质本身。随着孩子、孙子、曾孙等人对建筑的贡献，使用硬木相比软质材料的比例增加，并继续在木材表面雕刻更多的装饰性图案，这将继续硬化和美化家屋。这样一栋"硬化、稳定、持续"[11]的家屋附着于土地之上，并获得其持久性。

事实上，这对创始夫妻死后仍然在家中存在，在某些情况下，这种存在还更为具体。家屋的两个特殊部分被视为这对创始夫妻的物质延续，并成为诸多祖先信仰崇拜的对象 [Bloch，作品即将出版]③。一个部分是家屋中木雕装饰的中柱，这是由扎菲马尼里人已知最坚硬的木材中最坚硬的部位制成。这与创始夫妻中的男性有关，并且这将成为他后代们会面的聚焦点。另一个聚焦点是炉膛的三块石头，还有一个炊具 [或在某些情况下是一个木盘] 和一个大木勺，这与创始夫妻中的女性有关。正是这些人工制品的联合，最初使得婚姻变得显而易见。而且，在这对夫妻死后，中柱和炉灶仍将继续相互关联着存在于家屋内，它们也因此表征着这对夫妻持续繁衍的存在（图 3.2）。这一切得以如此，正是因为这对创始夫妻结合于一个单一的、持久的实体中，即作为一个整体的家屋，家屋是他们繁衍子嗣的显现。

作为一段婚姻持续生育力的物质对象化，家屋会变得越来越坚固和美丽。这是因为后代有绝对的责任继续维护它，增加其硬木含量的比例，并通过木雕装饰来增强其耐用性。因此，一栋这样的家屋的出现，就证明了这对创始夫妻的后代数量，以及后辈们对祖先的虔诚。这样的家屋逐

---

③ 布洛赫（Bloch）的这篇文章已于 1995 年发表，参见：Bloch Maurice, "The Resurrection of the House Amongst the Zafimaniry of Madagascar," in *About the House: Lévi-Strauss and Beyond*, eds. Janet Carsten and Stephen Hugh-Jones（Cambridge: Cambridge University Press, 1995）.——译者

图 3.2　来自扎菲马尼里神圣房屋中的木雕装饰的中柱和炉灶

渐被称为"神圣家屋"——后代将得到祖先祝福的地方。值得注意的是，在黎明时分升起的太阳使村庄变得"清晰"时，会举行一个中心仪式。这时，创始夫妻的子孙聚集在"神圣家屋"内，围绕着中柱，吃着炉灶上煮熟的食物。然后，他们可能会对着中柱和炉灶讲话，仿佛它们就是这对创始夫妻一样。

通过这种方式，这对创始夫妻的家屋变成了一座"神圣家屋"，它通常也会成为一个村庄的重要中心。而后，这对创始夫妻的后代将逐步在"神圣家屋"周围建造不那么具有持久性的家屋，后代子孙们建造的家屋的位置标识着他们的晚辈地位，因为这些"子孙家屋"将比"神圣家屋"更靠近南边，更远离山顶。[12]

从柔软的家屋到"神圣家屋"，从单一的家屋到村落，这个转变过程总是不确定的。虽然这个过程需要很长的时间，但每一个现存的村落都证明了这个过程是可能发生的。当这个过程发生时，这不仅表明创始夫妻作为短暂的人类的再造者已经成功，而且表明他们能够将可变的生命之流转化为土地持久性的、稳定性的和物质性的特征：一个栖息在小山上的村落，牢牢地靠在构成这些山顶的坚硬岩石上。有活力的、可移动的生者成功地附着在冷漠的土地上，这是扎菲马尼里人敢于去渴望的。

为了充分理解这一成功的视觉影响，我们还必须思考扎菲马尼里人关于景观的另一个概念——海拔高度。每个扎菲马尼里村落都会建在山顶上，当地有一个表示村落的名词，其含义就是"山"。[13] 扎菲马尼里人的村落在周围的森林中拔地而起，因为它们被修建在高处裸露的岩石上，如此修建的部分原因是为了防御，但也使得当地人能够"处于清晰之中"。早晨或白天的某些时候，村庄实际位于云层之上，白色云层飘过下面深绿色的森林，并将不同的村落变成许多具有清晰度和鲜明度的"岛屿"——位于一个因植物生长和变形而混乱、模糊不清的（森林）"海洋"之上。因此，在这个地区，清晰度、海拔高度和寒冷气候中温暖阳光的愉悦是密不可分的，这正如当地各种情况不断向我表明的一样。[14]

然而，清晰度和海拔高度都不是绝对的，两者或多或少是一回事，因为并非所有山顶的高度都一样。事实上，高度差异和清晰度差异在扎菲马尼里人的观念中非常重要，因为村落的不同海拔高度被视为显示出不同的资历和合法性政治权威，这两组概念在整个马达加斯加都是不可分割的。因此，正如村落内的家屋彼此之间存在世系关系一样，人们可以一眼看出哪座家屋更靠近山顶，扎菲马尼里村落的格局也同样如此。创始夫妻通过建造家屋来组建新的村落，这个村落逐渐成为"父母"村，并"诞生出"接下来一系列的地点，"父母"村应高于"子孙"村。如果村落格局遵循此理，则可将其作为该规则的范例；如果村落格局没有遵循此理，则需探寻特别的解释 [Bloch, 1975]。[15]

同样的原则也适用于解释甚至超越扎菲马尼里村落的政治秩序。当人们谈论起那从低地的迷雾中升起的高处的丘陵和山脉时——无论其在扎菲马尼里村落的边界之内还是之外，他们总是羡慕地说那是国王过去的住所地，尽管扎菲马尼里人从来没有自己的国王，并且在历史上花费了大量的精力抵制各种自命不凡的统治者。同样，扎菲马尼里人谈及自己所在地区的行政中心安布西特拉（Ambositra）时，他们会说"上"安布西特拉或"上"马达加斯加的首都安塔那那利佛（Antananarivo），尽管这两个地方的海拔高度都远低于他们所在的村落。

事实上，海拔高度、清晰度、持久性、合法的政治权力和世系关系对他们来说是同一件事的不同方面。这些都是成功的创始夫妻——现在是其后代的祖先——的不同面相。创始夫妻通过将生命和青年时代不确定的动荡转化为家屋和村落，制造了可以留存下来的"地方"，从而战胜时间的变动不居而获得一种胜利。个体的人虽然是始终变化且会因死亡而消失的，但"土地永远不会改变"。

然而，在此我们必须意识到问题的另一个方面，它可能会使得上面提到的那种成功显得模棱两可，或者说甚至有些讽刺意味。因婚姻关系进而建造家屋和村落这一转化过程的另一个面相是，随着人们定居于一个地方，他们也将同时失去其作为活生生的人（olombelona）所被珍视的"活泼"和感性的特征：因为他们正在成为不动的"地方"。

从起初了解这个地方开始，我就发现人的空间性很明显。扎菲马尼里人倾向于简单地用地名来指代任何来自他们自己村落之外的人。当看到一张新面孔时，我会问当地人我们刚才在路上遇到的是谁，而我只会被告知一个村落的名称。同样地，如上所述，以人为核心的世系很快被以村落为核心的世系所取代。[16]

然而，人与土地的这种结合方式，不过是赞美祖先成功地建立了他们的婚姻，并使之体现于一座家屋。但是这样一种赞美实际上带有一丝悲伤的色彩，因为这个过程使得人们丧失真正活着的快乐。我们不能忘记，无论是对扎菲马尼里人而言，还是对其他马达加斯加人而言，虽然与建造家屋的成功背道而驰，但是青春、力量和运动这些真正活着的快乐都被人们所珍视，只是不同地方的人们对其珍视的方式不同。[17]

在扎菲马尼里人的文化中，在人转变为地方的、持久性的事物这个过程之后，还存在一个进一步的阶段，即转变为物与地方这个过程中所蕴含的"丧失"的意义变得越来越明显。在这个进一步的阶段中，活着的人转化为土地永久特征这一成功本身，似乎最终削弱了这种转化的意图。

巨石纪念碑

父母死后不久，子孙们有时会在显眼的地方建造巨石纪念碑来纪念父母（图3.3）。[18] 如果被纪念的人是女性，纪念碑的样式就是三块石头——像一个炉灶，上面再盖一大块平坦的石头，如同炉灶上的一口锅。如果被纪念的人是男性，纪念碑会让人想起家屋的中柱，它看起来有点像巨石柱。[19]

图3.3 扎菲马尼里村庄中纪念男性和女性的竖石

这种用竖石进行纪念的方式与"神圣家屋"相比,其差异显而易见。首先,用石头进行纪念在将活人铭刻于不变的土地方面获得了更大的成功,因为石头本身就是且也被视作比最坚硬的木头更为持久之物。然而,与"神圣家屋"不同的是,竖石并没有将人们与其后代关联起来,家屋通过祝福的机制实现这一点。这两种方式的差异,体现在石头是竖立在其后代居住的村落之外这一事实中。而且竖石是为了纪念个人,而不像一座家屋是为了纪念一对夫妻——即便许多块竖石通常都会集中在一处,也同样如此。这些集中在一处的竖石,并不会像家屋那样,将夫妻或父母与子女之间的关系连接起来。

那些竖石之所以被集中于一处,是因为它们代表了兄妹的关系。恰好因为竖石所体现的,是与统合于家屋中的夫妻相对的一面。在扎菲马尼里人看来,兄妹之间的性关系是高度乱伦的,这种关系无法生育正常的后代。婚姻和人类繁衍将异性兄妹在空间上的分离作为必要的第一步,基于这种分离,炉灶和中柱才能结合成硕果累累的婚姻和家屋。因此,这些兄妹的家屋中的中柱和炉灶,在他们死后以巨石群的方式重新聚合在一起,意味着对婚姻生育繁衍的否定,以及对兄妹各自生活中所属婚姻单元的破坏。综上所述,炉灶和中柱的巨石群击碎了家屋所体现的意义。

因此,人们作为家屋和巨石被两次塑造成为地方。不过,这两种方式赞美的是作为社会化的人的两种完全不同的面相。在一种情况下,因婚姻结合的夫妻得以永生,是因为他们成为生命中繁衍子嗣这方面成功而持续的部分。在另一种情况下,人们作为不变的整体的一部分得以永生,这个不变的整体通过巨石阵保持一个不可分割的兄妹群体,拒绝繁衍过程而获得永久性。这两种状态之间的矛盾在女性身上体现得很清楚,因为在结婚时她们通常会离开之前居住的地方,而在她们的葬礼上,这种矛盾更为显著。因此,围绕女性的身体展开了一场名副其实的拉锯战,一边是她的娘家人，一边是她的夫家人。不过，这种矛盾同样体现在男性身上，因为扎菲马尼里人认为，在婚姻关系中，丈夫也被视为他妻子家族中的一份子。因此所有扎菲马尼里人都被拉扯于兄妹关系和婚姻关系这两极之间，如果兄妹关系占上风，则是以婚姻中的繁衍子嗣为代价的，而繁衍子嗣是被成功建造的家屋所赞美的。

这意味着，通过建造巨石纪念碑所获得的持久性是绝对的。体现于家屋和村落中成功的人类生活的持久性是相对而"不断生长的"。前者与后者背道而驰，以人类繁衍子嗣作为代价，会得到绝对的停滞。

在此，木头和石头之间的象征性差异赫然显现。扎菲马尼里人对木头的着迷之处在于它起源于一种生物，然而它最终获得了比人类长久的持久性。正是因为如此，扎菲马尼里人使用硬木来建造家屋和村庄，从而使人们也得以转化于硬木的持久性之中。木头从生物到持久物的历程，证明了家庭和形而上的成功。然而，似乎因为它起源于生物，虽然非常坚硬和持久，但并不是永恒的。石头虽被视为永恒的，但从另一方面而言，石头不是活的，它也从来没有以任何方式存活过。因此，成为木头——就如同家屋中成功的创始夫妻，就是成功地把终将走向停滞的生命转化，但这不可能是全部。而成为石头——就如同兄妹们的巨石阵，是一种得以不朽的方式，但代价是完全放弃婚姻生活、婚姻的繁衍和亲子关系。

诚然，这些竖石的设立主要涉及由死者后代组织的一项重大仪式，因此后代们就可能被认为以一种持久的方式与其父母联系起来。然而情况并非如此，因为竖石一旦被设立，这些石头就不再被任何特定的群体所关注，甚至其直系子孙也会很快忘记他们立的这块竖石是要纪念谁。相反，竖石被可能惊扰土地或从土地中获利的人们——无论他们与死者之间有什么关系——视为摆放供品的地方。因此从附近的树上采集蜂蜜的人会在石头上留下一点蜂蜜，在其中一块石头附近垦荒的人也会放点供品。在摆放这些供品时，人们通常完全不知道这些石头是为纪念谁而竖立的。因此如果说石头是崇拜的中心，那么这种崇拜也不过是对环境协调或对上帝——因为环境是上帝力量的显现——的崇拜。

人们经由石头将自己彻底附着于不变的土地，获得自身终极的持久性，这样做似乎让活着的人仅仅成为这片土地的一个特征，而不再是"活着的子孙后代们"的祖先。具有讽刺意味的是，通过竖石将人与地方联系起来的极大成功，其效果在人的层面上却并无意义。人们经常说这些石头是为祖先而竖立的，而这些祖先其实非常遥远——遥远到已经难以对这些人的行为构成道德规范方面的约束。与其他任何方面相比，这一点更是很好地说明了竖石在效果层面的无意义性。遥远的祖先已经变成那种冷漠的力量：扎纳弗瑞（*Zanahary*），即上帝。[20]

对祖先的这种崇拜方式及其与上帝崇拜之间的相似性，还能从以下这种方式来看待。当附近没有这样的竖石纪念碑时，采蜜者或垦荒者会将他本应放在人们建造的竖石上的供品，以完全相同的方式放在突出的天然岩石上。也就是说，即便这里没有竖石，他们也完全会摆放供品。扎菲马尼里人说，这些突出的岩石是"上帝建造的竖石"。竖石或突出的天然岩石，其权威的来源不同，但是对于人们来说，其功能是相同的。

在建造竖石的过程中，人们已经成了"地方"，但代价是丧失掉人类生命活力的各个方面。家屋和竖石、上帝和体现于中柱和炉灶中的祖先，它们的意义使我们得以理解，扎菲马尼里人从山上观看景观时，赋予景观的部分含义及其对视野清晰度的推崇。他们正眺望着众多的山顶，其中许多建有村落，那些目前没有村落的山顶据说也曾经有过村落。这些山顶代表了这些人的历史，他们的祖先在不变的土地上铭刻了自己的成就。这些成就特别铭刻于那些从森林和迷雾的混沌中抬升起来并在阳光下清晰而明确的山顶上。人们的快乐就是对这一成就的赞美，对此，他们非常坦率，但他们并不那么乐于解释忧伤——这种忧伤也明显存在，人们在景致好的地方所唱的歌曲中经常表达出这种忧伤。对此，我的感受是，人们其实也意识到，从距离遥远地对方看，祖先铭刻于土地上的成就是微不足道的，许多曾经存在、现在已经消失的"村落"已经重新成为森林，人们所看到的景观及其外形轮廓，最终似乎并不受人类活动的影响。人类致力于不朽的最终成果不过是岩石，这些岩石与上帝以其力量放置在那里的许多其他岩石在很大程度上毫无区别。而对于扎菲马尼里人来说，上帝所具备的力量是他们无法控制的各种意外的来源。

清晰度与两类景观

如果我所阐释的扎菲马尼里人的情感及其对景观的理解是正确的话，那么我们现在就可以理解，为何扎菲马尼里人对于森林的消逝及新水稻梯田的开垦显露出漠不关心的态度。

除了扎菲马尼里人对这个过程的实际评估——总体上是积极的方面多于消极的方面——之外，更令我惊讶的是，他们经常用"视野清晰"（*mazava*）一词来赞赏这种因森林砍伐形成的新类型土地。他们也用这个词来表达景致优美之义。在某一层面上看，之所以如此的原因很明显。砍伐后的森林看起来确实更清晰，水稻梯田的山谷也看起来更清晰。这不仅是因为视野更开阔，而且也因为不再像以前的森林那样云遮雾绕。然而扎菲马尼里人的这种做法也体现着一些别的东西（尽管我必须承认，有关这方面人们告诉我的并不多）。清晰的水稻梯田的山谷也标志着生存于此的人类终于成功地标记了他们自身，将自身附着于不变的土地上。与村落所体现的祖先们致力实现的成功相比，森林的砍伐与水稻梯田的开垦能体现出更大的成功。并且这种成功达成的方式——至少从最近开垦出来的一片水稻梯田的山谷来看，与让人成为石头相比，付出的代价没那么大。

注释

我于 1971 年在斯宾塞基金会的资助下对扎菲马尼里进行了田野调查。

1. 有关贝齐寮人的英文说明，请参阅科塔克 [Kottak，1980]。关于梅里纳人的研究，参见布洛赫 [Bloch，1971；1986]。

2. 最近，在扎菲马尼里，国家试验性地种植了新品种的旱稻，但这在经济上的价值还未显现。

3. 事实上，扎菲马尼里人和贝齐寮人使用几乎相同的马达加斯加方言，这使得这种族群的变迁变得特别容易。

4. 他们认为，气候和环境直接影响人们。因此他们强调，自己必须努力工作，以及这如何使他们变得强大。他们说，如果你在马达加斯加炎热的地区生活很久，你就会变得虚弱；即便你不必像他们那样背负重物，比如因为你有像贝齐寮人那样的推车，你也会变得更虚弱。

5. 谚语有多种版本，但意思不变。这里给出了我选择的版本，因为它是最简单的。

6. 马达加斯加语中的 "*tany*" 一词与英语单词 "land" 具有非常相似的含义范围。

7. 在通常的马达加斯加语中，"人"这个词 "*olombelona*" 的字面意思是活着的人。我完全保留了相当学究气的完整形式，因为在我看来它最能说明问题。杜波依斯（R. Dubois）部分正确地阐述了这一点，但还是有些部分的阐述并不正确 [Dubois，1978]。

8. 这个概念通常由 "*anjara*" 这个词来指涉，在标准词典中，该词被翻译为 "部分、命运、天命、转折" [Abinal & Malzac，1988：49]。

9. 此陈述基于广泛的民族志材料，无法在此展开讨论。

10. 用于建造此类家屋的木材部分是树的深色核心，扎菲马尼里人称之为"特扎"（*teza*），这也意味着持久（参见 Bloch，1993）。房子上的雕刻经常被描述 [例如 Verin，1964]，被扎菲马尼里人视为对这种"耐用性"的赞美。

11. 这些词都试图翻译源自"特扎"（*teza*）的马达加斯加动词"马特扎"（*mateza*）（见上一条注释）。

12. 这些家屋也可以被称为"神圣家屋"，但它们不如创世夫妻的家屋"神圣"。

家屋的神圣度是程度的问题。地形的实际问题意味着家屋排列顺序的规则并不总是完全被遵循。

13. 沃赫特拉（*Vohitra*）：梅里纳人（Merina）和贝齐寮人（Betsileo）也以同样的方式使用这个词。

14. 过去，奴隶们不得不在低矮处建造他们的村落，在我调研的地区，这些人获得自由后做的第一件事就是将他们的村落搬到山顶。

15. 例如，安布希曼扎卡（Ambohimanzaka）更早的村落人口很少，人们不断给出的解释是，当地居民被法国人强迫搬迁。这的确如此。

16. 存在一个例外，当人们实际上在坟墓面前时，他们——或者更确切地说是年长的人——确实努力去记住每个人的名字。

17. 1986 年，布洛赫（Bloch）对梅里纳人（Merina）有关祖先化的价值和生命活力之间的冲突进行了广泛讨论。

18. 由于天主教会的反对，在过去几年中很少这样做，尽管正在形成具有类似含义的替代方案。

19. 男性的纪念碑最开始有时是木头的，其雕刻与家屋的中柱相同。我相信竖立这样的木柱是竖立石碑的最初阶段，但我不是很清楚，因为人们很长时间没有竖立这样的木柱了。令人困惑的是，这些木柱被称为"木雄石"（wooden male stones）。

20. 这种含混性源自马达加斯加语的词汇中没有对于复数的标记这一事实。

参考文献

ABINAL, R. P., and MALZAC, R. P. (1988: 1st edn. 1888). *Dictionnaire Français-Malgache*. Paris: Éditions Maritimes et d'Outre-Mer.

ASTUTI, R. (forthcoming). 'The Vezo Are Not a Kind of People: Identity, Difference, and "Ethnicity" among the Vezo of Western Madagascar', *American Ethnologist*.

BLOCH, M. (1971). *Placing the Dead: Tombs, Ancestral Villages and Social Organisation among the Merina of Madagascar*. London: Seminar Press.

——(1975). 'Property and the End of Affinity', in M. Bloch (ed.), *Marxist Analyses and Social Anthropology*. London: Malaby Press.

—— (1986). *From Blessing to Violence: History and Ideology in the Circumcision Ritual of the Merina of Madagascar*. Cambridge: Cambridge University Press.

—— (1993). 'What Goes Without Saying: The Conceptualisation of Zafimaniry Society', in A. Kuper (ed.), *Conceptualising Societies*. London: Routledge.

—— (forthcoming). 'The Resurrection of the House', in J. Carsten and S. Hugh-Jones (eds.), *About the House: Buildings, Groups and Categories in Holistic Perspectives*. Cambridge: Cambridge University Press.

DUBOIS, R. (1978). *Olombelona: Essai sur l'existence personnelle et collective à Madagascar*. Paris: L'Harmattan.

COULAUD, D. (1973). *Les Zafimaniry: Un groupe ethnique de Madagascar à la poursuite de la forêt*. Antananarivo: F.B.M.

KOTTACK, C. (1980). *The Past and the Present: History, Ecology, and Cultural Variation in Highland Madagascar*. Ann Arbor, Mich.: University of Michigan Press.

VERIN, P. (1964). 'Les Zafimaniry et leur art. Un groupe continuateur d'une tradition esthétique Malgache méconnue', *Revue de Madagascar*, 27: 1–76.

第4章
道德的恋地情结：印度石版画中景观的意义

克里斯托弗·平尼（Christopher Pinney）

本章关注的是印度流行艺术中的景观描绘。这些景观通过风格化的美学得以再现，而这种美学表达了一种历史的和道德的恋地情结。[1]它们常以可见的形式表现出两种交叉与冲突，一方面是历史衰败的民间模式，另一方面则是现代性的民族主义政治语言。我将这些批量生产的画作称为石版画（oleographs）[2]，而有些人则称其为"日历艺术"（calendar art）或"集市艺术"（bazaar art）。尽管这种艺术形式"现在被沉淀为一种真正的印度式'媚俗'（kitsch）"[Uberoi, 1990：43]，但它实则是印度和欧洲风格杂糅的殖民产物。帕特里夏·乌贝罗伊（Patricia Uberoi）认为，这种表征杂糅的印度化（Indianization）应该在不断高涨的民族主义的文化背景下来理解，这种民族主义试图通过新传统化的印度教来建构一种恰当的历史。当时的民族主义者认识到了这一点：拉维·瓦尔玛（Ravi Varma）于1892年在孟买建立的印刷社 [他"完善"了出版社的风格并确保其大规模印刷及在整个印度范围内的渗透][3]受到了温和的民族主义者的资助，例如戈克哈尔（Gokhale）、雷纳德（Ranade）和达达拜·瑙罗吉（Dadabhai Naoroji）[Guha-Thakurta, 1986：188]。苏伦德拉纳特·班纳吉（Surendranath Banerjea）声称这些图像"正致力于恢复民族文化，就像他们的民族主义演讲试图做的一样 [Guha-Thakurta, 1986：188]"。乌贝罗伊特别关注女性身份与这种新"民族精神"的表达；在此我将论证，我们可以通过理解"景观"的独特样貌来寻找类似的线索。人们经常注意到，在印度艺术中，很少有东西可以恰当地被描述为西方传统所理解的"景观"。然而，无论是景观在石版画中的在场或缺席，还是地方和空间之间的关系，这两者都同样揭示了这种新的印度化国家身份 [在景观中体现为"土地"或"民族国家"] 的建构及其持续的协商过程。

我认为，个人和国家身份认同的建构都基于"地方"——我们"存在于世"[4]的场所，而地方永远不可能存在于其自身之中。在石版画所处的情境中，只有当面对一个祛魅的、同质的[5]空间时，这个"地方"[6]——在其回溯性的、消失的时刻——才得以获得绝对的存在。身份（民族的或其他的）只能作为"他者中的他者"而存在 [Dumont，1972：78][7]。本章将探讨在当代石版画中这个"他者"如何以各种形式纠缠其中。

这将是我对流行的视觉表征和村民对印度中部乡村及城市景观的感知这两者的追踪过程。因此，我的分析既是艺术史的，也是人类学的。很明显，在这两组论据中，"地方"和"空间"的二分构成了一个不可分割的语义场的一部分。我将运用正式的绘画术语来论证：具有近景内涵的"地方"和具有远景内涵的"空间"两者之间存在相互依存的状态。

我的分析将集中于两组论据。其中一组是艺术史的，一种受意识形态影响的西方风景绘画传统，与其在印度表征中的不连续表现形成鲜明对比；第二组是民族志的，即印度中部纳格达镇（Nagda）的工业氛围，接下来要讨论的大部分图像都是在这个地方收集的，并且在此呈现的大部分正式分析都预设了一种现象学的真实。[8]

传统、现代性和"自我的迷失"

本章将讨论的一些对立 [历史的和空间的] 在耆那教图片出版社（Jain Picture Publishers）[孟买] 的 "3399" 号图片 [图 4.1] 中显而易见，这张图片是孟买一部流行电影的剧照。在这部重现大都会繁荣的电影的场景

第4章 道德的恋地情结：印度石版画中景观的意义　　99

中，两侧靠后墙的窗下放置着红褐色木桌，微风轻拂着窗帘。在桌子上方，放置在旧画框内、具有镀金效果裱褙的似乎是两幅凹版蚀刻画（aquatints），这两幅画可能来自托马斯（Thomas）和威廉·丹尼尔（William Danielle）的《东方风光》[出版于 1795—1816 年]。被这种礼仪和中产阶级的克制包围的是位于画面中心的人物，她在背景和近景之间制造出一种强烈的不连续性。女演员索南（Sonam）坐在什么上面在画面中看不清楚，她穿着极其暴露的黄色衣服。在她面前，是一个扭糖形纹饰的黄铜花盆，花盆里是白色的马蹄莲、红色的剑兰和观赏性的草本植物。在这种构图中，索南摘下一支剑兰，将如同刀刃般血红色的花瓣划过她的下巴——充满欲望，并将观看者的目光固定在她慵懒的视域中。这张图片非常清楚地体现了我将详述的景观的两个关键特征。

图 4.1 "3399"号图片作品（彩色照片版的明信片，耆那教图片出版社，1990 年）。该图片承蒙耆那教图片出版社提供

人们对"3399"号图片作品的正式解读，可能会强调其酒神狂欢　　80

（Dionysian）般的近景以其鲜活的色彩所表达的最切近的直观性，其形式充满性和欲望。近景暗示了地方之中的存在（being-in-place）和感官的局促性。远景由空无的白色空间所指示，由此在视觉上造成窗帘飘回近景之中的效果。这个远景在凹版蚀刻画中被描绘成大地和天空之间的分界线。近景中的持剑兰者暗示了一种不可避免的当下性，一种对感官的投降。背景暗示了距离和历史——一种讲述时代和王国的时间制图法。这张图片的印度消费者会在"眼间视野"（"inter-ocular field"）[Appadurai & Breckenridge，1992：52]中理解它，在这种理解中，丹尼尔的作品和拉杰（Raj）的其他风景画经常被用来表示古典、优雅和节制。例如，它们是香烟广告中常见的一种转喻——意味着财富和洞察力。[9]

另一种情境化的解读——更明确地定位于理解纳格达人，以及泛印度图像的解读——可能会指出，这幅画作中的红色剑兰可能被视为血的替代品，而血是凶悍的女神迦梨（Kali）所要求的祭品。[10]在迦梨女神庙（the Kalighat temple）[加尔各答]，用红色的木槿（这里是血的替代品）作为女神的祭品是孟加拉石版画最喜欢的一个主题。电影里的女主角，或者任何一个能够在"3399"号作品这个世界性的剧场中穿着暴露的人，可以作为女性色情破坏力量的普遍例证，这一形象显然介乎恐惧和淫荡之间。不过很清楚的是，制图术所制造的主体人物在画面中的距离与镇定自若的印度式近景和地方性之间具有明显的区分；进一步而言，近景——及其经由地方性所指涉的一切——是通过作为形态空间的他者而实现的。

丹尼尔的作品本质上是各种物品和人物的图像，它们将其自身设置为由主体所观看的中心观赏物，[11]而近景中的花朵则是欲望的去中心化对象——这些花朵仅以部分透视的方式被构图。它们栖息于一个存在的三维空间中，有香味，随意散播花粉，可以从花盆中被拔出来，也可被有意使用，这些花对栖居在这个主体间性的地方中的其他人具有强烈意义。

它们展现了所有不能被禁锢在画框玻璃后面的品质。

"3399"号作品是展示权力和欲望的完美景观。远端通过丹尼尔作品冷漠的抽象凝视被表征。随着凹版蚀刻画技术的改良和早期风景画家们对于拥有新的、被征服的印度身体的欲望，在"3399"号作品中，凹版蚀刻画如同演员，服务于"一种具体化的男性的凝视，这种凝视似乎将被凝视的对象变成石头"[Jay，1988：8]，也服务于视觉秩序的去色情化。它们创造了一种积极性，一种差异的原则，其中，近景中的欲望以孟买奥林匹亚（Bombay Olympia）的形式发挥作用，并将观看者的凝视固定下来。

"我们的全部领域"：景观和占有

据报道，爱德华七世在1908年参观白城展览的中途曾抱怨说："太累了！太疲劳！仅仅是鸟瞰而已[Newman，1937：279]。"尽管如此，这个有利的空中位置在其他地方的西方话语中被更普遍和积极地用来表示一种崇高和包容的视角，能够把下面所有的生命放入一幅画或视图的框架中[参见 Pinney，1992a：43-44]。[12] 显然，这种权力的影响在某些个体图像中是明显的，这些图像通过它们的视角暗示了对这一领域的占有，但也可以认为，景观表征的各种档案资料——试图了解这个国家的集体性——亦可通过同样的方式发挥作用[Pal & Dehejia，1986：16]。[13]

在南亚，这些档案资料是通过制图、土地测量和山水画等媒介积累起来的。这些档案——特别是从1780年到1880年的档案——的绝对数量，支持了这样一种说法：从来没有一个国家像现在这样被另一个国家的艺术家如此广泛而细致地观察过[Tillotson，1990：141]。关于"视野"和"土地调查"之间关系，最清晰的分析是罗莎琳德·克劳斯（Rosalind Krauss）对美国19世纪的立体景观摄影的研究。它们组成了一部"完整的地形地图集"[Krauss，1985：141]，"在其抽屉里分类和储存了整个地理系统"[Krauss，1985：141]。在这种地理空间的复合表现形式中，有个别的观点可以从抽屉里取出来，用来验证整个包含在内的图式。这些"独特的图像"，也许就像丹尼尔的凹版蚀刻画一样，将"观念"具象为一种持续渗透的景观，一个将景观重塑为领地的中心空间。这通常只是为了吸引观众的目光，但在美国，它常常是国家的注视。在这种情况下，克劳斯指出："观念和土地调查是相互决定和相互关联的[1985：141]。"

在印度也是一样，在英国人对景观的视觉表达中经常能看到类似的效果。尽管旅行者和传教士早期做出了一些努力，但印度早期的制图术主要是18世纪军队路线测量员的产物[National Achives, 1982:iii]。后来，景观艺术成为军事征服的附属物——就像地图和测量一样，景观与军事的关联在许多早期摄影作品中也很明显。例如林鲁斯·泰普（Linnaeus Tripe）[在《马杜罗摄影视图》中]于1858年拍摄了马杜罗（Madurai）的提安巴（Tirambar）宝塔的东南角，以显示英国人早先试图烧毁宝塔的位置。

约翰·伯格（John Berger）在一个著名的观点中指出，在各种西方绘画流派之中，风景画是最无涉于表达财富趣味的。几乎是作为一个例外，他引用了庚斯博罗的作品《安德鲁斯夫妇》，他认为画中安德鲁斯夫妇对周围事物报以所有权拥有者的态度，这可以从他们的姿势和表情中看出来[1972a：107]。差不多同一时期，一张在印度绘制的画作显示了有趣的对比[Welch，1978：pl.2]。[14]《公司官员勘测河流》是一幅公司画派风格（Company Style）的水彩画，创作于1770年，这幅画可能是在穆尔西达巴德（Murshidabad）或卡辛巴刹尔（Kasimbazar）绘制的。在《安德鲁斯夫妇》这幅作品中，画面中心人物（们）掌控着他们所处的景观，安德鲁斯一家被绘制于一棵生长在他们自己土地上的树下。与此类似，在《公司官员勘测河流》中，东印度公司的官员正盯着巴吉拉蒂河（Bhagirathi）。

这条河是 18 世纪中期到 19 世纪贯穿印度北部的主要贸易路线，东印度公司、私人贸易和官员的财富都依赖于这条贸易路线 [Welch，1978：28]。在这两幅画中，中心人物横跨近景和远景，被围住的远景 [庚斯伯勒作品中起伏的田野和树木，公司画派的水彩画中树木稀疏的山丘] 和近景——其中包含个人所有权和占有的痕迹 [分别是几捆小麦、一条狗和一个仆人]——形成对比。在这里，所有权的存在不仅表现为从近到远的线性运动，也体现于中景的建立——在其中，理性律令和远景的未来学（futurology）与近景中的个人意义和即时性领域相结合。最后，我们可以注意到，在这两幅绘画中，"所有权"都是由画框内的物质性存在所隐含的，但正如我们将在另一种观看者与观看行为的策略中看到的那样，"绘画的物质性所有权"确保了其内在性的存在 [Berger，1912b：216；另见 Pinney，1992：45]。

丹尼尔及其类似作品诞生的历史和政治背景在 "3399" 号作品中被颠覆了，因为除了通过近景外，被裱起来的凹版蚀刻画不能立即进入观看者的视线——除非我们可以假设谁拥有这些图像 [或谁被这些图像的拥有者所拥有]。但这是一种局部的倒置，一种不完全的挪用，这些景观的视觉意识形态没有受到挑战。如果丹尼尔在 "3399" 号作品中将世界表征为 "图像" [见下文]，那么这位年轻的女星也被同样的凝视所包围，因为她把它们当作图像来占有，而不是作为连续地带的一部分，在图像和观看者之间建立任何新的关系。此外，只有进一步通过阿什·南迪（Ashis Nandy）所说的"自我的丧失"[15]的过程——西方对印度精神的一种新的入侵，画面中的女星才得以接近那些在殖民时期的印度就开始这一过程的早期偶像。画面中这位女星与理想的印度女性的疏离，成为殖民时期早期偶像那种更久远、更深刻的疏离的历史镜像。

这里的近景是一片地带，持续不断的殖民化就展开于这片地带之上，它暗示着近景（女星）和远景（丹尼尔作品）之间的统一。然而，从印度的文化民族主义的角度来看，这是一种令人遗憾的同源性。直到本章要分析的最后几幅画作 [图 4.12 ~ 图 4.14]，我们才会看到这种文化民族主义所渴望的地点和空间的融合。然而，要达到这一点，我们必须首先考虑这种综合所依赖的对立和"民族主义"流行艺术的发展，这种艺术定义了使这种融合成为可能的视觉形式。

与上述讨论类似的空间并置在图 4.2 中同样很明显，这是一幅日历版画，描绘了颇受欢迎的电影女主角赫玛·马利尼（Hema Malini）的形象，这是一种存在已久的"骑自行车的女性"的图像类型的例子。[16] 在这里，图 4.1 所示的"印度"近景和"外国"远景之间的对立仍然存在，但世俗和道德的两极却颠倒了。在近景中，穿着纱丽的电影女演员赫玛·马利尼推着她的自行车朝着图片右下角方向走去。她前额点着红色的吉祥痣（bendi），手腕戴着手镯——这是已婚 [因此是受约束的] 的上层人士的标志——并摆出一副稳重的姿态。[17] 在远处，与赫玛·马利尼面朝相反方向的，是一位手放在髋部上的新女性代表。她穿着西式服装，跨在一辆摩托车上。对于一位有教养的女性来说，摩托车并不是体面的坐骑。[18] 毫无疑问，大多数购买这份日历的人都很欣喜地证实了他们的感受：在每个骑自行车的人的真正内心中，都有一个遥远的、半想象的骑摩托车的本我。但这张照片展示了作为近景的传统和现代距离之间复杂的世俗割裂。

自行车和摩托车的并置表明了一种互补的技术性叙事，因为许多纳格达印度人代表了过去和未来的时间，一种处于农村和城市、冷和热，手工技艺和机器生产之间的对立，而自行车和摩托车这两种不同的装备也很好地体现了这一点。近景中值得信赖的阿特拉斯（Atlas）自行车就像村庄一样，寓意着和谐和自给自足。摩托车——可能是用进口的意大利技术生产的，意味着在现在印度的"机器时代" [age（yug）of the machine（kal）] [kaliyug，铁器时代或迦梨时代] 中随处可见的损失和破坏。印度的"机器时代"（铁器时代或迦梨时代）一词中的"Kali"，专门指恶

图 4.2　日历印刷品，女演员赫玛·马利尼位于近景中（出版社未知，1985 年）

魔迦梨，但在日常使用中，"机器时代"（铁器时代或迦梨时代）据说既是机器也是女神迦梨的时代，穿着西方服装的摩托车骑手也可被视为女神迦梨的化身。平静纯粹 [*sattvik*]（萨埵性）的乡村气息和炽热而具有破坏性的现代气息的两极在四种时代——即黄金时代 [*sat* 或 *satya*]、白银时代 [*treta*]、青铜时代 [*dvapar*] 和铁器时代 [*kali*]——这一复杂得多的框架中得到了体现。为简明扼要，我们只需要注意，这些时代经历的历史是一个退化的过程——从真理时代的跌落。在真理时代中，每个人都知道他们的责任，和谐地共同生活在理想的田园乡村，并从中获得所需的水果和坚果。之后，人们便进入另一个时期，那时每个人的动机就是贪婪，种姓产生对抗性，旧时平静纯粹的乡村秩序在城市和工业路线的混乱中开始退化。在一系列复杂的对立中，比如精神 [atmik] 与肉体 [bhautik]、和平 [shanti] 与喧闹 [hallagulla]、真理 [satya] 与伪善者的行为 [bagula bhagat][19]，面对具有胁迫感的现代性时，一种反思性和胁迫性的具象化存在被创造出来。

民族志的情境

　　此处很适合再介绍另一处景观，它为此前的讨论提供了民族志的情境。纳格达镇（Nagda）位于印度中央邦（Madhya Pradesh），人口数量为79 000人，[20] 本章中讨论的大多数图像作品正是在此处购买的。对于附近巴提斯达村（Bhatisuda）的许多居民而言，纳格达镇扮演着之前讨论的那幅画作中骑摩托车的女性的角色，而巴提斯达村则是一个以"骑自行车"的宁静而自豪的村庄。印度中部的纳格达是一个工业中心，也是亚洲最大的粘胶人造丝工厂的所在地，它代表着现代性，而邻近的村庄则成为与之相反的传统主义的堡垒——在这种传统主义中，画作前景中展示的价值观是被看重的。

　　　　纳格达被孟买到德里的主要铁路线分成两部分。北侧是曼迪（mandi）或集市区，混合了商店和电影院，以及在大片区域内摇摇欲坠的房屋。铁路的南边是博拉格拉（Birlagram）——"博拉的村庄"。G. D. 博拉（Birla）是印度最伟大的工业家之一，纳格达则是印度众多以他冠名的城镇之一。与熙攘的集市周围拥挤而仓促建造的住宅形成鲜明对比，博拉格拉这里有养护得很好的道路，通往豪华的规划区、运动与社交俱乐部以及花园。在劳工聚居区 [mazdur basti] 及更多的贫寒区域，体力劳动者生活在排列整齐的、并不太舒适的环境中，而宏布里斯（jhompris）肮脏的贫民窟里则住着那些工厂建筑计划未能满足其需求的工人。在劳工聚居区外面有三家工厂，它们一起构成巨型工业综合体，充斥着混乱的通风口、高塔和烟囱。建立时间最长的工厂是瓜廖尔人造丝制造 [纺织] 有限公司 [Gwalior Rayon and Silk Manufacturing（Weaving）Company Ltd.] 的一部分。这个工厂在工业区的轮廓线中占据重要的位置，一根高大的烟囱耸立于工业集团，两根粗矮的烟囱上印有瓜廖尔人造丝制造（纺织）有限公司（GRASIM Industries Ltd.）的首字母缩写，这家工厂也因此而广为人知。这个工厂修建在一片有争议的土地上，它位于主要污染源之处，该地区大多数政治和社会的分界线正是围绕污染议题而划分的。

从火车站走近这些工厂，可以看到印地语中学对面的一个大招牌——"瓜廖尔人造丝制造（纺织）有限公司工业区欢迎您"。当人们进入工业区时，会经过农村发展中心（Rural Development Centre）和印度合众银行（UCO），它们都位于主厂区综合办公楼南边的低矮建筑中，粘胶人造丝部门的东门对面。这里的化学气味很明显。所有的建筑都是独具特色的柔和色彩的，建筑边缘的颜色更明亮，这里还有许多小草坪，草坪四周种植着美人蕉和金盏花。在这里可以看到什么？两幅墙壁上的浮雕壁画成为展示这个典型的拼贴领域的例证。第一幅浮雕壁画大约 4 英尺宽、7 英尺长，位于综合办公楼的近侧，它将纳格达定位为进步的中心，一个似可手摘星辰的现代主义推进器 [图 4.3]。在这里，现代性以一幢幢灰色摩天大楼的形式表现出来，这些摩天大楼从浮雕壁画的黄色底部一直延伸到天空，朝向占据画面中心的大太阳。但是这种进步并不仅仅是世界被越来越多的高楼大厦所覆盖，正如浮雕壁画左下方朝向太阳的、戏剧化的红色介入物所表明的那样，这种进步还充满了末世论的意味，甚至为纳格达提供了一种超越的潜力。

图 4.3 瓜廖尔人造丝制造（纺织）有限公司（GRASIM）壁画（综合办公楼），纳格达。克里斯托弗·平尼拍摄

在通往粘胶人造丝部门的东门一侧再往前 100 码处，是另一幅类似的浮雕壁画 [图 4.4]。尽管这幅浮雕壁画更令人愉悦，但它与前一幅在抽象性和极权主义方面具有共鸣。这幅浮雕壁画还暗示了一种与近景分离的进步，一种超越死亡和画面空间限制的不断向上的运动。这幅浮雕壁画大约 8 英尺宽、15 英尺长，画面引导观众沿着一条蜿蜒的道路前进。在画面展示的旅程的开端处，道路两旁是树木，但这种传统树木的象征很快就让位于极简主义的红 – 白路灯——这些树木被弃置，因为进步更有势头。

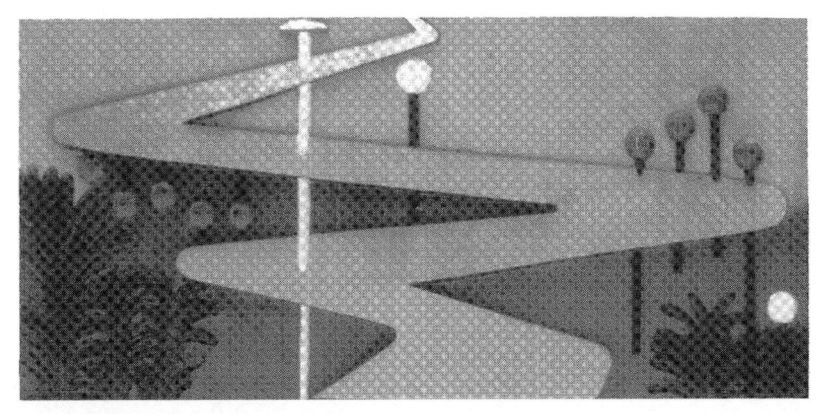

图 4.4 瓜廖尔人造丝制造（纺织）有限公司（GRASIM）壁画（粘胶部门附近），纳格达。克里斯托弗·平尼拍摄

在巴提斯达村，极少有人就这两幅壁画谈及上述这种评价。当试图讨论这两幅壁画时，我常遇到村民们不愿或无力回应工厂这种宣传的情况。与此同时，批量生产的石版画的内容总是被渲染成易于理解的[例如"这是黄金时代（satyug）中我们的毗湿奴神（Visnu Bhagvan）"；"这是喜马拉雅的湿婆神（Siva Bhagvan）"]，这些图像总是根据公司雇佣的艺术家或公司一些重要官员的意图被描述——因为这些人能够解释这一切。村民们无法解读这些图画的意象，也无法感受到这些图画的意象与他们个人忧虑的相关性，就此而言，这些宣传失败了。

昌巴尔河（Chambal）上游6000米处是巴提斯达，自20世纪50年代以来，占统治地位的耆那教[21]成员一直在与工业园区的所有者和管理者进行持续的斗争。

在纳格达铁路的南侧有一条铁轨，它穿过工厂劳工聚居区的外部边界，然后与主厂区平行几百码。在这里，一条尘土飞扬的铁轨向东延伸，穿过一条工厂污水的露天排水沟，这些污水从散落在四周的旧锅炉和熔炉中流出。2000米后，污水就流到阿齐马巴德·帕迪（Azimabad Pardhi）的小村庄，在那里，旅行者必须涉水通过一条小溪，从那里爬上一个微缓的岩石斜坡，这时就会出现一条直达巴提斯达村的小路。

再往前走大约3000米，在一个平缓的山脊顶端，可以在一丛尼姆树和菩提树中看到这个村庄。从另一个方向，在灰尘弥漫的雾霾中仍能看到工厂的塔楼和轮廓，这些雾霾掩盖了从各个烟囱中滚滚喷涌的浓烟。在村庄附近，缓慢移动的牛车从田野返回，沉重的木轮在起伏的小道上嘎吱作响。牛群在小男孩的催促下漫步回到挤奶棚，村里的送奶工骑着笨重的自行车从旁边经过，前往纳格达的茶室。

耆那教徒和许多其他高种姓的人抱怨，工业综合设施建造于从耆那教前柴明达尔地主（ex-zamindar）那里不公正地侵占的土地之上，各种工厂一直对昌巴尔河造成严重的大气污染和水体污染，工业综合设施是当地道德败坏的媒介，继续威胁着村庄社会的稳定和宁静。[22]

在纳格达，现代化的迹象随处可见。经过瓜廖尔人造丝制造（纺织）有限公司工业区机场旁的加油站时，人力车夫的朋友下了车，车夫关掉刺耳的朱马·楚马（Juma Chumma）磁带，这是电影《我们》（Hum）中的热门歌曲，这部电影在纳格达和在印度其他地方一样，打破了票房纪录。我们在"工业区欢迎您"的宣传牌下停下来，当我继续步行进入工业区综合大楼时，一名保安做出一个古怪的敬礼姿势，因为人力车是不允许进入这些私人道路的。

"K"是纳格达最重要的人物之一，他处于大多数瓜廖尔人造丝制造（纺织）有限公司工业区员工的欲望和不满的顶点。有一次，我在"K"开着空调的办公室里见到他，我们站在挂着G. D. 博拉照片的墙下，用吸管喝着冰镇芒果汁，空调和冰镇芒果汁让我凉得直哆嗦。G. D. 博拉这位已故的大亨建立了这个工业小镇。"K"显然为自己是一个调解人而自豪，他化解了大城市的需求和农村的期望之间的冲突。我提出的每一个很直接的问题，都被他取消、化解，变得无伤大雅。关于我对工人来源的询问，被他诗意的谎言所迷惑——"博拉格拉也是一个村庄"；"当然，我们的首要目标是雇佣当地人……"

有一次，"K"严肃地询问我是否喜欢巴提斯达村，还特别询问我和"B"的关系。"B"是"那个给工厂制造麻烦最多的人"。

乡村社会田园牧歌式的浪漫愿景与黄金时代（satyug）相关联，后者正受到工业铁器时代（kiliyug）中邪恶物质主义的威胁，这也是一种跨文化的常见范式的一部分,"历史"和"传统"在这种范式中被调和。然而,出于本章的目的,需要强调的是,就这个强大的、历史的衰败范式而言,在许多石版画和日历插图中,在纳格达一带人们的日常生活中,在乡村和城镇之间、在田野和工厂之间的旅程中,都存在一种明显的紧张和对立。

无论是历史框架,还是在这一框架中所追踪的道德和本体论轨迹,都呼应了海德格尔对现代性的批判,实际上,两者都可以被视为服务于类似的保守主义目的。黄金时代(satyug)建构了一段时间和一种通过同一种方式间歇性地在当下实现的风景,就像海德格尔所理解的诗歌一样:"通过诗歌,人们瞥见了一种不受强迫的、真实存在于世界的可能性,它使人们能够再次体验那种在时间和地点上的归属感,而这种归属感因为人类意欲利用技术征服自然而丧失 [Norris,1988:164-165]。"我希望展示的是正如许多石版画中所显示并被解读的乡村景观,那是一种特殊的地方性(placed-ness)。这种地方性恰如其分地反映了人们对于现代性的渴望和向往,而并非某种特定的场所。这种地方性只能通过对其反转和否定的对立而被召唤出来:它只有在威胁消失时,才会变得清晰且具有影响力。我还希望在本章的结尾处说明,这种对比和对立的策略也被用来唤起一个理想未来的梦想——构建一个统一的、繁荣的和军事安全的印度。[23]

石版画、彩色印刷和日历

在纳格达地区,我们无法把对于乡村的评价和对于城市的评价相分离,二者作为彼此必然的对立面而存在。同样,在石版画中,"空间"和"地方"总是作为语义场(semantic field)的一部分而存在,其中的每一端都是通过对其自身否定的可能性来界定。每一端"都并非是某一事物,而只是其他事物的他者,正因此,它具有某种意义" [Dumont, 1972: 78]。

语义场有时在单幅图像中可见，有时也在多幅石版画表征中起作用，这样，在一幅图像中出现远端或近端，就只能表示它们在另一幅图像中缺席。那么，这种语义流动所处的领域是怎样运行的呢？它的历史和当代维度是什么？

尽管现在的"石版画"在风格上具有独特的"印度特色"，但正如帕特里夏·乌贝罗伊（Patricia Uberoi）最近强调的那样，它们是19世纪文化交往的产物。虽然石版画主要涉及印度教的宗教主题，但在风格上，石版画是查尔斯·特里维廉爵士（Sir Charles Trevelyan）和纳皮尔勋爵（Lord Napier）在19世纪中期所倡导的"罗马化"（Romanization）的一种表现。[24] 从19世纪70年代后期开始，加尔各答艺术工作室、浦那的奇特拉萨拉出版社（Chitrashala Press）和孟买的拉维·瓦尔玛出版社（Ravi Varma Press）的做法，导致印度城市和农村"现实主义画家"（realist）批量生产的彩色石印画（chromolithographs）和石版画日益饱和。此类作品的杂糅性和殖民性质得到了同时代评论家的认可，尽管这种认可后来被抹掉了。

正如塔帕提·古哈－塔库尔塔（Tapati Guha-Thakurta）[1986：166]所言，拉维·瓦尔玛（Ravi Varma）"与其说代表了一种突破，不如说代表了整个19世纪贯穿南印度宫廷绘画的品味、技术和传统之欧洲化的高潮"。其中重要的是公司画派[25]风格的绘画对居住在坦杰尔（Tanjore）的艺术家的影响。在英国人的赞助下，德干（Deccani）微型风格被海得拉巴（Hyderabad）的艺术家引进，这加深了文化的杂糅。英国的赞助商要求在纸上画一套"当地的种姓和职业"的水粉画，画作的背景是自然主义的风景——天空的水滴、云朵、田野和远景中的一排树木，英国的水彩风景画以浓重而不透明的色彩、深色调与浅色调的笔触简单地并置而成 [Guha-Thakurta, 1986：168]。到19世纪中期，宫廷绘画的中心及其显著的西方风格影响已经从坦杰尔转移到普杜科塔（Puddukotah）和特拉瓦科（Travancore）的宫廷中。在此，拉维·瓦尔玛开始了他的职业生涯。[26]

拉维·瓦尔玛在特拉凡科宫廷向一位欧洲巡回艺术家学习油画技法。从 19 世纪 70 年代开始，他在马德拉斯、维也纳和其他地方的展览上斩获了无数奖项。人们对他的作品需求量相当大，1884 年[27]，在市场需求的鼓舞下，他将这些作品以石版画和彩色石印画的形式批量印刷，并于 1892 年在孟买成立了自己的拉维·瓦尔玛出版社。因此，一些当代的图像也是拉维·瓦尔玛石版画的直系后裔。[28]

在拉维·瓦尔玛出版社印制的图像作品中，拉维·瓦尔玛的影响可能在图 4.5 ["湿婆神"] 和图 4.14 ["农业美人"] 中最直观地体现出来。正是瓦尔玛首次赋予神灵易辨识的容貌和图像学特征，并生产了一系列印度妇女的图像，在这些图像中，情色与民族主义身份密切相关。[29] 一般来说，人们可以追踪出这样一条线索——从当代的"日历艺术"到拉维·瓦尔玛的石版画和其他早期印刷产品。在这些作品中，我们都能看到同样的背景、色彩强度以及绘制神灵形象时粗略而阴影浓重的自然主义绘画风格 [Guha-Thakurta，1986：189]。在拉维·瓦尔玛和本章所讨论的当代例子中，我们都能看到同样的对称性中心主题——以标准化的照片–错觉主义（photo-illusionism）而呈现的宗教图像，它们都拥有同类型的景观背景，混合了维多利亚时代肖像摄影的原则，还有杂糅的公司画派风格 [以及最近的纳塔瓦拉[30]学校] 背景。

拉维·瓦尔玛的重要性还在于他具备一种连接市场的能力，即把宫廷艺术的传统赞助商市场连接到以大都市中产阶级精英为主体的更广泛的市场：这些绘画作品的人物形象和主题表面上是印度的，但同时也迎合了中产阶级的趣味，迎合了对欧洲学院派艺术家的"历史"和"寓言"绘画日益熟悉的有文化的印度人的趣味 [Guha-Thakurta，1986：175]。继 1892 年拉维·瓦尔玛涉足大规模平版印刷术，以及 20 世纪初其他出版商对其作品的盗版之后，拉维·瓦尔玛的作品开始遍布全国。1911 年出版的

图 4.5 湿婆神（石版画，由夏尔马图片出版社发行。20 世纪 80 年代的彩色石版画来自于 20 世纪 50 年代的水粉画）。图片承蒙夏尔马图片出版社提供

一份图片目录指出："从喜马拉雅山脉到科摩罗角（Cape Comorin），现在几乎每个中产阶级家庭都拥有一到两张拉维·瓦尔玛原始图片的廉价复制品 [Joshi，1911：5]。"

当代石版画的消费社会学呈现出一幅截然不同的图景，因为这些图像现在明显不被精英阶层所青睐。正如我们所看到的，尽管在纳格达这个地方小镇，它们更多地出现在低种姓和贱民家庭中，而非富裕的高种姓家庭中，但它们仍然可能出现在几乎所有的家庭和政府办公室中。[31] 在

巴提斯达村,虽然它们在所有种姓和阶级中都很受欢迎,但还是低种姓和贱民热衷于收集它们。

帕特里夏·乌贝罗伊 [1990：43] 的论证颇具信服力,他指出,拉维·瓦尔玛帮助界定了一种"雅利安化"(Aryanized)的历史,在这样的历史中,拉维·瓦尔玛致力于排除民间体裁和低种姓。显然,流行艺术一直是"梵化"(sanskritization)的工具,是用于建立接近正典化印度教的工具,但当代石版画的制作也可以被称为"图像的民主"。一个批量生产便携性图像的重要后果是它可以被置于以前无法容纳它的情境中。[32] 因此,在巴提斯达,那些被禁止进入村庄中央寺庙区域的贱民,可以在他们自己家中安置诸神的图像。他们经常在精心制作的神龛里混合放置石版画、烟花的包装(通常描绘着神灵)和其他不耐用的三维石膏或塑料神像制品。当代石版画制作也对"非梵化的"(non-sanskritic)的欲望很敏感——部分最畅销的图像是拉维达斯(Ravidas)和拉姆德吉(Ramdevji),[33] 这些形象的追随者主要是从事皮革加工的贱民 [制革工人],夏尔马图片出版社(Sharma Picture Publication)和布里杰巴斯(S. S. Brijbasi)出版社生产了大量地域化的"民间"神灵图像 [例如特贾吉(Tejaji)、古嘎吉(Gogaji)]。[34]

  曼吉拉尔(Mangilal)今年 60 岁。他以前在瓜廖尔人造丝制造(纺织)有限公司当合同工,现在健康状况不佳。他的卡卡(kacca)屋位于村子的南侧,周围还住着其他的制革工人,这些人更喜欢按照 15 世纪印度的圣人和哲学家拉维达斯(saint Ravidas)来被命名为拉维达思(Ravidasi)。在小屋里粮仓的左边,有大约 15 幅神像图。其中最大的 1 幅是拉维达斯在茅草屋前穿鞋的装裱肖像。还有 1 幅镜面印刷的萨瓦利亚吉(Samvaliyaji)神像[35] 和 1 幅装裱的石版画——描绘了湿婆的 12 个林伽(jyotirlingas)环绕着湿婆神。1 幅令人印象深刻的环绕着蛇的湿婆图像,是从 1 盒"恒河"牌线香的正面包装上撕下来的，并被钉在墙上。

哈里拉姆·拉维达斯（Hariram Ravidas）在他住所正门对面墙上的一个木架上，摆放了大约 12 幅神像图——镜框装裱的和无镜框的石版画混合在一起；神像中的神灵包括拉贾斯坦人（Rajasthani）的拉姆德吉（Ramdevji）神——被众多制革工人所尊崇，以及为受伤的拉克斯曼（Laksman）带来疗愈草药的哈奴曼（Hanuman），还有湿婆神 [复制在此处作为图 4.5]。这些神像图的左边是瓜廖尔人造丝制造（纺织）有限公司大型日历上绘制的拉克西米（Laksmi），以及一幅镀铬镜框装裱的萨姆瓦利亚吉（Samvaliyaji）图。

我撰写本章时，印度共有 4 家生产石版画的大型公司。巴尔加瓦（Hem Chander Bhargava）（德里）是其中最古老的，成立于 1900 年。布里杰巴斯（S. S. Brijbasi and Sons）[36] 于 1922 年在卡拉奇（Karachi）建立，在分治时期迁至德里、孟买和马图拉，目前有数百种设计可供选择。夏尔马（B. G. Sharma）是广为人知且最有趣的艺术家之一，在 20 世纪 50 年代成立自己的公司 [夏尔马图片出版公司] 以推销自己的设计之前，他曾为布里杰巴斯（Brijbasi）做过设计。第四家公司卡纳（J. B. Khanna）自 1957 年以来一直在马德拉斯（Madras）接受委托并印刷石版画。除此之外，还有几十家较小的公司——许多位于泰米尔·纳德邦（Tamil Nadu）[37] 的希瓦卡西（Sivakasi）的印刷中心——生产石版画、海报和日历。

石版画和日历图像构建了一种历史和一种风格谱系，这是我们理解这些作品本质的一种方式，但这种理解方式无法回答图像和它们的本地消费环境之间关系的本质。如果印度石版画中出现的景观元素可以被理解为一种新的民族主义身份意识形态锻造的一部分，那么这种"意识形态"在当代语境中是如何发挥作用的呢？在此，我希望展现在纳格达有多少图像在参与政治实践，在试图调和传统和现代之间的分歧，并以此界定一种理想印度的本质——其理想是"乡村",并以充满善意的、神性的"地方"("place")为近景。但人们也认识到,技术秩序中看似在传统之外的要素,如果被吸纳到更古老的、更纯粹的秩序中加以验证,其实是必要和有益的。

正如盖尔 [Gell,1985:276-278] 所描述的,印度军情测量图具有实用导航意图,而印度的一些石版画也同样具有实用目的,但我在这里想指出的是,大多数图像描绘的是占据了周围空间的巨大中心人物(通常是神),在这些环境肖像中,他们将"空间"折叠为"地方"。第一种类型——那些具有地图一样实用性的图像——包括喀什(Kashi)[贝拿勒斯/瓦拉纳西]和伽亚(Gaya)[Chandra Art Cards 和 Shree Vijay Lakshmi Art Int. 生产过两个类似的例子]的朝圣者地图,透视图绘画和照片被叠加在道路网格上。其他的——例如杂糅的朝圣版画,也具有这种类似地图的实用性,却将地图的总体框架与位于该模式中的透视图像结合起来。因此,"朝圣的查德汉姆"(*tirth yatra chardham*)[38][由夏尔马图片出版社和布里杰巴斯印刷的版本]是一个网格状的图案结构,包括以巴德里那特寺(Badrinathji)的宫廷为中心的 10～17 个独立的场景。这些框架描绘[索引式地标识]了来自印度各地的朝圣地点和神灵,以及各种显著的自然和人造特征。在夏尔马图片出版社的作品中,其中一幅出现在绘画场景中的毗湿诺女神(*Vaishno Devi*)也是独立的石版画的主题:骑在老虎坐骑上的毗湿诺女神位于画面中心,朝圣者以右向围绕中央之尊旋绕(*pradaksina*)[绕行]。这幅版画描绘了从左下方的公交车站经过一系列的神社、寺庙、达摩萨拉(*dharmsalas*)和圣罐(sacred tank),最后到达小径起点对面的一排商店的旅程。[39]

如前所述,看看广泛存在于纳格达和全印度的石版画就会清楚地发现,尽管从西方艺术史的角度来看,石版画中能够被称为"景观"的部分极少,[40]但特定的神灵与特定的环境总是联系在一起。景观清晰可见,但很少被作为超然审视的对象。许多遍布于该地区房屋和商店周围的图像构成了一种视觉化的神显（hierophany），突然将空间从更广泛的体验环境中分离出来。通常，这种场景出现的惯用语是时间性的，例如毗湿奴（Visnu）的化身出现在暗示其化身时代的景观中，或者更常见的是，神灵出现在一个暗示黄金时代（satyug）的地方，这是在历史衰败过程开始之前最早的真理时代。就像现代城市里教堂的空间，"对于信徒而言……他们与其他人在同一处街道共享不同的空间"[Eliade, 1959: 25]，石版画所展现的地点和神圣景观与周围的现实[石版画图像所处的空间和时代]并不连续：

> 每一个神圣的空间都暗示着一种神显（hierophany），一种对神圣的进入，其结果是将一个领域从周围的宇宙环境中分离出来，并使其性质不同……在一个地方发生的神显（theophany）使这个地方神圣化，因为它使这个地方从上方敞开——也就是说，在与天堂的交流中，从一种存在模式到另一种存在模式之通道的悖论点[Eliade, 1959: 26]。

这些神显的"进入"[在纳格达和巴提斯达的空间中出现的石版画]指向它们周围所缺席之物。照片中繁盛的花朵，它们饱和的色彩与周围经常出现的贫瘠和朴素形成鲜明的对比。在纳格达，在铁器时代创造的日常景观中，人们可以更加敏锐地在现实中感受到理想的景观[人们在神的周围瞥见的黄金时代的景观]。

"昌巴尔河毒气室"中的诸神之地

湿婆神是强大的苦行僧形象，通常被描述为恒河的源头。在一些石版画中，他与乌玛（Uma）和甘尼许（Ganesh）[夏尔马图片出版社的"湿婆－乌玛－甘尼许"]一起生活在冰冷的喜马拉雅山脉中间。当描绘帕尔瓦蒂（Parvati）和坐骑公牛南迪（Nandi）时，云和瀑布环绕其周围[布里杰巴斯出版的"帕尔瓦蒂－帕米斯瓦"]。在夏尔马图片出版社的"湿婆神"[图4.5]中，他坐在一张虎皮上，旁边是一个带花环的三叉戟。画框的顶部是一棵榕树的树枝，树上有鸟儿和松鼠在玩耍，中间是喜马拉雅山脉，呈现出寒冷的蓝色。从他那苦行僧似的乱糟糟的头发里，恒河喷涌而出——恒河下凡时湿婆先将其顶在头上，避免其水势过猛淹没众生。[41] 从湿婆头上河流的新源头开始，恒河流经喜马拉雅山脉，然后从美丽的瀑布倾泻而下，汇入湿婆左边点缀着百合的宁静水域。对于近景中神的形象的存在而言，这里的景观不过是水中的隆起部分而已。

相比之下，萨拉斯瓦蒂（Saraswati）——梵天（Brahma）的妻子和知识女神——居住在较低的山麓。在一幅广为流传的石版画（图4.6）中——该石版画中的图像可以追溯到拉维·瓦尔玛（Ravi Varma）和加尔各答艺术工作室——萨拉斯瓦蒂坐在河边一块装饰着茉莉花的岩石上，左脚放在一朵渐变色调的莲花上，天鹅们在莲花周围惬意地游弋。在她身后，孔雀装饰着青翠的树叶，小恒河瀑布迷人地翻腾着，远山被夕阳染成浓郁的玫瑰色。

> 昌巴尔河曾经是整个马尔瓦（Malwa）地区的主要生命线，人们依靠它生存。但是今天却再也不是这样了。今天，这条河如同一个杀手，携带着成吨的淤泥和泥土，[其中大部分]对人类、动物和植物都有剧毒。昌巴尔河的这一段全长30千米。昌巴尔河[从纳格达的工厂区下游]已经变成了水上沙漠，这里没有鱼或其他动物。
>
> [Padmanabhan, 1983: 18]

图 4.6　萨拉斯瓦蒂（Saraswati）（彩色石版画，出版社未知，1990 年）

　　就像湿婆神的形象一样，在萨拉斯瓦蒂的形象中，远景的可能性实际上消失在这光辉的和浓缩的存在（being-in-place）中。画面中虽然有明显的地理距离，但这里并没有任何东西是远的：整个环境都属于单一的神圣本体中心。在湿婆的例子中，我们已经看到这幅景观是如何由图像的主体创造出来的，但地方性也是由嵌入神圣人物的图像创造出来的。因此，湿婆是图像形象的中心，这在确立他的身份时也确保了他的不可替代性。湿婆必然是同他的坐骑公牛南迪一起出现的，在此种形式中，他坐在虎皮上，有恒河从他的头上流过，等等。阿卡娜·斯里瓦斯塔瓦（Archana Srivastava）告诉我，印度人如果没有一串相关的能指，就无法想象或视觉化神灵，这表明神灵之间存在着相互联系和嵌入性，从而排除了神灵与抽象空间的联系。

沿着想象的地理连续体——它连接了许多同时代的石版画——继续向前走，我们会看到女神拉克西米（Laksmi）栖息在一朵莲花上，这朵莲花位于恒河的最深处，而恒河现在已经变得宽阔而平缓。

> 请愿者们已在昌巴尔河上筑堤，以满足其用水需求。在旱季，水库几乎吸收了河水的全部水量。工厂的污水通过卡查·那拉（Kachcha Nala）被排放……废水量与河流的可用水流量相比非常巨大。因此，实际上污水在河中几乎没有被稀释，结果，纳格达下游的河流实际上是一个臭气熏天的工厂污水沟。[Babulal Bharatiya 于 1982 年 2 月 23 日在印多尔中央邦高等法院提交的请愿书修订版]

在布里杰巴斯出版的名为《排灯节礼拜》（Diwali Poojan）的石版画中，女神两只手拿着盛开的荷花，其他的手中则不断喷涌滚落金币。这里的喜马拉雅山脉更加遥远，柔和的光线落在河岸平缓倾斜的草地上，原有的针叶树被几棵香蕉树取代了。在其上，金刚鹦鹉在高高的树上嬉戏；在其下，美丽的大象戴着华丽的花环，得意扬扬。

> 从纳格达博拉之家的花园向上游望去，我看到了一些我认为属于巴提斯达农民的土地；河岸被茂密的树木覆盖，间或有更高的桉树。夏天，保安人员在这里巡逻，攻击那些试图用"工厂的"水灌溉自己农田的耕种者。下游是取水泵——一个简洁的土红色拱形结构，可以吸入数百万立方英尺的水。炙热的太阳落在地平线后面，乌鸦停止了无休止的啼叫。发电厂的噪声反而填补了无声的缺口。

在布拉吉（Braj），当戈帕尔（Gopal）站在河边吹奏笛子，奎师那（Krsna）被牛、孔雀和鸽子包围 [夏尔马图片出版的"戈帕尔 – 奎师那"（"Gopal Krisna"）[42]），巨大的山脉是看不见的，观看者只能瞥见远处的青翠小山丘。女神迦梨在许多方面都是奎师那的反面品质的缩影，她经常再现于践踏湿婆神的战场上。她戴着骷髅项链，拿着一个被砍下的头颅，站在战争的大屠杀中。她通常被描绘成幽灵般的红色，这种红色遮住了远景。

故事将我们带回到 1954 年初，当时纳格达还是一个不到 500 人的小村庄，它即将成为印度最重要的工业中心之一……曾经在马尔瓦的黑土地上种植棉花的辛劳的农民，为了微薄的赎金，失去了他们的土地。

工业的车轮继续以越来越快的速度前进，产量和利润再创新高。制图师将它们绘制成图表上的线条，以便自豪地在空调办公室里展示。经理们微笑着，工会为奖金讨价还价。而那些在含有致命气体的车间工作的人，也变得瘦弱，慢慢走向坟墓。[Padmanabhan，1983: 20,4]

查玛尔·圣·拉维达斯（Chamar saint Ravidas）[43]的版画在巴提斯达的拉维达思（Bhatisuda Ravidasis）（新名字为查玛尔人 [Chamars]）人中间很受欢迎——其 [新] 名字就取自查玛尔，画中的圣·拉维达斯在一个青翠的、鲜花盛开的背景中，周围是简易的茅草村舍。同样地，在绘制被流放在森林或丹达卡（Dandaka）的罗摩（Rama）[罗摩在高种姓印度教徒中更受欢迎] 时，他也被置于开花植物的叶子中。在背景中，他的马在树下安静地等待着，也可以望见远处罗摩、悉多（Sita）和拉克什曼那（Laksmana）简易的草屋。

曾经繁荣、风景如画、人口健康的村庄现在呈现出一幅肮脏、恶臭、疾病和缓慢死亡的可悲画面。[Padmanabhan，1983：7]

这一花繁叶茂的近景似乎表达了与自然环境完全和谐相处的场景，也表达出对于达摩（dharma）[责任]和萨提亚（satya）[真理]的道路的接受。在所有这些图像中，一个人或神的形象支配着中心和近景，尽管景观细节似乎与所描绘的人物具有明显相似性，但在根本上是无关的。

这些仅是印度主要图画出版公司作品的一部分，但很明显，神是以公式化和限定性的方式被表现出来的，在这种方式中，"景观"被作为展现主宰图画空间的人物的图像学属性。正如罗伯特·豪利特（Robert Howlett）在1857年拍摄的著名照片《站在"利维坦"["大东方"]的下水链前的伊桑巴德·金德姆·布鲁内尔肖像》[Portrait of Isambard Kingdom Brunel Standing before the Launching Chains of the "Leviathan" (the "Great Eastern")]一样，我们面对的是所谓的"环境肖像"。写到这幅画像时，理查德·布里连特[Richard Brilliant，1991：99]认为背景是一个"部分"——在关于他的存在和身份的永久性方面，如果绘制得恰当的话，他不能，也不应该与之分离。我们还可以观察到这个"部分"在其创作者缺席的情况下，并没有对等的存在物。

这样的环境肖像也延伸到重要的仪式性人物身上，他们无可争议地忍受着普通人的生活。例如比姆拉奥·拉姆吉·安贝德卡尔[Bhimrao Ranji Ambedkar，1893—1956]，他曾经是伦敦经济学院的学生，同时也是印度贱民的捍卫者和印度宪法的主要立法者。这幅石版画[图4.7]中绘制的正是他的后一种角色：他手持宪法，站在位于新德里的圆形议会大楼[现在的人民院]前——这座大楼由赫伯特·贝克（Herbert Baker）建造，画面中印度国旗飘扬其上。在安贝德卡尔的右边，佛陀似乎在赐福。[44]毫无疑问，这座建筑实体确实在德里独立存在，人们仅仅依靠地图就能确定它的位置。而这幅石版画中所呈现的，则是安贝德卡尔的显灵，是他身份的图像式表征。正如在"湿婆神"石版画中所绘制的从湿婆头上流出的恒河一样，在这里，议会大楼成为安贝德卡尔创造力的表征——在这种政治的地方性景观中，议会大楼意味着印度独立的政治回音，就如他左手握着的宪法一样，它们都源于他的创造。因此，这座建筑体现了他的地方性——就像国旗体现着印度的独立，佛陀体现着他的信仰一样。

图 4.7　安贝德卡尔（彩色石版画，出版社未知，1990 年）

同样的议会大楼在另一幅石版画 [图 4.8] 中却以截然不同的形式出现，在该作品中它是其他人充满野心的遥远目标。这幅石版画描绘了苏巴斯·钱德拉·鲍斯 [Subhas Chandra Bose，1895—1945]，他是一名自由的战士，也是印度国民军（Indian National Army）的指挥官。"二战"期间，鲍斯率领印度国民军，试图借助日本人的帮助让印度摆脱英帝国主义的统治。鲍斯穿着印度国民军的制服，跨在一匹马上，他的姿态与更古老的绘画中马拉塔人（Mahratta）的英雄西瓦吉（Sivaji）的姿态相似。鲍斯的右手握拳敬礼，另一只手指向议会大楼，其上写着口号——"向德里前进！"，这呼应着 1857 年起义者的口号 [Bayly，1990：409]。这里象征着政治权力的建筑在空间和时间上都是遥远的——它是一个超越了鲍斯自身地方性的物体，仅存在于他希望拥有权力的未来的时间和地方。

图 4.8　苏巴斯·钱德拉·鲍斯（彩色石版画，出版社未知，1990 年）

作为图像的世界

议会大厦在上述两幅石版画中截然不同的用途，合理准确地说明了海德格尔在《世界图像的时代》（*The Age of the World Picture*）中所提出的，置于进化论框架中的两种与世界的关系。海德格尔提供了一个框架，以一种有趣的方式与不同时代追踪的衰败和觉醒理论相匹配。海德格尔追溯了一种以笛卡尔二元论和科学兴起为基础的科学异化，后者将世界视为"图像"。科学，与预先的数学认识有关 [Heidegger，1977：118]，与对象在确定性时空场中的投射有关 [Heidegger，1977：119]，"当我们在一切存在物的存在之中寻找对象性时，作为科学的研究才能出现" [1977：127]。根据海德格尔 [Heidegger，1977：119] 的观点，这一切所依赖的"表征的确定性"都是笛卡尔的错。视世界为图像的可能性是一种特殊的现代能力 [Heidegger，1977：130]。

对博拉格拉（Birlagram）的温和监视总是隐藏着惩罚的可能性。在一个炎热的夏天从博拉之家骑自行车到梅特瓦斯（Mehtwas）村时，一路上所揭示出的一切，显得相当超现实，非常不可思议。一条大约 20 英尺宽的碎石路蜿蜒在招待所的豪华花园和昌巴尔河岸上博拉花园东侧的葡萄园之间。阳光在这里徘徊，它穿透一大簇下垂的九重葛，一片片洒落在地面上，这种景象很难让人相信，仅在距离此处 1 英里外就是 H2SO4 分部的噪声和烟雾，还有远在 1975 年 4 月 27 日发生的事件的痕迹——当时工厂保安部的成员在这条美丽的小路上开枪打死了两名来自梅特瓦斯的村民。60 岁的拉米·柏（Rami Bai）和 13 岁的西拉（Shivlal）都抗议在这条车道的尽头安装一个大型安全门。尽管最近人们试图重新设置这道屏障，并在原来的结构中保留了两架埋在混凝土道路里的钢竖井，但当我在 1991 年拍摄这一地区时，我仍然不确定这里是否真的是当地政治传说中如此重要之地。我从没到过如此否认自身历史的地方，当我四处踱步时，骑自行车路过的人困惑地转过身来打量着我，他们自行车的摆动就像我的相机困惑地在寻找证据一样不确定。一份全印度联合工会中心[Centre of Indian Trade Unions，CITU]的传单昭示着管理部门试图重新建立隔离墙的努力，传单称"*nigrani mem sab kam hota hai*"[一切都在监视下进行]。

对于海德格尔[1977：131]来说，对思想和存在的巴门尼德式（Parmenidean）的省略已经被马丁·杰伊（Martin Jay）[1988：4]所称的笛卡尔透视主义[45]所取代。尽管柏拉图将"存在"定义为理念（"*eidos*"）[类型/观念]（"aspect"/"view"），但希腊人的观点不同于后来笛卡尔的透视主义，因为在具有主观知觉特征的再现意义上，"存在之物根本不是通过人首先看到它的事实而产生的。相反，人是被存在的事物所注视的人"[Heidegger，1977：131]。在中世纪，世界也不是作为一幅图像呈现在社会面前，只有现代才有这样一种世界图像——把世界置于"人的领域"中[第130页]："人类的存在方式开始了，它把人的品质作为一个领域来衡量和执行，目的是掌握作为一个整体的物。"[第132页]海德格尔进化论的悲哀——正如纳格达印度教徒求助于四个不同时代（黄金时代、白银时代、青铜时代和铁器时代）的解释范式——可以被改写为从"地方"到"空间"的堕落。"地方"是近景的，并在人的身上留下了存在的印记，而"空间"则以这样一种方式被分割开来，使人能够对空间施加权力，却在这个过程中看不到自己的真实身份。

苏巴斯·钱德拉·鲍斯以图像的姿态面对世界——他在印度的受欢迎度，为他试图掌控远端议会大楼获得了合法性，尽管如此，在纳格达和巴提斯达一带的石版画和印刷品中，鲍斯这样的图像特征还是很罕见的。的确，我们可以把鲍斯的石版画看作是"战略掌握"的一个例子，这是一种权宜之举（expedient），与佳亚特里·斯皮瓦克（Gayatri Spivak）[1987]所倡导的"战略本质主义"相对应。在巨大的灾难和痛苦中，鲍斯被认为是一个作出权宜之举的演员，他的肖像能够连接画面中的近景和远景。

很多图像都会把观看者的视线引向遥远的远景，而这里最不寻常之处在于，这幅画把观看者的视线引向远景是为了引入那些可以打破近景的自足的原地存在之物（the contented being-in-place-ness）。也许这里的关键形象是悉多在流亡到丹达卡（Dandaka）森林时瞥见伪装成金鹿的恶魔摩哩遮（Maricha）[参见 Pinney，1992b]。鹿在这里是玛雅（maya）的象征，是由悉多自己的物质欲望和渴望而产生的错觉。在故事的结尾处，经过许多磨难，近景中的悉多被证明保持了她的纯洁，尽管她此前被楞伽（Lanka）的罗婆那（Ravana）国王劫走。

类似的比喻和同样的图片空间的使用在图 4.2 中也很明显。在那幅图像中，两种女性气质[传统和现代]的对比——就像悉多-哈兰（Sita haran）前后的形象对比一样，存在于从近景到远景的时间连续谱系中。在《罗摩衍那》（Ramayana）的场景中，鹿的出现以及罗摩（Rama）和拉克什曼那（Laksmana）的追逐，戏剧性地推动了叙事。尽管图 4.2 最初也暗示了从近景所代表的传统[自行车]到远景所代表的现代[摩托车]的进步，但两辆车的朝向方位和两位女性的凝视目光却暗示了一种逆转——从现代性中重回作为近景的传统，重拾印度身份，重获自我。

但这样的解决之道并不会总是出现。描绘中国香港（如图 4.9 所示）、新加坡或悉尼等类型城市景观的图像，通常都有一个共同的显著特征，那就是没有近景。观看图 4.9 的人会望向一片广阔的大海。画面中，汇丰银行大楼是从一个道路交叉口的对面看过来的形象。就像 19 世纪美国优胜美地（Yosemite）国家公园的摄影作品一样，这些建筑从空无之处拔地而起，画面中没有人物，这仿佛在强调建筑的巨大非人性。类似的乡村地区通常人口密集，名为"乡村风光"的图 4.10 描绘了一幅乡村生活的想象图景，

第4章 道德的恋地情结：印度石版画中景观的意义 129

图 4.9 中国香港（照片日历插画，出版社未知，1985 年）

图 4.10 名为"乡村风光"的日历印刷品（出版社未知，1985 年）

突出了衰败的寺庙和摇摇欲坠的墙壁，以此呈现如画般的乡村气息。在近景中，妇女们在河中用陶罐装满水，一对母子从榕树下的商人那里购买黏土玩具。一位虔诚的妇女向简朴的湿婆神庙敬礼，牛静候在大车旁，而其主人则忙于其信仰之职。在另一幅类似的图片中，三个孩子在玩旋转的陀螺——一种婴儿式的永动机，而在一个温馨的旧围栏里，白鸽在菠萝蜜和香蕉树之间惬意地轻声细语。

相比之下，城市景观呈现了一个世界——就像骑摩托车的女性。这在一定程度上吸引着，但又在很大程度上排斥着这些石版画的普通买家：一个通常只能在远处眺望的世界，没有任何近景，这标志着它与印度宗教（dharmik）生活的脱离。这些图像是在纳格达购买的，兜售这种商品的小贩手上都囤积着大量类似的图像，但我很少看到这些图像被人们挂出来展示，除了在理发店里——这些城市景观的图像经常与乡村景观并置在一起。这些图像展示出铁器时代（kaliyug）急剧增加的不满情绪，"修建越来越高的建筑来满足欲望，这是以精神贫困为代价的"，一名巴提斯达（Bhatisuda）的耆那教徒清晰地表达了这一观点。[46]

海德格尔的和纳格达的视角都暗示着对这些图像的类似解读。在殖民主义时期发展起来的新印度教身份，是用关键的视觉术语来界定的，它非常强调过去的神圣性，并且我们已经在纳格达和巴提斯达看到了这种过去的力量。然而，这种过去并不是一成不变的，在许多方面，印度的流行艺术显示了一种比海德格尔所描述的图像更具有适应性的视野。特别明显的是，如果通过印度身份认同的价值观来验证，那么将世界作为图像来掌控这一观点是可以接受的——我们已经在苏巴斯·钱德拉·鲍斯的案例中看到了这一点。一幅描绘圣雄甘地（Mahatma Gandhi）站在印度地图上的图像 [图 4.11] 或许更为引人注目。正如人们所料，他身着"多蒂"（dhoti），脚穿凉鞋，一手拿着一根棍子，另一只手拿着一本《薄伽梵歌》（Bhagavad Gita）。他瘦削的身躯占据了整个画面，他的步态表明,他将从印度开始 [图中他几乎用他的凉鞋覆盖了整个印度],走遍世界。在天空的深蓝色背景上,有一条标语写着"真理获胜之路"(*Satyamev jayte*),这确证了甘地这一形象隐喻着非暴力不合作的原则,以及他用一生所实践的真理的原则。因此,一旦我们认识到胜利是精神上的,这种占据画面的人物形象就开始变得相当不同:占有不过是一个社会对某些精神真理的坚持,而这种精神真理建基于对伯格 [Berger,1972a:105-108] 描述的占有的个人主义(possessive individualism)的弃绝(renunciation)。胜利不是个人对世界的征服,而是自我克制的胜利。

图 4.11　圣雄甘地(Mahatma Gandhi)(水彩石版画,出版社未知,1990 年)

这幅图像暗示了新的印度身份认同可以征服"空间"的一些条件，也为我即将在此分析的最后几个例子铺平了道路，这些例子恰好解决了在本章开头分析"3399"号图像时呈现的所有紧张关系。这是一些日历印刷品，它们描绘了以富饶农业为背景的各类近景人物形象。这些是唯一完全解决了近景与远景、"地点"与"空间"之间紧张关系的图像，并解决了我们在本章开始时讨论"3399"号图像中发现的对立。该题材包含两种不同的形式——胜利属于士兵（*jay javan*）/胜利属于农民（*jay kisan*）[图 4.12] 和"农业宝贝"/"农业美人"[图 4.13、图 4.14]。前者源于拉尔·巴哈杜尔·夏斯特里（LaI Bahadur Sastri）的口号"胜利属于士兵，胜利属于农民"和一系列发展这一英雄组合的电影。图中是一对大约 5 岁的双胞胎，其中一个是士兵形象，另一个是农民形象。他们站在一片麦地里，青翠的树叶和麦穗与他们的腰齐高。"士兵"穿着军装，手持机关枪或步枪；"农民"戴着头巾，手持犁。这幅图很可能让人想起

图 4.12 日历印刷品中"年幼的士兵和农民"（出版社未知，1985 年）

第4章 道德的恋地情结：印度石版画中景观的意义 133

图 4.13 题为"农业宝贝"的日历印刷品（出版社未知，1985 年）

图 4.14 题为"农业美人"的日历印刷品（出版社未知，1985 年）

梅赫布·汗（Mehboob Khan）1957年的经典电影《印度母亲》（*Mother India*）[47]，但这幅图主要指涉的是1965年和1971年的两次印巴战争，这两场战争是定义独立后的印度的关键时刻。在印度军事安全的这一图像式声明中，还有对技术的辩证确认；军事装备是保护印度农业所必需的；与绿色革命相关的变化是巩固民族国家必要的生产性基础。

农民的田地笔直地呈现出来，分离式油泵供给的灌溉渠道遍布田野之中。田地里到处都是忙碌的景象——人们开着拖拉机犁地、施肥、喷洒杀虫剂，一名士兵正在保护他兄弟[他的印度同胞]的农田。图片中的一处，一支炮兵部队正在向远处发射炮弹，在另一处，三架米格战机在空中飞行，似乎正穿过版画蚀刻留下的水汽痕迹。这些画面所传达的意识形态信息非常清楚——击退巴基斯坦军队的印度士兵和与自然做斗争的农民相辅相成，都在共同努力。绿色革命（如同所示，以机械化和土地的化学化为基础，如图所示）所带来的日益增长的生产力对国家的重要性不亚于其军事安全。

这种题材的另一种类型——通常被命名为"农业宝贝"——描绘的是一个单独的婴儿，有时在类似的背景下还有一个稍大一点的女孩[图4.13]。在这里，战争消失了，取而代之的是一篮子水果、蔬菜和一截截甘蔗。还有拖拉机、整齐划一的农田、从各种水箱和井里抽水的抽水机、脱出小麦谷粒和其他谷物的机械脱粒机，以及一袋袋等待撒在土地上的肥料。所有这些农业现代化的标志物都位于农田的透视后退线内，这让人想起海德格尔[1977：118-119]的"预先数学认识"（mathematical knowing in advance）：对象被投射在确定性的时空场中。然而，在这里，景观不仅仅是中心图像的附带现象，也将观看者的视线引向远景——指涉着"我们的"印度，"我们的"婆罗多（*Bharat*），"我们的"印度斯坦（Hindustan）。同样，这幅画中人物与景观的关系，与伯格（Berger）分析的庚斯博罗的画作《安德鲁斯夫妇》中的非常不同，因为土地在这里并没有以个人财产的面貌出现，而是作为一种超越个体身份的环境地形存在。这让人想起爱默生（Emerson）在19世纪的美国所得出的结论：

> 我今天早上看到的美丽景观无疑是由二三十个农场组成的。米勒拥有这块地，洛克拥有那块地，曼宁拥有那片林地。但他们都不拥有这片景观，在地平线上有一种财产，只有能用目光把所有部分统摄起来的人——也就是诗人，才拥有它。这些人的农场中最好的部分莫过于此，然而，他们的土地契约并没有标注这部分的所有权[1894: 14]。

在这里，我们或许能够用民族的神话身份来统摄所有部分，以此代替爱默生所描述的"诗人"的目光。

在通常被命名为"农业美人"或"农业女性"的图像系列中，"农业宝贝"的图像学表达几乎全部转移至此。此类图像的中心人物是一个成年女性，通常穿着一件漂亮的纱丽。这里又一次出现了拖拉机、水泵和一袋袋的化肥。图4.14的"农业美人"中，在一片广阔的农田中间，"农业美人"坐在一个水泵和几袋肥料旁边，可以看到远处有一台拖拉机正在进行机械化作业。这张图片的构图与前述"3399"号作品[图4.1]非常相似。近景是一个坐着的女人，她直直地盯着观看者。就像"3399"号作品中穿着黄色衣服的印度女星一样，"农业美人"对观看者也投以情欲的凝视，但"3399"号作品中的人物左手拿着一枝红色的剑兰，而"农业美人"则是手持一束高粱[在此类图片中，中心人物有时手持一根甘蔗，有时手持一串葡萄]。"农业美人"的面前并不是陈列着采摘的鲜花，而是放着两袋肥料。与丹尼尔（Daniell）凹版蚀刻画中的远景透视规律不同，"农业美人"系列中的人物坐在精准划分的小块农田土地前，拖拉机正驶过这片土地。"3399"号作品体现了冲突和最终破坏性的需求，而"农业美人"则被安全地置于一个统一的、多产的、自主的国家中。正是在这个民族的政治虚构中,远景与近景、空间与地点,瞬间结合在一起。

从巴提斯达村的农民和耆那教徒的角度来看,作为本章潜文本而贯穿始终的民族志情境,并没有提供这样令人信服的解决方案。铁器时代(*kaliyug*)的合理化和现代性,完全难以显示"农业美人"系列图像中绿色革命的农田的富饶肥沃和生产力。

但是,在这个持续丧失的村庄框架之中,承认了所有人类时间都存在于铁器时代中,黄金时代(*satyug*)中的存在只能是一个已然消失或即将到来的世界的梦想。近景——如同远景一样——永远不可能独立存在,它将永远被设想为"失去从未存在过的东西,失去从未被给予过的自我存在,它只是梦想,它总是分裂、重复,除了它自身消失,否则无法显现"[Derrida,1976:112]。

注释

非常感谢 Eric Hirsch、Manoj Khandelwal、Michael O'Hanlon、Archana Srivastava 和 Giles Tillotson 对本文的建设性意见。

1. 这个词当然是来自段义孚[Tuan,1974],其内涵是"所有人的情感都与物质环境联系在一起"[Tuan,1974:93]。

2. "oleograph"[一种模仿油画的涂漆彩色石版画]一词是在19世纪后期这类作品出现时被使用的,它之所以被如此使用[而不是"chromolithograph""calendar art"或"bazaar art"],是因为它捕捉到了其历史和文化特性。

3. 有几家较早的出版社[如加尔各答艺术工作室和浦那的奇特拉萨拉出版社]生产的作品更具有区域性。

4. 我从诺里斯[Norris,1988:165-169]对海德格尔的注解中引用了这句话[另见 Blackham,1961:90ff.]。纳格达地区高种姓的一些观点与海德格尔对现代性的诊断之间具有惊人的相似性,下文将予以解释。

5. "hodological"指的是同质的、均匀的、有规律的空间——换句话说，是"没有幻想的"。这个词来自利特尔约翰 [Littlejohn，1967：333]。本章通篇使用"hodological"一词来表示与伊利亚德所描述的"神圣空间"[Eliade，1959：20]——一个非同质空间，它以中断、停顿和质量差异为标志——相反的内涵。

6. 在印地语中，"地点"和"空间"的概念在词汇上没有明确标记 [因为它们确实不在常见的英语用法中]。术语 *sthan*（地点）和 *jagah*（地点）可以互换使用，尽管 *sthan* 可能具有更多的地方性（placedness）的含义。术语 *kshetra*[具有"田野""乡村"或"圣地"等多义] 可能有更多关于"空间"（space）的内涵。

7. 此处，杜蒙将种姓等级制度视为语义领域。

8. 我努力在纳格达的语境中所表现出的政治和道德争论的背景下，对这些图像的"解读"和"内涵"进行"博闻强识的重组"[O'Hanlon 1989：18]。然而，我承认完全摒弃形式或"外观的"解读是很困难的 [参见 Ginzburg，1989：35]。

9. 非常感谢吉尔斯·蒂洛特森（Giles Tillotson）提醒我注意这一点。

10. 这一段与我自己在前一段的正式演绎相反，记录了纳格达人对这些图像的诠释。红色的花朵——就像孟加拉的迦梨石版画一样——通常被用作给食肉神的供血的替代品，电影制作者显然利用了泛印度的象征意义，在"3399"号作品中表示女演员是女神迦梨的象征。

11. 我指的是一个"拟人化的"观看者 [Bryson，1983：106；引自于 Rotman，1987：14]，其眼睛位于三角形的顶点，该三角形是图像中三角形的镜像，而图像中三角形的顶点则是远景或消失点。

12. F. 迪维尔·沃克 [Walker，1925：19] 在《印度人的土地》（*The Land of the Hindus*）一书的结尾承认，鸟类的假想视角在现代可以成为观察主体的实际视角。"我们现在已经有了鸟瞰的视角——我们可以说观看印度的'飞机视角'吗？"也许政治上最臭名昭著地使用这种视角的例子是莱妮·里芬斯塔尔（Leni Riefenstahl）的电影《意志的胜利》[*Triumph of the Will*，1934] 的开头，人们第一次从空中看到纽伦堡，希特勒的飞机从云层中下降，汇入瓦格拉的曲调中。

13. 在阐述这一点时，我担心的是，印度景观的绘画表征的复杂性不应被简化。应该指出的是，当时的许多艺术家都反对这种权力的影响。威廉·霍奇斯

[William Hodges，库克第二次远航后，霍奇斯成为首位在印度工作的英国专业风景画家]呼吁建立文化多元主义，让他的同胞看到印度丰富的艺术和知识遗产[Tillotson，1990：146]。同样地，蒂洛森（Tillotson）注意到许多风景画的信息意图（informative intention）和它所呈现的风景如画的美学之间的紧张关系。

14. 蒂洛森[pers.comm.]指出了比《安德鲁斯夫妇》这幅作品更深入、更精确的印度的对应作品。这幅画是佐法尼（Zoffany）于加尔各答（1783—1787）绘制的《沃伦·哈斯汀夫妇》（*Mr and Mrs Warren Hastings*）。参见穆德利·阿彻[Archer，1979：140-141]。

15. 南迪[Nandy，1988：xi]认为，有一种形式的殖民主义"除了对身体进行殖民，还对思想进行殖民……它有助于将现代西方的概念从地理和时间实体推广到心理范畴。西方现在无处不在，它存在于西方的内部之中，存在于西方的外部之中；它存在于结构中，存在于思想中"。

16. 现存大量20世纪40年代这种题材的版画。

17. 就像图4.1中的红色花朵一样，对于所有的印度消费者来说，这些都是很容易解码的图像符号。

18. 关于印度电影中对"西方女性"的刻板印象，罗西·托马斯[Thomas，1985：126]说："邪恶或颓废被广泛归类为'非传统的'和'西方的'，西方与其说是一个地方、一种文化，不如说是具有异国情调的、颓废的他者象征，以威士忌、比基尼和不受约束的性为标志。"

19. 表象和现实之间的滑脱——经典文本的幻象（*maya*）——在巴提斯达通过格言bagula bhagat——"白鹭圣人"时常被表达出来。在巴提斯达村，就像在所有的平原和较低的山丘上一样，牛白鹭优雅地、一动不动地栖息在漫步或反刍的奶牛或水牛身上，这是一种常见的、令人愉快的景象。但当它抓住正好经过的、能满足它食欲的生物时，它外表的平静就会周期性地被打破。

20. 1991年人口普查记录的人口为79 405人。1950年，在工业园区发展之前，那田村是一个大约有2000名居民的小村庄。

21. 他们是改革派的精神导师（*acharya*）拉津德·苏什（Rajendra Sureshi）的白衣派（Svetambara）的追随者。

22. 还有其他不同的观点。这里所描述的模式，是由高种姓的农村雇主清晰地表达出来的。然而，尽管这些村庄的雇主通过不同历史时期（黄金时代、白银时代、青铜时代和铁器时代）来强调历史的衰落，但对于当地的贱民来说，他们的生活一直更像是处于悲惨的停滞期。他们赞同铁器时代是一个道德堕落的黑暗时代，但他们认为这个时代也有它的好处，比如可以获得报酬相对较高的工厂工作，这使他们能够打破乡村经济的枷锁。平尼 [Pinney 1987] 在其他作品中阐述了这些观点。

23. 我非常感谢阿卡纳·斯利瓦斯塔瓦（Archana Srivastava）让我看到了，受到威胁的过去和被渴望的未来之间的联系。

24. 古哈－塔库尔塔 [1986：183] 质疑艺术流派运动（Art School movement）和拉维·瓦尔玛作品之间的因果关系。

25. 指盎格鲁－印度混合绘画风格的术语。参见米尔德里德·阿切尔 [Archer, 1972]。

26. 古哈－塔库尔塔 [1986：174] 指出：拉维·瓦尔玛作为一个画家的演变是印度宫廷绘画发展潮流的一部分——这是另一种西化潮流，这与艺术流派及其对印度艺术家和工匠的训练截然不同。

27. T. 马哈瓦·豪（T. Madhava Rao）爵士建议将他的"受欢迎的史诗画作送往欧洲进行印刷"[Guha-Thakurta，1986：186]。

28. 我希望在即将出版的作品中表明，拉维·瓦尔玛的独创性和影响力都有些被夸大了。参见乔什 [Joshi,1911] 关于拉维·瓦尔玛作品的早期完整清单和插图。

29. 乌贝罗伊 [1990：44] 注意到，拉维·瓦尔玛在 1892—1893 年芝加哥国际展览上获奖的十幅画描绘的是来自印度不同地区的女性。维尼奥尔（Venniyoor）指出，在印度艺术中具有一种悠久的传统，颂扬"结实的、成熟的、性感的女性……拉维·瓦尔玛是马拉雅拉姆语（Malayalam）的曼尼普拉瓦拉（Manipravala）诗人培养出来的，这些人在一定程度上痴迷于女性的人体结构，甚至连女神也不放过"[1981：50]。

30. 纳瓦拉（Nathdvara）是拉贾斯坦邦一个重要的慈悲之路朝圣中心，有自己的婆罗门寺庙画家传统。20 世纪大量的主要石版画艺术家都是纳瓦拉的婆罗门。

31. 据我所知，这在整个印度都是如此。拉维·瓦尔玛的作品，尤其是石版画作品，后来被那些早期支持过他的人大量诋毁 [参见 Venniyoor，1981：66-82；Guha-Thakurta，1986：189]。

32. 这是本雅明 [Benjamin，1970]、伯格 [Berger，1972] 和马尔罗 [Malraux，1978] 在不同文化背景下提出的观点。

33. 关于是谁，可参见平尼（1992b）。

34. 人们可以在电影制作中找到类似的民主化趋势，因为有几部拉贾斯坦邦电影将拉姆德吉、古嘎吉和特贾吉戏剧化。

35. 一种与奎师那有关的拉贾斯坦邦南部受欢迎的神。

36. 拉维·阿格拉瓦尔（Ravi Agrawal），私人通信，1991 年 4 月。直到 1928 年，他们才开始出版图片，在成立的头 7 年里，他们只制作画框。

37. 西瓦卡西（Sivakasi）位于泰米尔纳德邦一个非常干燥的地区，这个地方发展成为火柴和烟花的制造中心。镇上大量的印刷机最初是为提供烟花包装而开发的。西瓦卡西现在是印度最大的印刷中心，生产全国销售的大部分日历。

38. "到四大圣地去朝圣"：这显示了四个朝圣中心，德瓦卡纳特（Dvarkanath）、什里纳吉（Srinathji）[纳什瓦拉 Nathdvara]，普里（Puri）和拉梅什瓦尔（Rameshvar）。

39. 这种叙事和空间围绕一个中心图标组织起来的结构，是许多石版画艺术的共同特征。参见平尼（1992 b）。

40. 我这里的"景观"指的是对特定地点的描绘。库马拉斯瓦米（Coomaraswamy）关于印度传统中缺少肖像画的评论为理解"景观"的缺失提供了有用的线索。库马拉斯瓦米观察到，即使在传统印度艺术中的活人画的表征中，人们也希望个人的相似性获得认可，"正是在个人身上发现的类型的概念真正支配着这种表征" [1977：90]。传统艺术家绘制古老的肖像，努力实现"原型意义" [1977：89]。斯特拉·克拉姆里希（Stella Kramrisch）敏锐地观察到，"肖像属于惧怕死亡的文明" [引自 Coomaraswamy，1977：89 n. 67]。克拉姆里希的观察表明，不关注个人时空与理解景观的缺失有关。有人可能会假设，这种时空观（chronotope）也延伸到肖像主题出现（或不出现）的时间—空间。

41. 参见维特萨克斯 [Vitsaxis，1977：73]。

42. 这只是众多几乎相同的图像中的一张，可以追溯到纳若特·纳拉扬·夏尔马（Narottam Narayan Sharma）于 20 世纪 30 年代早期由布里杰巴斯出版的"穆里·马诺哈尔"（Murli Manohar）。

43. 参见布里格斯 [Briggs，1920] 和卡雷 [Khare，1984]。

44. 安贝德卡尔在去世前不久皈依了佛教。这也是石版画一个非常受欢迎的主题。

45. "在笛卡尔的模型中，智识用视觉的形象检视实体模型……在笛卡尔的概念中——成为'现代'认识论基础的概念——是存在于'心灵'中的表征"[Rorty，1979：45；引自 Jay，1988：5]。

46. 孟买成为这个主题的中心，随着投机者和居民追求一种虚幻的幸福，建筑物越建越高 [参见 Pinney，1987：447-449]。

47. 贫穷的女主角拉达 [纳尔吉斯饰演] 的两个儿子和他们的母亲一起拉犁，以保护她的声誉不被当地的债主破坏。参见罗西·托马斯（Rosie Thomas）对这个问题的精彩分析 [1990]。

参考文献

APPADURAI, ARJUN, and BRECKENRIDGE, CAROL A. (1992). 'Museums are Good to Think: Heritage on View in India', in I. Karp *et al.* (eds.), *Museums and Communities: The Politics of Public Culture*. Washington: Smithsonian Institute.

ARCHER, MILDRED (1972). *Company Drawings in the India Office Library*. London: HMSO.

——(1979). *India and British Portraiture 1770–1825*. London: Sotheby Parke Bernet and Oxford University Press.

BAYLY, C. A. (1990). *The Raj: India and the British, 1600–1947*. London: National Portrait Gallery.

BENJAMIN, WALTER (1970). 'The Work of Art in the Age of Mechanical Reproduction', in his *Illuminations*. London: Cape.

BERGER, JOHN (1972*a*). *Ways of Seeing*. London: BBC.

——(1972*b*). 'Past Seen from a Possible Future', in his *Selected Essays and Articles: The Look of Things*. Harmondsworth: Penguin.

BLACKHAM, H. J. (1961). *Six Existential Thinkers*. London: Routledge & Kegan Paul.

BRIGGS, G. W. (1920). *The Chamars*. Calcutta: Association Press.

BRILLIANT, RICHARD (1991). *Portraiture*. London: Reaktion Books.

BRYSON, NORMAN (1983). *Vision and Painting: The Logic of the Gaze*. London: Macmillan.
COOMARASWAMY, A. K. (1977). 'The Part of Art in Indian Life', in Roger Lipsey (ed.) *Coomaraswamy, Selected Papers:* i. *Traditional Art and Symbolism*. Princeton, NJ: Princeton University Press.
DERRIDA, JACQUES (1976). *Of Grammatology*. Baltimore: Johns Hopkins University Press.
DUMONT, LOUIS (1972). *Homo Hierarchicus: The Caste System and its Implications*. London: Paladin.
ELIADE, MIRCEA (1959). *The Sacred and the Profane: The Nature of Religion*. New York: Harcourt Brace Jovanovich.
EMERSON, R. W. (1894). *Nature, Addresses, and Lectures*. London: Routledge.
GELL, ALFRED (1985). 'How to Read a Map: Remarks on the Practical Logic of Navigation', *Man*, 20/2: 271–86.
GINZBURG, CARLO (1989). 'From Aby Warburg to E. H. Gombrich: A Problem of Method', in his *Clues, Myths and the Historical Record*. Baltimore: Johns Hopkins University Press.
GUHA-THAKURTA, TAPATI (1986). 'Westernisation and Tradition in South Indian Painting: The Case of Raja Ravi Varma, 1848–1906', *Studies in History*, July–Dec.
HEIDEGGER, MARTIN (1977). 'The Age of the World Picture', in his *The Question Concerning Technology and Other Essays*. New York: Harper Torchbooks.
JAY, MARTIN (1988). 'The Scopic Regimes of Modernity', in Hal Foster (ed.), *Vision and Visuality*. Seattle: Dia Press.
JOSHI, S. N. (1911). *Half-Tone Reprints of the Renowned Pictures of the Late Raja Ravi Varma*. Poona: Chitrashala Steam Press.
KHARE, R. S. (1984). *The Untouchable as Himself: Ideology, Identity and Pragmatism among the Lucknow Chamars*. Cambridge: Cambridge University Press.
KRAUSS, ROSALIND (1985). 'Photography's Discursive Spaces', in her *Originality of the Avant-Garde and Other Modernist Myths*. Cambridge, Mass.: MIT Press.
LANNOY, RICHARD (1971). *The Speaking Tree*. Oxford: Oxford University Press.
LITTLEJOHN, KENNETH (1967). 'The Temne House', in J. Middleton (ed.), *Myth and Cosmos*. New York: Natural History Press.
MALRAUX, ANDRÉ (1978). *The Voices of Silence*. Princeton, NJ: Bolingen.
NANDY, ASHIS (1988). *The Intimate Enemy: Loss and Recovery of Self under Colonialism*. Delhi: Oxford University Press.
National Archives (1982). *Catalogue of the MRIO-Miscellaneous Maps of the Survey of India* (1742–1872). New Delhi: National Archives of India.
NEWMAN, HENRY (1937). *Indian Peepshow*. London: G. Bell.
NORRIS, CHRISTOPHER (1988). *Paul De Man: Deconstruction and the End of Aesthetic Ideology*. London: Routledge.
O'HANLON, MICHAEL (1989). *Reading the Skin: Adornment, Display and Society among the Wahgi*. London: British Museum.
PADMANABHAN, V. T. (1983). *The Gas Chamber on the Chambal: A Study of Job Health Hazards and Environmental Pollution at Nagda, Madhya Pradesh*. Ujjain: People's Union for Civil Liberties.
PAL, P., and DEHEJIA, V. (1986). *From Merchants to Emperors: British Artists and India, 1757–1930*. Ithaca, NY: Cornell University Press.
PAUL, ASIT (ed.) (1983). *Woodcut Prints of Nineteenth-century Calcutta*. Calcutta:

Seagull Books.
PINNEY, CHRISTOPHER (1987). 'Time, Work and the Gods: Temporal Strategies and Industrialization in Central India'. Unpublished Ph.D. thesis, London University.
——(1992*a*). 'Future Travel: Anthropology and Cultural Distance in an Age of Virtual Reality; Or, a Past Seen from a Possible Future', *Visual Anthropology Review* 8/1: 38–55.
——(1992*b*). 'The Iconology of Hindu Oleographs: Linear and Mythic Narrative in Popular Indian Art', *Res*, 22: 33–61.
RORTY, RICHARD (1979). *Philosophy and the Mirror of Nature*. Oxford: Blackwell.
ROTMAN, BRIAN (1987). *Signifying Nothing: The Semiotics of Zero*. London: Macmillan.
SPIVAK, GAYATRI (1987). 'Subaltern Studies: Deconstructing Historiography', in her *In Other Worlds: Essays in Cultural Politics*. London: Methuen.
THOMAS, ROSIE (1985). 'Indian Cinema—Pleasures and Popularity', *Screen*, 26/3–4: 116–32.
——(1990). 'Sanctity and Scandal in Mother India', *Quarterly Review of Film and Video*.
TILLOTSON, G. H. R. (1990). 'The Indian Picturesque: Images of India in British Landscape Painting, 1780–1880', in C. A. Bayly (ed.), *The Raj: India and the British, 1600–1947*. London: National Portrait Gallery.
TUAN, YI-FU (1974). *Topophilia: A Study of Environmental Perception, Attitudes and Values*. Englewood Cliffs, NJ: Prentice-Hall.
UBEROI, PATRICIA (1990). 'Feminine Identity and National Ethos in Indian Calendar Art', *Economic and Political Weekly*, 28 April: 41–8.
VENNIYOOR, E. M. J. (1981). *Raja Ravi Varma*. Trivandrum: Government of Kerala.
VITSAXIS, V. G. (1977). *Hindu Epics, Myths, and Legends in Popular Illustrations*. Delhi: Oxford University Press.
WALKER, F. DEAVILLE (1925). *India and Her Peoples*. London: Edinburgh House Press.
WELCH, STUART CARY (1978). *Room for Wonder: Indian Painting during the British Period 1760–1880*. New York: The American Federation of Arts.

第5章
解放与监禁的景观：迈向以色列景观的人类学

汤姆·塞尔温（Tom Selwyn）

引言

几代以色列人将景观作为最有力的隐喻，这一观念为他们建立并维护现代以色列国家的意愿提供着支撑。当然，这些观念有助于他们形成对土地本身的态度和政策，但这些观念的范畴其实更为广泛，本章的目的即思考景观观念与民族国家身份建构及其意识形态形成过程之间的关系。该地区的当代事件为我的尝试增添了一种特殊的政治色彩。

在此，我首先考察了20世纪初巴勒斯坦犹太定居者对土地和景观的态度。在很大程度上，这些态度都是基于"解放"和"救赎"的观念，我也因此探讨了这些术语在此种语境下的意义。这些术语的表达伴随着一系列关于阿拉伯人的矛盾看法，我也对其中一部分进行了考察。本章的第二部分从讨论"自然之旅"（"nature tours"）和以色列自然保护协会[The Society for the Protection of Nature in Israel，简称 SPNI] 工作的某些方面开始。我用三个简短的案例说明了这个重要组织开展活动的主要特征，并辅以我对当代景观如何在"恶的"（"bad"）、"他者"（"Other"）的思想谱系中继续发挥作用的相关思考。在最后一部分，我反思了保护和捍卫"自然"的语言与保护和捍卫国家的语言之间相互关联和相互影响的方式。基于此，我提出了一个问题——人们曾经追求的让自身获得"解放"的景观，是否亦是束缚当代认知、并埋下"囚禁"思想观念的狭隘种子的同一片景观。

1 背景

劳工犹太复国主义（Labour Zionism）

肖尔·卡茨（Shaul Katz）[1985] 在关于以色列的"自然之旅"[*tiyulim*] 的权威性文章中明确指出，以色列人对自然景观的态度具有多样化的来源，其中包括 19 世纪基督徒的圣地之旅和德国的漂鸟运动（German Wandervogel movement），而其主要来源则是与劳工犹太复国主义有关的一整套思想和价值观念。如果恰如卡茨所言，那么，正是这些思想观念强调了犹太人在巴勒斯坦定居和以色列国家诞生的决定性岁月。因此，有必要在开始讨论前简要地考察一下这些思想观念的主要方面。

19 世纪末 20 世纪初，欧洲出现了一套与此前截然不同的政治思想和政治倾向，"犹太复国主义"一词为其提供了连贯的误导性。1897 年，西奥多·赫茨尔（Theodore Herzl）在巴塞尔（Basle）举行的第一届犹太复国主义大会上正式发起了犹太民族运动，其目的是在巴勒斯坦建立一个犹太民族国家。这并不是一场"宗教"运动——除非从广义上理解，现代犹太人在巴勒斯坦建立定居点的部分"合法性"显然来自《圣经》中所描述的古希伯来文化。事实上，犹太复国主义在许多方面都是一种现代的、独特的欧洲政治运动。与前面提到的那些思想来源一样，其灵感也同样来自启蒙运动的思想。而且，正如沃尔特·拉克尔 [Walter Lacquer, 1972] 明确指出的那样，犹太复国主义在根本上是世俗的。对戈尔登 [A. D. Gordon, 1856—1922] 来说，犹太复国主义对巴勒斯坦犹太人生活的改变，在于在男人、女人、自然和土地上的劳作之间建立一种新的且"正式的"关系。

土地、解放和救赎

比尔·博罗乔夫（Bir Borochov）对阶级的强调得到了其他人的响应，他们强调解放妇女、年轻人以及解放个人的重要性。因此，阶级、性别、年龄和个人"解放"的诸多观念都被涵括到国家"解放"的首要目标中，而这些观念中的一部分又都被置于一种理念中，即定居者将与巴勒斯坦的土地和景观建立新的关系。

为了说明这些观念是如何体现的，我们可以从妇女解放的例子开始，并参考20世纪20年代移居巴勒斯坦的俄罗斯移民雷切尔·贾纳斯（Rachel Janaith）的著作。贾纳斯觉得自己是女工运动的一员，她在书中说，她和她的同志们希望"冲破荒野裸露的土壤，以满足她们对于在土地上劳作的渴望，满足她们与大地母亲合作的激情"。她接着写道："（我们）被一个想法所奴役……（这个想法）不是战争，而是解放。"[Katznelson-Shazar，1975：139] 贾纳斯是1919—1923年期间从俄罗斯和东欧其他地区来到巴勒斯坦的移民浪潮中的一员。另一名与她同时身处移民浪潮的女性成员进行了一番这样的比较：把这些新移居到巴勒斯坦的犹太人的处境，与当年在大屠杀时期在波兰和乌克兰的犹太人 [特别是犹太妇女] 的处境进行了对比。这位女性写道，"巴勒斯坦妇女的精神复兴"是"全体人民的春天运动（spring movement）的一部分……这与开拓事业和在地球上的劳作相关，与重新发现旧土地—新土地和旧语言—新语言之间的关联相关"[Katznelson-Shazar，1975：215]。对于这两位女性以及她们的许多移民同胞来说，巴勒斯坦的性别角色将以一种新的形式出现。

年龄角色——在传统的权威关系中体现为老一辈对年轻一代的统治，也受到了严格的审查。犹太人徒步旅行传统的发展与欧洲青年运动有关，也是犹太复国主义议程的一部分，"青年的反抗"在其中起了决定性的作用。[1]

这些解放主义者的情绪建立在"解放的过程也是一种救赎"这样的观念之上。因此，对博罗乔夫而言，作为全球阶级斗争的一部分，犹太复国主义代表着"犹太人民的救赎、犹太文化的复兴和返回祖籍的家园"。对于马汀·布伯（Martin Buber）[Friedman，1982：44] 来说，国家的救赎与个人的救赎是联系在一起的：在欧洲犹太人聚居区，犹太人在精神上被空洞的商业主义所决定的生活所束缚，机械地遵循传统。犹太复国主义承诺了"复兴"，其含义"与其说是回归，不如说是重生：整个人的更新"[Friedman，1982：44]。

因此，早期犹太复国主义者设想的犹太民族复兴不仅仅是建立一个国家，而是更具野心。对于戈尔登 [Mendes-Flohr，1983] 而言，"回到以色列的土地，犹太人将成为另一个亚当，成为创世之初的'人类—民族'"（human people）。布伯本人强烈反对民族主义仅仅是建构民族国家的这种想法。对他来说 [Friedman，1982：49]，犹太民族复兴的目标是让犹太人具有人的尊严，"形成一种从人民生活的自然形式中生长出来的新的有机秩序"。而且，正如他继续所说的 [Mendes-Flohr，1983：58]，"拯救我们的人民……其目的不是为了对该地区进行资本主义剥削，也不是为了任何帝国主义的意图——它的意义是自由的个人在共同拥有的土地上进行富有成效的劳作"。戈登 [EZI：402] 认为："人类必须回归自然，并通过体力劳动来表达他与自然的亲近……通过耕种土地……土地不是个人的财产，而是整个社会的财产。"

温斯托克 [Weinstock，1989：37] 从 19 世纪末东欧封建制度瓦解和资本主义发展的角度，阐述了劳工犹太复国主义的政治和社会背景，认为其在本质上具有世俗的基础。这样的劳工犹太复国主义导致了"犹太人贸易和家庭手工业的解体，并在东欧形成了一个庞大的犹太无产阶级"。再加上东欧资产阶级的反犹主义，犹太民族运动自然被视为更广泛的阶级斗争的一部分，其中还包括作为工人的犹太人。

总之，早期犹太复国主义定居者带到巴勒斯坦的解放和救赎思想包括以下几个方面。第一，是这样一种观念，即人们与土地——或者更广义而言，与作为整体的景观——建立一种直接的和有效的伙伴关系，使得此前在欧洲犹太聚居区变得狭隘和片面的人性得以舒展和表达。第二，还有一种相应的观念，即在认知上将土地、景观及"自然"与复兴的民族联系起来。第三，涵括了前两种观念，是一种强烈的整体性伦理，此种伦理观认为，只有在以集体所有制和集体农业劳动为基础的国家的统合框架内，"整全的人"（"whole people"）才能得以实现。第四，建立和释放一种以农业而非商业为基础的"旧—新"犹太文化 [借用赫茨尔的话]：在某种意义上，重新发现一种生活方式。人们普遍认为，随着第二圣殿被毁，犹太人已经结束了这种生活方式。第五，是"拓荒者"[chalutz] 的观念。这些"拓荒者"带着一种独特的、易辨识的气质特征迈向景观，他们深入土地和乡村，探寻其最隐秘的道路、特征和秘密，以便定居于此，并生活于此。与这些气质特征和具体实践有着根本联系的，是他们对社会关系的看法。这些看法挑战了性别、年龄以及（与性别和年龄相比 [在此种观念中更值得质疑的]）阶级所构成的等级制的既定观念和价值。事实上，"拓荒者"一词的意义恰恰就在于，它把所有这些因素全部结合在一起。第六，犹太复国主义运动被认为是一个救赎的过程，就像里布曼（Liebman）和唐 - 耶合亚（Don-Yehiya）[1984：49] 所说的那样——"上帝被删除，而自然……则被强调"。

矛盾的他者

这些观念与阿拉伯人有什么关系呢？从 20 世纪初开始，就存在一种观点——后来本 - 古理安（Ben-Gurion）和其他人都认同这一观点，即阿拉伯的农夫（fellah）和贝都因人（Bedouin）是《圣经》土地上的真正居民，且可能是亚伯拉罕的后代 [Rubenstein，1984：53]。温斯托克 [Weinstock，1989：69] 记录了阿利亚（Aliyah）最早的定居者之一博凯德（I. Belkind）的说法。博凯德认为，比起与犹太移民的关系，他自己和阿拉伯的农夫的关系更为亲近，因为"作为巴勒斯坦犹太人的后代，阿拉伯的费拉人保留了古希伯来人的生活方式"。因此，阿拉伯的农夫为不熟悉土地劳作的欧洲犹太移民提供了成为"真正的农民"（true famers）和"土地上的民族"（people of the soil）的榜样。里布曼和唐 - 耶合亚声称，阿拉伯传统与以色列神圣象征体系的形成并无任何关系，但如果考虑到上述情感因素，那么他们的这一观点看来颇具误导性。

除了提出阿拉伯人是这片土地上的亚伯拉罕的后代和"真正的居民"这些相互关联的观点之外，布伯等人还明确提出了一种观点，即巴勒斯坦应该是一个双民族国家（bi-national State），在这个国家中，犹太人和阿拉伯人可以共同追求各自的信仰和共同利益。甚至在赫兹尔的《新故土》[Altneuland] 中，也可看到这种可能性，设想未来的犹太国家将为这两个共同体在经济互惠和文化互惠方面都提供条件。

最后，早期定居者对"希伯来劳动"的强调——即犹太人应该自己干农活而不是雇佣阿拉伯人做农场劳工的想法——很可能主要是对新的犹太文化完整性的愿景，而不是基于这个想法如何使阿拉伯人受益。不过，对一些思想家来说，这两方面的考虑是密不可分的。对于阿查德·哈尔姆（Achad Ha'am）[Weinstock，1989：67] 来说，最初犹太人移民到以色列雇佣阿拉伯工人时不仅表现出家长式作风，而且具有剥削性，因此这种行为应该避免。

简而言之，早期犹太复国主义对阿拉伯人的态度主要是因为其缺席。在 20 世纪早期的定居者和犹太复国主义作家中，有几股清晰可辨的思潮与本文的主题相关：阿拉伯人的外表和行为与古希伯来人相似，并在一定程度上为犹太定居者提供了效仿的榜样；阿拉伯人与犹太人分属不同的民族，在犹太人发展其民族情感之时，阿拉伯人也可以发展出他们自己的民族情感；阿拉伯人和犹太人都将从犹太建国中受益；阿拉伯人不应被当作劳工遭受剥削。

上述部分观点一直延续到独立时期（Independent period）。因此，即使在 1936 年"阿拉伯起义"（Arab Revolt）之后——此前采取的是在阿拉伯人耕种的土地上以"塔和栅栏"的方式建立犹太人定居点以及前国家军事行动之后，仍然可以找到犹太人在这些定居点构建的象征性舞台上进行自我界定的例子。一个例子是，阿拉伯人为犹太人提供条件，使其拒绝犹太人聚居区的价值观念。作为小农（peasant farmers），阿拉伯人为犹太人提供了效仿的榜样，使他们能够打破流散状态带来的狭隘性。在这个案例中，阿拉伯人扮演了关键的象征性角色。

第一部分的目的是概述一些有助于建构一个分析框架的观点，在这个框架中，一套对景观的强有力的态度和价值已经被明确表达出来。

有必要将所有这些众所周知的观点讲清楚，并且大声警告，我并非要声称我在这里所确定、描述和讨论的一系列问题，在任何意义上都是排他性的或不受挑战的。无论如何，建构一个关于景观的观念和价值的"决定性"框架，一定程度上可能还是有用的。而我在这里所探讨的观点，正构成了这个框架的一部分。

现在，我们可以继续思考一些有关景观的当代倾向。通过这种探索，我们可以发现上面所概述的许多思想的存续，也可以发现一些显然以上述思想为基础、但最终与其迥异的思想，还可以思考这些意识形态叠加和转型的原因。为了阐释这一问题，我选择对"自然之旅"的一些特征进行考察，因为该活动是由以色列自然保护协会界定和组织的。

2 景观、自然和认同

这部分有一个总体目标，即探讨景观作为一种关键象征在以色列身份认同中的作用。为了实现这一目标，我们会讨论以色列最大的、致力于自然保护和促进自然旅游的组织及以色列自然保护协会一些方面的工作。之后，会进一步补充两个例子来说明对景观和自然的态度。这一部分的总体观点是，从景观中提取的隐喻构成了道德话语的一部分，而道德话语被更广泛地用于进行"我们"(us)和"他们"(them)之间的区分。接下来,我就将呈现这些隐喻、图像及其表达和结构的更精准界定。

自然旅游和自然保护

在其他文章中[Selwyn, 1995],我描述过以色列自然保护协会的背景。根据肖·卡兹[Shaul Katz, 1985]的著作,我描述了成立于1953年的以色列自然保护协会是如何从几种前国家传统中发展起来的。这些传统包括19世纪的旅游实践、工人教育运动、帕尔马赫地区的童子军传统,以及一种基于《圣经》和科学取向来进行景观和自然的研究。这些传统可被统称为耶迪亚特国土知识(*Yediat HaAretz*)或"国土知识"(knowledge of the country)。

以色列自然保护协会的年度预算约为1500万美元,它在特拉维夫(Tel Aviv)有一个总部办公室。该协会为以色列人组织了数百次旅游,为外国人组织过几次配有英语导游的旅游。这些旅游大部分是去乡村地区,不过也有在耶路撒冷和其他建筑遗产旅游地的常规旅游。所有旅游活动主要基于步行,也有一部分是家庭游形式——虽然也以步行为基础,但可能会使用私家车。其他旅游活动则是专门为经验丰富的徒步旅行者准备的复杂地形徒步。除了真正的步行,旅游过程还可能包括以下方式,如乘坐充气轮胎漂流、骑马、步行—游泳组合、攀岩以及洞穴探险。在这些旅游活动中不包括长途汽车旅行,也就是说,所有的旅游活动都需要耗费一定程度的体力。

以色列自然保护协会最重要的活动中心是遍布以色列各地的25所田野学校(field schools)。这些田野学校的工作人员都是经过训练的向导和教官,他们都是在服兵役后被招募的。[2] 以色列自然保护协会大约有1000名全职和兼职工作人员。田野学校是学生团体旅行的中心,每所田野学校每年大约要接待60~70个学生旅行团,每个旅行团停留

3～4天。每个孩子的部分旅行费用由其父母或学校支付，另外，教育部也会直接资助每个孩子。此举的意义在于，通过教育部给孩子们的这些补贴，以色列自然保护协会40%～60%的预算实际上就来自中央政府。政府和以色列自然保护协会之间的这种密切关系，因另一项制度安排而得到进一步加强，即军队为田野学校提供一定数量的现役女兵担任向导。

由以色列自然保护协会组织的旅游活动被称为"自然之旅"（"nature tour"），协会在广告宣传中特别强调自然在旅游过程中的首要作用。而且，以色列自然保护协会的向导和参与者们确实会花时间研究旅游地区的动植物。尽管如此，这些旅游活动实际上远不止是在乡间漫步。[3]正如我的一位担任向导的田野报道人（guide informant）所说，这些旅游——尤其是有田野学校的孩子们参与的旅游——的目的，是让旅游者"整体地"（holistically）体验一个地区。这种"整体主义"（holism）可以说是耶迪亚特国土传统中最重要的一个特征。这种"整体主义"意味着，让旅游者了解一个地区的地方史、古今社会史、地方建筑等各方面的知识。正如以色列自然保护协会组织的一位管理人员所说，这种把所有元素"编织在一起"（weaving together）的做法，会让旅游者产生爱国情感。这种情感"始于将一切与自然环境相联系。在这个国度，历史遗迹和考古遗址都是景色（scenery）的一部分。我们不喜欢说我们是在灌输爱国之情；爱国之情自然而然地萌生，它非常迷人"。

三个案例研究

关于以色列自然保护协会典型的"自然之旅"的运作，更详细的描述可见于其他研究。[4]这一部分将要介绍的是三个简短的"案例研究"。这三个案例为我们讨论"爱国情感"是如何被象征性地生产出来的这一话题，提供了民族志的背景。

阿什杜德（Ashdod）田野学校：一名以色列自然保护协会导师的视角

以下是以色列自然保护协会管理部门的一名工作人员——同时也是我的报道人，向我提供的关于以色列自然保护协会阿什杜德田野中心的描述：

> 田野中心位于阿什杜德和阿什克伦（Ashkelon）城镇附近的沙丘中。学生们可以了解到该地区丰富的自然生命，有大量的小型沙漠爬行动物 [它们可能在晚上被陷阱捕获，在早晨被释放之前，孩子们可以仔细观察它们，它们的踪迹可以被识别和跟踪] 和小型沙漠花。沙漠中丰富的动植物可能会让住在城里的孩子们大吃一惊。该中心靠近地中海南部海岸和从埃及到美索不达米亚的古海路，附近有一处权贵（*effendi*）的建筑遗址。该中心还靠近一个著名的沿海点，在英国委任统治时期（the Mandate period），非法犹太移民就在此登陆，并不得不在此过夜，因为只有这样，他们接下来才能被偷渡到内陆地区，现在关于这些移民不得不在沙丘上过夜的故事也不断地被人们讲述。此外，该中心也靠近埃及和被委任统治的巴勒斯坦之间独立前的边境地带（the pre-Independence frontier），而且随处可见1948年战争期间与埃及人交战的迹象。虽然该中心位于沙漠的沙丘中，但很容易看到附近犹太山区（the Judean hills）的山麓。最后，还有两个现代港口城市——阿什杜德和阿什克伦，后者建在《圣经》中同名城镇的原址上。无论白天还是晚上，孩子们和其他到田野学校来参观的人总要在外面待很久，中心经常为这些人安排篝火和讲故事的活动。

在谈到他自己作为一名青年领袖参与以色列自然保护协会的活动时，我的报道人补充道：

作为一个团队的导师，有两件事情让我确信自己是一项非常有价值的事业中的一部分。第一件事是深夜的体验：夜里，每组 15 名学生围坐在篝火旁烹制食物、交谈和唱歌。天很黑，大家只看得见火光，但没有任何人发出任何叫喊声。第二件事是清晨的体验：每个小组在各自向导的带领下，沿着各自的路线徒步。尽管每个小组的成员会在夜间营地再次相遇，但清晨大家都沿着各自的路线徒步。所有这一切，与那些在多洛米蒂山（Dolomites）徒步的潇洒意大利人相比，都显得更美。那些意大利人虽然穿着得体——他们穿着迷人的靴子、袜子和登山短裤，但那一切都只是一种外在风格而已。跟我们团队的这些年轻人相比，那些意大利人并没有形成一个真正的团队，而我们年轻人的表现使其成为一个真正的团队。

这位团队导师的描述帮助我们筛选出几个主题，这些主题不仅强调了以色列自然保护协会在阿什杜德中心的工作，而且更普遍地体现了他们旅游组织模式的特点。在继续分析他提到的多洛米蒂山之前，我们不妨稍作停顿，谈谈他提到的这些问题。第一，为了传达一种历史的连续性（historical continuity），他们做出了相当大的努力：他们引导学生们沿着历史轨迹行走，从前-圣经时代、圣经时代到当代，途经以色列历史中的战略要点，特别是以色列的独立战争（independence war）、非法移民和现代定居点。显然，这是一种"选择性"的叙事（a "selective" narrative）——一些可能的历史面相 [例如，近代史过程中对当地阿拉伯人口的破坏] 被断然地"筛选掉了"。

在这里，有必要再次强调以色列自然保护协会的几个特点：它与教育部有着共生关系 [其大部分预算来自教育部]；导游都是刚从军校毕业的大学生；耶迪亚特国土知识课程是军队训练的有机组成部分；导游应具备的素质包括领导方面的风度和魅力，以及能够不断强化旅游中有意营造出来的历史连续性的感受。综合所有这些特点，有人宣称的"田野学校周围的所有这些元素'恰巧'被'编织在一起'"的说法似乎值得怀疑。可以说，正是在中央政府各个部门的大力帮助下，才形成这样一种格局。

第二，集体共享自然之中有关身体、情感和智识体验的主题。实际上，学童们正是在与沙子的直接接触中习得以色列的历史的。这些直接的接触，包括他们在沙丘上行走、玩耍、坐着唱歌、睡觉、吃饭以及搜寻野生动植物。正是以这种方式，自然史和社会史之间的关系变得更加紧密，并且必然地相互关联起来。事实上，自然史和社会史似乎成为彼此的延伸，这些特点将在本章结论部分被再次提及和思考。

第三，阿拉伯人表征的主题。这里存在三种"出现"或"不出现"，分别是：(a) 埃及士兵；(b) 权贵或地主；(c) 犹太山区中不为人知的存在。但从某种意义上说，这些人与更多的"日常"人物并没有什么关系，比如木匠、吊车司机或砖瓦匠，所有这些"日常"人物每天都在阿什杜德田野学校附近的加沙－特拉维夫（Gaza-Tel Aviv）高速公路上往返，有人可能会说，以一种悖论化的方式——即通过对其忽视，反而使其存在得以凸显，人们的注意力被吸引到阿拉伯人在该地区的存在和现实之中。

多洛米蒂山、喜马拉雅山脉和啤酒罐

现在，我们可以接续上述以色列自然保护协会管理人员对多洛米蒂山的思考了。以色列自然保护协会的一些指南中惯性地界定以色列自然之旅的目的和特点。多洛米蒂山的旅行者如同直接来自巴特斯 [Barthes, 1972] 的"蓝色向导"（Blue Guide）: 对个体充满热情的个人主义者。对于"我们"来说，行走在自然之中，既取决于一种基于社会包容性和集体团队经验的文化，与此同时也反过来决定了这种文化。

这些轶事引出了下面的案例研究，该研究基于1986年夏天在政治左

翼的基布兹（kibbutz）的集体的犹太教受戒仪式（a collective bar-mitzva）上发生的事件。在此，我考察基布兹的目的之一，在于指出另一个关于景观观念与价值的生产与表达非常重要的核心地点。在后续关于景观在以色列民族主义思想中的作用的所有思考中，更具体地聚焦于基布兹本身的制度，对于这个问题来说可能是有所助益的。尽管在我看来，以色列自然保护协会实际上提供了比基布兹更为丰富的景观观念。

这里将要描述的部分庆祝活动，是在上述犹太教受戒仪式最后一天举行的戏剧表演。不过，在描述表演本身之前，需要先对以色列自然保护协会在这个仪式中的作用作一番说明。所有参加仪式的孩子们在仪式前，要自愿为以色列自然保护协会工作几周。他们的主要任务包括修剪树篱、养护道路边缘、收集垃圾，以及打扫基布兹周围的乡村。这是一个很好的例子，说明以色列自然保护协会除了组织旅游和保护运动外，还作为一个"可以说是完全融入基布兹和该国其他定居点人民日常生活"的组织而出现。

仪式结束后，在基布兹剧院上演了一出戏剧。剧本是由管理儿童之家的人写的，这出戏则由基布兹的儿童表演。布景由木板组成，上面画着花、植物、田野和山脉。戏剧情节如下。

戏剧开场是"很久以前"。剧中展示了基布兹的人们在照料他们的农场和挤牛奶。一个身穿黑衣、头戴白色饰带 [tsitziyot，犹太教徒佩戴的一种白色绳状饰物] 的宗教人物站在舞台的一边，微笑着鞠躬。这种场景暗示着和谐。

突然间，宁静的田园生活被残酷地打破了。布景木板被反过来，露出上面画着迪斯科舞厅的花哨装饰。灯光闪烁，迪斯科音乐吞没了礼堂。所有的儿童演员都换上了乳胶裤、鲜艳的衬衫和墨镜。当迈克尔·杰克逊（Michael Jackson）的画像被抬到舞台中央时，演员们都跳起舞来。在某一刻，两对"父母"出现在舞台的一边，一个儿童演员走近他们说："你们的书现在对我们有什么用？来加入我们吧！""家长们"仍旧坐在座位上。接着，在其他演员跳舞的时候，一个接一个孩子拿着课本出现了。每个孩子都被跳迪斯科的人拦住，并被其说服放弃书本去跳舞。最后一个孩子手里拿着一朵粉红玫瑰，他可没那么容易被劝阻，结果他被跳舞的人放在手术台上，而一些舞者则变身为外科医生。外科医生们宣称这个孩子"太过情绪化"。他们说这个孩子有"太多的原则"。当外科医生们举起玫瑰扔掉时，他们说，这个孩子"太爱国了"。

手术结束后，舞台暗了下来，在它的右边有一个用脚手架搭起来的平台，上面坐着一个人，自称是孩子们的祖父。腾云状的白色烟雾在平台周围盘旋。他谈到旧价值观的重要性，也谈到以迪斯科舞者为代表的新价值观的危险。接着舞台又变回原来的样子，跳舞的人又换上了农装，乡村的魅力又恢复了。正式的演出到此结束，当灯光亮起时，儿童演员的真正父母登上舞台拥抱他们的孩子，观众们鼓掌喝彩。然后，儿童之家的"母亲"会给每个孩子送上一把镰刀的模型和一本《圣经》。

这场演出展示了景观作为隐喻的核心意义，因为这显然是一出关于道德情境（moral context）的戏剧，在一个由欧美流行文化主导的当代世界中，以色列的价值观正是在这种道德情境中形成的。演出也说明了与这个基布兹本质上的世俗犹太复国主义传统决裂的方式，这在戏剧开头出现的宗教人物形式中得到象征性的表达。此外，父母权威的中心角色暗示着另一种决裂。正如我们所见，这一次是早期犹太复国主义的平等主义，它强调青年的解放。最后，我们或许可以认为，迈克尔·杰克逊——而不是波诺（Bono）——的出现，可能反映了一种对界限的关注，这种关注正变得越来越明显，而不是越来越不明显。

黑山羊、邪恶之地和恶的他者

到目前为止，本章已经描述了几种运用景观隐喻来制造民族团结感的方式。聚焦于我们可称之为"恶的他者"，这可能会是更有利于塑造民族团结感的方式。正是通过针对"他者"，我们得以定位自我。

因此，接下来的内容包含了两种居住在"邪恶之地"上的"恶的他者"的表达。第一种来自一位有影响力的基督教[也是"犹太复国主义者"]农学家的著作，第二种来自所谓的"绿色巡逻队"（Green Patrols）的颇有争议的活动。

第二次世界大战结束时，超级大国为争夺在巴勒斯坦的影响力展开了激烈的竞争。苏联是 1948 年最早承认以色列建国的国家之一。当时，英国的托管权即将终止，以色列独立在望。1944 年，洛德米尔克（Lowdermilk）的《巴勒斯坦：希望之地》（*Palestine: Land of Promise*）诞生。洛德米尔克是一位信奉基督教的美国土壤保护主义者，通过他的无线电广播节目表达他关于巴勒斯坦的土地和水资源使用问题上的观点，这让洛德米尔克建立起声望。在《犹太复国主义和以色列百科全书》（*Encyclopedia of Zionism and Israel*）中，洛德米尔克与其他犹太复国主义的著名人士并列。《犹太复国主义和以色列百科全书》记录了他最持久的声名源于他推动建立约旦河管理局的工作，他认为这将为新的以色列国家提供大量灌溉机会。洛德米尔克 [1944：53] 在书中以如下预设状况作为开端：

> 过去的 1200 年里，近东的土地正在逐渐消失；这里的城市和工厂已陷入荒废和毁灭；这里的人民也倒退到一个完全衰败的状态之中。

以及：

> 巴勒斯坦人民因战争、剥削和土壤侵蚀而陷入赤贫。土地退化

与人民状况恶化之间的相互关系，在任何地方都不如巴勒斯坦表现得如此明显。

在洛德米尔克看来，贝都因人和土耳其人对这种状况负有最大责任。这种状况的解决之道完全在于犹太农业。他以贝都因人为例进行了比较：

> 半游牧民族的一顶顶黑色和棕色的羊毛帐篷，靠近 1 英亩产量不超过 5 蒲式耳①的谷物种植地。这是最原始的生活……

以及：

> 现代犹太人的住宅就在马路对面，周围是一片精心耕种的橘子园，深绿色的树叶点缀着白色芳香的花朵，成熟的果实点缀着橘子园。[Lowdermilk，1944：62]

洛德米尔克断言，近东历史上最黑暗的时期是 1517—1918 年的奥斯曼帝国——土耳其帝国时期。土耳其人活跃地与腐败的地方收税官员埃芬迪，以及强大的贝都因酋长勾结，牢固地统治着"野蛮、不活跃、沮丧、时刻担心自己的劳动成果会突然被当时最有权势、欺压无度的酋长攫取"的人民 [Lowdermilk，1944：61]。这种言论与另一个帝国势力在另一个地方的当地代理人的论调非常相似，人们不禁怀疑，洛德米尔克的睡前读物是否包括 19 世纪早期东印度公司史。

所有这些都符合一个更普遍的世界图景，即"纳粹—法西斯—日本集团正在力图让个人为国家服务而战斗……强迫被征服的民族进入巨大的血汗工厂为他们的主人工作"[Lowdermilk，1944：21]，等等。

---

① 蒲式耳：英美制容量单位（计量干散颗粒用），1 蒲式耳等于 8 加仑，相当于 36.3688 升。——译者

在书中，紧接着，洛德米尔克创作了自己的"第十一诫"（*Eleventh Commandment*）：

> 你将作为一个忠实的管家继承神圣之地，存续它的资源和生产力……你要保护你的田地不被侵蚀，你的活水不干涸，你的森林不被砍伐，你的山丘不被过度放牧。如果有人在管理工作中失败了……他们将生活在贫困中……或者会从地球上消失。

洛德米尔克的"第十一诫"于1939年6月首次在耶路撒冷广播电台播出。

洛德米尔克 [Lowdermilk，1944：26] 描述了自20世纪初以来，犹太人定居点工作给土地和人民带来的好处，他总结道："阿拉伯人在巴勒斯坦的统治将使正在进行得如此出色的开垦工作戛然而止。侵蚀将再次开始发生……山羊很快就会吃掉年轻的森林。"

这一切具有三个显著点。第一，具有一种语言的不妥协的性质。贝都因人、阿拉伯人和土耳其人被使劲扔进了彻底的黑暗中。第二，一种宗教传统与在道德上和实际中有益的农业实践积极地结合在一起，而另一种宗教传统则与完全有害的农业实践联系在一起。第三，希伯来农业与美国战略利益之间的天然伙伴关系显然是确定无疑的。关于这方面的联系，有人可能还记得，无论有没有军事顾问，苏联从1945年起就通过捷克斯洛伐克向特拉维夫运送武器，犹太人机构被允许在莫斯科开设办事处，以及格罗米科（Gromyko）曾谈及犹太人应拥有他们对于其自身国家的合法权利 [Weinstock，1989：264]。

洛德米尔克的怒斥在很久之后"绿色巡逻队"的活动中得到了呼应。"绿色巡逻队"是由农业部部长阿里尔·沙龙（Ariel Sharon）在20世纪70年代初设立的，属于自然保护区管理局的一个分支机构。自然保护区管理局是一个政府部门，[在 SPNI（以色列自然保护协会）的大力游说下]于 1965 年成立，负责组织和保护自然保护区。巡逻队的特殊职能是保护基布兹、莫沙夫（moshavim）和其他定居点，禁止人们在这些地方放牧黑山羊。

《黑山羊法》于 1975 年被通过。贝都因人仅仅被允许在特定地区放牧山羊，巡逻队有权起诉那些让羊群误入保护区的山羊主人。了解巡逻队的工作方式，只要引用我的一个报道人——他也是一个以基布兹社区为基础的自然旅游组织的向导——的话就足够了："'政府推动贝都因人定居的官方目的，是为他们提供更好的设施。'我认为这是一个重大谎言，在我看来，政府这么做的主要目的是没收尽可能多的土地，而贝都因人也意识到了这一点。'绿色巡逻队'就是为执行这一政策应运而生的。"据以色列自然保护协会中我的另一名报道人所说，《黑山羊法》对以色列公众舆论产生了影响，军队接管了内盖夫（Negev）沙漠的大部分地区，以及与巡逻工作相关的宣传，他们参与了一系列将贝都因人从他们的沙漠牧场驱逐出去的工作，这都是为了宣传贝都因人对以色列农业及其景观构成绝对威胁的观念。美国国家航空航天局（NASA）拍摄了一张著名的西奈（Sinai）半岛埃及和以色列边境两侧的航拍照片，在自然保护的圈子里被热情地展示出来。据说这"证明"了埃及一侧的沙漠是贫瘠的，黑山羊和贝都因人在那里自由地漫步，而以色列一侧的沙漠则是绿色的。

现在可以来总结一下第二部分。我试图展示景观是如何以不同的方式被使用，以提供一种隐喻的背景，不仅用来定义"我们"和"我们的"价值观，而且还用来定义"恶的他者"。这种论证始于这样一种说法，即当代以色列关于景观、土地和自然的一种有影响力的观点，来源于与本章第一节描述的劳工犹太复国主义相关的思想和价值观。这些都是在独立运动的过程中发展起来的——特别是在帕尔马赫（Palmach）的传统中——并在当代得到了表达。例如以色列自然保护协会等组织的巡回演出和基布兹的犹太教受戒仪式演出。

我所描述的一系列思想倾向的核心，是那些有关土地 [表现在农业实践和与之相关的社会组织中]、景观 [表现在旅游实践中，等等] 与国家认同建构的那些活动和态度，以及这二者之间的联系。我试图描述一个意识形态框架，在这个框架中，土地和景观的象征进入了国家认同建构的框架，然后又返回其自身。例如年轻人在以色列自然保护协会田野学校周围探索自然生活的活动，或打扫基布兹周围的乡村——作为他们犹太教受戒仪式庆祝活动的一部分，这些都有助于界定一种道德秩序的象征。位于这种道德秩序的象征之中心的，是人与自然关系的愿景，这种关系是科学的、具身的（physically experienced）和有序的。但是基于土地和景观的活动的各种图像和隐喻，基于土地和景观的各种表征，不仅有助于定义"善的我们"，也有助于定义"恶的他者"。

3 捍卫自然与国家：作为政治神话的景观

最后一节的目标是形成本章命题的最后结论，将这一章围绕命题的论证贯通为一个整体。我们便捷地从以色列自然保护协会自身的名字开始：以色列自然保护协会 [Chevra LeHaganat HaTeva，hagana 的意思是防御]。想一想以色列国防军 [Israeli Defence Forces，IDF] 在独立前的前身被称为 Hagana，问题产生了，这是否提示我们，可以在保护自然——包括景观——和保护国家之间建立某种关系。我们可以从一个更简单的问题开始：为什么以色列的"自然"和景观需要保护？它需要防御什么？

第一种答案是生物学和科学上的。根据以色列自然保护协会的创始人之一阿萨里亚·阿隆（Asaria Alon）[5]的说法，世界上很少有哪个地区的自然历史比以色列更丰富：该地区是许多作物品种的起源地，包括小麦、大麦、萝卜、胡萝卜等，目前它至少是 2500 种植物的家园，其中至少 150 种是在其他地方没有被发现的。因此，以色列自然保护协会存在的第一个原因，在于这个地区在科学上，尤其在药物学上的重要性以及相关事实。

在阿隆看来，对所有这些"自然丰富性"的威胁来自几个方面。首先，现代农业方法依赖于重型机械。这种方法与现代 [犹太] 农业有关，在国家成立初期，现代农业取代了阿拉伯农业。这也是以色列自然保护协会成立的原因之一。其次，有一些人——他们很普通，在每个国家都有这样的人，他们并不关心农村；例如那些去野餐时留下垃圾或采摘野花的人。最后是贝都因人和他们的黑山羊。可见，这些问题既有现代的，也有传统的 [阿隆认为，如果认为现代阿拉伯农业一定比现代犹太农业更环保，那就大错特错了]。

然而，除了这些担忧之外，阿隆还有另一种担忧。根据他的说法，捍卫土地和景观的重要性源于这样一个事实，即希伯来文化、语言和文学的存在，尤其是《圣经》，如果不参考《圣经》文本中所处的景观，人们就根本无法理解它。他说："如果你不把文化和语言与这个国家的自然联系起来，那么你就无法理解它们。存续景观、动物和植物也意味着要存续希伯来文化。"

这是以色列博物馆馆长、国土党 [*Moledet*（Homeland）Party] 创始人泽维（Rehevam Ze'evi）热烈拥护的思想路线，他曾在一段时间内担任以色列内阁的不管部长（Minister Without Portfolio）。泽维在 20 世纪 80 年代最著名的成就之一，是将一系列 19 世纪欧洲基督教旅行者和朝圣者前往圣地的故事翻译成希伯来语，加以编辑 [添加同时期的版画]，并以通俗作品的形式出版。意大利旅行家皮耶罗蒂 [Pierotti] 的《巴勒斯坦的风俗和传统：古希伯来人的习俗图解》(*Customs and Traditions of Palestine:*

Illustrating the Manners of the Ancient Hebrews）就是其中的一个例子。据泽维说，皮耶罗蒂想要展示的是"村庄里的一切都是以《圣经》为基础的"。泽维从这样一个前提开始："阿拉伯人所做的正是展示我们祖先的生活方式和传统。"

对于泽维来说，19世纪的记述——许多来自巴勒斯坦探索基金会[Palestine Exploration Fund，PEF]——是有价值的，因为它们是由那些既浪漫又热爱《圣经》（*Bible*）和帝国建构的人所书写的。他们[尤其是英国人]能够想象自己身处圣经的（biblical）景观，同时花相当多的精力寻找地点的命名，并绘制地图。泽维精准地描述了19世纪英国旅行者的形象："戴着帽子，站在雨伞下，向阿拉伯人询问地名。"

在这里，景观就像一种舞台布景，使当代以色列旅行者——无论是以色列自然保护协会的客户还是泽维的旅行游记的读者，都能够体验《圣经》的景观。以色列自然保护协会的两位高级管理人员很好地表达了这一切的政治功能。首先，自然之旅的基本功能是团结一个可能分裂的社会。他认为以色列分裂为正统犹太人和非正统犹太人，德系犹太人（Ashkenazim）和西班牙系犹太人（Sephardim），政治上的左派和右派，等等。这些派别唯一的共同之处，就是他们都拥有一片适当有序的景观。这是能够确保所有来自这些派别的犹太人以及国外的其他人表达他们共同国籍的唯一舞台。第二个报道人更精确地表达了本质上相同的观点。他提到20世纪70年代初，教育部认识到以色列自然保护协会的旅游活动对以色列学童们的重要性。据我的报道人说，以色列自然保护协会对发展城镇人口的作用，是让他们感到自己是以色列文化主流的一部分。他是这样说的："教育部意识到他们必须在这些人身上投资，否则他们会跑掉的。有一种可怕的不安全感和必须做点什么的强烈感觉。"这些观点在某种程度上有助于理解为什么以色列的景观被认为需要捍卫。上面引用的来自以色列自然保护协会的报道人的思考，让我们更逼近于回答这个问题——该防御什么：

> 必须保护以景观为象征的国家，因为如果没有它，人们就会很容易受到文化和宗教的"污染"（contamination）。如果发生这种情况，随之而来的只有迫在眉睫的毁灭。

因此，保护自然景观并与之亲密接触，似乎是保护整个国家免受内部分裂以及外部影响和威胁的最可靠的方法。从这个意义上说，以色列政府承认以色列自然保护协会努力扮演的角色以及它对以色列景观的保卫是正确的。在很大程度上，捍卫自然是捍卫国家不可分割的一部分：这就好比用一支军队捍卫一个隐喻。

我们显然已经回到了一个与我们的两位人类学前辈 [Fortes and Evans-Pritchard，1970] 的话产生共鸣的点：

> 非洲社会的成员感受到他们的团结，并意识到他们对象征的共同兴趣。正是他们对这些象征的依恋比其他任何东西都更能赋予他们的社会凝聚力和持久性。这些象征采用神话、小说、教条、仪式、圣地等诸多形式……这些象征代表尊重它们的群体的统一性和排他性。因此，这些群体不仅仅将这些象征视为一种符号，更是将其视为他们本身的终极价值。
>
> 可以说，社会制度被移到了一个神秘的层面，在那里，它被视作一种神圣的价值体系，并且不接受任何批评和修正。

结论

本章使用了各种各样的证据——从早期定居者的作品到沃尔特·洛

德米尔克的作品和广播节目，从以色列自然保护协会的活动，到巴勒斯坦探险基金会 [PEF][6] 的成员关于"圣地"的重复叙述。本章的论点是关键的文化和政治倾向，以及这些倾向在整个世纪所经历的变化——这些变化清楚地体现在以色列人理解他们的景观的方式中。

犹太人在巴勒斯坦定居的早期，景观是政治进程中的策略化隐喻。这些是由土地上的合作劳动和广泛旅行对景观的了解所体现出来的。当提起阿拉伯的农学家，人们可能浪漫地认为他们和古希伯来的农民很像，他们也确实被人们羡慕地认为是"土地之子"。在某种程度上，他们正是移民们渴望成为的那种知识渊博的农民的典范。也许正如新移民与土地和景观的关系所反映的那样，他们生活的重要主题是试图过一种绝对世俗的生活。在这种生活中——正如里布曼和唐·耶合亚所说，——"终极权威……从上帝转变成社会……" [1983：5]。

具有讽刺意味的是，在 20 世纪末，景观似乎成为与上帝重建联系的手段之一，而这种联系在这个世纪初就被切断了。现在，景观已成为重建早期定居者试图解放自己价值观的策略化隐喻。

推动该地区和平进程所需要的任何观念和认知上的转变，似乎都不可避免地需要引起各相关方面对该地区景观隐喻使用方式的广泛反思。就以色列本身而言，这样的反思也必然会在这样一种背景下进行，即以色列的景观继续被 [一些人也越来越热衷于如此] 用于建构幻想。在这些幻想中，"我们"以捍卫者的身份出现，对抗各种不同的人和势力，这些人和势力似乎威胁着以色列，并因此也威胁着"我们"。

注释

本章的构思，首先来自 1982—1985 年我在特拉维夫大学社会与人类学系任职期间的田野经验，以及后来在以色列的访问中获得的经验，我参加了由以色列自然保护协会组织的 30 多次旅行，向导都是说希伯来语和英语的。除此之外，我还与这些旅行中的其他游客以及以色列自然保护协会的向导和管理人员进行了广泛的访谈。其中一些访谈被记录在磁带上（大约 40 小时），还有一些是手写的记录。我要感谢以色列自然保护协会的许多工作人员，尤其要感谢 Asaria Alon、Amir Eidelman、Gadi Sternbach、Avner Goren、Danny Rabinowitz、Joseph Shadur、Amnon Nir 和 Nissim Kedem。

1. 前以色列自然保护协会《通讯》英文版的编辑约瑟夫·沙杜尔（Joseph Shadur）；私人通信。

2. 因为以色列自然保护协会的招聘广告中特别说明，应聘者必须服过兵役，这就表明大多数阿拉伯人被排斥在以色列自然保护协会的职位之外。

3. 这并不是说像英国漫步者协会（English Ramblers' Association）所从事的工作仅仅是组织大自然中的漫步。只要查阅一下最近几期的《漫步者》月刊，你就会知道，这种漫步是英国激进主义的悠久传统的一部分，与诸如公共土地使用权和水私有化等思想密切相关。

4. 塞尔温，1995。

5. 私人通信。

6. 莱赫范姆·泽埃韦（Rehevam Ze'evi）使用巴勒斯坦探险基金会（PEF）的作品（尤其是如果被视为与洛德米尔克的影响相结合的话）的讽刺之一是，他认为，基督教对可能构成"圣地"的愿景，在当代以色列《圣经》的政治修辞的重建中发挥了重要作用。

参考文献

BARTHES, R. (1972). *Mythologies*. London: Jonathan Cape.
Encyclopedia of Zionism and Israel (*EZI*) (1971). New York: Herzl Press/McGraw-Hill.
FORTES, M., and EVANS-PRITCHARD, E. E. (1970). *African Political Systems*. Oxford: Oxford University Press.
FRIEDMAN, M. (1982). *Martin Buber's Life and Work*. London: Search Press.
KATZ, S. (1985). 'The Israeli Teacher-Guide', *Annals of Tourism Research*, 12: 14–17.
KATZNELSON-SHAZAR, R. (ed.) (1975 [1932]). *The Plough Women*. New York: Herzl Press.

LACQUER, W. (1972). *A History of Zionism*. New York: Schocken.
LIEBMAN, C. S., and DON-YEHIYA, E. (1983). *Civil Religion in Israel*. Berkeley, Calif.: University of California Press.
——(1984). *Religion and Politics in Israel*. Bloomington, Ind.: Indiana University Press.
LOWDERMILK, W. C. (1944). *Palestine: Land of Promise*. London: Gollancz.
MENDES-FLOHR, P. R. (1983). *A Land of Two Peoples: Martin Buber on Jews and Arabs*. New York: Oxford University Press.
RUBENSTEIN, A. (1984). *The Zionist Dream Revisited*. New York: Schocken.
SELWYN, T. (1995). 'Atmospheric Notes from the Fields', in his *The Tourist Image: Myths and Myth-Making in Tourism*. London: John Wiley.
WEINSTOCK, N. (1989). *Zionism: False Messiah*. London: Pluto.

第6章
蒙古族群的部落政治景观和萨满教景观

卡罗琳·汉弗莱（Caroline Humphrey）

西方的"景观"概念产生于具象化活动，与绘画、地图绘制、歌曲和诗歌创作等活动密切相关。蒙古族人当然不乏世俗的、欣赏的眼光，但这种情怀在历史上是断断续续的，并受到非蒙古族的各种艺术表现形式的启发。在蒙古族文化中，风景绘画更具实践性质，指向产生具体效果：重要的不是对大地 [gazar- 嘎吉尔] 的凝视，而是与之互动，以发掘其所蕴含的、远超人类的巨大能量。蒙古族人并不占据其生活的土地，不会通过改造地形将之转化为属于他们自己的东西。相反，他们在某个可以实现田园生活的具体空间和环境中移动，并"栖居"在其中。也就是说，蒙古族人让这种环境渗透他们自身及其畜群，影响他们选择的定居地点、迁徙时间以及牧养的动物种类。然而，这不是一种预设或自发的存在，而是对人类选择与能动性关系认知后的现象，这些人类的选择和能动被认为与其赖以生存的土地属性相关联，并从属于土地的能动性。因此，蒙古族人选择避开森林和狭窄的沟壑，更喜欢宽阔的大草原，那里的大地在他们面前是广阔无垠的。不过，即使最平淡无奇的草原也有着柔和的曲线、灌木丛或沼泽地，甚至这些特征也被认为具有某种力量。在此，我使用"景观"一词来指代这些能量被想象的方式，或者换句话说，用"景观"来描述"通过社会能动性建构物质世界"的概念。

景观有着至少两种存在方式，且对任何蒙古族群来说，它们都有并存的可能。景观的每一种存在方式都与蒙古族群自身的地方感与空间意识相结合[1]。在历史上，这两种景观方式出现的范围是复杂的政治、经济和宗教相互作用的结果。而由于本章旨在讨论一个广阔地区的时空概况 [图6.1]，因此也只能对其中的过程提供概括性解释。

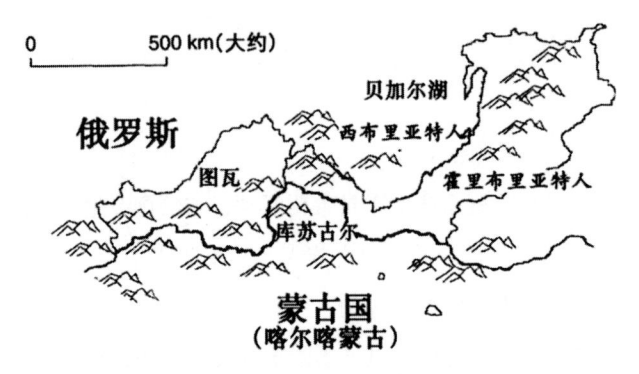

审图号：GS京（2024）1831号
图6.1 亚洲内陆图

注：本图系原文原图。

这两种景观涉及自然界能量的不同概念和社会能动性。通过这些社会能动性，前述自然力量可以施惠于人类。被施惠的人一部分是部落首领（或统治者），另一部分则是萨满巫师。部族首领和萨满巫师都具有"权力"，但这种权力不应被视为以某种方式"获取"的、或由预先存在的主体所能取得的隐喻性物质。相反，这种权力是通过不同形式的能动性的发挥而出现的，且这些能动性以不甚对等的方式构成、并存在于社会之中。简而言之，部落政治的能动性源于父系传承，通过几代人的努力，不断地将其重构并形塑为"共同性"，他们成功地掌控了大地的力量，并将这些力量拟人化为国王和战士，用以维护人和牲畜的繁衍、健康和繁盛。与之相对，萨满教组织则认同并欢迎"差异"。萨满教的合法性直接来源于其在鼓舞人心的表演过程中展现出的，在"自然"[baigal，一种不是与人类分离，而是包含人类于其中的自然观念]中感知能量的能力。大地中的能量并非被假想为"层级制的男性魂灵"，而是被假想为世间众生的万般能力：一条鱼在水中生活的能力，一棵常青树在冬天生长的能力，或者一只猎鹰扑向几乎看不见的猎物的能力。萨满巫师们还使用拟人化的魂灵概念，这些魂灵来自死者的"亡魂"，但通常这些亡者灵魂会随着时间而溶于特定生命或地点的无名能量中，此过程将在本章后面描述。萨满巫师的多样力量 [chadal] 越多越好，它可以在巫师们身上神奇地累积起来。

上述两种视角的共同点在于，自然实体有其自身的"威严" [sur] 或"力量" [chadal]，它不是来自人类的精神活动，而是原本就存在于那里。当蒙古族人谈论大地时，这种想法往往首先被表达出来，其或许比有关魂灵的概念更符合蒙古族人的基本观念。人们用自然实体之间的力量关系来解释土地的可见特征。在蒙古高原北部，强烈的阳光和阴影的共同作用产生了南向光秃秃的山坡和北向森林茂密的山坡，这种斑驳的格局一直延伸到视线所及的地方。另一方面，平坦的沙漠戈壁地区则点缀着柽柳灌木。

> 根据阿拉什（Arash）的说法，柽柳，蒙古语中称作嘉哈（*jagha*），和一种叫哈拉莫多（*khara modo*）的树之间曾经发生过战争。哈拉莫多这个名字的意思是黑木，但它在冬天会变成黄色，也许是一种刺柏。阿拉什不知道战争的起因是什么，但（结果是）柽柳赢了，仍然占有沙地；而黑木跑了，至今只能在蒙古国山区的北侧发现。有时一棵树站在山顶，有时有几棵树越过山脊，但它们也不会再走得更远了。[Lattimore，1942：207]

黑木在燃烧时似乎会发出噼里啪啦的声音，并抛出火星。不过，阿拉什告诉拉蒂莫尔（Lattimore），如果你把一些"赢得胜利的"柽柳放在黑木火上，这种噼里啪啦的吐火就会停止。黑木会因为受到惊吓而保持安静 [Lattimore，1942：207]。

人类与自然实体的关系是类似的：它们不可预知的能量和有益的力量可以通过仪式化的行动来驯服。人们与特定的山峰、悬崖或树木都有着自身的关系[2]，认为这些自然实体对他们的生活有着特别的影响。一位蒙古族朋友告诉我，当他在旅行时，无法直接供奉"他的"山，但他还是会召唤它，以防"他的"山因他的忽视而被激怒。"我的山 [*minii uul*]，请帮助我！我没有忘记你，我的山，我只是因为一个必要的原因不得不离开。"这种个体与山的关系早在 13 世纪就有记载，但本章将关注这种观念的社会维度。有些物质对象只被少数人崇拜[3]，有些被整个社区崇拜，还有一些几乎被所有蒙古族人崇拜 [Abayeva，1992]。需要说明的是，即使是单个家庭的崇拜仪式，也包含了某种对自然对象的"观念"。在这里，"家庭"可以作为父系的一个分支，也可以作为萨满所捍卫的群体，而两种不同景观所映射的世界中，具有不同的崇拜对象。部族首领和萨满都代表社会群体与土地打交道；其区别在于，部落政治中的社会群体不包括妇女，而萨满的社会群体则包括妇女。

部族首领和萨满巫师：潜在冲突的背景

这些创造了蒙古族人自身景观的观念就是这样。但值得注意的是，它们原则上不与"社会"认同相关联。因此，如果仅仅说某个蒙古族群是"萨满教徒"，而没有其他补充，那是不正确的。所有族群都有部族首领和萨满，以及其他一些拥有"超自然"能力[4]、并对世界有着自身认知观念的特定社会文化身份的人 [助产士、铁匠、接骨师、占卜师、猎人、占星师等]。本章单独列出了部族首领和萨满巫师的景观，是因为这两类人的观念与其从事的大规模仪式相关，且涉及当地族群的所有成员；而助产士、接骨师等人的实践领域则比较有限。就任何特定的个体而言，部落政治和萨满教的观念互相并不排斥。以 20 世纪初的布里亚特族裔蒙古族人为例：萨满作为一个普通人[此时不是以萨满身份]会参加由部族首领主持的仪式，就像部族首领经常会根据需要作为病人或委托人参加萨满的仪式一样。今天，布里亚特农民集体的仪式日程中包括一系列的上述两种仪式，而外来者也会参加这两种仪式[Abayeva, 1992]。

由于部落政治和萨满教的仪式提出了对世界的不同观念，而普通人一般会觉得其中的一个观念比另一个更有吸引力，所以它们之间存在着一种潜在的张力。这里有一个重要的不对称性，即在历史上，部族首领一直渴望在社会中拥有全面性的权力，而萨满则没有这样的目标，并且萨满无论如何都会受到其信众面对面、口头性质的约束。

人们求助于萨满巫师的行为往往会对他们如何使用土地产生直接影响。1865—1870年，一连串的干旱天气让谷希德布里亚特人（Gushid Buryats）的长老们相信，他们应该放弃自己的村庄，搬到另一个地区。为了确认这一决定是否正确，他们邀约了一位著名的萨满巫师。然而巫师说他们不应该搬迁。真正造成现在困境的原因在于，他们在附近的乌布谢尔（Upxyr）砍伐木材，并因此"激怒"了森林。谷希德人听从了巫师的指示，停止了砍伐乌布谢尔的树木。几年后，那里就重新长出了茂密的嫩木，干涸的泉眼又有了水，使得人们能够灌溉他们的牧场。为了感谢萨满和泉水的魂灵，谷希德人专门设立了一个每年都举行的祭祀仪式[Mikhailov, 1987: 118]。正如这一案例所显示的，19世纪时，萨满在被殖民化、被压迫的西布里亚特人中的威望如此之高，以至于许多地方的部族首领都宣布自己也是萨满，并照之行事。在西布里亚特的其他地区，萨满接管了"向居住在这片土地上的祖先灵魂献祭"这一在传统中由部族首领主持的活动[Mikhailov, 1987: 115]。在这样的仪式中，萨满巫师们以部族首领的习惯方式、代表父系族群行事。部族首领所主持仪式的环节主要包括祈祷、献祭和奉献供品，并"召唤"祖先灵魂来接受献祭。这与萨满教"通过达到自身灵魂出窍的状态来召唤祖先灵魂"的方式形成鲜明对比。萨满巫师能以部族首领方式行事的事实并不妨碍他们在其他场合以萨满的传统方式进行表演 [治病、驱魔、为灵魂奉献祭器、与灵魂沟通以占卜未来等]，而所有后面这些表演则都是通过灵魂出窍的方式进行的。上述萨满巫师在部族首领威信受质疑时承担双重角色的情形，由汉弗莱 [Humphrey，1994] 记录和解释。

部族首领和萨满巫师之间的不对称性源于这样一个事实：尽管在实践中"部族首领"的角色差异巨大，其可以指代从某支系长老直至帝国君主，但此概念的核心始终在于其社会角色，且通常因父系血统而得以合法化。与之相对，作为一个"萨满巫师"，本质上并不是一个社会角色或职业，而是被视为一种能力，其可以通过灵魂的选择而降临到任何人身上，包括女性和男性。然而，最终决定一个部族首领能否成功，也不仅仅是靠血统，而是靠类似能力、天命 [zayaga] 等因素。部族首领的天命被看作是至高无上的，其体现在领导人的权力、战斗力和成就上，不允许有任何干扰或削弱。这就是为什么成功的部族首领不认同类似萨满巫师所掌握的那种多样的、不可预测的力量，而对这些萨满巫师来说，"天命"仅仅是世上众多力量中的一种。

据说曾经的黄金家族包容、并给予了另一类灵修者——接骨师以高度的尊重[5]。这可能与骨头的象征意义有关，骨头不仅在通常意义上隐喻着男性的血统，而且还被用来计算宗谱中的世系 [通过计算四肢的关节]。

鉴于在不同的历史环境下，社会族群会强调两种观念中的一种或另一种，对其进行解释必然是复杂和多层次的。对于某种变化，譬如说从萨满教主导转化为由部族首领主导的仪式过程，可以通过分析经济、政治和宗教环境来解释，特别是分析这种变化是否源于萨满教能动性掌控的宗教领域受到质疑。然而，我们也可以观察到，在较长时期内 [自 13 世纪以来]，蒙古草原的一些边缘地区从未发展出强大的部落政治，而是以萨满教闻名，而其他地区则反复出现了帝国、王室和其他形式中央集权政体的崛起。当国家崩溃时，萨满教就又出现了。中央集权的政体出现在草原中部广袤的无树区域。而在草原的西部、北部和东部等边缘地区，则出现了更多具有萨满教偏好的族群，这些地区的草原与森林、山脉、大河和湖泊交错在一起。不过，这些观察并不意味着我把"部落政治"和"萨满教"的观念看作是在某种程度上与特定的人类社会的能动性相分离，看作是蒙古族"文化"中永恒的、不变的结构。恰恰相反，我认为蒙古族人在历史上不断改变，并重新审视自己看待世界的图景。但是，如果认识不到蒙古族人经常提出的新观念在许多方面与某个较早时期或某个不同地方的观念"相同"，且新旧观念使用了相同的语汇，那也将是一种故意的历史盲目行为，尽管试图对此进行全面解释超出了本章的讨论范围。在此种意义上，部族政治景观和萨满教景观可以看作是被反复重申和再现的。

对喇嘛僧侣而言，接管之前仅由部落长老或首领主持的圣地祭祀活动是比较容易的。但正如我们看到的，当萨满巫师们在宗族场所主持灵媒仪式活动时，如果增加了祭司功能的话，巫师们会进行抵制。有时，萨满巫师们在这些场合屈服，接受从属地位；但有时，这些萨满巫师们宁可逃跑也不屈服。而在另一些情况下，则发展成了一种混合性仪式，本章末尾将介绍其中的一个案例。

景观观念的共同基础

自然界中的能量应该和谐地存在并自我繁殖。在上面提到的任何仪式的行事背后，都有着如拉蒂莫尔所说的，"某种'事关自然规律以及人与自然和谐的准则'，此准则以一种自发的方式从游牧民族的实践中生长出来，同时也部分存在着对其实践的神秘理想化"[1942: 211]。拉蒂莫尔所说的"神秘的理想化"通过一系列的禁忌 [yos- 奥斯] 产生了效果，这些禁忌因地而异，但总是清晰地表达着这样的观念：景观实在有其自身的存在方式和自然性，不应该被人类的活动所干扰。同样地，人类也有自己的田园游牧生活，这种存在方式和其他任何自然的部分一样合理正常。蒙古族人"禁忌"的基本要义在于，必须避免对自然的任何不必要干扰，包括无生命的实体。因此，毫无意义地把石头从一个地方搬到另一个地方，或在地上剐蹭并留下痕迹的行为都是错误的。对这种痕迹，人们必须在离开之前用脚擦掉。类似地，水壶在地上留下的圆圈也应该被擦掉。只有在特殊的仪式场合，才可以在地下埋藏东西。而干扰自然界的繁衍同样是不对的：不能取蛋、抓雏鸟、猎杀幼小或怀孕的动物；草不应该被连根拔起，只有枯草才可以被收集 [Tatar, 1984: 321-322]。

这类禁忌表明，景观在概念上被划分为不同的组成实体，它们具有自身的持续存在形式。例如，从关于"禁止小便的地点"这样的规定中就可以看出这一点：(禁止便溺的地点包括)河流、蒙古包的地面、牲畜圈、道路，或隶属于其他生物的地方，譬如动物的洞穴或休息的空地。直接在河里洗衣服污染河水是不对的，但从河里取水洗衣服则是完全可以的。换句话说，可污染的不是水这一物质，而是河流这一实体[1]。

蒙古族群的景观充满了各种实体，这些实体有着诸如从模糊的能量概念到清晰可视和被明确命名的灵魂。每个星球、每座山脉、每条河流、每片湖泊、每棵孤树、每座悬崖、每片沼泽、每眼泉水等，都有一些此类"超自然"的属性，动物、鸟类、鱼类、昆虫、人类，甚至人工制品，如工具、枪支或人造草场，也是如此。虽然在此中，很难辨别出一个连贯的宇宙论（coherent cosmology）。譬如，关于一棵树的灵魂如何与它所在的家园 [*nutag*- 努图格] 的灵魂相联系的问题，往往是无法回答的。然而，我将在下文中提出，在概念上"拼凑"景观的做法，在某些条件下是存在的，并且在部落政治和萨满教的背景下还具有非常不同的属性。

---

[1] 原文为 "In other words, it is not water as a substance which is pollutable, but the river as an entity."，疑为作者笔误，应为"能污染的可以是水这一物质，而不能是河流这一实体"。——译者

部落政治景观

"人类是迁徙的物种",这样一个假设可以作为我们讨论的起始。我认为,这意味着,在部落政治景观中,存在着一个以自我为中心的宇宙,且(族群)有着这个"中心"在移动的观念。如果我们像蒙古族人那样把景观理解为我们周围的一切,那么景观就包括天空及其中的现象,如蓝颜色、云、雨、闪电、星星和光线。天空 [tnggri- 腾格里] 是高于一切的力量,它不仅提供光线、温暖和雨水,使大地肥沃,使人类和动物得以生存,而且它还通过其"意志"[zayaga- 扎亚加] 来表达这一点,天空的意志安排好了所有生物的命运。考虑到这一点,"中心"的概念与其说是地表水平圆盘上的一个点,不如说是一个竖向的概念,如此一来,则它在地面的位置就并不重要了。这个"中心"存在的意义是向上延伸,在地面和天空之间建立联系,就像火中升起的烟柱一样。每当人们的迁徙暂停下来时,这个"中心"关系就会被重新建立。换句话说,"中心"并不是一个地方,而是一个实践行为[2]。

我认为,在蒙古族历史上的部落制、等级制和国家主义时期,强调的正是这种力量的概念 [尽管在政治解体时期,它也依然存在于宗法或世系家族的实践中]。草原上的蒙古族人为了生存而使用空间,可能主要是出于生态原因,但在实际上则呈现为时间轴上的"螺旋",因为人们在牧场的年度周期循环中迁徙,并周而复始地重复着这样的周期循环。不过尽管蒙古族人"基于时间来建构生存空间螺旋轨迹"使他们得以存在,但以统治者为中心的"政治－宗教"取向提供了一种向心力,而这种向心力使围绕时间轴的空间维度被折叠了 [图6.2]。

波兰民族学家斯兹克维奇 [Szynkiewicz, 1986:19] 指出,营地之间的行程被认为是超出日常营地定居生活之外的一件大事;人们在通过占星术确定的时间出发,他们会穿上特别的衣服,并为马匹配上节日式的马具。

---

[2] 建立关系的实践行为。——译者

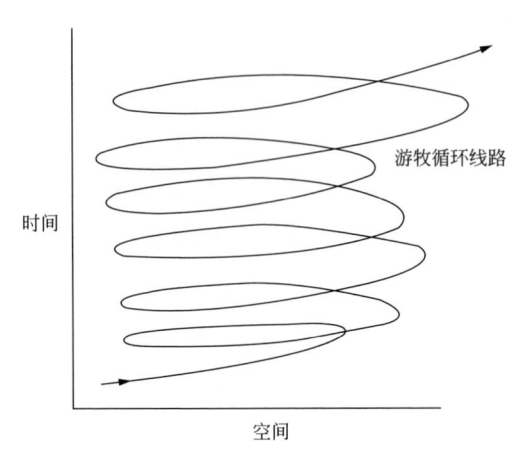

图 6.2　游牧循环时空的抽象示意图

在路上，年轻人互相竞争，展示他们的马术和英勇。沿途遇到的蒙古包里的人们一旦发现了这样的迁徙队伍，就会急急忙忙地准备茶水，并把它拿出来作为欢迎的象征。迁徙的人们会成为所有生活在草原上的人的客人。同时，这种仪式也包括游牧生活的基本原则，即对"变化"的否定。仪式强调连续性，特别是所占空间中理想化的永久性地方。

因此，仪式化的旅程是一种空间的阈限，在进入和离开过程中体现一种"不是旅行的旅行"的他性——矛盾的是，这种他性有助于重新确认其游牧的生活方式——从而否定了日常（营地）生活时的活动。[3] 由于时间轴具有普遍性而可将每个家庭都定位为宇宙的中心，所以这个意义上的时间轴就是世界轴（axis mundi）。蒙古族人通常不把这一观念作一般性的直接表述，而是经常通过具体事例进行表达：帐篷中的炉台及其垂直的烟柱、被崇拜的山和支撑屋顶环的杆子都象征性地成了世界的中心。

---

[3] 即通过将迁徙仪式化，肯定这种"变化"之中的旅行才是周而复始的日常，而于某牧场短暂定居生活不过是永恒迁徙生活中的过程点。——译者

在所有的现象中，只有那被奉若神明的天空被中部草原上的蒙古族人赋予了"永恒"[möngke- 长生天] 的称谓。在这种景观中，随着生存空间折叠成某种"坐标奇点"[6]，我们发现在其位置上建构了一个围绕着时间轴的社会空间。在这种社会空间中，时间在意识形态上被构建为一种不变的重复。每一类人都占据着一个特定的社会空间，而这个空间被认为是明晰和不变的。在时间的（循环）轨迹中，这个社会空间在每一个停顿点上都会重复。

帐篷本身有一种不变的社会空间的组织方式，长者、晚辈、男性、女性、客人和动物被安置在与中央灶台和南向门的方位有关的特定位置。男性坐在西边，女性坐在东边，年长者坐在北边，年幼者 [包括仆人] 坐在南边。动物被饲养在门边 [Humphrey，1974]。根据以男性为中心的社会组织的主导原则，"长者"[axmad] 的概念在内容上有所不同；在一个时期，它是以宗谱为基础的，而在近期，它更可能是以其在当地行政部门的地位来考量，抑或是简单地按年龄来计算[7]。一个类似的社会空间设置是在山岳崇拜的现场构建的 [见下文]。

这样的观念是如何构建景观的？这样一种否定移动（是某种"变化"）的认知，既不承认地方的独特性，也不承认各地方在本质上的彼此不同。在这里，我把蒙古草原中部平原的概念化事实作为部落政治景观的特征进行讨论。这里的地名几乎都是描述性的类型。因此，从阿尔泰山到兴安岭的数千英里范围内，数量相当有限的地名被重复使用。红山（*Ulaan Uul-* 乌兰乌尔）、黑泉（*Xar Bulag-* 夏尔巴郎）、沙地（*Elest-* 额勒斯特）、碱化地（*Xujirt-* 叙吉尔特）或肥沃的谷地（*Bayan-gol-* 巴彦郭勒）这样的例子不胜枚举。人们可能会认为，这些词汇并不是真正意义上的名称，而仅仅是指称某种具体的东西。但这并不正确，因为在有些地区，就像地图，它们颜色一样但名称却并不重复。④ 卡扎克维奇（Kazakevich）[1934：

---

④ 指像地图一样，每个斑块既有背景色，又有各自的名字。——译者

6]认为，在前集体化时期，蒙古草原中北部的广泛放牧要求从任何一个营地出发的半径不少于25千米[牧马人一天能走的路程]。因此，牧民常年的活动路线长度在25～40千米，偶尔的干旱、寻找丢失的牲畜等原因，会使其将需要熟悉的区域增加到150千米左右。蒙古族人把这样一个范围的地区称为"家园"（*nutag*-努图格），我认为，在这个范围的地区中，那些描述性的词汇实际上就是名称[8]。

当我们从地名学转向部落政治景观的描述性词汇，会发现在很大程度上这些词汇是隐喻性的，包括将身体的各个部分映射到土地之上[正如莱考夫（Lakoff）和约翰逊（Johnson）（1980）两位学者所提出的，至少可以做出如下合理推断：隐喻是从身体延伸到土地，而不是反过来]。这些词汇的使用方式表明，大地实体被视为"一体的"，或被视为"身体"，且以山岳[乌拉（*uul*）；蒙古族书面语阿古拉（*agula*）]为中心。这个系统以自我为中心，这里自我好像就是山；并且这里的"山"有着明确的朝向，它的正面总是向南。山岳有背面和正面。山的北面（或背面）被赋予以下称谓：*uulyn shit*[颈部]、*nuruu*[脊柱]、*seer*[椎骨]。山的东面和西面是：*uulyn zuun/baruun xatsar*[东西脸颊]、*mijr*[肩膀]、*shanaa*[太阳穴、颧骨]、*xavirga*[肋骨]、*suga*[腋窝]、*tashu*[侧面]。山的南面或正面是：*magnai*[额头]、*xomsog*[眉毛]、*ijvdiig*[大腿]和*eleg*[肝][Zhukovskaya 1988：27，引用蒙古族资料]。一座独立的山丘，或山脉中的一个峰峦，被称为*tolgoi*[头]。一个山角，或隆起的棱角，是它的*xoshuu*[鼻子、喙、吻]。从山中裂开的山谷是*am*[口]。这当然表明山岳是某种格式塔式的存在，特别是从山峰或山岳中心来看，就像自我观察自己的身体一样。

145　　这个中部地区的山地词汇将骨骼或骨头的隐喻置于中心地位，符合列维-斯特劳斯（Lévi-Strauss）的基本结构国家特征。蒙古族人和北亚的其他民族一样，将骨头与父系以及父亲血统联系在一起[在某些方言中，父系的词是"骨头", yasun- 雅速恩]；与母亲血统相联系的则是血与肉。河流或河谷被称为高勒（gol），意为中心，也指主动脉，即生命的血脉 [蒙古族人正是通过撕裂主动脉而杀死动物]。河流被视为源自或依附于山脉。湖泊、池塘、溪流、泉水、沼泽等词汇大多不具有隐喻性，彼此之间没有联系。本质上，这些都是山的附属物。在蒙古国中部，以这种方式生产景观的现象比周边地区要明显得多。在阿尔泰、萨满教影响下的布里亚特地区，对山岳的骨头隐喻要少得多，山岳的灵魂甚至可能是"祖母"或"女孩"，抑或可能由男人和妻子共同组成[9]。另外，在中部草原，山岳几乎都被称为汗（khan）[部族首领、王]。

一般来说，部落政治景观中的灵魂被称为"统治者"或"主人"[额真 -ezen，或 ejen、ezed]。这个词既适用于人类统治者，也适用于灵魂，它出现在各个社会层面，从"帐篷的主人"到皇帝。皇帝被称为额真汗（Ezen Khaan）。如今，蒙古国正在将其经济私有化，并开始考虑承认土地所有权，为此创造的说法是"土地之主"[gazarin ezen- 嘎吉尔恩额真]。但"嘎吉尔恩额真"这个词已经使用了几个世纪，并且相当程度上是另一种含义，类似于"场所之神"（genius loci）。当初在蒙古族群中，人们使用土地时去求取许可的所谓"地主"，并不是指"人"，而是某个超自然存在的"魂灵"[10]。一个地方的"额真"护佑了普遍的福祉、好天气和肥沃的土地；或者，当其"被激怒"时，则降下干旱和瘟疫。在部落习语中，主要的额真都是众"山岳"的主人。在地势平坦的区域，这些山可能不过是小丘，除了夕阳斜照之时，几乎都看不到。但尽管如此，任何特定的山都是召唤与部落族群 [社会群体或个人] 相关的整个景观的灵魂的场所。这种召唤仪式的特点是会述及众山之名，并在对"天空"的呼唤中达到高潮，仪式中的"天空"被唤作晴朗、暴雨等的天空之魂。

在山岳附近祭祀时，对其"山名"发音的粗心大意都被认为是十分危险的行为，就像晚辈不能在男性长辈面前大声呼喊他们的名字一样，以免冒犯他们。即使在今天，也很难描述"山"会在各种场合的表现，就好像他们是真实的存在一样。譬如，"他们"可能会因为有人随意说出他们的名字而感到恼火，"他们"也会因为大胆的年轻政府官员的藐视、随意从山坡上挖野生洋葱而感到不快。许多故事讲述的都是关于这些事情招致的灾难。当以这种方式存在时，山被称为夏尔夏恩[xairxan，亲爱的人]，人们向"他们"进献牲畜，不是以祭品的形式，而是活的动物。在这一过程中，牲畜原本的主人仿佛认为这些本就属于某种强大的人类守护者。

蒙古族人自己有时也敢于把某座山作为象征纳入他们的政治活动之中。鲍登（Bawden）[1968：103]提到一个故事，说的是18世纪乌尔盖[现在的乌兰巴托]的统治者前往庆祝博格达乌尔山（Bogdo Uul Mountain）的春祭，结果遭遇了一场大风暴。他责备山："我到这里拜你是出于职责，而不是因为我想拜。你以为你在搞什么鬼？"然后，他对这座山处以鞭打和戴上脚镣的惩罚，这些脚镣被放在通常用于举行崇拜仪式的石堆之上。当年晚些时候，他仍对天气不满，于是又回来了，罚没了此山的所有马匹，并把它们从山里赶走。

部落政治模式下的主要崇拜场所是山顶的祭坛，这被称为"敖包"[11][oboo，参见图6.3]。所有被崇拜的山都在其山顶上垒有敖包。从外形上看，敖包是一个由石头垒成的石堆，每个仪式参与者都必须向其添加一块石头或一捆树枝，并将其捆绑在一起。现代佛教信众地区的敖包通常是用混凝土砌成并涂成白色，呈现为整齐的圆柱体或形状像一个倒扣的碗。祭坛应该围绕着中央的竖杆建造，或者在其附近立一个竖杆。敖包这个词具有多重意思，指代保护石堆、神主和山或其他被崇拜的实体 [Abayeva，1992：74]。仪式（具体内容）具有季节性特征，人们通过添加新的石头，插入新的树枝，或系上丝带、马鬃和旗子，来"更新"敖包。这些敖包是一种土地占据标志，意味着"我们在这儿"；同时，它们也是旅行者的方向标。在山口的道路上，也有一些较小的和暂时性的敖包。当游牧民族在不同的土地间进行年度迁徙时，每块土地都会有一个代表占据和守护的敖包；如果一个地方没有敖包，那就建一个新的。我认为，敖包不仅实践了社会族群的观念 [堆起自己喜欢的东西，如石头或树枝之类的]，而且还是一种否定水平空间的实物标志，是一种垂直性的宣示。正如"山"象征着高度的概念，也象征着与天空的亲近，而敖包则代表了山的顶峰。人们在仪式 [*dallaga-* 达拉嘎] 上总是绕圈，对场地进行绕行，以便把来自高处的祝福通过"环形召唤"注入祭祀用的肉中，然后大家分而食之。

图 6.3　一幅现代美术作品，显示牧民族群在献祭前围着山上石堆 [*oboo*，敖包] 进行的绕行。他们将自己喜爱的马的头骨放置在敖包之上，以示对这些动物的尊重

上述达拉嘎仪式不仅是在敖包上进行，它也是今天蒙古国最常见的由家族族长组织举办的仪式之一。在具有浓厚萨满教传统的地区，它也由萨满巫师代表父系族群进行。在 19 世纪末的霍里布里亚特人（Xori Buryats）中，萨满巫师在"召唤"了祝福之后，会把满满一桶达拉嘎仪

式的肉拿给族群的首领，并说："这是子孙们牢不可破的祝福，是父系宗族的起源，是许愿石的无尽祝福，伟大的达拉嘎仪式，人们从这里变得富有，人丁兴旺！"达拉嘎仪式的肉永远不会给任何外人，哪怕是最小的一块，而且一般在仪式结束后的三天内，人们都注意不会给族群以外的人任何东西 [Poppe，1940：68，引用布里亚特编年史学家 Yumsunov 的话]。

148　　敖包仪式是一种灌输和绑定的仪式。许多用树枝做成的敖包祭坛外形上是类似圆锥形帐篷的形式，人们将祭品放在其中，就像放在一个小房间里 [Carruthers，1910：246]。石制的敖包祭坛则通常在一侧有一个小开口，或在顶部有一个洞。这就形成了一个封闭的、庇护性空间，在蒙古语中，这与秘密和神圣性 [*xori-*，*xorigul*] 在语源上有着密切联系。这象征着对真实空间的一种否定，一个封闭空间的概念取代了有边界的实际土地。敖包（*oboo*）和敖包合伊（*obooxoi*）这个词之间存在着语言上的联系，而敖包合伊的意思是一个避难所或庇护所。在部落景观中，庇护所主要是躲避风的地方。风意味着移动，它不可预测，也因此带来不适和变化，来无影去无踪。敖包/敖包合伊，就像蒙古包一样，通过在微型的、受保护的空间中重新创造其概念结构，代表着人们对真实景观的逃避。

　　部落首领和长老们通过拟人化的山岳魂灵和其他代表性对象，创造了他们自己的景观，而中心化的佛教系统的作用则在于减少想象力的多样性，并使山地仪式标准化。例如，在1893年，大喇嘛"发现"了一本由他以前某一世活佛创作的、记述敖包仪式的经书，大喇嘛将其分发给蒙古高原中部的所有世袭王公，让他们依此在所有被崇拜的山峰上举办敖包仪式，以避免瘟疫、饥荒和牛的疾病 [Bawden，1958：57-61]。该经书中的敖包仪式由固定流程组成，而照之举办仪式的地方王公则在其中插入他们希望借力的所有地方性山脉、泉水、河流等土地实体的清单。

部落首领很愿意资助大型敖包仪式，他们会带着令人印象最深刻的仪仗，捐赠最多牲畜，并让他们的摔跤手和马匹赢得仪式之后的庆典中的比赛。这些比赛是为了恢复男性的雄风和力量而举办的。如果敖包是时间性轴心，那它就是一种永恒的时间，一种永久的和谐，一种在意识形态上永久循环重复的社会结构的设定。这种社会结构的原型是帝王的血统，将警觉和英勇不断注入这一结构中。仪式的参与者按照社会地位的顺序就座[12]。妇女和外人被排除在敖包仪式之外，原因也很简单，他们不是宗法系统的成员[尽管他们可以参加之后举行的庆祝活动][13]。萨满巫师在许多地方也被排除在外；虽然他们是宗族的成员，但他们以一种不同且更加直接的方式与灵魂进行沟通，反而被视作某种破坏稳定的伪装者。在这一切中，并不需要严格按照宗谱进行安排。这是因为父系族群的观念很容易在世系、宗族、共居族群、政治机构和军事单位等概念之间转换。敖包仪式进行的是一种对自然界能量的"召唤"，使之增益族群中的男性群体，类似某种阳刚之气的能量补充。

萨满教景观

到目前为止，我们描述的场景都不过是一幅简化的（部落政治式）"绝对式"景观，其由山脉和骨骼相关术语主导，而水和低洼之地则被视为微不足道的附庸。（与之相对），萨满教的实践则具有打开宇宙视野的作用。在萨满教的理解里，大地作为一个有着复杂性和地表下多层次性的整体，被视为与有着丰富空间层次的天空产生着联系。这里，大地[gazar-嘎吉尔]被明确为女性，是地母艾图根（Etugen），而天[Heaven-苍天]则是男性，是父亲。这些联想在史料中反复出现，可以追溯到蒙古帝国时期。大地，古老的地母艾图根，在萨满教主导的蒙古高原边缘地区，因其代表的生育和养育，以及某种意义上的动物复杂性而被崇信。以下是 19 世纪末布里亚特人向杭爱山脉（Xangai）[*xangai* 指森林覆盖的丘陵地区] 祈求时的祭词：

> 永恒的、丝绸般光滑的天空！
> 永恒的、黄油面色的地母艾图根！
> 永恒的天，你有斑驳的眼睛！
> 艾图根母亲，你有着金色的耳朵！
> 我完成了伟大的熏烟仪式 [给你]。
> 山啊，伊始 [根，起源] 汗，
> 河母啊，王后……
>
> 您那被压弯的脊柱，
> 您那饱满的乳房，
> 您那被挤压出的裂口，
> 您那突出的肩胛骨，
> 您那巨大的腋窝……
> 您有着不可逾越的身躯……
>
> 王后般的大地之水，
> 我献上 [给你的] 祭品 ![Galdanova，1987：26]。

  由此也不奇怪，蒙古族人对洞穴有着和山峰类似的崇拜，这些洞穴通常被称为乌玛依（*umai*）或额柯 – 乌玛依（*eke umai*）[子宫，母亲的子宫]。"洞穴"或" 石窟"的普通词汇是阿古依（*agui*），这个词没有身体部位的指代含义，用于指佛教苦行僧在闭关禅思时占据的那些洞穴。但在蒙古国北部的边境和布里亚特，有一些特殊的洞穴，则被称为"子宫"，这里有女性生育崇拜的神龛。这些崇拜的仪式必须由萨满，而不是喇嘛来主持，在仪式中会有妇女在洞穴的狭窄缝隙中穿行。在蒙古国西北部库苏古尔（Xövsgöl）地区的达扬 – 德克（Dayan Derke）山洞中，有一系列形似房间的小空间。萨满巫师对爬过去的人说："往上看，你在那里看到了什么？"接着，萨满巫师会解释这个人在阴暗中看到的东西。如果一束光打出孩子或动物的形状，那就是一种好的预兆 [Galdanova et al., 1984: 6]。

如果说（部落政治式的）"绝对式"景观注重中心性，那么萨满教景观则有很大的侧重性，关键是，它更承认运动。举个例子：当今的色楞格布里亚特人（Selenga Buryats）崇拜一个女性的魂灵，至少在一些人的想象中，她穿着深蓝色的衣服，骑在一匹黑色的骏马上。传说这个女性的魂灵在生前向北方的霍里布里亚特人（Xori Buryats）方向旅行，她在巴彦图鼠特山（Bayan-Tugud）的南坡停下，把马拴在一棵树上，然后就病死了。当地人把这个女人埋在那里，解开她的马，让它自行游荡。这匹马后来被色楞格土布色坦（Selenga Tubsheten）部族的人抓住了，他们宰杀并吃了它。之后，这个部族的人开始死于一种可怕的疾病。而最终只有在向 [女人和马] 魂灵献祭后，疾病才消失。虽然现在 [20世纪80年代] 祭祀是在树上进行的，但该魂灵被认为是巴彦图鼠特山和敖泽特 – 昂多山（Olzeitei-Ondor）之间的一段横亘土地的额真，这一地区被称为桂德乐泰 – 嘎吉尔（*guideltei gazar*）[字面意思是"奔逃通道之地"。这里的桂德（*guide*），意思是某魂灵或动物的奔逃或通道][Abayeva, 1992: 78]。在其他许多故事中，"通道"的概念是同源的，均指向女性在男性社会群体之间的流动，特别是这种流动往往以这样或那样的方式失败 [因虐待、离婚和妻子无处可去的逃离]。这造就了一种因遗弃而产生的社会空间裂隙，而女性的魂灵正好通过这种社会裂隙展示她们的回应。

我们可以通过观察部落政治以及萨满教之间世界观的区别来解释这个问题，这种区别取决于完全不同的赋权理论。部族首领和佛教的喇嘛们都从族谱血统、政治或军事结构、佛教系统中的师徒关系等社会过程中获得合法性。而萨满巫师则认为自己的能力不是从社会培养中获取，而是直接从世界的能量中获得的，这种能量被想象为某种决定谁将成为萨满巫师的魂灵[14]。这种区别意味着部族首领只需承认外部力量是某种抽象的能量[例如"天命"或"大地之主"，它们在任何地方都是差不多的]，推动并激活社会群体。与之相对，萨满巫师们则必须承认世界的多样性，承认人们能够感受到的，蕴含着能量的无限多元的存在。这种观点并不排斥人类社会，而是将人类社会构建为依靠互动，并随着与其他力量的交流、冲突、诱惑、掠夺和补偿中此消彼长。萨满巫师通常以一种沟通关系的方式扮演着不同实体之间中介的角色，而部落制群体则在意识形态上被塑造得好像是自我延续的。[15]

尽管萨满巫师专精于接引此种或彼种魂灵，甚至据称还"继承"了魂灵，但如果仔细审视，就会发现萨满所接引或继承的魂灵实际上并不是通常意义上的祖先，反而是在其成为魂灵的过程中被"吸纳"[投进世界]的。例如，布里亚特人说，去世的萨满巫师"变成了峭壁"[夏达-博修（*xada bolxo*），这里"夏达"一词既指"峭壁或岩石山"，同时也指这种地方的灵魂][Galdanova，1987：32]。蒙古语中，夏达也被说成是天空[*tengeri*-腾格里]的儿子或女儿。一个魂灵如何既是已故的萨满巫师，又是天空之子，这一点没有得到解释——正如我前面所指出的，景观不是适用于所有场合的连贯的和不变的"结构"，而是在特定背景下的思维和表达方式。虽然在萨满话语中，额真[主人]一词是谈论这种灵魂的常见方式，但也存在各种形容这些魂灵的其他词汇[16]。此外，对普通人来说，魂灵通常被认为是一个单一的存在，但在萨满巫师的吟唱中，它可能包括许多能量，而这些能量是它的变形、它的助手、工具和零件[这将在下面进一步解释]。因此，萨满巫师能够累积不同的外部力量，而部族首领则在他们的仪式角色中同喇嘛们一道，对这些能力进行控制和排序。

萨满巫师身着长袍，而在一些蒙古族群体中，长袍本身就是一种"景观"的象征表现。例如，有些萨满巫师（服饰）就像一座坚固的城市，向外界表演着象征开放和封闭的盛会。72面小铜镜横向缝在服装周围，代表着坚固的城墙；8面大铜镜缝在前面，代表着萨满灵魂可以通过的门楼；60个铃铛代表着城墙上的守卫；肩上的雌鸟和雄鸟则是魂灵的使者；背面的12条绣花布条代表不同的鸟类和动物，以及它们停歇或栖息的各种树木；另外12条布条象征着一年中的月份和12条魂灵出入的通道或路径；365颗贝壳镶嵌在长袍上，是一年中的日子，也是一种抵御复仇亡魂侵入的铠甲[Batubayin, 1990]。

当然，萨满巫师们通过服饰进行的自我展演的差异很大，但上述案例暗示了一个极其重要的萨满概念，即通道或路径。为了解释这个概念，首先让我绕个弯子，对比一下萨满教与佛教中关于地下冥界或亡灵世界的观念。要理解这种对比是很困难的，因为所有的蒙古族文化区都在某个时期受到佛教的影响，甚至最近在只有萨满祭祀的地区，也保留了一些佛教类型的表现形式。"地下冥界"就是其中之一。它被佛教道德化，成为一系列囚禁有罪之人的地狱。通过一个山洞，或一口泉，穿过一座桥或一条河，经过守卫、门楼、围墙和哨兵之后，就可以到达地狱，那里有着一个很多层楼高的巨大宫殿，上有窗，有武将，还有负责记录的文官，关键是它有很多监狱和刑房。地狱由冥王埃利格－汗（Erlig Khan）统治，在亡魂再次转世到人间之前，冥王会对其作出判决和惩罚，而所有这些判决都写在他秘书的记录之中。换言之，这些场景仍是国家的表征，是现实世界政府机构的黑暗想象[17]。

现在确实有一些说法，萨满巫师们会深入这样的地下冥界，拯救某个灵魂并将其带回现实世界。但在其他一些似乎更纯粹的萨满教式说法中，亡灵世界不是一个"国度"，而只是"别的地方"，跨越在某些将生与死隔开的虚空之中，其甚至不一定在地下。有时，这另一个世界就在附近，隔着山峦，或者在河道的拐弯处，或者在悬崖间，只是普通人已经失去了寻找它的本领。换句话说，彼世界就是此世界，它就在这里，只是我们看不到它。但有时可以感觉到、听到或闻到。换言之，它需要通过各种能力的棱镜来理解，而普通的人体感知器官是不够的。这种说法被用来解释为什么萨满巫师必须获得他们的祖先之灵和动物助手的能力，萨满巫师们借此可以看得更好，也能通过飞行或水中潜游进行更好地追踪。正是这些能力的运用，构建了萨满巫师和魂灵的"通道"或"路径"。

这种认知改变了景观的呈现效果。死者的灵魂不再困于地下的冥界幽府，而是存在于当下世界的某个地方。真实的土地上居住着被铭记的祖先，这给人一种地方感。现在，重要的不仅是像山岳这样巨大而明显的东西，而是自然界隐藏、容纳和接纳那些甚至是微不足道的生物的能力，因为隐藏在其中的可能是某种对个人幸福至关重要的魂灵。与此相伴的是叠加在现实空间上的神话"地图"。例如，布里亚特人说，贝加尔湖之灵有九子一女，代表流入湖中的九条河流和从湖中流出的安加拉河，前者给他带来好处，而后者只带来损失 [Khangalov，1958：318]。

正如上述萨满教的观念可以解释世上魂灵的存在方式，而部落政治的模式只不过是简单地将这些似乎本就该存在的亡魂进行处置。但在萨满教中，正是那些杰出人物，或以特殊原因死亡的人的亡魂，才会成为土地的统治魂灵。特别是萨满巫师们自己，在葬礼之后经过一段时间，他们的亡魂会转化为魂灵，然后被认作额真⑤ 而被召唤，从而以此种新的身份被二次安葬。17 世纪，在蒙古族人对一位强大的女萨满巫师死亡的描述中清楚地说明了这一认知。她在第一次下葬的三年后，成了东蒙古高原一座

---

⑤ 蒙古语中的 *Ezed* 和下文的 *Ezen* 都在前文中提到过，意为主人或统治者。——译者

山的额真 [她的丈夫则成为了一种辅助魂灵][Heissig, 1953]。这段记载很不寻常，因为其由一位喇嘛所撰写，而他试图让这个女萨满的魂灵皈依佛教，不过这样的记载也符合整个文化区中众多由蒙古族人和欧洲人书写的民族志描述。萨满巫师们习惯于自己准备棺木，并亲自选择埋葬、蜕变之地。之后，他们会成为这些地区的魂灵，在某些情况下会作为广泛领域的魂灵，抑或只限于该地点本身。作为这些逝去巫师后代的新萨满巫师们则会继承他们的力量，能够到这些地方去召唤这些逝去巫师"进入现实"，解释他们想要什么，或者人们应该做什么来换取他们的神奇恩惠。

这意味着，与部族政治模式相比，记住萨满谱系是至关重要的；同时也意味着特定的地方，也即过去萨满巫师真正被埋葬的地方，非常重要。在一个社会族群停留生存的地方，他们的萨满先祖就会遵从传统而不断累积，加入之前的祖先魂灵之中，成为这个地方的集体"神主"。但在族群迁移的情况下，（萨满巫师的埋葬之地）可以通过与"神主"相关的祭祀仪式场所进行清晰定位。因此，匈牙利民族学家迪欧塞吉 [Dioszegi 1963] 能够画出某萨满巫师群体的九代谱系，展示了每一代死去的萨满巫师是如何成为一系列不同地方的"神主"的。迪欧塞吉的这张图显示了这一特定族群在这一时期迁移了数百英里。而这些迁徙中的地点不仅在萨满巫师的歌声中被铭记，同时，此族群在许多代之后仍会回到这些地方进行祭祀。

我们可以将上述描述与部族长老和首领的死亡仪式进行比较。在后者的仪式中，埋葬地点是避讳的，可能经常不为人知，甚至是秘密的，被故意抹去的。这件事在历史上很复杂。有一种做法是将尸体暴露在地面上，以方便野兽和鸟类迅速吃掉。对所有普通人来说，最理想的是不留任何痕迹，特别是最好能够迅速恢复到看起来完全未被扰动的样子。但变化发生了，显赫贵族们的尸体经过防腐处理，并被放置在墓地的小屋之中。他们配有世袭的守墓家庭，这些人的主要作用是防止人和动物的进入，以避免墓葬的盗掠。重点在于，这些坟墓从来不与祭祀场所 [敖包] 重合，而部族首领们的亡魂也没有成为土地的"神主"。

　　萨满的第一个"埋葬"地点是需要避讳的，因为亡魂被认为是危险的，直到其转化为魂灵。在西布里亚特人的传统中，萨满巫师的埋葬地由树木之间的平台组成，以便为灵魂通往"另一个世界"的旅程敞开大门。萨满巫师用过的道具被挂在这个地方，而且由于许多道具是由青铜或铁制成的，它们可以留存相当长的时间。从物理上看，这种双重结构 [参见图 6.4] 与敖包的圆形"绝对式"结构形成鲜明对比。[18] 在第二次埋葬时，萨满巫师的骨头经常会被放在生长中的树上的一个洞里，以使其与自然物融合。这样的埋葬地点（也是后来的祭祀地点）可以在湖边、悬崖边、树林边、泉水边、洞穴边或河流边。这种"自然化"的魂灵的本体是完全不清楚的：它是一个拟人化的存在，也可以是埋葬处的树木、悬崖、泉

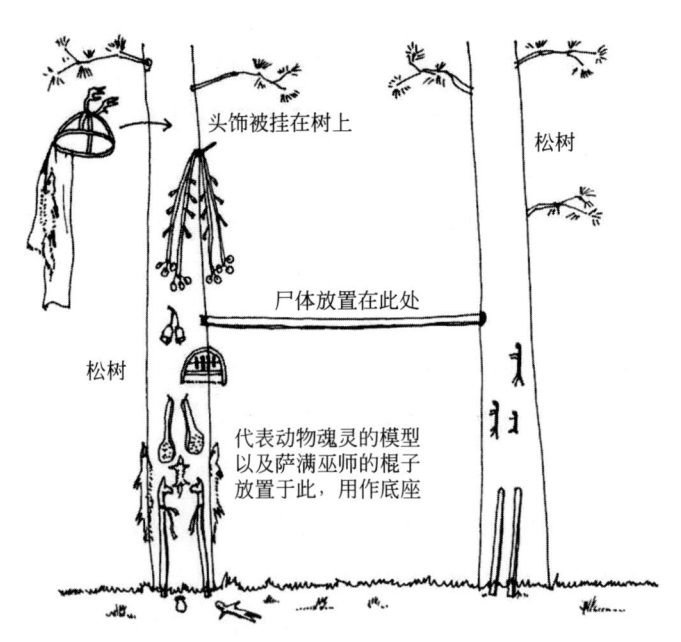

图 6.4　西布里亚特人的萨满巫师葬地 [根据 M. N. Khangalov 的草图绘制]。萨满巫师的尸体被放在两棵树之间的一个木制平台上。萨满巫师的道具 [金属冠、铃铛、野生动物皮、代表神马的棍子、代表辅助魂灵的模型等] 都挂在树上

水，等等，抑或是生活在那个地方的动物"化身"？我们只能说，在萨满巫师的祭祀咒语中，貌似魂灵在这个特定的地方拥有它的"一席之地"，并且它经常四处走动并改变形状。它可能"变成"一只鸟或动物。这些旅程和蜕变意义重大，因为这表明了萨满巫师们所声索的权力在地理上和动物学上的边界范围。这里地理与生物学两者的联系在于，根据灵魂蜕变而成的具体的动物或鸟类，例如变成黑老鼠、乌鸦、某种甲虫或狼，其"足迹"和"运行路线"也有所不同。萨满巫师们的言语很有诗性，但意象上却仍保持着与真实地点的相似性。[19] 例如，西布里亚特人中一个重要的萨满分支——塔尔赛神主们通过萨满巫师之口，说 [Khangalov, 1958：117]：

> 我们的足迹是灰兔的足迹，黑狼是我们的仆人，
> 鸣叫的乌鸦是我们的化身，
> 霍托雄鹰是我们的使节。
> 在博尔托伊山的山顶上，
> 我们变成了黑狼，弓腰奔跑。
> 在塔尔赛的山顶上，
> 你在那里看到了谁的儿子？
> 我们幻化成五只大雁。
> 号呼着，来到了陆地。
> 你在那里看到谁的儿子？

萨满教景观中还有一些地方纪念某位特定萨满祖先在世时的神话冒险：敌人被打败的地方，或者妻子被变成石头的地方，或者仅仅是因祖先撒尿而长出一棵大雪松的地方。这些传说都演变为地名。在大草原上，反复出现的"黑崖"之类的地名不是没有，但这种萨满式景观仍赋予了

地方更加个性化和历史性的名字，这些名字不断提醒人们在已知个人和地方之间存在的联系。

萨满教的第二埋葬地并不被认为是空间中心，而是作为旅途中的休息站。它是一个生命的结束，也是魂灵存在的开始，同时也是这些萨满巫师能力的下一个继承者萨满式生活开启的地方。这些继承者接受乌德夏（udxa）⑥，成为一名萨满巫师，涉及象征性的死亡和重生，在仪式上承认萨满权力的复杂 [男性，女性，动物] 成分。在这里，我们看到了一个由生命（lifetimes）组成的时间概念，这与部落政治式图景所描述的千篇一律的人口再生产不同。我认识的一位蒙古族人，从小就是萨满教徒，他声称永恒不变 [möngke(长生天)] 的概念与强调蜕变的萨满教格格不入。

在信仰萨满教的地区，部族祭祀的地点和萨满巫师的第二葬地偶尔会重合，但通常不会。原因在于，萨满教的传承原则不是部落政治式的，而是"魂灵的选择"。在实践中，这种"魂灵的选择"有时会在氏族内部传承，但更多的时候是在已故萨满巫师的男性和女性亲属间，以"之"字形的方式传承。因此，尽管萨满巫师常常被认为是"属于"特定的氏族，但实际上他们中的大多数都继承了来自不同地方的祖先力量。这种力量最初来自该萨满系的第一个魂灵 [通常是一个女孩或已婚妇女，她曾在父权手中受苦和死亡，此后一心想要复仇]，但它也从乌德夏（udxa）的迷途中收集力量，经由亲属、被吸纳到族群中的流浪移民、非法情人，甚至是神奇的动物间的移动，这些力量最终通过一些奇怪的事件传递给萨满巫师。所有这些都增加了萨满巫师的力量。布里亚特人中伟大的"萨满分支"被几个不同的族群分别崇信，而每个族群都有他们各自与这些萨满魂灵间关系的神话故事。由此产生的情况极其复杂，在这里无法完整论述。我只能总结说，弱小的部族首领可以尝试利用萨满分支的力量，

---

⑥ 作者原文中未解释这一蒙古语词汇，根据上下文，意思应指萨满先祖的灵魂力量。
　——译者

将之纳入祭祀环节并当作父系的"祖先"，而相反，正如本章开头提到的，强大的萨满巫师有时会在部族公共祭祀活动中担任主要角色，充当部族首领或祭司。每个族群社会都在这个问题上达成了自己的共识。举个例子：19 世纪末，伊丁斯克西布里亚特的布列特定居点每年举行 11 次公祭。其中 8 次是为了纪念父系祖先、石头、悬崖、水、草场等的灵魂；3 次是为了纪念已故的萨满巫师。布列特人每年还到库丁斯克地区的白塔格山参加一场大祭祀，该地区所有埃西里特氏族（Exirit clan）的族群都有代表参加，有 2000 ~ 3000 人 [Mikhailov，1987：68]。

布里亚特的历史表明，特定族群在部族政治和萨满教力量之间达成的任何妥协，都可能因某些社会或经济的灾难而迅速改变，如疫病的大流行或土地的丧失。在这种情况下，既有的力量会被认为已经失败 [对魂灵无效]，人们转而寻求替代方案。19 世纪，佛教传播者的巨大财富和改革热忱为部族首领们的主张增加了砝码。喇嘛们将萨满教的"神主"的场所视为力量点，可以加以控制、消灭或改变。萨满巫师和原始氏族环境中的长老间的潜在对立，最初也许只是因为差异，但之后变成了真正的冲突。

但我们也知道，在许多非中央集权的边缘地区，这些佛教传播活动只取得了部分成功。如果当地的政治和经济组织实际上不足以支持非生产性的喇嘛寺院，并且如果人们总体上没有明显地从新的佛教祈愿者为土地的加持中受益，那么喇嘛们的日子就不好过了。在蒙古高原西北部库苏古尔（Xövsgöl）那与世隔绝、森林密布的达尔克达（Darxad）地区，喇嘛们将他们患上的流行病归咎于某个女性萨满魂灵的活动，并因此在 19 世纪将他们的寺院搬迁了三次 [Dioszegi，1961：202]。有时，萨满巫师和喇嘛们都在同一个地点进行着竞争性的祭祀活动，例如上面提到的库布苏古尔地区的达扬 – 德克洞穴。

达扬 – 德克洞穴是妇女为获得生育能力而去的地方，也是萨满巫师为获得精神能力而去的地方。萨满教徒认为达扬－德克是一个强大而残酷的魂灵 [xatuu onggon]，他带来的痛苦和快乐一样多。他是一名萨满巫师或者战士，拐走了部落首领的妻子或是女儿。在逃离其复仇时，达扬－德克把自己变成了石头，从而避免了死亡的打击。现在，被石化的达扬－德克成了库苏古尔地区的"黑主人"。达扬－德克洞外一直矗立着一块人形的竖向石头，直到 20 世纪 20 年代末被运走，而洞顶的裂缝则传说是被部落首领的剑劈开的。有些人说，这块石头曾经平躺着，但后来它自己立了起来。据说那个被拐走的女性把自己藏在山洞的缝隙里，而她的乳房会分泌出有益健康的水。喇嘛们为这位魂灵编撰了不同的传记，说萨满巫师达扬－德克被喇嘛打败后皈依了佛教。喇嘛版本的传记中，这个萨满巫师跑到库苏古尔，在路上诱拐了一个妻子，结果被变成了石头。为了"平息"愤怒的达扬－德克的魂灵，喇嘛们建造了一座寺庙，并在石头前举行仪式，用布包裹住它，在它面前摆上祭品。据说在喇嘛教每年一次的祭祀仪式上，这块石头会变潮湿，并散发出人类汗水的气味。同一天，萨满巫师们也为达扬－德克举行招魂仪式，但仪式举行地点是在洞内。萨满巫师们不像喇嘛们那样，去试图让灵魂"平静下来"，而是庆祝它的力量，并将这种力量转移给来自蒙古高原北部和布里亚特南部的新晋萨满巫师。这种崇拜的后续历史值得进一步研究，不过该寺院已经在 20 世纪 30 年代被摧毁了。然而，一种复杂的混合崇拜仍在继续，也许主要是出于保密的原因，此时 [20 世纪 80 年代] 的洞内有佛教绘画、达扬－德克的勇士雕像，以及书写在布上的长篇文字。这段文字是上文中我所称的政治式的，内容上提到了苏联太空计划的成功，一位名叫阿尤希（Ayush）的英雄的起义，苏联和蒙古国政治领导人的事业，以及纪念 1980 年莫斯科奥运会的颂文 [Galdanova et al., 1984: 3-6]。

我们可以观察到，在被大河分割的森林山区和开阔牧场相对较少的地方，萨满教仍更加强大，而部落政治 / 佛教模式则相对处于守势。这表明，部落政治模式只能在广阔的草原上展开对世界的整体化视野，而草原不仅在某种程度上与（部落政治式）概念景观的同一性重复相吻合，而且为游牧民族的生存繁衍提供了生态条件。我们或许还可以得出这样的结论：萨满教的图景不仅仅是人类差异和冒险在大地上的映射，而且是对现实的多样性、物种和栖息地的一种反映，这种图景触及人们的生活，也使人们认为这些都是重要的。蒙古高原中部的人们在祭祀仪式中否定迁徙，对他们来说，迁徙是一种枯燥且费力、但不得不进行的活动；而（草原边缘区域的）萨满教则对穿越困难障碍的"足迹"和"路径"称颂有加，两相对比，似乎各自都与实际环境相符。但是，无论这种基于生态的观察多么诱人，都是有其不足之处的，因为它没有解释所涉及的概念的动态：首领和酋长死后，进入了无标记且相同的祖先的行列，但萨满通过死亡，继续产生魂灵。两种图景之中都暗含着彼此，尽管他们可能不承认。其结果是，这两种图景总是相互叠加，即使在特定的时间和地点，其中的一种或者另一种更占优势。

我希望已经阐明，地形、景观的描述性词汇和政治结构之间存在联系，而且这些词汇将不同类型的自我"置于"世界之中。在我所描述的案例中，这两种"人"，一种是理想的重复性等级制度中的男性成员，而另一种则是调停性、生育性、通过性的人 [也许在意识形态上是"女性"]。但实际的人，无论是男性还是女性，都可以采取上述立场中的任何一种或两种。

注释

我很感谢马克·雷克（Mark Lake），他关于蒙古族牧业的文章帮我形成了关于牧区循环动力的概念思考。

在蒙古语的音译中，我使用了现代标准喀尔喀语 [Khalkh，蒙古国官方语言]

作为基础（尽管没有区分单词前后的"g"）。例外的是，文章中使用了 *khan*，而没用 *xan*（部族首领，国王）一词，因为在英语中一般采用前一种拼法。

1. 我指的是蒙古族人将自身视为景观的一部分（in the landscape）（地方感）和将景观概念化而自己置身事外（out there）（空间意识）。

2. 一位蒙古族朋友说："当我们家搬到一个新的村庄时，我父亲告诉我，他看到附近生长着一棵美丽的树。在这个只有沙子和灌木、不该有树的地方，这棵树孤零零的，却枝繁叶茂。""那棵树一定很了不起，我父亲想，而且一个村庄应该有一棵树来膜拜。于是他拿起人头大小的大石头，放在树脚下，把那棵树作为村里的神树（蒙古语：*shanzh mod*）。"

3. 这里使用崇拜（worship）这个词是因为暂时找不到更好的，因为所涉及的不仅仅是通常意义上的崇拜，还包括与实体的讨价还价、施压和交换。

4. 我使用"超自然"（supernatural）一词是为了表明，在西方的学术讨论中，这些能力会被这样认为。然而，蒙古族人没有超自然的概念。他们说，某些人只是在理解和操纵 *baigal*（事物本来的方式）方面比其他人有更大的能力。

5. "Taij kiln boo baixgiii, Xarts kiln boo baina."（曾经的黄金家族的贵族不能成为萨满巫师，普通人才可以成为萨满巫师）。A. Hurelbaatar 私下表述。

6. 坐标奇点本质上并不特殊，而是以特定方式选择坐标系时才显得特殊的点，例如，如果选择了纬度和经度，则北极和南极就是坐标奇点。

7. 营地的帐篷也是按资历，自西向东进行排列的。

8. 没有人做过这项工作，但调查命名系统的重复性、游牧旅行的范围以及蒙古族不同地区的本地社区或"家园"的概念之间的关系会很趣。通过以下事例，我们能够发现某种关系的迹象：沿着蒙古国与西伯利亚的边界，从库苏古尔（Xövsgöl）湖到杭爱山脉（Xangai）约 1000 千米的距离内，分布有 6 座名为布林汗（Burin Khan）的山脉，平均每段 166 千米。

9. 由于佛教喇嘛们"改造"了早期的本土魂灵，将他们作为一个类别（*sabdag*、*luus*）重新命名，同时又把他们与喇嘛教魂灵体系中的各种小神或恶魔混为一谈，这使得山神的名称和形象变得复杂。这个过程并没有成功地消除许多地区的早期魂灵观念。然而，喇嘛教魂灵的形式非常多样，包括拟人化、兽首化和其他形象。现在几乎没有蒙古族人知道这些被部分同化的魂灵，但他们继续崇拜山峰，并为魂灵留出空白 ["山神啊，要是我知道他长什么样子，叫什么名字就好了"]。

10. 在这一点上，我要感谢约翰·冈特（John Gaunt）。

11. 敖包（oboo）一词来源于动词 "堆积" "归堆"。该词汇用于喇嘛教和某些萨满教地区，但在其他地方，崇信萨满教的部落信徒会使用其他词汇来称呼石坛。

12. 在布里亚特的非佛教徒的敖包中，这通常是按辈分和年龄，在其他地方则按等级 [如神职人员高于普通人，贵族高于普通人，老人高于年轻人]。

13. 贵族男性的遗孀，作为其丈夫的在世继承人，确实在山地崇拜中充当了赞助人，但她们会找借口，如感到疲惫等，从而不爬到山顶去。

14. 就这一重要观点而言，我得益于雪莉·奥特纳（Sherry Ortner）未发表的一篇关于尼泊尔夏尔巴人中萨满教衰落的论文。

15. 萨满巫师承认女性在社会再生产中作用的问题是复杂的，无法在关于景观的章节中做充分讨论。[我已经提到，萨满巫师承认，甚至优先考虑景观中的 "女性" 力量。] 这一问题的复杂之处在于，所有北亚社会都有几种不同类型的灵媒（inspirational practitioners）[尽管我将他们归为 "萨满"，但他们在母语中有着不同的名称]。其中一些灵媒专门从事与女性生育有关的仪式，她们总是女性巫师。然而，有些伟大的萨满巫师，可能是男性，也可能是女性，他们自称掌握了所有巫术活动。这就在他们和其他特定灵媒之间形成了潜在的竞争领域。

16. 例如，在布里亚特人中：Kugshen，"老女人"；ubugun，"老男人"；baabai，"父亲"；eji，"母亲"；xada，"悬崖"；onggon，"精神"；shudker，"恶魔"。

17. 相比之下，对上了天堂的人的描绘中，则没有这些构筑物或建筑的陈设。他们似乎各自飘浮在空中，骑着马或其他动物，就那么生活在云里。

18. 这么一种仪式结构，在两棵或多棵树之间系上绳索代表灵魂的 "通道"，在整个北亚地区非常普遍 [Poppe，1940：60-61；Batubayin，1990]。

19. 使用的诗歌形式是一种平行、格律和元音控制的和谐。

参考文献

ABAYEVA, L. L. (1992). *Kul't gor i buddizm v buryatii*. Moscow: Nauka.

BATUBAYIN (1990). *Customs and Folklore of the Daur People* (in Chinese). Beijing: Press of the Central University of the Nationalities.

BAWDEN, C. R. (1958). 'Two Mongolian Texts Concerning Obo-worship', *Oriens Extremus*, 5/1: 23–41.

——(1968). 'Mongol Notes', *Central Asiatic Journal*, 12/2: 101–43.

CARRUTHERS, DOUGLAS (1910). *Unknown Mongolia*, i and ii. London: Hutchinson.

DIOSZEGI, V. (1961). 'Problems of Mongolian Shamanism', *Acta Etnographica*, 10/1–2.

——(1963). 'Ethnogenic Aspects of Darkhat Shamanism', *Acta Orientalia*, 16: 55–81.

GALDANOVA, G. R. (1987). *Dolamaistskie Verovaniya Buryat*. Novosibirsk: Nauka.

——*et al.* (eds.) (1984). *Lamaizm v Buryatii: XVIII v.–nachala XX v*. Novosibirsk: Nauka.

HEISSIG, W. (1953). 'A Mongolian Source to the Lamaist Suppression of Shamanism in the Seventeenth Century', *Anthropos*, 48: 1–29 and 493–536.

HUMPHREY, CAROLINE (1974). 'Inside a Mongol Tent', *New Society*, Oct., London.

——(1994). 'Shamanic Practices and the State in Northern Asia: Views from the Centre and Periphery', in N. Thomas and C. Humphrey (eds.), *Shamanism, History and the State*, 191–228. Ann Arbor, Mich.: Michigan University Press.

KAZAKEVICH, V. A. (1934). *Sovremennaya Mongol'skaya Toponimika*. Leningrad: Akademiya Nauk SSSR.

KHANGALOV, M. N. (1958). *Sobraniye Sochinenii*, i. Ulan-Ude: Buryatskoye Knizhnoye Izdetal'stvo.

LAKOFF, G., and JOHNSON, M. (1980). *Metaphors We Live By*. Chicago: Chicago University Press.

LATTIMORE, OWEN (1942). *Mongol Journeys*. London: Travel Book Club.

MIKHAILOV, T. M. (1987). *Buryatskii Shamanizm: Istoriya, Struktura i Sotsial'nyye Funktsii*. Novosibirsk: Nauka.

MOSTAERT, A. (1953). *Sur quelques passages de l'histoire secrète des Mongoles*. Cambridge, Mass.: Harvard-Yenching Institute.

POPPE, N. (ed. and trans.) (1940). *Letopisi Xorinskikh Buryat: Khroniki Tuguldur Tobyeva i Vandana Yumsunova*. Trudy Instituta Vostokovedeniya XXXIII. Moscow: Akademiya Nauk SSSR.

POZDNEYEV, A. M. [1896] (1971). *Mongolia and the Mongols*, i, ed. J. KREUGER, Indiana University Uralic and Altaic Series, 61. Bloomington, Ind.: Indiana University Press.

SZYNKIEWICZ, SLAVOJ (1986). 'Settlement and Community among the Mongolian Nomads: Remarks on the Applicability of Terms', *East Asian Civilisations*, 1: 10–44.

TAMBIAH, STANLEY J. (1970). *Buddhism and the Spirit-Cults in North-East Thailand*. Cambridge: Cambridge University Press.

TATAR, MAGDALENA (1984). 'Nature-Protecting Taboos of the Mongols', in E. Ligeti (ed.), *Tibetan and Buddhist Studies Commemorating the 200th Anniversary of the Birth of Alexander Csoma de Koros*, ii. Budapest: Akademia Kiado.

ZHUKOVSKAYA, N. L. (1988). *Kategorii i Simvolika Traditsionnoi Kul'tury Mongolov*. Moscow: Nauka.

第7章

看见祖先之地：斐济人土地观念的转变

克里斯蒂娜·托伦（Christina Toren）

对地方和事件的评论

我在斐济居住的地方——高卢岛（island of Gau）沙瓦伊克区（Sawaieke）①的酋长村中，人们经常会评论那些最司空见惯的事物。[1]当人们从远处看到那每天都在村子里转两圈的卡车，或者听到它的喇叭声时，一定会有人说："咯噫（Lori）！"抑或是对医生的货车、教堂的鼓声、捕鱼回来的妇女，这些我们所有在场的人都能看到或听到事物，也总有人说："医生！""那儿有鼓声！""捕鱼的妇女来了！"当这群人一起散步经过某处地标时，也总会有人发出类似的评论："啦（La），老村子！"或"啦，螃蟹池！"或"啦，学校！"。

人们可能确实希望去看看那辆卡车或参加教堂仪式，抑或在上述喊出名字的地方停留，但这通常不是他们想表达的重点。更确切地说，似乎正是因为道出了即将发生的事实或已知的地方，才使得人们对它的评论变得恰当，乃至令人满足。

这些评论背后隐含的是时间的流逝，其通常以地方和地标的形式出现，充当事件连续发生的参考点。历史时间也可以通过地点的连续性来标记；1916年，土地委员会记录了高卢岛的社会划分及其对土地声索的历史：他们以各自先祖命名地块，而更重要的是，也记述了他们在所建立

---

① 沙瓦伊克区是斐济第五大岛高卢岛上三个区中最大的一个。——译者

村庄中的地点的继承情况。² 这清楚地表明，被称为雅武萨（*yavusa*）②的社会划分基础，是由族群占有的土地及土地原本所属的族群这两个因素共同构成的。当下村民对地点和日常事件的评论，同样也隐含着他们对这些地方和此轮事件的归属感。而在这种归属感中，空间和时间是彼此的经验维度：自我总是被置于时间之中，无论是"此时此地"还是"彼时此地"。³

这种"植入时间"的意识，为斐济村民构建他们植根于其出生地的身份认同和自我意识的过程提供了依据。本章讨论了他们到目前为止对土地的观念，这些观念可以从历史记录、祖先的叙事以及人们在沙瓦伊克的瓦努阿（*vanua*）[乡下、土地或地方]的日常生活中的言行里进行收集。⁴ 重点在于人们（如何）积极参与其所体验到或生活过的土地。对于斐济村民来说，人根植于他或她的出生地的想法是非常真实的；这种观念实际上也是那个地方的某种物质表现。其必然结果是，时间的流逝，以及时间带来变化的个人体验，都在土地本身中得到体现。

此外，由于"植入时间"意识内在的转换潜力，使祖先的过去不是一个冻结的、永恒的、神话般的领域，而是历史的、动态的。甚至这个动态的过去继续影响着动态的现在，现在发生的变化也成为这片土地的一部分。在此，现在与祖先的过去相重叠，融入地方的连续性之中。

上文中的瓦努阿可以指世界的一部分，也可以指斐济的一部分，还可以指村庄联盟 [瓦努阿·廓·沙瓦伊克（*vanua ko Sawaieke*），意思是沙瓦伊克地区的八个村庄]；可以指占据它的人，也可以指被归类为与土地联系族群（landspeople）中的某分支，还可以指某个地点，或一个人身上的某个部位。斐济村民是土地的持有者和使用者 [伊·塔乌可伊（*i-taukei*），字面意思为"所有者"]，但由于这种与生俱来的权利是以"人们在物质上属于土地"的观念为基础的，作为所有者却不被允许转让土地。

---

② 根据作者在本章文末的注释 9，雅武萨（*Yavusa*）意思应指部族。——译者

人是勒维·尼·瓦努阿（*lewe ni vanua*），勒维（*lewe*）在卡佩尔（Capell 1941）的字典中被称为"人的肉或物的内在部分"；换句话说，人是土地的内在实质。

在村民的现象学世界中，力量源于土地和海洋，并表现在交换关系和仪式之中，进而在实质上表明他们作为特定斐济人的身份。他们的想法部分建立在对这片土地的口头表述上，这种表述既是发自内心的，同时也是理智的；在日常生活中，村民们强调具身性的感性经验：这种经验似乎是不需中介，直接来自于对土地的视、听、触、闻以及对其产品的消费。[5]

从历史上看，最近关于基督教、"发展"和经济商品化等较新的观念，也影响了村民对土地中蕴含的力量的认识；同时，这些观念也影响着村民对自身以及个体之间相互关系的认识。这些认识仍然是斐济人特有的，是由他们认知过程中固有的转化习惯所决定的：在接受过去150年引进的新观念时，斐济人不仅转化了他们自身的本土观念和实践，而且转化了传教士和殖民者带来的观念与实践方式。[6]

鉴于其对身份认同的重要性，斐济人的土地概念具有深刻的政治—经济影响。在仪式中，不同群体间的平衡互惠被转化为向酋长进贡，在日常生活中，村民们会习惯性地遵从酋长传统权威。酋长制仪式似乎容纳着同样突出的平等实践，所以村民们开始将等级制度视为社会关系的一个既定维度。但分析者们发现，这不过是一场使等级制度包含平等关系的斗争，并认识到这种等级制度能否延续取决于这些平等关系的动态（变化），而这种动态最终不能由仪式来控制，而只能由原始力量——更强的体力来控制。因此，在日常的乡村生活中，等级制度和平等是相互对立的，每一种都被用来参照和颠覆对方。[7]

这种进贡与平衡互惠之间、等级与平等之间的历史性（和持续性）的紧张关系铭刻在这片土地的特征中，并在人们对土地的概念中显而易见。但正如我在下面展示的那样，这些特征的"意义"已经并将继续被改变。

祖先之地

雅武萨（*Yavusa*）一词来源于雅武（*yavu*）——一座房屋的地基，在前殖民时代，死者的尸体被埋在其中。[8] 房屋地基的名称被认为是永恒的，因此，当人们离开旧村庄并建立新村庄时，他们被赋予了新的雅武（房基）；人们过去 [现在仍然] 被认为是属于由他们的祖先建立的雅武萨（部族）或相关房屋群的。[9]

从平整的土地和次生植物的性质可以推断出古老花园的存在，从废弃的雅武遗迹可以推断出古老的村庄遗址。雅武的高度因其主人的地位而异：酋长的房子可能比地面高 1.5 米或更多。因此，雅武越高，它的主人就越有权力，等级关系（tributary relations）也被刻在土地的地形上。但这里也隐含着平等，因为房屋是"面对面"[乌洽拉维（*veiqaravi*）] 建造的，一栋房屋的"陆地"一侧朝向着另一栋房屋的"海洋"一侧；这意味着家庭之间交换关系的平衡互惠。

亲属 [维卡（*weka*）] 一词可以扩展到包括所有斐济族人，亲属词汇通常用于参照和称呼。所有的亲属关系都是等级森严的，需要不同程度的尊重和回避，只有一个例外。这种例外情况是可能会成为夫妻的表（堂）兄妹，即姑表兄妹。[10] 姑表兄妹之间是平等的，但在性别关系上，他们只有在婚姻之外才是平等的；大家都默认丈夫的地位高于他的妻子，所以"每个男人都是他自己家里的首领"。即便如此，（婚姻的）平等和等级关系也是相互依存的，因为婚姻（婚姻内有等级关系）取决于跨族外婚 [玛塔洽厘（*mataqali*）] 的姑表兄妹之间的平等关系，无论是跨性别还是同性别内。

因此，在任何村庄，雅武的不同高度和房屋的布置都表明了等级制度与平等之间、不可婚亲属 [其中典型的是宗法氏族] 和可婚亲属 [作为姑表兄妹，在家庭、家族和雅武萨（部族）之间是平等的] 之间的对立。

雅武 – 塔布（*Yavu tabu*）或"有禁忌的雅武"是有别于旧村址和现在村庄的雅武；它们通常位于属于雅武萨（部族）或宗族的园地上，而这些宗族的名号正是来自这些"有禁忌的雅武"的名字。大人们说不应该踩到这样的地方，但一位年轻人告诉我，今天的孩子们不在乎——如果他们看到有椰子掉在那里，他们就会去拿；不过，当他自己还是个孩子时不会这样做。如果一个人想从雅武 – 塔布（禁忌之房基）上得到一件东西，就应该让它的主人来取。

> 只有雅武的主人才敢从他家的雅武上拿东西。……如果你胆敢踩踏或手触某处雅武 – 塔布或其他危险之地——那些曾是祖先们园地的地方。你就会得病。如果你踩在上面，你的脚会肿起来，直到你完全不能走路。

古老的村庄遗址属于他们早已去世的主人，就像内陆的废弃花园和建于山顶的堡垒性村庄的废墟一样；人们只在有充分理由的情况下才会去这些地方，而且要结伴而行，因为谁知道在那里会发现什么？同样，如果某人晚上从另一个村子回家，或去往另一个村子，他也会选择结伴而行并大声谈笑，以吓跑可能潜伏在路边灌木丛中的任何魔鬼。但有些人晚上会独自走在村子之间，确实有那么两个人告诉我，他们不相信特沃罗（*Tevoro*）[字面意思为"魔鬼"，是祖先的邪恶一面，*Kalou vu*]。

武（*vu*）或祖先是指在基督教会到来之前就去世的人，大多数成年人认为，虽然祖先们继续存在，但他们不再像以前那样有效力 [玛纳（*mana*）]。这是因为祖先的玛纳 [字面意思为"效力"][3]，就像酋长、旧

---

③ 意思上更接近法力。——译者

神和基督教上帝的（法力）一样，据说不是自然而然的存在，而是通过人们对他们的崇拜而增强的。[11]

1854年，当最有权势的大酋长卡阔巴奥（Cakobau）皈依时，卫理公会在斐济传教的成功得到了保证。今天，几乎所有斐济族人都是基督徒，且绝大多数仍然是卫理公会教派信徒，并会虔诚地去往教堂参加活动。[12] 礼拜仪式遵从祈祷书中规定的形式，但与其他地方的卫理公会教堂不同：教堂座位的布局和使用表明了雅武萨（部族）酋长和教众之间的等级关系，他们的座位因等级和资历而不同 [参见 Toren，1990：119-37]。

人们崇拜 [恰拉瓦（qarava），字面意思为 "承认"] 基督教上帝，认为他高于一切。但旧神和祖先仍然存在，只不过他们的力量已经减弱，因为他们不再是人们祭祀的对象；因此，在这里的基督教上帝不被称作"唯一的神"，而是被称为"唯一被崇拜的神"。祖先们对任何搅扰他们地方的行为感到愤怒。20 世纪 70 年代末，当高卢中学建成时，在现场举行了一个完整的雅琼纳 [卡瓦（kava）][④] 仪式，人们倾倒饮品以安抚作为地方主人的祖先之灵。但后来，这位祖先之灵仍在夜里袭击了学校的一些青少年寄宿生，当他们醒来时发现这个魔鬼压在他们的胸口，试图扼杀他们的生命，以此进行报复。人们不得不举行更多的仪式。持正统基督教观点的老年人可能会否认这些事，但我认识的大多数人都表示相信。

沙瓦伊克区乡村的村民每周参加多达四次左右的教堂礼拜；他们还笃信祖先的力量，并相信诸如德戈（Degei）[蛇的创造者之神] 和道慈纳（Daucina）[见下文] 等旧神的继续存在。在基督教上帝的支配下，祖先以其善良的一面保佑他们的后代，而不幸则可能是对这些后人错误行为的惩罚。但他们也可能被那些无视真神，向他们献祭并以此释放邪恶力量的人赋予力量——我将在下文再谈这个问题。因此，祖先仍需敬畏，

---

④ 斐济的特产饮品。——译者

他们的居所仍需被谨慎对待，因为他们对生者的意图似乎总是模棱两可。

除了明显的雅武之外，人们还可以看到像奈维尼维尼（Naivinivini），["堆积"]这样的巨大土堆或石堆。它现在的主人——一位前祭司家族的成员——告诉我这是一位创始祖先的房基，也是斐济最大的房基。下面是一位酋长出身的老人[不是房基的主人]讲述的关于这个雅武的故事[故事经过了编辑]：

在这个沙瓦伊克[字面意思为：这里有水]地区的乡下，曾经有一位创始祖先[武（*vu*）]，名叫拉武拉武（Ravuravu）[字面意思为：帮会杀手]。他的雅武建在纳嘎嘎（Nagaga）[字面意思为：饮水孔]，那是去往娑摩娑摩（Somosomo）[字面意思为：红树林的泥土]村路上的一片海滩。人们常去他那里效力。但是为了（获取）柴火，这个酋长需要达瓦（dawa）树、芒果树和栗子树这样又高又重的树。不知需要多少人才能把这样一根树干拖到那里（他的住处）。

有一天，沙瓦伊克和努库洛亚（Nukuloa）[字面意思为：黑沙]之间发生了战争。努库洛亚正在衰落，所以他们在斐济寻找一个强大的人帮助他们。消息传到了布阿（Bua）[字面意思为：鸡蛋花树]的达玛（Dama），一个叫拉迪克迪克（Radikedike）[字面意思为：萤火虫]的酋长那里。你可以在这个村子的一侧看到他的雅武；这[是这个]雅武的开始。

努库洛亚的酋长和拉迪克迪克结成盟友。拉迪克迪克被告知要通过努库洛亚对面的纳嘎厘（Nagali）[字面意思为：单独一个]礁石，但他却在沙瓦伊克那里通过了。努库洛亚的酋长曾说过："你会看到山顶上有一棵塔沃拉树（tavola tree）；它标记着我住的地方。"但在拉武拉武住的地方，也有一棵大的塔沃拉树。拉迪克迪克看到了它，并在瓦托阿勒卡（Vatoaleka）[字面意思：短暂的祝福]那里上了岸——

如果你去那里，你会看到他留在一块石头上的脚印，这就是他来到高卢的证据。

但当拉迪克迪克到达时，没有人注意到他，他意识到自己来到了一个错误的地方。他的手臂上挂着 100 颗巨大的栗子——可见这位战无不胜的酋长的体型有多大？他想烤他的栗子，所以爬上了拉武拉武的房子。"你想要什么？""我想要木柴来烤一些栗子吃。"拉武拉武说。"唯一的木柴就是你身边的那根。如果你能搬动它，你就用。"拉迪克迪克拿起其中一根柴火，剥掉它的叶子，然后走到外面。拉武拉武大吃一惊。多么强壮的男人！50 个沙瓦伊克人才能把这样一棵树拖到这里，但他一个人就可以。"我已经老了，我应该把部族交给他，让他来领导。"所以这两个人当时就交换了地位……

之后，拉迪克迪克总是想要女人。女人们过去常常在慕阿纳（Muana）[字面意思：它的尖端] 钓鱼——就像你现在一样⑤。女人们在回来的路上常常唱歌，直到她们到达奈维尼维尼。拉迪克迪克在女人停止唱歌的地方堆起了土墩 [他的雅武]。在德尼玛纳（Denimana）[字面意思：螃蟹池] 附近，您会看到 [废弃的雅武位于] 旧村庄，拉迪克迪克接管时，它就位于那里。

这个故事被认为是对过去的合理描述，这一点从讲述者坚持将故事的细节与现在联系起来就可以看出；此外，故事的序言是对雅武萨（部族）仪式职责、对以前的酋长的非凡体型和力量的观察，并比较了他们的战争策略和讲述者本人在马来亚的战争经验。但对讲述者和他的听众 [我和半大孩子] 来说，这样一个故事得以流传的力量在于它对已知地标的引用，而这些地标被认为对听众和他们的祖先来说同样重要。故事里所提及的

---

⑤ 译注："就像你现在一样"一句，指"正在听故事的作者田野调查期间也去慕阿纳钓鱼。"——译者

过去是遥远的，与现在完全不同；但故事却强调了现在和过去之间在物质上明显的连续关系。

我们可以这样理解，奈维尼维尼是祖先神的房基，并且作为首领的雅武，它的高度意味着土地本身的等级，它的尺度代表了沙瓦伊克人的荣耀：他们的祖先是如此伟大，才值得拥有此地方。这个故事情节很常见：一位创始祖先以陌生人的身份出现，展现自己的玛纳（法力），并被某位年迈但仍然强大的本地神赋予权力。这位好战的首领必须用果树的树干生火取暖，这说明他的力量在减弱，而这些力量仍然强大，这一点从被消耗的树木的大小可以看出。如果叛乱的旁系村庄努库洛亚要战胜沙瓦伊克，就必须战胜拉武拉武。他的名字表示战争，所以他吸收的热量 [卡塔卡塔（*katakata*）] 将使他变得振奋或愤怒 [雅罗 – 卡塔卡塔（*yalo katakata*）]。一棵高大的塔沃拉树标志着拉武拉武的住所；它的木材被用来制作大而狭长的鼓，在前殖民时代及其早期，当一个族群向另一个族群发起战争，就会在这种鼓上打出他们杀死并吃掉敌人的胜利节奏[Seeman，1862：363；Clunie，1977：25，27]。鉴于人们在埋下一个男孩脐带的地方种上一棵树，则树和人之间的联系就会得到确认；战鼓和拉武拉武将土地内在的力量显现，以消费献祭品的方式将其转化为物质形态。拉武拉武的力量源于对果树的燃烧，这是一种类似于明确献祭的消费形式：杀死并吃掉臣民，饮用雅琼纳（*yaqona*- 斐济饮料）。

在讲述沙瓦伊克村如何取得胜利以及沙瓦伊克地区如何实现和平时，这个故事解释并证明了沙瓦伊克作为首要村庄的优势地位及其雅武萨（部族）酋长的最高地位。努库洛亚在寻求摆脱与沙瓦伊克的主属关系时的自以为是，使拉迪克迪克误以为他是通过礁石进入的。他上岸后在一块石头上留下了他的脚印，并爬上了山头取柴，但他不是为了获得柴木上本来的果实以图在自己身上产生战争般的热量，而是为了烤栗子吃。硕大的栗子表示他自身的丰硕和力量，他吃这些栗子给了他另一种形式的

169　热量，那是男人应有的、使之渴望女人的热量。拉迪克迪克的领导力和沙瓦伊克人对他的崇敬暗示，人们允许他在捕鱼归来的妇女停止唱歌的地方建造他的巨大雅武；这也意味着他有许多妻子，并有许多孩子。

　　拉迪克迪克可以与其他地区的神明相提并论，例如道奇纳（Daucina），一位在整个斐济都很有名 [Hocart，1929：191] 的持灯者（Lamp-Bearer）。道奇纳以一个英俊的陌生人或理想中的姑表兄弟身份在海岸边和溪流中出没，去引诱任何愚蠢到会在晚上独自洗澡的女人。在高卢，拉迪克迪克与道奇纳不一样；后者是一个特瓦罗（*tevoro*）[魔鬼]，而拉迪克迪克则被认为是当地的祖先——据此，高卢人与来自瓦努瓦－莱武岛（Vanua Levu）[拉迪克迪克的原始故乡] 的人拥有相同的创始神维－陶武（*vei tauvu*）。这些维－陶武则又是对方地区的"主人"：这种玩笑般的关系暗指姑表兄弟间的平等，这一问题我在下面会再谈到。

　　现在，拉迪克迪克的雅武矗立在沙瓦伊克村一侧的小树林里；和老村子里被遗弃的雅武以及灌木丛中存在禁忌的雅武一样，人们都敬而远之。年轻人似乎不知道死者曾被埋在房屋的雅武里，但孩子们不会在这种地方玩耍，也没有人在那里散步。沙瓦伊克地区的村庄，包括努库洛亚，继续每年向沙瓦伊克酋长进贡；尽管土地委员会的记录显示，努库洛亚酋长早在1916年就试图主张独立。上述高卢岛和瓦努瓦－莱武岛之间的"陶武"关系仍然存在，他们之间的玩笑也是无休止的；来自瓦努瓦－莱武的访客将是尊贵的客人，对他的任何关注都不过分，且他的要求没有什么可以拒绝。类似地，年轻女性也很容易受到道奇纳人的关注。吃饭和喝雅琼纳在隐含意义上仍然具备献祭的形式：每顿饭 [甚至是早茶或下午茶] 前都要做祷告，每一次喝雅琼纳都有助于提升酋长的地位（伊－卡克 i cake），喝了专门做的雅琼纳后，大酋长就成了"高卢所有祖先背后支持的人"。沙瓦伊克的老式木制房屋建在不同高度的雅武上，但许多新的用混凝土轻型砖建造的房屋则不一样；它们在任何村庄内的布局仍然是乌洽拉维（veiqaravi）式的 [字面意思：面对面]。在周日的三个不同的时刻，以及每周的三四个时刻，一个由塔沃拉树的木头制成的大鼓会召唤人们到教堂，教堂在村子的中心，拉拉（rara- 村庄绿地）一侧。

祖先的陆地与海洋之力

在教堂的祈祷和布道中，人们经常被告知，基督教上帝创造了世界和其中的一切。但是在学校里给孩子们讲的许多故事，或者当人们聚集在一起喝雅琼纳、一起抻拉制作垫子的露兜叶纤维时听到的故事，都表明是最初的祖先以独特的方式塑造了这片土地。如高卢岛内陆山中涌出的名为威博泰皋（Waiboteigau）[字面意思："中断之水"] 的溪流，沙瓦伊克的酋长们声称这是从他们的两位强大的女祖先那里偷来的。[13] 水是由十兄弟中的老大拉杜阿（Radua）用一种名为萨拉萨拉洽托（salasalaqato）的植物的叶子装走的，据说这种叶子的质地很细，人们不相信它能盛水。当大哥——拉杜阿——到达山顶时，他看到他的九个兄弟都已启航，却没有等他；他一怒之下把装满水的叶子扔到了地上，从叶子中洒落的水，就沿着他从女祖先的房子走到山顶时水滴下的路线流淌了回来。拉杜阿滑倒在山坡上，并在溪流源头附近的一块石头上留下了他的手印。

除了上述旧村中的雅武、荒芜的花园、偶尔出现的土堆或石堆、祖先的脚印和手印等特征，还有祖先的坟墓。村民们普遍认为，死者的肉身应该与土地融为一体，他们生前从这片土地上获得食物，是因为土地的第一任主人——他们始祖充满丰沛力量的浇灌。因此，那些在别处死去的人的遗体会被送回他们的家乡，埋葬在他们所属的家族或雅武萨（部族）的土地上。[14] 每年一次，年轻人被命令将所有坟墓"打扫干净"[萨瓦萨瓦（savasava）]，也就是除草，为圣诞节和新年这样的节庆之季做准备。因此，所有的死者，包括基督教到来之前的祖先们，都在继续得

170

到尊重。[15]

在塔布［tabu，禁忌］仍然有效的时代，酋长可能会禁止任何摘取水果或在溪流中捕鱼的行为。这些地方会用交叉的棍子或类似的图案做标记，违反塔布的人会生病甚至死亡。这些塔布被称为瓦卡塔勒勒（vakatalele）[字面意思为"挂起来的东西"]。居住在这片土地上的力量仍然保护着自己和他们的产品——他们的法力会通过拥有祖传权利的人在适当情况下以布设塔布的形式显现出来。[16] 在我第一次进行田野调查时，一位40多岁的已婚男子告诉我，即使在今天，"有关土地的塔布仍然有效"，他曾亲自测试过这一点。几年前，在一位大酋长去世后，他在沙瓦伊克到纳武凯拉吉（Navukailagi）间的咸水区中布设了塔布：只能在礁石附近捕鱼。一天晚上，这个人和他的妻子结束旅行回来，在接近沙瓦伊克时看到一只大螃蟹，于是就用鱼叉刺了它。他的妻子很生气，因为他打破了自己布设的塔布，但这个人告诉他的妻子说没关系。"我想知道，克里斯蒂娜，我想亲眼看看这片土地上的塔布是否仍然具有玛纳（法力）。当百夜结束，塔布正式解除，大家都去撒网捕鱼。他也去了那里，一路游过去加入其他人的行列，突然，一条长着尖嘴的鱼向他扑来，在水里进进出出，直奔他而来，速度非常快，它闪电般地击中了他的脸颊，在那里划了一刀。"然后，曼努埃尔的母亲[⑥]，我意识到了，这片土地上的塔布（禁忌）仍然具有玛纳。我看到了，也由此证明了塔布的法力。"[17]

这个国家的所有地方都被神灵和祖先所拥有和居住着——即使人们并不总是知道是谁。事实上，许多关于古老神灵和祖先的说法都是含糊不清的。因此，十几岁的年轻人经常告诉我，在我去花园时经过的地方，有"东西"[额－杜阿－纳－卡（e dua na ka）]在那里或者可能在那里，无论这个花园是在一个大而美丽的竹林里，还是在山坡上的艾维树[⑦]丛中，

---

⑥ 这段文字是对话体，讲述者为了强调重点，叫了一下正在做田野访谈的本文作者，即"曼努埃尔的母亲"。——译者
⑦ 斐济当地的板栗树。——译者

总之，是在任何可以看到古老雅武遗迹的地方。对所有这些地方和地标，其由人类或祖先塑造、维持、拥有、守护、使用和居住的相关知识，都进入了村民们关于土地是什么，以及他们自己是谁的观念之中。

土地与个人身份

在斐济的许多文化习俗中都隐含着这样的观念：即陆地和海洋通过满足物质需求，真正赋予了这些属于它们的人 [同时也是它们的 "实质" 和 "所有者"] 以权力。它们提供的物质包括：用来建造房屋的硬木和软木、竹子和藤蔓；用来制作树皮布的桑树；用来制作垫子的露兜树叶；用来制作食物、油、绳子、篮子、碗和其他东西的椰子；以及构成赖以生存经济基础的许多块茎、果树、鱼、贝类、海藻，等等。人们需要钱来购买衣服、煤油、某些食品和消费品，支付子女的中学学费，以及每周向教堂捐款，有时还需要向社区项目 [如新校舍] 捐款；但当钱不够用时，陆地和海洋仍能提供必需品——这在自给自足、同时又种植经济作物的混合经济制社会中很常见。

这种陆地和海洋的力量通过家庭和雅武萨（部族）之间货物和服务的对等交换转化为人与人之间的平等关系，并在向酋长进贡雅琼纳根 [yaqona，胡椒科植物卡瓦] 时转化为等级制度，在酋长的支持下，这些进贡植物被制作成饮料并重新分发给人们。同时，酋长们会用塔布阿（tabua）[鲸鱼的牙齿] 来回报这些进贡。[18]

在整个斐济中部，对于斐济族人来说，每个人在与他人的关系中，不是 "陆地" 就是 "海洋"。在沙瓦伊克村，雅武萨（部族）成员沙瓦伊克（Sawaieke）是 "陆地"，而雅武萨的核心成员纳达瓦（Nadawa）则是 "海洋"；就巴提克伊（Batiki）岛而言，沙瓦伊克地区 [所有八个村庄] 是 "陆地"，巴提克伊则是 "海洋"；因此，即使一个人生在某个特定的分类中，他可能对某些人来说是"海洋",同时对其他人来说是"陆地"。

雅武萨核心成员是"海洋",但这并不意味着"海洋"高于"陆地",因为他们之间的交换关系是一种严格平衡的互惠关系。因此,当一起吃饭时,被归类为"海洋"的人不吃鱼,归类为"陆地"的人不吃猪肉;每个人都向对方提供他们的劳动产品。[19] 一个人天生是"陆地"或"海洋"可以解释个人的行为或性格,例如:某人不擅长捕鱼或晕船,因为他是"陆地";而某人擅长捕鱼的话,则因为他是"海洋"。

男性作为提供"真正食物"[卡卡纳-迪纳,任何正餐所必需的根茎类蔬菜]的园丁,与土地有关,而提供鱼类的女性则与海洋有关。[20] 女婴的脐带被放在溪流中的石头下或礁石上,这样她就会成为熟练的捕鱼者;男孩的脐带则被埋在新栽的树根下,这样他就会成为一个好园丁。人们可能会如此谈论某棵树——"这是我为谁种下的"或"这是我的树";如果这棵树不茂盛,男孩的长辈可能会担心他的健康。

土地和海洋转化为人们的身份表征,以物质性的某些方面显现,但仍然是一种含蓄的感觉。通过这些感觉,人们知道自己依附于一个地方,并且是这个地方知识的产物——而这在一个人与他人的关系里所承担的责任中得以明确。

在沙瓦伊克,人们不大谈论某些鱼、树、鸟和每个雅武萨(部族)成员之间曾经的重要联系。他们更多谈论的是自身在其他"地区"[瓦努阿(vanua)]的特权,一种他们承担的与这些地区祖先沟通联系的功能;或者描述在这些不同地方,他们自己的瑟武瑟武(sevusevu)[贡品,通常是雅琼纳]的形式,或者他们饮用雅琼纳仪式的风格是如何的与众不同。这些标识性的区别与陆地、海洋以及将自己视为原籍地产物的概念相联系——但是它们是在地区之间产生的,像在地区内部一样多。地区之间的联系取决于它们的祖先们之间的联系;凡是维塔乌武(veitauvu)[字面意思:"同根"]的地区都有同一个祖先神或武(vu),而那些维塔巴尼

(*veitabani*)[字面意思:"互为分支"] 的地区的祖先彼此都是姑表兄弟。这些玩笑性关系表明两个地区的人之间是平等互惠的。

家庭、部族、村庄和地区通过萨拉 – 尼 – 维危卡尼(*sala ni veiwekani*)[婚姻创造的"亲缘路径"]联系在一起;因此维塔乌武[同根]和维塔巴尼[互为分支]之间的关系指参考祖先婚姻而建立的各部族核心成员间的亲属关系。这些亲缘路径通过许多与生命周期相关的仪式[8]和日常的饮用雅琼纳仪式得以明确和部分构建;它们也是一个地区内乡村教堂之间联系的路径。婚姻发生在相对地位不同的群体之间,但它本身并不产生等级制度,因为交换关系是相互的,并随着时间的推移而平衡。婚姻产生的等级关系是丈夫和妻子之间的关系;它是家庭内部的亲属等级关系的基础。

在所有关于他们地区的巡行中,人们穿越通过婚姻建立的亲属关系这条路径,而姑表亲的平等关系[以及那些跨地区的维塔乌武(同根)和维塔巴尼(互为分支)的平等关系]使得这些路径在观念上显得平坦。但是这条路也连接着家庭,而其中的等级制度是不言而喻的。酋长仪式向整个社区投射了一个等级制家庭的形象,这一点可以参考酋长雅武(房基)的高度。因此,在任何给定的房屋、村庄会堂或教堂内,等级制度似乎成为主导,因为人们不可避免地要在描述所有建筑内部空间的上、下方位中找到自己的合适位置。在某些村庄,一个人可能高于其他人,是他们敬畏和尊重的对象;在其他村庄,一个人可能低于其他人,需要敬畏他人。然而,在所有村庄中,人们都可能找到自己的姑表亲,与他们平起平坐。

女性是亲属关系的具体化路径,因为她们"承载着后代的血液"[卡乌塔 – 纳 – 达拉 – 尼 – 卡瓦(*kauta na dra ni kawa*)];一个女性,以姑表亲式的平等身份来到一个男人身边,但作为丈夫家里的妻子,她永远不是主人[伊 – 塔乌克伊(*i taukei*)];在丈夫死后,她可能会回到自己

---

[8] 即诸如出生、成年、婚丧嫁娶等人生阶段相关的人类学概念中的过渡仪式。——译者

的村庄，她的兄弟有义务为她提供主食性食物[9]。已婚妇女依附在她们丈夫祖先的土地上吃"真正的食物"[10]；婚后，甚至妇女捕到的鱼也隐含着由同一祖先提供的意味，如果她怀孕了但自己还不知道，那她就会毁了所有在场妇女的捕鱼。因为作为在场人中的一员，这名妇女还没意识到她将生下一个属于她丈夫家的孩子，那她丈夫的祖先就从这名妇女和在场的所有其他妻子那里扣留一份，用她们的劳动去提供给这个胎儿。[21] 因此捕鱼的不成功暗中提醒妇女，她们在丈夫的家里不是主人。与作为姐妹的地位相比，女性作为妻子的地位低下，这在历史上取决于她们与土地的物质性关系，这种关系使她们无法照顾自己的祖先，也无法得到自己祖先的认可；这种低地位正在被基督教的实践所改变，女性可以直接接近上帝而不需要男性的居中协调 [参见 Toren，1988]。

祖先借助来自基督教上帝的仁慈力量使土地肥沃，使人能够履行义务，生产"真正的食物"以供消费和交换，以及向酋长进贡雅琼纳。但对祖先的召唤通常只能是含蓄的，例如，禁忌性房基的名字构成了雅武萨（部族）和氏族的尊称。即便如此，一位德高望重的酋长在接受雅琼纳贡品时，不仅呼唤基督教上帝，而且呼唤"土地的祖先 [纳 – 武 – 尼 – 瓦努阿（ *na vu ni vanua* ），字面意思为"土地的根"]，让他们也能以亲属关系的方式保佑我们的生活"。明确提及肥沃的力量时，往往更倾向于援引基督教上帝；因此，一位年轻人告诉我，他每天在花园里工作时都会"祈祷"他的付出会有收获。

作为物质力量源泉的上帝以及商品交易

在祈祷和其他正式的信仰表达中，村民们坚持基督教的观念，即人类是上帝创造的"杰作"。因此，在全岛议会的一次会议上，沙瓦伊克的

---

[9] 意指男性作为农夫在田间劳作，与土地产生连接的关系。具体描述见上节。——译者
[10] 见上节。——译者

传教士即兴祈祷："在天堂，在神圣的居所。你是真正的神，你是唯一被侍奉的上帝……你创造了天，你也创造了地，使我们人民可以居住在其中。我们这些人知道，我们是你手中最优秀的创造……"

在关于任何名称和地点的诵读中，基督教的上帝和他的圣地都排在第一位，[22] 并且基督教的实践继续改变着这片土地；所以今天的权力地标包括那些由"发展"[维瓦卡托罗嚓克塔克伊（*veivakatorocaketaki*），字面意思："一起向上移动"] 塑造的地方。1981 年，沙瓦伊克的一些未使用的雅武被夷为平地，这使得一位老人哭泣并无力地指责推土机："现在我们的雅武失去了，那些属于我们祖先的雅武。"一些老人表示同情，但我与之交谈的大多数人则不这样认为，他们说："让村庄变得干净是件好事。"

1983 年，我在一次布道中听到，村民明确地把发展和基督教联系在了一起。布道者是一位 43 岁左右的沙瓦伊克村民，他谈到了天国，并敦促所有人改变我们的行事方式，以便能配得上天国。他暗示会众参与发展项目，并把发展 [例如开辟新的道路] 与基督教的进步、个人启蒙等同起来。他告诉我们，教会和我们真诚的成员是斐济生活中所有美好事物的根本基础 [雅武]。

在另一场主要面向儿童的布道中，一位偶尔担任布道者的 50 多岁男子说："对你们来说，最重要的是你们的园地 [且勒（*qele*），字面意思是'土地、土壤']。我们无法获得印度人所能获得的东西[11]。我们不能，因此我们必须照顾好属于我们的土地。土地是我们的，不属于印度人。土地是我们的，也是你们的。"这位布道者用一个在自己土地上每天辛勤劳作的人的故事作为开头，这个勤劳的人在即将死去的时候对他的两个儿子说："看，你有你的土地，在那片土地里藏着一罐金子；总有一天你会找见它。"他死后，儿子们努力寻找黄金，翻遍了每一片土地，也顺便种植了庄稼。他们卖掉了这些收获，由于他们从未停止过对土地的耕作，所以他们兴

---

[11] 1874 年，英国开始对斐济的殖民统治后，将印度劳工带到了斐济。——译者

旺起来，他们父亲所说的话的意思也变得清楚了。"这就是他们的金罐，他们已经拥有了自己的土地。"

175　　这里是新教伦理版本下的一个故事，因为它不是关于生产农作物用于消费、交换和进贡，以便履行对亲属和酋长的责任，而是关于生产商品用于销售。布道者强调，土地是斐济人福祉的物质来源，它不属于 [因此不能给予] 斐济的印度人。在其他情况下，这些印度人经常被说成"没有亲属关系"，完全熟悉"金钱之路"，这本身就意味着商品交换可能与亲属关系对立。然而在教堂里讲述这个故事则表明，勤奋地生产商品是基督教上帝所希望和祝福的，从而暗示它与"根据土地的方式"行事并不相悖，而这种行事方式本身被认为既属于斐济人，也属于基督教徒 [参见 Toren 1988]。不过，亲属关系在一定程度上是在礼物交换中构成的，因此至少有一部分来自农产品销售的利润必须回馈到亲属之间的交换中。

　　人们不能出让土地，但可以转让其产品，这样就可以发财 [乌图尼亚武（*vutuniyau*），有大量的贵重物品]，并获得大量金钱。（斐济语中）钱的词语——伊拉沃（*ilavo*）来自一种用来捆绑临时房屋部件的藤蔓瓦拉伊（*walai*）的果实，这意味着它们没有适当的基础（雅武）[12]。相比之下，今天从生产商品中获得的金钱被当作繁荣的明确基础。因此，这个故事表明，通过出售土地产品致富是完全合法的；但在我 1981—1983 年的田野调查中，从来没有成年人提出过一个人可以通过辛勤工作真正致富的想法，尽管人们可能会用这个想法来鼓励年轻人养成良好的习惯。当时我被告知，村民只有身着恶魔装束——即以巫术形式来祭祀祖先，才能致富。一个人可以"自饮雅琼纳"，也可以用之作为给祖先的祭祀酒，一边浇下这种酒，一边呼唤自己的一个 [过世] 亲属的名字——这个亲属就会收到这份祭品。通过这种方式就能赋予这位祖先和祭奠者本人以力量，从而将财富招致自己身边。在这里，个人财富源自于一种自私的、邪恶

---

[12]　这里指金钱如临时房屋一般，是不能在大地上生根的浮动之物。——译者

的行为，而这种行为与亲属关系和部族权威都是对立的。[23]

然而，到了1990年，雅琼纳已经成为一种利润丰厚的经济作物，人们也确实可以通过努力工作变得相对富有。因此，在我的第二次田野调查中，当人们在看到花园里种满了成熟的雅琼纳植物时，我听到他们都在估量这些作物会带来多少万斐济元的收入。通过种植雅琼纳获得的钱明显地使那些有很多儿子留在村里的家庭富裕起来，也提高了他们的地位，因为这些钱不仅使他们能够用混凝土建造新房子，购买录像带和船只，而且能为村里的项目做出巨大贡献。在一个案例中，收获的财富没有被重新分配 [或者说至少有一部分财富没有]，人们就认为这些财富是通过侵吞某些公共资金而获得的不义之财。

因此，商品交易并没有导致与传统的彻底决裂，因为金钱和商品不允许脱离亲属关系。[24] 在传统上，不义之财——指那些属于私人保有的财富——是某人通过身着恶魔装扮祈求祖先得来的，并与容忍不道德行为的"金钱路径"有关。合法的财富是指人们准备捐赠的财富，在捐赠的过程中，同时展示并巩固了亲属关系；这也与传统有关，因为这些财富是通过开发土地获得的，而土地的最终所有者是自己的祖先神，并且这也和发展及基督教实践有关，因为基督教被认为增加了部族实力、并提高了整个社区的福祉。因此村民们采取了一种新的、已经转型和正在转型中的传统观念——卡卡嚓卡 - 瓦卡瓦努阿（*cakacaka vakavanua*）[字面意思：遵从土地的方式工作、行动、做事]——这种新的观念在允许村民保有自己作为土地真正产物观念的同时，容纳这片土地也包容了市场交换和基督教 [在高卢人的案例中，是纯粹的卫理公会]。

既定传统的当下转变

斐济村民强调对土地的直接具身体验：视、触、听和嗅。在伴随着叙事性舞蹈的古老梅柯（meke）歌曲和最近创作的吉他音乐歌曲中，斐济村民经常通过名字、生活在那里的鸟儿的歌声和生长在那里的花草树木的气味来歌颂他们的村庄和地区。一个地方的气味可以成为某些祖先的标志：沙瓦伊克附近海滩上的香草味就是如此，而屋内莫名其妙的异味则提醒人们"两位女士"[廓－伊－拉武－纳－玛纳玛（Ko i rau na marama）]的潜在恶行。嗅觉是个人吸引力的一个特征，因此妇女在社区庆祝活动中佩戴的鲜花[后来通常是送给男性客人的]是根据其香味和外观来选择的，当一个男性评论一个花环时，他很可能暗示其气味是诱人的："你花环的香味正在向我飘来"[额－博伊－维纳卡－玛伊－纳－诺姆－伊萨鲁萨鲁（E boi vinaka mai na nomu isalusalu）]。在这里，嗅的行为隐含着一种消费形式，可能与性交的隐喻有关，即男人"吃"，而女人被消费。

嗅觉在告别仪式或勒古勒古（reguregu）[字面意思：嗅和亲吻]中被突出使用。遗体被摆放在房屋地板上的尊贵位置，在合上棺盖并搬走安葬之前，死者的至亲一个接一个地走过来，把鼻子贴在遗体的脸颊或额头上，深深地嗅一嗅，把它甜美、腐烂的气味带到自己身上。这个仪式意味着，在过去，死亡作为一种物质的彻底转换，对人与土地之间的消费和交换循环至关重要。死者的无形物质被他们活着的亲属所吸纳，而他们的有形物质则成为房屋地基的一部分，以构成无形的祖先玛纳（法力）。

这种内在的玛纳转换为物质，在让土地和人民丰饶中发挥了重要作用，最重要的是，这种作用体现在大酋长的身上。人是土地的实质；他们耕种和捕鱼，消费他们的劳动产品，并在陆地和海洋之间平衡互惠的条件下进行交换。同时，他们通过仪式将平衡互惠的交换转化为进贡，使某些关系等级化，从而使丈夫成为家主，而某些家主成为酋长。[25] 死亡的祭祀打破了人与人之间、人与土地之间的交换和贡品的循环，因为它把死者从亲属之间的交换中剥离出来，成为消费的对象。但是，就像消费土地上出产的食物为生者提供了养料,并使之产生了生儿育女的性欲热量一样,土地最终消费死者的物质,也构成了祖先的法力,推动着整个过程。酋长通过操作成为献祭的对象和被献祭者本身,在饮用雅琼纳时,象征着酋长以人的身份死去,同时以活着的神的身份重生 [Sahlins 1983]。酋长的牺牲使作为贡品的雅琼纳根成为一种媒介,用以将内在的和危险的祖先玛纳转化为物质形式,从而使跟随酋长喝酒的小族长们 [即已婚男人] 感知到其功效。

最高酋长还接受在战争中被俘虏的人作为贡品;这些人在建造房屋时被当作祭品,直立地埋在房屋角柱的底部,或者他们的尸体可能成为酋长的独木舟在下水时使用的滚轴。这些囚犯也被定期吃掉;因此,"土地上的肉"——但这肉不属于自己这片土地,因为人们不吃近亲——被大酋长直接吃掉,以立即展示和构成他的玛纳,之后他将这种法力传播给其他跟着他吃的人。在大酋长本人身上,他将祖先的力量转化为战争中的明显战果和生育能力,从而体现了他的地区的繁荣。这里,(代替)他说话的首领或传令官实际上就是酋长的脸或眼睛 [玛塔尼瓦努阿(*matanivanua*)]。[26]

今天,死亡只能是对基督教上帝的献祭,村民们很可能会否认告别仪式以及日常的饮用雅琼纳时隐含着任何其他想法。但是,在当代村民的言行中所表现出来的早期观念的转变,继续将他们的身份与土地本身联系起来。即使土地已经并将继续被人类行为所改变,村民们也在转换他们对土地以及土地得以形成的过去的观念。

从历史上看,这些观念上的转变愈加激进,从山区的好战村庄转变为沿着海岸的更加和平的村庄联盟,虽然这些村庄有时也处于战争状态。随着"光明的来临"[尼 – 拉廓 – 玛伊 – 纳 – 拉拉玛(*ni lako mai na rarama*)] 和强大的酋长皈依基督教,以及之后村民大规模皈依基督教,人们在沿海岸线的村庄中一劳永逸地定居下来。在英国统治下,所有人的土地权都被记录并绘制出来;土地的图形和文字表述开始进入人们对自己与土地关系的意识中，并将他们的想法与族谱更紧密地联系在一起，这可能比过去的情况要好。今天，人们不会因为不使用土地而被剥夺土地权，但也不能正式将土地赠予他人；土地权的书面化 [尽管这些记录只对酋长开放] 使得赠予土地和通过使用武力获得土地在很大程度上变得不可能。

祖先居住在他们塑造的土地之上，通过生产、消费、交换、进贡和祭祀的循环 [土地是这些循环的组成部分]，继续给他们的后代留下历史性的建构关系。因此，竞争性的平等与等级制度、平衡互惠与进贡之间的紧张关系，在首领间依托土地地形进行的、对更高地位的争夺竞争中仍很明显。（如今）这两种紧张关系都表现在谁对社区项目的捐款更多的竞争中。但祖先的行为不是一成不变的，因为土地本身已经并将继续被改造，雅武被夷为平地，修起了道路，建造了建筑物。在任何一个村子里的绿地旁边、村子交接的地方都有教堂和村礼堂，村民在那里举行社区会议，并成立委员会来监督村里的日常事务。所以人们之间的关系可能是"教会方式" [瓦卡罗图（*vakalotu*）] 和"中央政府方式" [瓦卡玛塔尼图（*vakamatanitu*）]，即使他们继续着"亲属关系" [瓦卡维伊维卡尼（*vakaveiwekani*）]、"酋长方式" [瓦卡图拉嘎（*vakaturaga*）] 和"遵循土地之道" [瓦卡瓦努阿（*vakavanua*）]。

本章内容以成人的观念为基础，但在写作过程中，我想到了当代乡村儿童，他们在构建自己作为斐济人的个人身份时，不可避免地会以不同于长辈们的方式来理解物质世界 [以及他们彼此之间的关系]。因此，举例来说，当成年人评论普通事件和途中遇到的地方时，这些言论和随意说出这些言论的行为，在语言系统上是作为斐济人身份象征的一部分。在这个意义上，今天成年人说的那些话，他们的父母、祖父母乃至更早之前的祖辈们都说过，而且未来的成年人也会说，但话语的意义已经改变并将继续改变。例如，语言所指人感受到外在物质的意义，在观念上，特定话语可能关联多种含义。

因此，未来的民族志学者收集到的数据可能既与我的数据非常相似，又有很大的不同——这不仅因为每个人的经验总是独一无二的，还在于村庄生活的基调在发生变化，即使其仍保持着某种同一性。在我 1981—1983 年的田野调查中，年幼的孩子只代表他们的长辈参与商品交易，但在 1990 年，他们是以自己的名义进行交易——例如，出售他们的劳动和劳动产品，以换取购买进入一家录像厅去观看电影和体育赛事录像的门票钱。这些孩子还参与进了一些关系，这些关系给他们留下了"在给予和进贡中构建起的亲属和酋长的义务"的印象，这使得纯粹的市场交易对"遵从土地的方式"构成潜在的威胁。在他们自身与他人、与家庭和亲属、与土地和海洋、与基督教上帝和祖先的所有复杂关系过程中，他们在认知上建构起了他们作为特定个体的身份意识，他们既是斐济特定历史的产物，同时也是生产者。

像他们的祖先一样，这些孩子被经验性地置于时间之中，置于了一个已经转变并仍在转变且得以延续了的过去，以及连续和变化同在的当下。他们自己通过土地的景象、声音和气味，通过捕鱼和耕作，体验到这个过去是如何延续到现在的；但像他们之前的长辈一样，他们对这个过去的观念是以他们与同龄人及他们与成年人的关系为中介的，因此不可避免地会与成年人关于过去的观念有所不同。在特定的人身上，以自认与他人的关系为中介的这种认知建构过程，支撑着文化上特定观念的连续性 [即使这些概念已经有所改变]，同时允许这些概念在发生激烈变化时呈现某种锚固性。在这个具体的斐济案例中，即使对任何特定的人来说，过去的意义产生了变化，从而也使"土地"对今世和后代的意义发生变化，但 [这种认知建构过程] 仍使祖先的过去延续到了现在。

注释

1. 1981年6月至1983年3月，在社会科学研究委员会（Social Science Research Council）和霍尼曼信托基金（Horniman Trust）的资助下，我在斐济进行了20个月的田野调查；1990年，在布鲁内尔大学布里夫奖（Brief Award from Brunel University）的支持下，我又进行了5个月[5—9月]的考察。我感谢参加"景观人类学"会议与会者们的意见，特别是本书的编辑们。在我担任麦考瑞大学（Macquarie University）太平洋地区传统政治学研究员期间，对这篇论文进行了大幅修改，以便于1992年出版。

2. 例如："我们的创始祖先是洛塔洛廓（Ro[ko]taloko），我听说这位祖先来自纳卡乌瓦达拉（Nakauvadra）[露兜树]，然后去了瓦努阿勒武（Vanualevu）[大陆]和布阿（Bua）的达玛（Dama）[鸡蛋花树]，然后来到这里的高卢（Gau）[中]岛，在纳武卡伊拉格伊（Navukailagi）[飞向天空]附近建立了一个村庄，努库博罗（Nukubolo）[散落着椰子叶的沙子]。之后，他们到更高的地方去住在齐拉伊（Qilai）[用叉子扒拉下来的树枝]——一个空旷的地方……"注意，这些地名往往指的是土地的特征或在那里发生的事件。

3. 我的这一见解要归功于南希·芒恩（Nancy Munn）教授，他在1992年澳大利亚人类学协会会议期间的一次研讨会中提出了这一观点。参见南希·芒恩教授（1986）对巴布亚新几内亚伽瓦（Gawa）地区时空概念如何影响文化实践进行的深入分析。

4. 1981—1983年，沙瓦伊克区（Sawaieke）人口约为1400人，村庄的人口为260人；到1990年，本区人口增加到1700~1800人，村庄的人口约为290人。斐济大约一半的人口[约75万人]是印度人后裔，主要居住在城镇。高卢没有印度人社区。

5. 这种区别隐含在村民们对直接的个人经验有效性的坚持，而不是通过其他人告诉他的间接知识而获得。然而，从分析的角度来看，任何经验都不可能是无中介的，这一点从下面的民族志中可以看出。

6. 观念不是"现成的"，而是必须由特定的人随着时间的推移进行认知建构——这一过程不可避免地受到他们彼此之间关系的调节。在这里，结构和过程是彼此的依存，而不是理论上可分离的实体；因此认知过程是自主的和内在的动态系统，其结果总是涌现的而不是固定的。参见萨林斯 [Sahlins 1985]，他试图解决索绪尔式的结构和过程的分裂，但对他来说，结构仍然是一种非历史的可能性模型："类别之间的关系系统，没有一个特定的主体。"与萨林斯相反，我认为人类认知本身就是一个历史过程，因为它构成了并在建构中改变了那似乎是结果的观念和实践。换句话说，人类的认知使意向性不可避免地成为历史性的 [参见 Toren，1993]。

7. 托伦（Toren）[1994] 分析了斐济酋长制历史中的等级制度与平等的对立。

8. 关于死者在雅武中埋葬的问题，参见例如 Williams（1982：191）、Capell（1973：186）、Waterhouse（1978：43）、Hocart（1912：448；1929：182）、Tompson（1940：222）。

9. 在以前的出版物中，我把雅武萨（yavusa）译为宗族，并像斐济人通常所做的那样，把它表述为一个父系血统群体。然而，请参阅托伦 [Toren,1994] 的观点，从房屋之间的关系来分析斐济社会组织，这也是列维－斯特劳斯（Levi-Strauss 1983：163-87）的观点。此外，根据萨耶斯（Sayes）（1984：87）的观点，他认为"血统"这一词汇被用来掩盖权力关系。真正的形成过程似乎是不同的共同居住群体经过通婚而走到一起，以及……其中某个组成群体的建立起了主导作用。

10. 斐济人的亲属关系是分类的，因此允许亲属关系词汇的延伸。举例来说，凡是我母亲称呼为妹妹的人，我就叫她母亲；凡是她称呼为兄弟的人，我就叫他舅父（father-in-law）。同样，凡是我的父亲称呼兄弟的，我就叫父亲；凡是他称呼妹妹的，我就叫姑母（mother-in-law）。因此，任何被我称为母亲或父亲的人的孩子都是我的兄妹，而任何被我称为舅父或姑母的人的孩子都是我的姑表兄弟。我不能与我称之为兄妹的人结婚，但与我称之为姑表亲的人结婚是可以的。夫妻双方因结婚而成为姑表亲，即使他们在婚前的关系不详。亲属关系的专有词汇是德拉维德语（Dravidian）；沙瓦伊克的亲属关系和婚姻习俗基本上符合纳亚卡卢（Nayacakalou，1955）对托卡托卡（Tokatoka）的描述，萨林斯（Sahlins，1962：147）对莫阿拉（Moala）的描述，以及霍卡特（Hocart，1929：33-42）对劳群岛（Lau）的描述。

11. 因此，托马斯·威廉姆斯（Thomas Williams）描述了试图通过对特定祖先的关注来实现战争胜利的做法，而在面临战争威胁之前，这些祖先并没有成为任何被特别关注的对象（Williams，1931：ii，282，516）。同样，大酋长通过参加其就职仪式的人的尊崇来获得玛纳（*mana-* 法力），在仪式上，他被主持就职仪式的酋长（也是"地民"——landspeople 的酋长）"灌下"了"就职雅琼纳"（installation *yaqona*，卡瓦酒）。

12. 有关斐济传教活动的记述，请参见例如卡尔弗特（Calvert 1858）和克拉默（Clammer，1976）；后者将传教士的成功归功于他们建立的以宗教经文为教材的广泛扫盲的行动。在沙瓦伊克地区，成人识字率几乎达到100%，但阅读内容主要限于卫理公会用于祈祷和赞美诗的书、圣经，有时还有宗教小册子。村民们阅读的报纸和书籍相对较少。参见托伦（Toren，1988），对斐济村民构成"传统"的方式的分析，即他们皈依基督教时的连续性和变化。

13. 这两位祖先可能是那些在其他地方被称为廓－伊－拉武－纳－玛纳玛（*Ko i rau na marama*）[两位女士] 的女神。一位30岁的女性 [不是给我讲溪流故事的人] 告诉我的关于这两位女神的情况，暗示我的报道人把这两位女神当成了她自己雅武萨（部族）的女性祖先，但我在这里可能是错的。

14. 殖民政府试图让人们把死者埋在指定的墓地里（显然是出于卫生方面的考虑）——但据我所知，对于地位高的人来说，这种做法并没有被遵循，今天似乎也已经完全停止了。

15. 墓地里的坟墓是没有标记的，埋在园地里的人的身份可能只有见证了葬礼的人才知道。

16. 德宁（Dening, 1980：53）认为，对于传统的马克萨斯社会，"了解禁忌（*tapu*）就是了解 Te Henua[景观] 的社会地图"。布拉德·索瑞（Bradd Shore, 1989：143）在他关于波利尼西亚的玛纳（*mana-* 法力）和塔布（*tapu-* 禁忌）的精彩论文中指出，德宁对塔布的解读将贵族和平民区分开来。当然，对于旧斐济来说，人们可以说知道塔布就是知道瓦努阿之地（*vanua-land*）或地区的社会地图，但塔布虽然可能是酋长的特权，但并不局限于那些来自酋长雅武萨（部族）的人；我被告知，对土地、溪流、海洋等的使用去施加的任何塔布都是那些被列为"陆地"[即平民] 的雅武萨（部族）酋长的特权。我在文中提到的关于咸水的塔布是由一个当时作为"代理土地酋长"的人实施的。

17. 我的报道人将这种塔布与那些不希望别人从他们的土地上摘取水果或水草等的人所布设的塔布区分开来；这类塔布的效果出于善意，因此人们可能不会太注意它们，它们也不具有法力（mana）效果。而具有传统权威的人，在适当情况下布设的塔布则具有玛纳（mana 法力）效果。

18. 关于塔布阿（tabua）的意义和用途的详细说明，参见 Hooper 1982。

19. 在沙瓦伊克的饮用雅琼纳仪式（yaqona-drinking）中，当大酋长（海洋）在有特权任命他的雅武萨（部族）酋长（陆地）面前喝酒时，"海洋"在"陆地"之上；但当"地民"（landspeople）的雅武萨（部族）酋长在"海民"（sea-people）的雅武萨（部族）酋长面前喝酒时，"陆地"在"海洋"之上。

20. 这并不意味着一般来说男人就是"陆地"，女人就是"海洋"；相反，两者都在以不同的方式各自成为"陆地"和"海洋"。因此，妇女作为垫子和树皮布的制造者与土地有关，而男子作为捕龟和捕大鱼 [如萨洽（saqa）这种大鱼，吃它是酋长的特权] 的渔民则与海洋有关。萨林斯（Sahlins 1976：26-42）对这些关联进行了详细的讨论；然而，我认为海洋和陆地之间的关系是指交换中的平等互惠关系，而他则认为海洋高于陆地，并将其置于贵族 [图拉嘎（turaga）] 和陆民 [瓦努阿（vanua），即百姓] 之间的对立中。

21. 请注意，单词 bukete（布克特），意为"怀孕"，来自 bukebuke（布克布克），意思是种植山药的土丘；或者可能来自 bu（布），意思是绿色的椰子，以及 kete（克特）（肚子）。——这里的山药和椰子都是男性产品。

22. 从某个角度看，斐济基督教已经呈现出一种更具包容性的新面貌。但在这里也有可能表明，平等的道德观同样占主导地位，卫理公会（它本身包含平等和等级之间的内在张力）正在呈现出一种独特的斐济形式（Toren，即将出版）。

23. 酋长们通过饮用雅琼纳仪式获得权力，但今天这种合法的、集体的饮酒是在基督教的主持下进行的。

24. 村民们把它们都纳入了仪式交换之中，这样，"根据土地的方式"在与"根据金钱的方式"的对抗中完整地呈现了；见托伦（Toren）[1989] 对来自市场经济的金钱和商品在仪式交换中被"洗净"的方式的分析。托马斯 [1991：35-82] 讨论了礼物 / 商品的区别对太平洋地区交换系统的适用性；对于斐济，他认为，虽然礼物交换的对象本身是可以转让的，但仪式性交换"创造了一种留置权，在这个意义上有'不可转让'的后果"［第 67 页］。

25. 关于当代乡村生活中这些过程的详细描述，见 Toren，1990：50-64，90-118，238-44。

26. 在接受塔布阿（*Tabua*）[鲸鱼的牙齿] 的过程中，说话者多次嗅吻它（*reguca*），并在说话时继续握住和凝视它。鉴于塔布阿是为了交换土地的附属产品而给予的物品，这种行为表明说话者在含蓄地消费一种无形的主要物质，这种物质存在于牙齿之中。

参考文献

CALVERT, J. (1982; orig. 1858). *Fiji and the Fijians*, ii. *Mission History*. Suva: Fiji Museum.
CAPELL, A. (1973; orig. 1941). *A New Fijian Dictionary*. Suva: Government Printer.
CLAMMER, J. R. (1976). *Literacy and Social Change*. Leiden: E. J. Brill.
CLUNIE, FERGUS (1977). Fijian Weapons and Warfare, *Bulletin of the Fiji Museum*, Suva.
DENING, GREG (1980). *Islands and Beaches: Discourse on a Silent Land, Marquesas 1774–1880*. Honolulu: University of Hawaii Press.
HOCART, A. M. (1912). 'On the Meaning of *Kalou*', *Journal of the Royal Anthropological Society*, 42: 437–49.
——(1929). 'Lau Islands, Fiji', *Bulletin of the Bernice P. Bishop Museum*, 62, Honolulu.
HOOPER, STEPHEN PHELPS (1982). 'A Study of Valuables in the Chiefdom of Lau, Fiji', Ph.D. Thesis, University of Cambridge.
LÉVI-STRAUSS, CLAUDE (1983; orig. 1979) *The Way of the Masks*. London: Jonathan Cape.
MUNN, NANCY (1986). *The Fame of Gawa*. London: Cambridge University Press.
NAYACAKALOU, R. R. (1955). 'The Fijian System of Kinship and Marriage', *Journal of the Polynesian Society*, 64: 44–56.
SAHLINS, MARSHALL (1962). *Moala: Culture and Nature on a Fijian Island*. Ann Arbor, Mich.: University of Michigan Press.
——(1976). *Culture and Practical Reason*. Chicago: Chicago University Press.
—— (1983). 'Raw Women, Cooked Men and Other "Great Things"of the Fiji Islands', in P. Brown and D. Tuzin (eds.), *The Ethnography of Cannibalism*. Washington, DC: Society for Psychological Anthropology.
——(1985). *Islands of History*. London: Tavistock Publications.
SAYES, SHELLEY ANN (1984). 'Cakaudrove: Ideology and Reality in a Fijian Confederation', Ph.D. Thesis, Canberra, Australian National University.
SEEMAN, BERTHOLD (1862). *Viti: An Account of a Government Mission to the Vitian or Fijian Islands*. Cambridge: Macmillan & Co.
SHORE, BRADD (1989). '*Mana* and *Tapu*', in Alan Howard and Robert Borofsky (eds.),

Developments in Polynesian Ethnology. Honolulu: University of Hawaii Press.
THOMAS, NICHOLAS (1991). *Entangled Objects: Exchange, Material Culture and Colonialism in the Pacific*. Cambridge, Mass.: Harvard University Press.
THOMPSON, L. M. (1940). 'Southern Lau, Fiji: An Ethnography', *Bulletin of the Bernice P. Bishop Museum,* 162, Honolulu.
TOREN, CHRISTINA (1988). 'Making the Present, Revealing the Past: The Mutability and Continuity of Tradition as Process', *Man*, NS 23: 696–717.
—— (1989). 'Drinking Cash: The Purification of Money Through Ceremonial Exchange in Fiji', in J. Parry and M. Bloch (eds.), *Money and the Morality of Exchange*. Cambridge: Cambridge University Press.
—— (1990). *Making Sense of Hierarchy: Cognition as Social Process in Fiji*. London: Athlone Press.
—— (1993). 'Making History: The Significance of Childhood Cognition for a Comparative Anthropology of Mind', *Man*, NS 28: 461–78.
—— (1994). ' "All Things Go in Pairs or the Sharks Will Bite": The Antithetical Nature of Fijian Chiefship', *Oceania*, 64/3: 197–216.
—— (forthcoming). 'Cosmogonic Aspects of Desire and Compassion in Fiji', in Daniel de Coppet and André Iteanu (eds.), *Society and Cosmos*. London: Berg.
WATERHOUSE, J. (1978; orig. 1866). *The King and the People of Fiji*. New York: AMS. Reprint of the 1866 edn. published by the Wesleyan Conference Office.
WILLIAMS, THOMAS (1982; orig. 1858). *Fiji and the Fijians*, ed. G. S. Rowe. Suva: Fiji Museum. A reprint of the 1858 London edn.
—— (1931). *The Journal of Thomas Williams, Missionary in Fiji, 1840–1853*, ed. G. C. Henderson. Sydney: Angus & Robertson.

第 8 章

景观与祖灵过往的再生产

霍华德·莫菲（Howard Morphy）

梦创时代（The Dreamtime）① 是一个完美之地。创世论（The doctrine of the Dreaming）是一种末世论，是关于最终事物的学说，而这些事物同样也是最初的事物 [Stanner，1984：170]。

我当时正沿着新南威尔士州和维多利亚州交界处的雪山上的一条狭窄河谷漫步，两边是开阔的温带林地。陪同我的是来自大陆北方阿纳姆地（Arnhem Land）东北部的原住民纳瑞金·梅穆鲁（Narritjin Maymuru），他是雍古族（Yolngu）人。我们来到一个水面开阔的地方——一个浅浅的椭圆形湖泊，湖的一端逐渐变窄，两边散落着锋利的鹅卵石 [图 8.1]。我们在湖边坐下，纳瑞金开始为我解释它的神话故事。他说，这里是忽瓦部落（Dhuwa moiety）的土地，与卡彭塔利亚海湾的特瑞亚湾地区的马拉库卢族（Marrakulu）及其相关部落有关。这也是一片与祖灵加尼贾拉拉（Ganydjalala）相联系的土地，她是一名女性祖灵，与其他人一起用石矛在森林中猎杀袋鼠。加尼贾拉拉与石矛的起源有关，也与阿纳姆地的伟大地方性仪式之一——琼古万（Djungguwan）有关。女性祖灵们在内陆森林中砍伐树木以寻找蜂蜜。在树木倒下后的不同地方，她们开辟出了水道和湖泊，或仪式场地，或石矛采石场。

---

① 澳大利亚原住民神话中大地与人类初创之时。——译者

第8章 景观与祖灵过往的再生产 231

图8.1 1976年，纳瑞金·梅穆鲁走过尼米蒂贝尔（Nimitabel）附近雪山的一个山谷。河道开阔的水面以及河床上、河岸边的尖锐石头让他想起了女性祖灵加尼贾拉拉，作为石矛创造者，她在森林中寻找蜂蜜时在阿纳姆地所开辟出的地方（Morphy 1991：图9.4）

我问纳瑞金，他怎么知道那是忽瓦部落地区，因为我们之前都没有去过那里。此外，在19世纪中叶，大家对曾经在这个地区生活的人们被欧洲殖民统治粗暴打断之前的神话知之甚少。纳瑞金指着溪流旁的尖锐鹅卵石说，那是加尼贾拉拉的石矛，他还指出了那些与加尼贾拉拉打猎时穿过的森林相似的树木。最后他提醒我，加尼贾拉拉创造的湖泊是如何在纳瑞金自己的哥哥博卡拉（Bokarra）为琼古万仪式制作的朱哇尼（*djuwany*）柱子上的绘画中表现出来的，以及它的形状如何类似于我们所坐位置的湖的形状 [参见 Morphy，1991：121]。的确，我们是在忽瓦部落地区。

许多穿越澳大利亚南部各州的人都有着与北方原住民类似的经历。在19世纪，澳大利亚的殖民边界从南到北迅速拓展。最终，在气候、原住民抵抗因素，以及殖民主义历史背景改变的情况下，殖民步伐逐步减缓。直到20世纪中叶，澳大利亚北部的许多原住民仍然远离欧洲殖民主义带来的最具破坏性的殖民进程。截至那时，侵占原住民土地以及剥夺原住民决定自身未来发言权已经变得越来越困难 [尽管并非不可能]。随着 1976 年《原住民土地权利（北领地）法案》的通过，在意识到面临失去土地的威胁之前，北部地区的许多原住民就重新获得了对其土地的安全所有权 [参见资料，如 Hiatt，1984]。20 世纪 60 年代，雍古族人一直站在原住民争取土地权利的最前线，他们的大部分土地都被转为原住民所有，甚至不需要经历提出索赔的过程。不过，雍古族人完全了解南方原住民所遭受的殖民主义的灾难性过程，在这一过程中，人口锐减，人们被迫离开土地，儿童被迫与父母分离。雍古族人了解这片土地在欧洲殖民主义之前的旧历史，他们承认大地中祖灵力量的存在，能感受到周围大地几代亡者的灵魂。对他们来说，重要的是能够解释这片土地，以便人们寻求 [或至少考虑去获得] 某种许可 [就像（假设）这些亡灵活着一样，可以进行许可]，并且人们也可能去避开那些精神力强大的或危险的地方，这样一来，如果出现令人不安的或不确定的情况，人们也能够采取适当的行动 [参见 Williams，1986a]。当我和纳瑞金一起去那些偏远的、欧洲殖民影响不严重[2]的地方旅行时，他会不断地试图将自己放在景观中，去解释这片土地上可以与神话般的过去联系起来的迹象，对他来说，神话般的过去仍是当下的一部分。

我将纳瑞金对雪山景观的描述称为"重新诠释"，但这件事的重要之处在于，对纳瑞金来说，这不是一次重新诠释，而是一个发现或启示的过程。祖灵就在那里，亘古不变。在澳大利亚的一些原住民与他们的土地仍保持着持续而积极的关系的地方，我认为存在着维持宇宙框架稳定性的机制 [Morphy，1988，1990]。每个地方都是网络的一部分，该网络将地方以链的形式连接在一起，任何方向上的节点都需要靠中间节点联系在整个网络之中。人们迁入某个地方，并（能够）从其他人手中接管此

---

[2] 原文直译为"欧洲人的面具不那么沉重的地方"（When I travelled with Narritjin in isolated places, where the masking presence of Europeans was less heavy,……）。——译者

地的条件是，相同类型的链接在原来的地方继续保持。也就是说，人们不会通过强加新的神话而进入并接管某个地方；相反，他们进入此地采取的行动就仿佛是自身被这一新的地方所接管。这使得争夺土地的政治性斗争虽仍激烈，但保留了人、地方和祖灵过往（ancestral past）之间联系的连续性的错觉。如果关于地方的知识传播确实中断了，或者人们迁入了此前业已无人居住的土地，那么，正如纳瑞金的故事所显示的，有一些机制可以创造或重新创造这种联系。

我曾在其他地方论证过，祖灵（ancestral beings）与地方之间联系网络的韧性反映了这样一个事实，即人们通过祖灵过往的调节过程来维系对地方的依恋，这是原住民社会核心结构的一部分[Morphy, 1990]。至少自斯宾塞（Spencer）、吉伦（Gillen）和卡尔·斯特莱罗（Karl Strehlow）的著作面世以来，景观与"原住民对世界的概念"之间的关系一直是澳大利亚原住民人类学研究的中心主题。"图腾景观"[特德·斯特莱罗（Ted Strehlow, 1970）的说法]对于原住民的创造、精神力量和世界秩序的概念的中心地位在斯坦纳[Stanner, 1966]和芒恩[Munn, 1970, 1973a]的著作中得到了充分体现。正如当下人们所理解的那样，景观不仅仅是神话事件的符号系统，更是许多象征意义的参照物。景观常常被视为一种中介性的符号系统，其目的是传递有关祖灵过往的信息——景观是信息的组成部分。我将集中研究阿纳姆地东部的景观，也就是雍古族居住的地区。在澳大利亚的其他地区，图腾地理与社会组织的衔接方式有很大不同。尽管如此，我的大部分分析与该大陆其他地区的讨论也直接相关。

时间、空间和景观

我在这里关注三个过程：景观的祖灵测度（ancestral mapping），景观中历史和情感的沉淀，以及个体获得景观观念的方式。为了阐明这些过程，我考察了个体、祖灵过往和个体[他或她]的生活世界之间的三元关系。从社会理论和原住民形而上学的角度来看，结构与行动之间的关系问题也是我分析的核心。我的论点简而言之就是，与景观的互动是作为原住民社会文化结构组成部分的"梦创"的再生产过程的一部分。我并没有赋予"梦创"本身某种决定性结构的特殊角色，但我也没有像布尔迪厄[Bourdieu, 1977]和吉登斯[Giddens, 1979]等当代社会理论家那样，将这种决定性地位交给基于历史性社会关系中的实践所表征的现实的层面。我采取的立场是，文化和社会最好被概念化为相对独立但又相互依存的现实组成部分，前者是社会文化轨迹的共同决定因素，后者则是其再生产的必要组成部分。社会文化的概念不是我凭空捏造以便用来强调现实中这两个维度的相互依赖关系。相反，两者都是从人类生活不断变化的过程中抽象出来的。梦创不是"文化"，但它是一个极好的例子，说明文化概念对人类学分析是必要的：它是现实的一个层面，是社会文化再生产过程中的一个共同决定性的组成部分。梦创代表了一种结构，而不是一套规则——这种结构在某种程度上已经被生活化了，因此具有内涵。它有它过去的起源，（但又）从梦创时代的事件流动中分离了出来。它通过融入后来的历史，以一种使其能够适应历史事件的紧急状况的形式再现，从而获得了它的内在意义。

与澳大利亚其他地方一样，人们认为大地的物理形态是通过祖灵的行动而形成的，祖灵们在大地上迁徙，并以地形特征的形式留下了他们行动的证据。在他们砍伐树木的地方，河道或仪式场地是通过在地面上留下的印记形成的；在他们流血的地方，形成了赭石沉积或留下了特定颜色的水。然而，祖灵与土地之间的联系是一种更为普遍的关系。作为一个整体，这片土地是祖灵狩猎和采集之地，景观的方方面面都可以被认为具有祖灵的内在意义——当今土地的气味、声音和味道就是他们也经历过的气味、声音和味道。

在这方面，生活在这片土地上的上几代人与祖灵并没有太大的不同，这些前人们是直接的情感参照物，与祖灵进行着遥相联系。这片景观充满了其他的人类记忆。锚固于土地之上的祖灵，成为日常生活、政治之外的永恒参考点，生活在当下的人的情感可以依附于此。为了塑造这个参考点，祖灵的行动必须永远冻结在某个特定点上，从而使部分行动变得永恒。在雍古族个体发育中，地点优先于时间。时间是通过祖灵转化为地点而创造的，地点永远是事件的记忆体。祖灵们"坐下来"，不管停留的时间有多短，他们都永远成为这个地方的一部分。用雍古族的话来说，他们变成了这个地方。任何在该地方发生的事件，无论它们发生的顺序如何，无论它们之间存在什么区隔，都从属于它们所表征的空间。只有与空间分隔进行关联，与（事件）发生的、有着不同空间特征的相应地方进行关联时，（事件发生的）时间序列才能得以表征。也正得益于此，共时性或永恒性也被内嵌到了时间序列的表征方式之中。（历史过往中）留下的是（事件发生的）地方之间的空间距离，而不是各事件发生的时间前后间隔。祖灵完成他们旅程所花费的时间，或事件之间的间隔，从来都不是神话叙述的一部分，在雍古族的神话叙述中没有"多年以后"，尽管有着某些可识别的时间层或共时带。通过转化为景观的特征，神话事件也被共时性地呈现，即使它们可以说是发生在不同的时间点上。

这种时间相对于空间的从属关系反映在了雍古族的语言之中，他们用某个表达空间距离的词汇来同样指代时间距离，并且有明确的证据表明空间性词汇（spatial vocabulary）是主要的。雍古族语言的动词词性系统主要是体态（aspectual）和情态（modal），而不是基于时态（tense-based）。从（词汇的）体态上看，这些语言区分了行动和事件的终点，而不是将它们置于与现在相关的整体中。完成体表示在说话之前已经发生了的事件或动作，而未来体表示在说话时还没有完成的事件或动作；祖灵的事位于过去，它们是已经完成的行动。完成体在语态上的区分，在于是否属于实际发生的独立、特定事件 [指示性的（indicative）]，还是所有其他类别的事件或行动 [非指示性（non-indicative）]。单纯的非指示性完成体（perfective non-indicative）没有伴随的小品词③，意味着已经完成的事件或行动，且这些习惯性重复的事件或行动不是在特定空间或时间上发生的。祖灵的事几乎无一例外地用这种非指示性完成体来描述。因此，祖灵事件（ancestral events）并没有被描述为那种在时间上可以锚定的独特事件。这种将祖灵的事描述为可以随时间重复发生的叙事方式，很符合雍古族的观念，他们认为祖灵的事可以通过仪式行动重新表演，并通过圣物和绘画重新呈现出来。因此，祖灵的事不会被永久性地定位为在特定时间点上发生。[1]

时间对空间的从属关系普遍反映在雍古族语言的句法、形态和语义中。在大多数情况下，时间标记衍生自、甚至可以说是寄生于"用来描述空间关系的语言手段"。[2]

在景观特征中，祖灵事件的梦创时代编码一直代表着世界被生产过程中的某种矛盾——它切断了祖灵事件的自由流动，并将它们锚固在一种受制于结构的形式中。祖灵无拘无束的创造力之所以丧失，正是因为他们可以作为一种世界"秩序"的形式代代相传，从而创造了世界。行为的流动因其传递至景观这一事实而被永远地固定了下来，成为存在于祖灵世界之外的结构。祖灵继续前行，尽管他们的部分主观体验已经转化为景观的形式；祖灵们继续着他们的旅行，把他们被冻结的经历抛在身后，留之对其他人的生活产生意义。在澳大利亚的某些地方，有一些特殊类别的祖灵，他们为其他人的创造性行为提供着元叙事（meta-commentary），并进而将其转化为祖灵法令的形式，为人类的目的而传递下来。这些祖灵实际上是在说着这样的话："在这里，鳄鱼变成了一座小山的形状。从

---

③ 在英语中，由动词和小品词（up,down,in,out,on,off,over,away）构成短语动词。小品词是只具有语法意义而没有词汇意义的不变词类，其既有副词的某些特征，又具有介词的词形。——译者

现在开始，你必须把这个知识传给你的孩子。"[Morphy，1990] 这些祖灵是阿纳姆地的真理书写者，是神话的传播者，他们提供了将神话与未来世界连接起来的手段。（然而，）在世世代代活着的人的世界里，这个过程是反向进行的。通过个人在世界中移动时获得的关于祖灵过往的知识，有序的、冻结的祖灵过往的世界成为他或她主观经验的一部分。但这种个人获得的知识以一种特殊的方式将人与存在于人类世界之外的地方结构，以及这些地方的意义联系起来。这个结构是人类世界和祖灵世界相遇的地方，但它并不属于两者。

祖灵的调节

阿纳姆地东北部的土地纵横交错，祖灵的足迹提供了雍古族土地神话地图的坐标。祖灵以团体或个人的形式旅行，创造了标志着他们所通过的土地的形态。路线和事件的交叉创造了特殊的地点，因此可以用来定位这些地方。在澳大利亚，几乎所有地方都以神话事件命名，每个地方都有自己独特的神话标记。景观的起源可以说与后来占据它的人类群体的起源完全无关。然而祖灵的行动受到一定的限制，正如之后人类定居者受到的限制一样。他们创造了一块以族群为基础而划分的土地，而他们的后人，或其中一部分人的后人，则必须适应这些族群结构的景观。祖灵足迹的交叉点创造了一个类似棋盘格子模式的相对交替的部落单元，而各族群的人们就填充于其间。我曾在其他地方论证过 [Morphy，1988] 这个系统如何随着时间的推移而适应雍古族人生活中人口和政治的需要，在这里，我只能非常简要地总结一下我的论点。

当下，每个雍古族部落通常都拥有一些土地。在对土地所有权以及部落集体的存在没有争议的情况下，本部落和其他部落的长老们会把这种情况说成是古已有之。他们声称，该部落的存在与其创始先祖有直接的延续关系，他们的土地是根据祖灵法令获得的。对土地的所有权意味着对与部落土地相关的圣物的所有权——这些圣物包括绘画、歌曲、舞蹈和神圣之物，这些都是创造土地的祖灵的表征形式。（部落对土地的）连续占有需要通过在仪式中使用圣物来保持对祖灵的记忆。显然，随着时间的推移，一些族群在扩大，另一些则在缩小，人与土地之间的关系也在不断调整。然而祖灵的网格仍然相当稳定，新的族群占据了现有的空间，并接管了圣物以及他们之前的人所行使的精神上的使命。从某种意义上说，新族群穿上了老族群的衣服，因此从祖灵的角度来看，什么都没有改变。正如莫顿 [Morton, 1987: 104] 在总结芒恩 [Munn, 1970] 的观点时所写的："土地和圣物总是在那里，在'持有'和'照看'它们的几代人中基本上没有变化。"同样，时间从属于空间。新的族群很快就根据他们与空间中其他族群的距离来被定义：随着时间的推移，当新族群对他们所继承的族群产生认同时，时间就通过新族群与地方的联系而被浓缩。对（族群、祖灵过往与地方场所间关系）连续性的强调不断地将空间模式的结构重新强加在人类的事件之上。这种结构与日常生活中的政治相分离，尽管它一直是政治活动的主题。

191　　景观、祖灵和社会群体之间关联的系统性在雍古族的艺术体系中得到了清晰地体现。地方、祖灵和社会群体，都被精确地编码在绘画和歌曲的内容与形式之中。绘画在其形式上包括与特定祖灵复合体相关的几何图案。例如，"野生的蜂蜜/火"的情结很普遍，并且与属于伊尔里加（Yirritja）部落的许多地方相关联。每个这样的地方都有一系列与之相关的独特神话事件，尽管与其他地方发生的事件有着重叠和联系。地方的独特性通过其特有特征来体现，这与此组图案中的所有其他设计不同（图 8.2）。与特定祖灵足迹相关的歌曲也同样可以根据风格特征来识别。

192　　在更普遍的层面上，语言和命名系统也与地方密切相关。主位（emic）视角下，部落说的独特方言就像歌曲和绘画一样，是族群的祖灵遗传的

一部分 [F. Morphy 1977]。从客位（etic）的角度来看，日常话语中的语法和形态的变化与相似性，在区域层面上将族群归并或区分开来。方言的变化足以辨别一组可能与说话人相关的地方，但其不具有绘画的特殊性。另一方面，在专门词汇和某些宗族专用词上，地方和祖灵是有其指称的。人、狗、独木舟以及后来的汽车的命名系统也都与地方直接相关，并且从雍古族人的角度来看，这些也都源于地方。人名属于特定的祖灵复合体，通常与特定的地方有关，而狗和独木舟的名字则取决于特定的部族。个体的名字不一定代表他（她）的部族归属，因为不同部族的名称可能会被赋予同一个人，共同反映着这个人最广泛意义上的祖灵（传承者）身份。

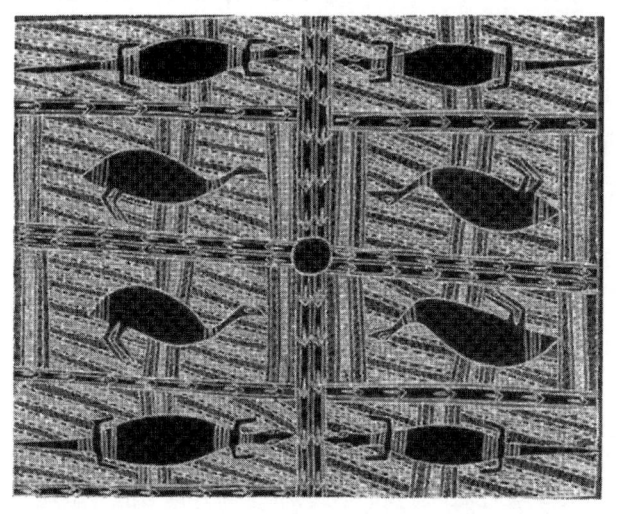

图 8.2　1976 年，伊尔里加部族（Yirritja）的加伊米尔部落（Ngayimil）的拉特扬加（Larrtjanga）画的一幅达拉乌伊（Darawuy）绘画。这幅画表现的是水巨蜥和大鸨（*walpurrungu*），它们正围绕在由女性的祖灵詹－卡武（Djan'kawu）创造的水坑四周。几何背景图案代表了被达拉（*dara*）[野生香蕉] 覆盖的沼泽地以及鸟类在泥土中的脚印。每个与詹－卡武神话有关的忽瓦族部落都拥有一个以他们地区的某个水坑或一组水坑为中心的图案设计变体。但在这幅画里，该图案的特殊构造，即鸟的脚融入白色虚线之中，与加伊米尔部落有关

因此，雍古族景观被划分为若干片段，这些片段反映了祖灵与土地的特定区域的联系。由于祖灵不仅创造了景观，而且将延续祖灵遗产的

人们置于同景观的特定关系之中，因此，景观就被同时视为人们占据的一系列空间。景观的双重性——即它既由祖灵的转变所创造，又由人们所分配——反映在与土地相关的一系列表征之中。几乎所有与社会群体有关的东西在某些方面也是土地的标志。例如，艺术系统为景观披上了部族设计的格子图案装饰，为人、祖灵和土地之间的关系排序提供了系统性的图形组成部分。

生态学和地方的祖灵性质

地方之间的共同点，独立于景观的政治分区而存在，在图腾地理中得到体现。正如人们所预期的那样，作为一个狩猎和采集的社会，雍古族语言有丰富的词汇来描述地形和环境，精确区分环境区域，并将它们与季节性资源的开发联系起来 [Rudder, 1977; Williams, 1986b: 66ff.]。由于神话系统与环境密切相关，通过关注与特定地点相关的动植物，人们可能预期地形区域和祖灵足迹之间有密切的对应关系，同时祖灵的分布与自然物种的分布应当符合一致性的逻辑。

当然，在详细描述层面上，图腾景观和"自然"景观的表征是相衔接的。有两种对应关系可以进行探索。一种是特定祖灵的足迹和祖灵的复合体以及特定的生态区之间的联系。另一种是对特定环境特征的神话表征，神话采取了祖灵穿越大地的旅程的形式；许多特定地方的神圣规则都包含对景观的注解 [参见例如 Berndt, 1952 或 Clunies-Ross, 1978]。例如，祖灵唱的歌描述了他们在水潭边看到的动物种类，或者详细描述了一只鸟在一年中的某个特定时间觅食。神话叙述了祖灵如何命名特定的物种，如何看待它们，有时还描述他们如何猎杀和烹饪它们。神话的这些描述性内容几乎无一例外都是"植根于地方"的，也就是说，歌曲反映了当地所呈现的特征。然而，就神话的事件结构而言，尽管这些动植物群构成了与地方有关的祖灵"法度"（ancestral 'law'）的主要内容，但它们只是次要角色。主要角色是祖灵的灵魂，他们为旅途中所停留的每一个地方创造了"律条"，并为动植物命名。

主要的祖灵是一种复杂实体的指称。他们经常没有固定的形式，而是在神话的不同阶段，从动物或无生命的形态转变为人类的形式，然后又转化回去。通常情况下，这并不是从一种状态转变到另一种状态的问题，在不同的叙述、歌曲、舞蹈、绘画中，似乎都是不同存在状态的呈现。在神话叙事里，要表达的重点不是"古鲁姆（Ngulumun）从人变成了一条鱼王"，而是"然后古鲁姆 [他先前用手投掷了长矛] 如鱼般游弋"。显然，这样不受自然约束的祖灵不需要受到生态区域的限制。而事实上，这些生命的旅程常常跨越不同的区域，其中许多区域可能并不适合其动物或物种的转变，如咸水物种穿越淡水地区，水生物种在陆地上活动，火在水中燃烧，等等。再例如，（地方叙事中）与鲨鱼（*maarna*）有关的许多主要地点都在内陆，尽管该物种本身是与海有关的。鲨鱼在白金汉湾（Buckingham Bay）的水域中被鱼叉刺死，它在死亡的痛苦中撕扯着划向内陆，挖开河床，有时潜入地底，以便在另一个地区再次出现 [图 8.3]。

尽管没有合乎逻辑的理由说明祖灵的足迹应该与特定的生态区有着任何关联，但在许多情况下，两者之间确实存在很强的联系。一些祖灵的足迹，例如祖灵咸水螯虾的足迹，被与现今该物种出现的地方联系起来。在詹－卡武（Djan'kawu，女性祖灵）神话中，其主要足迹所涉及的地方分布在一段范围很小的沿海环境和内陆平原中，这些詹－卡武足迹范围内的每个族群都有一系列与相似地方相关联的雷同歌曲 [Keen, 1989]。即使在伊尔里加部落的"野生蜂蜜/火"的复合体情况下，祖灵复合体也与内陆和沿海这样明显不同的生态区相关，分布在内陆和沿海的地点形成了离散性的序列，但其部落成员却仍共享着一套具有重叠性的特征。

图 8.3 玛阿·木努古尔（Maaw'Mununggurr）在他妻子们的协助下，在乌尔乌尔乌伊（Wurlwurlwuy）画的鲨鱼，伊儿卡拉州（Yirrkala），1974。背景图案表现了鲨鱼在云景（cloudscape）中痛苦地死去

祖灵与地方之间的联系是如此精妙，以至于在以歌曲或绘画形式出现的少量信息中都可以精确地识别出祖灵的位置。这种地方的植入使雍古族祖灵的表征具有生产力：祖灵在该地活动的所有相关信息都被释放了出来，成为绘画和其他圣物的潜在解释来源。因为每一种环境都有许多不同的特征，只有其中的一些特征被用作（表征）特定的祖灵身份。因此，将某种环境类型对应到某个特定祖灵是比较困难的。由于动植物物种的种群特异性，所以对动物和植物的选择有相当多的差异。尽管如此，在解释景观时，人们通常会寻找具有图腾意义的环境标志，通过这些标志有可能会将这个地方纳入祖灵的网格 [就像纳瑞金（Narritjin）在雪山所

做的那样]。

　　现今的景观在神话中得到了体现，同时景观也表征了神话的内容。当初，祖灵们创作歌曲中的元叙事，代表了雍古族对当今环境的反思。但环境作为一个整体，也代表了祖灵的身体和行为的各种转变形式。祖灵的本质可以显现于环境的任何特征之中，包括颜色、味道和气味；其不一定由物种本身或自然界中与之相关的任何事物所代表。如果祖灵脱离了他（她）在自然界中的位置进行活动，那祖灵物种则会通过其他物种进行表征；在当今，这些物种会成为特定环境的特征，或至少表征了这一特定环境。例如，古尔卡-乌伊（Gurka'wuy）的河口是由内陆一位女性祖灵砍伐祖传的澳洲桉树，在树倒下后而形成的。这棵树一头扎进海里，形成了古尔卡-乌伊的河道。这一过程中，树的碎片散落在景观之中，碎片洒落的地方变成了新的树。但在今天，表征地方的特定代表性树种是由其生态逻辑决定的。在古尔卡-乌伊的海滩上，其中一个（祖灵伐树后）碎片的代表是一株雄伟的红树，它独自矗立在岩石坝上（图8.4）。人们给我介绍这棵树时，是这样说的："看看这棵澳洲桉树。我知道对你们欧洲人来说，这看起来像一棵红树，但实际上这是一棵澳洲桉树。"再如，鲨鱼在垂死的挣扎中，为乌拉乌拉乌伊创造了这条河，它的碎牙变成了生长在两侧河岸上的树木。核心祖灵一般是由（地方）环境特征来表征的，不过这些特征只是通过类比与他们相似。而祖灵曾居住的世界与当今的世界相同，那个世界只是由于与祖灵的联系而与当下的世界拉开了距离，因此才成为映射（祖灵）的来源。

　　人们只需通过在景观中的游走即可了解祖灵过往。他们获得的知识反映了祖灵过往和土地本身之间的积极关系。景观的变化以及祖灵的表征都介入并影响着人们的行动。通过祖灵过往在转换过程中呈现的属性，（景观的）变化可以得到包容。如新的不同树种的生长，被看作是同一基本力量的转化。在地方上编码意义的潜力是巨大的，在雍古族的景观概念

图 8.4 杜恩迪乌伊·沃南比（Durndiwuy Warnambi）指着特瑞亚湾（Trial Bay）的古尔卡－乌伊（Gurka'wuy）海滩上的红树林，说那是祖灵的澳洲桉树的表征，通过它挖出了古尔卡－乌伊河的河道。河流穿过了远处的红树汇入海湾

中，神话和历史结合在一起，有时加强了地方的形象，有时则呈现出矛盾的形象。事实上，不同的人对某一地区土地的固有性质可能持有矛盾的印象，这种印象在雍古族人的决策过程中发挥着积极作用。当下的事件被用来证实或否定地方的其他形象。贾拉克皮（Djarrakpi）被选为曼加利利（Manggalili）部族定居之地。过去，这里是一个主要的扎营地，靠近一个圣湖，圣湖为孕育灵魂提供源泉。然而，它也靠近一个重要的墓地，可能与过去遥远的某个时期的一场重大战争有关。当然，地方神话部分涉及这场祖灵的战斗，体现在伊尔里加部落丧葬仪式的许多主题关涉到这个地方的神圣规则 [参见 Morphy，1977]。当该部族在贾拉克皮重新建立定居点时，一位部族的长老拒绝去那里，理由是那里太危险。在接下来的一年里，该部族的两名成员死亡。虽然这两起死亡事件都没有发生在贾拉克皮附近，却被联系到了这个地方，因为此处与概念中的死者灵魂有关。于是，该定居点被放弃了，就好像死亡事件发生在那里一样。将贾拉克皮视为危险之地的人越来越多，人们花了很长时间才回到那里。

即使如此，也只有一部分族人返回；另一部分族人则认为定居点应该建在别处。因此尽管最近在贾拉克皮没有发生死亡事件，但该地的神话内涵与在那里重建定居点的紧张关系使这一地方的特殊图景保持鲜活，并成为与祖灵过往相承续的当下情绪的焦点。

相反，当代事件也可以改变一个地方的形象，赋予神话事件新的内涵。任何发生过某种灾难的地方，如致命的流行病或大屠杀，都会成为一个需要避讳的地方。但同时，它也是巨大潜在力量的来源。最终，这样的地方会再次被人类占据。巴尼亚拉（Baaniyala）定居点和贾拉克皮一样，建在一个古老的屠杀地和埋葬地附近。巴尼亚拉已成为目前最成功的定居点之一，人们在其建造初期所表达的负面情绪已变得平淡，但在贾拉克皮，这些负面情绪则一再被挑起。

诞生于图腾景观之中：个体、亲属关系和仪式

到目前为止，我已经介绍了景观如何呈现为文化构想，即通过与社群组织的衔接、与生态和环境自然特征的互动以及与地方相关的事件和人物的历史内涵与记忆，将祖灵过往转变为与现在的联系。我现在想把焦点稍微转移到社会过程上，在这个过程中，个体出生在景观之中，并通过他（或她）与其他个体以及族群的亲属关系获得对景观的理解。最后，我将探讨景观如何成为仪式过程的一部分，仪式又如何反过来为社会景观的秩序提供背景；以及在丧葬仪式中，景观如何既代表（亡者）的个体生活，又作为一种手段将（亡者）这一社会性人重新吸收到祖灵过往之中。通过这种方式，我将展示景观的文化概念化是如何发挥社会过程的媒介作用，并且在一定程度上构成了社会过程，而这又是它们作为概念进行再生产的一个组成部分。

雍古族有两个关于"出生"的词。其中一个词的字面翻译意思是"头

先出来"，另一个词是哈瓦尔 – 乌彦济尔（*dhawal-wuyangirr*），其是由哈瓦尔（*dhawal*）——"赋名地方"④和乌彦济尔（*guyangir*）——"想到"组成的一个复合词。从字面上看，这个词的意思是"想到一个用于起名字的地方"。这一概念直接将个体的诞生与祖灵的创造力联系起来，并开始了将主体置于景观之中的过程。祖灵通过将自身转化为命名的地方来创造世界，而每个人的生命都代表着这个过程的延续。祖灵常常被说成是有意识地将自身变成了地方，就像暗示人类是"生进了一个地方"（born into place）一样。出生 [或在出生前的灵魂孕育] 是将某个体与一处或一组地方联系起来的过程的开始，使他（或她）在景观中获得身份，正如祖灵通过转化为地方而获得他们的身份一样。随着人们年龄的增长，他们被社会化到一个世界之中（socialized into a world），在这个世界中，他们生活中的一切意义都可以与命名的地方联系起来，或者用祖灵的词汇来指代。他们出生在一个社会世界（social world）里，但这个社会世界被呈现为一个祖灵的世界（ancestral world）。他们在祖灵的网络中规划自己的独特线路，而在雍古族的意识中，这个旅程不断地被转化为一个注定的通道——他们在"追随着祖灵的道路"[参见 Stanner，1984：169]。

个体身份与景观密切相关，以至于某个体可以影响另一个体。对土地的苛待——打破禁忌或不尊重圣地——会导致那些出生在这片土地上的人生病或死亡。反之，与土地有关的人的死亡会使该地区成为一个危险或贫瘠之地。

有一次，我和一群雍古族人沿着雅朗巴拉 [Yalangbara，布拉德肖港]的崖顶去打猎。我们当时处在两个部落领地相交接的地方，其中一个领地属于伊尔里加部落，另一个属于忽瓦部落。我们中的一个猎人——忽瓦部落的首领，看到一条鳄鱼在下面的水里慢慢游动 [图 8.5]。他把步枪举到肩上，正在瞄准，突然，一个女人非常戏剧性地站在了枪管前。一

---

④ 用于起名字的地方。——译者

阵激烈的争论之后，男人放下了他的步枪。鳄鱼刚刚从忽瓦部落的海域进入伊尔里加部落海域。鳄鱼是伊尔里加部落的主要祖灵，与土地的创造有关。正常情况下，射杀鳄鱼是完全可以的。然而这一次，伊尔里加部落的首领生病了。站在枪口前的女人是他的女儿，她认为如果鳄鱼被杀死，可能会削弱她父亲的灵魂力。鳄鱼和土地之间的联系才是关键。过了一会儿，鳄鱼转过身，开始向反方向游去。很快，猎人又端起了他的步枪，瞄准鳄鱼，并追着鳄鱼走了下去。这一次没有人干预，因为冲突的规则已经确立。但鳄鱼肯定也知道这些规则，因为它在进入忽瓦部落领地前再次转身，于是猎人就放过了它。

图 8.5　罗伊·马里卡在布拉德肖港（Port Bradshaw）的悬崖顶上看到了水中的鳄鱼（图片中，在最小的男孩头顶上方的水中，几乎看不到的一条线）。图片右侧，他的嫂子后来出面干预，阻止了鳄鱼被射杀

死亡清楚地表明了个体与土地之间的密切关系。与亡者有关的地方会被封闭起来，有时会被封数月，这些地方或是他（或她）活着时常去之地，或是因为这些地方与他（或她）的祖灵身份有关，抑或是他（或她）最初孕育地或名字的来源地。这些地方的动物不能吃，歌不能唱，画不能画。这片土地就像（亡者）人一样，变得死气沉沉。当人们对死亡的

记忆稍稍淡忘，对死亡的郁结也逐渐平复，就会通过举行仪式再次开放这片土地，以"释放"个体、地方和物品，并在灵性上更新它们。人们必须首先放火焚烧这片土地，然后才能安全地重新进入。通过这种方式，土地的身份与死者紧密相连，人与土地之间的联系得到了加强。

作为社会中心性网络的景观

由于部落和宗族被映射到景观之上，当个体获得自身与其他亲属关系相关的知识时，可以用景观来表达它，这反过来又影响了他对景观的认知。亲属关系影响他可以去哪里，以及他在特定地方可以做什么，用比尔诺夫[Biernoff, 1978]的话说，亲属关系能使景观变得安全或危险。重要的是要区分亲属关系映射到景观（mapped on to landscape）的两种相关方式：一种是社会中心性测度（sociocentric mapping），其似乎来自祖灵的网格；另一种是自我中心性测度（egocentric mapping）。其中，"社会中心性测度"为"自我中心性测度"提供背景和资源；而通过"自我中心性测度"的方法，"社会中心性测度"最终得以转化。

同一部落内的雍古族宗族处于一种特殊的亲缘关系之中：对于同部落内的其他宗族而言，他们或是母亲的母亲 [妈阿厘 -maari]，女儿的孩子 [姑萨拉 -gutharra]，抑或是姐妹 [雅珀 -yaap]。而对于不同部落间的宗族，他们可以被称为母亲 [纳昂娣 -ngaarndi]，或女人的孩子 [瓦库 -waku]。跨部落的归属是潜在的，也取决于背景。一个宗族，对于另一个不同部落的宗族而言，既可以是瓦库（女人的孩子）也可以是纳昂娣（母亲），这取决于背景的不同。在部落系统内部，理论上关系是固定的 [图 8.6]。宗族之间所使用的社会中心主义亲属词汇与雍古族的纳聘、婚姻联盟制度直接相关。外祖母[5]和舅外祖父[6]在纳聘（婚嫁对象选择范围）制度中

---

⑤ 原文是"母亲的母亲"。——译者
⑥ 原文是"母亲的母亲的兄弟"。——译者

是重要的亲属。一个男人（可以）迎娶他表姨的女儿⑦。女性在她女儿的纳聘中起着重要作用，而男性则在外甥女⑧的纳聘中起着重要作用。女性不能嫁到自己母亲的宗族中 [如果她的母亲来一个庞大的宗族，那她至少要嫁到该宗族的另一个世系中]。因此，人们认为女性会沿着某个母系链条"流动"，这一母系链条串联着"母亲的母亲的（妈阿厘）宗族"到"姐妹的女儿的孩子的宗族（姑萨拉）"。在任何时候和任何情况下，通过婚姻联系在一起的同一部落内的宗族，都有着一种不变的关系：即一个宗族总是另一个宗族的妈阿厘（外祖母族）或姑萨拉（外孙族）。社会中心性词汇反映了各宗族成员之间的个人关系的平衡，朝相反方向发展的婚姻很少或不存在。然而，宗族之间的婚姻模式会随着政治和人口环境的变化而发生调整，尽管社会中心制度是建构上述变化的一个必要条件，但其自身也必定会随之进行调整，以反映宗族成员之间关系的实际平衡。姐妹性宗族（雅珀）在婚姻系统中占据着相似的结构位置：他们很可能称同一组宗族为妈阿厘（外祖母族）或姑萨拉（外孙族）。

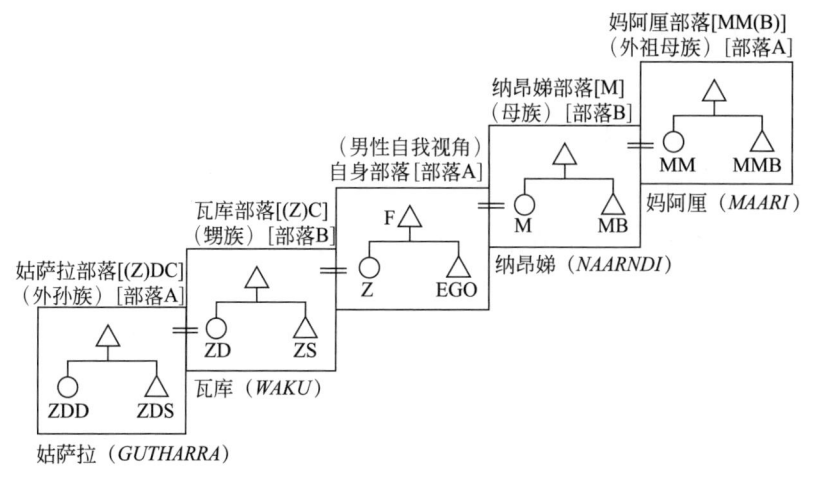

图 8.6　社会中心性宗族关系词汇的谱系基础

⑦ 原文是"母亲的母亲的兄弟的女儿的女儿"。——译者
⑧ 原文是"她姐妹的女儿"。——译者

作为个体的自我，一个人通过婚姻或血缘关系与一组宗族相联系，这组宗族包括他母亲的宗族（纳昂娣）、他外甥的宗族（瓦库）、他外祖母的宗族（妈阿厘）以及他外甥女的孩子的宗族（姑萨拉）。这些个人关系被社会中心性关系所补充和放大，社会中心性关系在群体层面运作，但也为在个人层面建立新关系提供了基础。个人自身的关系网络将他与宗族其他成员区分开来。

无论是在个体层面还是在社会中心层面，亲属关系都可以直接映射到土地上。个体会根据自己的亲属关系提及土地区域，比如说"我母亲的家乡"。人们对其母亲的家乡以及与之相关的祖灵之法有一定的权利和义务，这影响了他们对它的态度。他们可能不得不在某个宗族成员死后放火焚烧此区域，或者参与到歌曲的吟唱或圣物的制作之中。亲属关系会映射在某些地方。由于个体的名字来自土地，特定的地方便获得了亲属关系的内涵。这些地方使人们想起与自己有密切关系的生者和死者，这些地方也可能包含着死者的灵魂和记忆。

在雍古族人的口中，好像亲属关系是从土地中流出来的，他们对领地排列和婚姻模式之间的对应关系进行了高度系统化的描述 [参见 Williams，1986b：77]。据说领地是按照妈阿厘/姑萨拉，纳昂娣/瓦库的顺序组织的，复制了婚姻联盟的模式。这种婚姻联盟模式的有序性可能被夸大了，但考虑到地区中对婚姻安排的关注，以及将宗族按照非互惠类别进行的划分，秩序在系统内总是含蓄地出现，而且当地形、祖灵和社会秩序之间出现对应关系时，雍古族能够利用这种对应关系也就不奇怪了。当人们在一起驻扎定居时，他们以通婚集群的方式创造了这种秩序的理想表征，即通过家族的睡眠场所反映了他们宗族土地的地理关系 [见 Biernoff，1979：161]。这样的秩序显然会因人而异，但该原则的应用强化了人们观念中预先构建的宇宙图景。

仪式中的景观秩序

从某种角度看，雍古族仪式可以被看作是对土地表征序列的创造。所有神圣规则都与某些事件有关，而这些事件则表现为土地特定区域的形态和特征。土地包含了祖灵转变的力量，与土地相关的一系列表征也是如此。雍古族仪式涉及释放这种力量或将其用于特殊目的，如强化个人或运送灵魂。这种力量起源于人类，抑或经由祖灵转化为土地而为人类所用，并且在仪式的背景下，由该土地的表征所释放或创造出来，即使有时这种仪式会在远离这些土地的地方举行。在雍古族仪式中，"将山移到穆罕默德那里"以象征性的形式实现，而不是以字面意思的形式。仪式场地和出现在其上的构造是重现远方景观的舞台[图 8.7]。仪式场地通常是自我指涉性的（self-referential）：它们代表了祖灵在特定地方创造的场地，同时这些场地又用于祖灵生活的仪式性再现。这些场地为仪式行

图 8.7 1975 年，在伊儿卡拉地区（Yirrkala）制作的一个沙雕，其是房屋净化仪式的一部分。这一沙雕由雅卫迪－古玛奇（Yarrwidi Gumatj）宗族设计，它代表了传说祖灵过往中，"梦创"玛查桑在卡里顿湾（Caledon Bay）所建造房子倒塌后的形状[Morphy 1984：1]。沙塑表现了房子的柱子[前景中的平行线]和上面的两个房间[后景中的矩形]。这座沙雕塑于一位死者的房子外面，以作为净化和纪念仪式的一部分。死者的财物被放置在沙之中，以便净化或随后销毁。而死者的灵魂则被引导至卡里顿湾的方向

为指明了方向，使这些仪式行为与导致地方得以创生的祖灵事件的空间顺序相对应 [参见 Berndt，1974，pls. 44-46]。

雍古族仪式中的空间排序有两种，其类型取决于仪式的焦点或种类。在科恩 [Keen，1988：284] 提到的诸如纳戛拉仪式（Ngaarra）的区域性仪式中，以及在诸如琼古万仪式（Djungguwan）的纪念性仪式中，仪式焦点是单一祖灵轨迹中占了大部分时间长度的核心事件。尽管这些仪式是区域性的，因为它们涉及地理上分布广泛的、被同一条祖灵的轨迹所连接起来的族群，然而在某些方面，这些仪式的本质是内向的，因为它们关注的是特定地方的精神特质，以及群体与地方之间的关系。每个与类似女性祖灵詹-卡武（Djan'kawu）姐妹 [Berndt，1952；Keen，1990] 或犬祖 [Thomson，1939] 相关的宗族，都参与到了上述祖灵旅程的某个阶段，而这段旅程又发生在他们各自宗族所在的土地之上。虽然两个部落的成员都会参加仪式，但仪式的主要焦点只是其中一个部落的一组宗族的神圣规则。空间框架随着旅程的进展而转移，但是以某种几乎难以察觉的方式进行的，来自同一轨迹上的两个地方的表征往往只有细微的差别，而在局外人看来，这种仪式表演似乎是在重复 [Keen，1978]。这些仪式具有很强的政治性，因为它们是对宗族领袖的权威、圣物和权利合法性的声明。这种仪式代表了对祖灵规定的秩序，以及人类群体融入该秩序的方式的正式声明。它们还为调整和创建系统秩序的外观提供了背景，因为在许多其他情况下，旅程的不同组成部分可能会单独进行。

相比之下，丧葬仪式将许多不同宗族的人聚集在一起，他们通过与个体生命的关系而联系在一起 [详细分析见 Morphy，1984]。在某种程度上，仪式的目的是创造一条穿越阿纳姆地的独特路径，从死亡之地到达灵魂的最终目的地。丧葬仪式提供了一个旅程演进的临时性空间框架。旅程的每个阶段都涉及不同的土地区域和不同的祖灵——这是一个跨越祖灵足迹的旅程。从旅程的一个阶段到下一个阶段，对土地的表征几乎没有重叠。

　　丧葬仪式提供了许多实例，说明人们如何通过地方之间的地理关系来表达个体与其他群体的亲属关系，以及其与祖灵间的继承关系。丧葬仪式部分涉及死者的灵魂从死亡地点到孕育地点的旅程。这段旅程是在与灵魂所处的土地有关的祖灵的帮助下行进的，祖灵指引着灵魂前行。这段旅程通过表演死者所属宗族的仪式活动来完成。整个仪式中所唤起的图景在亲属关系和祖灵关系之间建立了类比。例如，如果一个舞蹈表现的是某个动物形态的祖灵生下她的孩子，那么母亲可能由死者所在宗族的成员扮演，而孩子则由瓦库宗族[9]的成员扮演。在不同阶段，人们会唱所有在场宗族的歌曲，以显示他们与死者的关系。这些歌曲会按顺序演唱，以反映各宗族之间的妈阿厘/姑萨拉关系[10]，最后以死者所在宗族的歌曲结束。（地方的）河流系统经常会扮演一个象征性连接主题的角色，人们被看作是在"歌唱宗族的水域"。通过巧妙地选择水系的支流，并将与之相关的不同地方偶尔地引入歌曲，所有在场的宗族都会被纳入这一连串的仪式行为之中，这些行为模拟了景观，使个人的生命似乎直接从景观中流动出来，尽管具有讽刺意味，但其目的是让个人回到土地之中。[4]

结论：体验景观，改造祖灵过往

　　人们通过旅行了解这片土地，并经由他们各自亲属中的成员引介给这片土地，这些亲属构成了他们融入特定地方的"许可"。他们的土地观念随着生活阅历和关联关系的增长而愈加丰富。然而，这种个体（认知）路径是通过预先存在的赋名地方的网络进行的——通过"对赋名地方的思

---

[9] 见上文，指外甥关系的宗族。——译者
[10] 见上文，指妈阿厘——外祖母族，或姑萨拉——外孙族的关系。——译者

考"而实现。祖灵过往是这些人在旅行中,以及参加仪式表演中了解的。在其中一些(仪式)表演中,对祖灵历史的介绍与这些个体旅程相呼应。在丧葬仪式中,一条独特的路径被创造了出来,与个体生活、宗族谱系和他(或她)死亡情况的独特特征相对应。在其他(仪式)表演中,景观几乎被呈现为祖灵轨迹所转换的一种抽象序列。祖灵过往的矛盾等同于人类现在的矛盾:生命体验来自不断变化的个体行动,但在变化的过程中,它又成了一个明显的持续结构的一部分。然而,正是通过个体的生活,祖灵过往既被更新又被改变。祖灵过往经由过去和现在的经验及政治结果,在既往存在的地方进行沉淀然后不断被重新生产。在任何一个时间点上,空间或赋名地方的网络都被实际的或新兴的群体所占据,这些群体通过各自的宗族谱系联系在一起。对任何个体来说,都是通过与已知其他个体的关系来进行体验的,这些联系成为此地方对个体的价值的一部分。这些人同时也是此地场所精神概念的有形表达,他们是妻子的聘娶者或追求女性的竞争者,他们使一个地方变得安全或危险,并赋予景观在祖灵维度上的主要内涵;他们决定鲨鱼是"母亲"还是"敌人"。

在现实中,地方不断地被改造成新的集合。随着宗族的消亡和新宗族的出现,景观的新划分也随之产生。在仪式上,展示祖灵过往和社会族群之间的这些新关系秩序,是对其存在的公开确认,同时也是对事物曾经图景的否定。因此,社会族群与景观的衔接一直在变化,但覆盖景观的神话图景使这种关系看起来是不变的。作为祖灵的转化,景观与祖灵是保持着距离的,尽管祖灵创造了它;景观也与人类保持着距离,尽管人们在重新创造着它。景观有选择地编码了人们业已冻结的经验、朋友的形象、过去的死亡、出生地和仪式场所,而这些冻结的经验在人们继续前进时作为记忆被保留了下来。个体生命活动最终产生了累积性的变化,迫使祖灵的图景进行调整,以反映当前的情况。新近被冻结的事件与祖灵被冰冻事件融合在一起,从而创造出永恒的连续感,即使这不是现实，它也是原住民意识形态的特征。

在祖灵过往和当下之间存在着持续的互动。有时候，这种互动会导致个体意识中对两个维度之间区别的认知的垮塌。而在其他时候，两个维度则是根据行为的参考点被区分：轨迹可能是从祖灵过往走向现在 [例如在婚姻中]，或从现在走向祖灵过往 [例如在仪式中]。在婚姻中，人们会用一个来自祖灵过往的形象来代表现在族群之间的关系，以解释婚姻伴侣的来源：例如 "我们遵循鲨鱼的路线"，是指从与祖灵鲨鱼有关的宗族中聘娶女性。这几乎等同于说这些女性是由鲨鱼赐予的一样。另一方面，在仪式的背景下，将某些东西归还给祖灵的目的性往往是相当明确的。正如斯坦纳 [Stanner，1966] 敏锐地指出的那样，原住民的宗教实践中存在着固有的牺牲元素 [也见 Maddock，1985]。在少数情况下，也有实际的牺牲成分。有一次，在成功的捕鱼探险之后，纳瑞金把所有不能吃的鱼埋在沙子里，以便把它们还给与海滩有关的女精灵雅毗厘姑。

祖灵过往，虽然通过现在的人类行为而改变和重现，但仍被吸纳作为将来行为的先例，诸如：与某个特定的人结婚，避开某个特定的地方，以及用特定的方式处理食物残渣等行为。每一代人都宣称自己在遵循祖灵预设的道路。祖灵过往或梦创同时存在于人的外部和内部：人们从祖灵过往中吸纳他们的身份认同，并通过在仪式中的表演以及将精神性身份投射到景观中，来把这种身份认同传递给新的一代。景观以及相关的圣物和绘画成为这一双重过程的焦点。

景观在当前经验和祖灵过往之间所起的协调作用，是最近关于澳大利亚中部社会的众多分析的中心主题。正如芒恩 [Munn，1970：144] 所写的："由于转化产生于 [梦创时代（的传说）]，却永远可见……它们在其中凝聚了两种形式的时间性，从而摆脱了特定的历史位置……人类和祖灵都可以从其'历史性'或'死亡的命运'中解放出来。"景观是人们身份的一部分，但同时也是祖灵身份的一部分。因此，人类的身份与具有独立于人而存在的事物共享，前提是这些事物与共享的群体有着相同的起源——即共同的祖灵过往。用迈尔斯 [Myers，1986：55] 的话来说："地区保留着一种经久不衰的身份，其超越了人类选择。人类行为和梦创（祖灵过往）中的行动各自对景观的定义做出了贡献……"为了强调"梦创（祖灵过往）"的自主性，迈尔斯几乎赋予了它能动性，这也是莫顿（Morton）所承认和赞同的。他引用迈尔斯的话说 [1989：288]："在这里有一种基本观念：梦创（祖灵过往）不是由'一众个体的人'创造的，而是'不被参与者理解为人类活动的产物'；实际上，它'应被表述为人类生活领域所依赖的自足现实的显现'[Myers，1986：266]。"

　　莫顿在提出这个论点时，是在试图理解一个原住民对"梦创（祖灵过往）"的心理和概念立场。他还暗示了一种理论性立场，即把思想和情感作为人类行动的源泉。我对这个说法唯一的担忧是，它倾向于赋予宗教观念以特权，并赋予它们自主权，使之与更普遍的文化过程分离。我更倾向于认为，尽管"梦创（祖灵过往）"是由人创造的，但它是作为文化过程的一部分被创造的，而这个文化过程是不能被还原为人类能动性的。如果分析家想确定"梦创（祖灵过往）"的特权地位是如何产生的，就不能采用原住民对"梦创（祖灵过往）"自主性的看法。

　　分析符号系统的人类学家，特别是在近代史中没有文化理论建树的传统英国人类学家，他们倾向于在社会再生产的文化过程中赋予符号以太过核心的作用——事实上，符号往往代替了文化。这种方法的内在风险在于，它可能导致各种形式的还原论，与"符号做什么"[5]这一隐含的问题相关联。这种特殊形式的还原论在涂尔干模式中有"社会"，在文化唯物主义模式中有"适应"，在马克思主义模式中有"不平等关系"，在弗洛伊德模式中有"个体心理学"，这些都被各自模式当作特定社会文化轨迹背后的动力。然而，符号作为文化过程的组成部分，其本身是构成性的。相对于宇宙论或宗教观念的先决子集，或者象征性过程这样的先决机制，文化[作为与实践、情感和价值创造相联系的思想体系或知识体系]所提供的更普遍图景的优势在于，它允许多重决定性，允许共同进化，允许结构与行动、社会再生产与变革之间复杂的、有时可能是混乱的关系。虽然我同意莫顿[Morton，1989：292]的观点，即原住民社会的部分决定性结构是"每件事和每个人都必须有一个祖灵的身份"，但必须强调，这种关联的持久性不仅在于它的心理层面，还在于它与人、地方之间关系的组织的相关性，或它在婚姻安排和贸易组织方面的相关性。尽管对于原住民和分析家来说，都有可能将"某某宇宙"作为一个决定因素从与之相关的过程中抽象出来，但在日常话语中，它更多地是以联系的形式呈现："我们结婚（交易、举行仪式、住在Y地，或有权住在X地）是因为我们的祖灵身份。"我希望我在本章中已经阐明，在雍古族的案例中，决定行动的因素并不是景观本身或祖灵过往。相反，景观和祖灵过往是更广泛的文化过程的组成部分，而行动并不是由它们单独决定的，也不是由任何简单的或程式化的方式决定的。

注释

1. 我在其他地方讨论过[Morphy，1984：ix]，理查·谢克纳[Richard Shechner 1981]关于复现行为的概念（concept of restored behaviour）与原住民仪式的分析有关，并且与原住民关于祖灵事件的概念相一致，因为这些行为可以在其他时间和其他地方重新表演。

2. 非变换性词 bala 有两种不同的句法—语义功能。它可以作为副词使用，意思是"远离说话者/在那里"，也可以作为连接词使用，意思是"然后/下一个"。有很好的独立理由来推测后者是由前者发展而来的。在雍古族语言中，名词性指代词被转换应用于多种情况，远端定语 ngunha——"那里"，可以指代全部可能的情况。离格形式（Ablative form，语法上为表示某些意义的状语）ngula-ngur——"从那里"，可用于时间意义上的"之后"。"时间在"（Time at）

（例如 *walu-y*，即"那天""在那天"），由一个古老的定位后缀形式标记；而询问句 nhaa-tha——"何时"，同时基于"什么"的词根和同一古老的定位后缀的另一个异构体。即使在现代语言中有一个独特的时间功能后缀的情况下（这种情况很罕见的），它在历史上也是由一个位置词后缀衍生出来的。关于雍古族语言甲普（Djapu）的详细研究，见莫菲 [Morphy，1983]。

3. 在本节中，除非另有明确说明，否则将采用男性自我的视角，这纯粹是为了表达的简单性。雍古族的亲属关系词汇假定兄妹之间是平等的，无论其性别如何。因此，一个女人和她的兄弟用同一个词语瓦库（*waku*）来称呼她的孩子，妈阿厘（*maari*）这个词汇既指母亲的母亲，也指母亲的母亲的兄弟，一个女人和她的兄弟都把她女儿的孩子称为姑萨拉（*gutharra*）。

4. 芒恩 [Munn，1973b：199] 用类似的语言写到了瓦尔比利（Walbiri）人的这个过程："当孩子……出生时，他们的身体里带有这些咕噜瓦力（*guruwari*）。当他们死后，咕噜瓦力（*guruwari*）则又回到了土地中。在这个意义上，'梦创'不断地从地下出来，并形塑为一个个生命实体，同时也不断地在死亡时回到地下。"阅读雍古族丧葬仪式的一种方式是将人作为景观来表征。

5. 例如哈里森 [Harrison，1990：9] 的隐性功能主义的概括，即"仪式象征主义的稳定性的来源必须在其他地方寻找，在它的用途而不是在它的内在特征中寻找"。我在先验的基础上对这种二元论的回答是，两者都必须涉及。虽然我接受文化观念和社会关系 [如主导族群的利益] 之间的平衡作为社会文化轨迹的决定因素 [这似乎是反对哈里森的观点]，在特定情况下可能有所不同，但两者必须都是任何解释的组成部分。

参考文献

BERNDT, R. M. (1952). *Djanggawul*. London: Routledge & Kegan Paul.
——(1974). *Australian Aboriginal Religion*. Leiden: Brill.
BIERNOFF, D. (1978). 'Safe and Dangerous Places', in L. R. Hiatt (ed.), *Australian Aboriginal Concepts*, 93–105. Canberra: Australian Institute of Aboriginal Studies.
——(1979). 'Traditional and Contemporary Structures and Settlement in Eastern Arnhem Land with Particular Reference to the Nunggubuyu', in M. Heppell (ed.), *A Black Reality*, 153–79. Canberra: Australian Institute of Aboriginal Studies.
BOURDIEU, P. (1977). *Outline of a Theory of Practice*. Cambridge: Cambridge University

Press.
CLUNIES-ROSS, M. (1978). 'The Structure of Arnhem Land Song Poetry', *Oceania*, 49/2: 128–56.
GIDDENS, A. (1979). *Central Problems in Social Theory: Action, Structure and Contradiction in Social Analysis*. Berkeley, Calif.: University of California Press.
HARRISON, S. (1990). *Stealing People's Names: History and Politics in a Sepik River Cosmology*. Cambridge: Cambridge University Press.
HIATT, L. R. (ed.) (1984). *Aboriginal Landowners: Contemporary Issues in the Determination of Traditional Aboriginal Land Ownership*, Oceania Monograph 27. Sydney: Oceania Publications.
KEEN, I. (1978). 'One Ceremony, One Song: An Economy of Religious Knowledge among the Yolngu of North-East Arnhem Land', unpublished Ph.D. thesis, Australian National University, Canberra.
——(1988). 'Yolngu Religious Property', in T. Ingold, D. Riches, and J. Woodburn (eds.), *Hunters and Gatherers: Property, Power and Ideology*, 272–91. Oxford: Berg.
——(1989). 'Ecology and Species Attributes in Yolngu Religious Symbolism', in R. Willis (ed.), *Signifying Animals: Human Meaning in the Natural World*, 85–102. London: Unwin Hyman.
——(1990). 'Images of Reproduction in the Yolngu Madayin Ceremony', in W. Shapiro (ed.), 'On the Generation and Maintenance of the Person', *Australian Journal of Anthropology* (Special Issue 1) 1/2, 3: 192–207.
MADDOCK, K. (1985). 'Sacrifice and Other Models in Australian Aboriginal Ritual', in D. Barwick, J. Beckett, and M. Reay (eds.), *Metaphors of Interpretation*, 133–57. Canberra: Australian National University Press.
MORPHY, F. (1977). 'Language and Moiety: Sociolectal Variation in a Yu:lngu Language of North-East Arnhem Land', *Canberra Anthropology*, 1: 51–60.
——(1983). 'Djapu: A Yolngu Dialect', in R. M. W. Dixon and B. Blake (eds.), *Handbook of Australian Languages*, iii. 1–188. Canberra: Australian National University Press.
MORPHY, H. (1977). 'Yingapungapu: Ground Sculpture as Bark Painting', in P. Ucko (ed.), *Form in Indigenous Art: Schematization in the Art of Aboriginal Australia and Prehistoric Europe*, 205–9. Canberra: Australian Institute of Aboriginal Studies.
——(1984). *Journey to the Crocodile's Nest*. Canberra: Australian Institute of Aboriginal Studies.
——(1988). 'Maintaining Cosmic Unity: Ideology and the Reproduction of Yolngu Clans', in T. Ingold, D. Riches, and J. Woodburn (eds.), *Hunters and Gatherers: Property, Power and Ideology*, 249–71. Oxford: Berg.
——(1990). 'Myth, Totemism and the Creation of Clans', *Oceania*, 60/4: 312–29.
——(1991). *Ancestral Connections: Art and an Aboriginal System of Knowledge*. Chicago: University of Chicago Press.
MORTON, J. (1987). 'Singing Subjects and Sacred Objects: More on Munn's "Transformations of Subjects into Objects" in Central Australian Myth', *Oceania*, 58/2: 100–18.
——(1989). 'Singing Subjects and Sacred Objects; a Psychological Interpretation of Subject into Object in Central Australian Myth', *Oceania*, 59/4: 280–98.
MUNN, N. (1970). 'The Transformation of Subjects into Objects in Walbiri and Pitjantjatjara Myth', in R. M. Berndt (ed.), *Australian Aboriginal Anthropology*, 141–56. Nedlands: University of Western Australia Press.

——(1973*a*). *Walbiri Iconography*. Ithaca, NY: Cornell University Press.
——(1973*b*). 'The Spatial Presentation of Cosmic Order in Walbiri Iconography', in J. A. W. Forge (ed.), *Primitive Art and Society*. London: Oxford University Press.
MYERS, F. R. (1986). *Pintupi Country, Pintupi Self: Sentiment, Place, and Politics among Western Desert Aborigines*. Washington, DC: Smithsonian Institute Press.
RUDDER, J. (1977). *An Introduction to Yolngu Science*. Galiwinku: Galiwinku Adult Education Centre.
SCHECHNER, R. (1981). 'The Restoration of Behaviour', *Studies in Visual Communication*, 7/3: 2–45.
STANNER, W. E. H. (1966). *On Aboriginal Religion*, Oceania Monograph 11. Sydney: University of Sydney.
——(1984). 'Religion, Totemism and Symbolism', in M. Charlesworth, H. Morphy, K. Maddock, and D. Bell (eds.), *Religion in Aboriginal Australia: An Anthology*, 137–74. St Lucia: University of Queensland Press.
STREHLOW, T. G. H. (1970). 'Geography and the Totemic Landscape in Central Australia: A Functional Study', in R. M. Berndt (ed.), *Australian Aboriginal Anthropology*, 92–129. Nedlands: University of Western Australia Press.
THOMSON, D. (1939). 'Proof of Indonesian Influence upon the Aborigines of North Australia: The Remarkable Dog Ngarra of the Mildjingi Clan', *London Illustrated News*, 12 August, 271–9.
WILLIAMS, N. (1986*a*). 'A Boundary is to Cross: Observations on Yolngu Boundaries and Permission', in N. M. Williams and E. Hunn (eds.), *Resource Managers: North American and Australian Hunter-Gatherers*, 131–54. Canberra: Australian Institute of Aboriginal Studies.
——(1986*b*). *The Yolngu and Their Land: A System of Land Tenure and the Fight for its Recognition*. Canberra: Australian Institute of Aboriginal Studies.

第9章

理解西部沙漠中的乡里观念

罗伯特·莱顿（Robert Layton）

1977—1979年，我在乌鲁鲁（Uluru）[澳大利亚西部沙漠的艾尔斯岩]地区进行了11个月的田野调查，当时距离原住民生活方式因畜牧殖民而产生不可逆转的改变已经过去了半个世纪，而乌鲁鲁本身接受旅游也已经有20年了（图9.1）。乌鲁鲁以东是养牛场，而西部和南部的佩特曼和马斯格雷夫山脉（Petermann and Musgrave Ranges）是以前的原住民保留地，自1976年《原住民土地权利（北领地）法》通过后，这些保留地再次归属于其传统的原住民所有者。我研究的目的之一是为乌鲁鲁和卡塔朱塔（Katatjuta）[奥尔加山脉（the Olgas）]的土地声索寻求证据。由于联邦政府在诉讼前将所有权转给了澳大利亚国家公园和野生动物管理局，这一权利声索的大部分内容无法进行下去。但其周边地区还是被让渡给了权利声索者，而公园地区的所有权则在1985年被归还给了其传统所有者。那时与我一起工作的老人们，当他们首次与白人进行长期接触时，都已经是年轻的成年人了。然而，在这些人的成年生活中，他们看到自己的生活方式在许多方面发生了变化。虽然男人们仍然经常打猎，但进口面粉已在很大程度上取代了传统上由妇女所采集的野生蔬菜类食品，而这些野生蔬菜曾经提供了餐桌上80%的饮食。孩子们出生在医院，而不是在灌木丛中，这一变化给保持个体对土地的归属感带来了很大困难。定居点的生活中减少了一些仪式，而机动车的引入则大大增加了社区之间保持仪式联系的机会。

图 9.1　乌鲁鲁［艾尔斯岩］

原住民社区从拥有自主文化传统，变成了被一个主导的且往往被敌对文化所包裹着的社区。对童年的回忆、对地方所有权的主张、持续的仪式表演和知识的传播，都被当作维持独特民族身份的策略。现在，所有原住民都讲英语，本章中的陈述也是用英语进行的，仅在标明之处，使用了皮特詹特贾拉语（Pitjantjatjara）。

本章的目的是探讨作为生存来源的土地所关联的日常知识，与作为创世时期祖先英雄化身的景观的仪式性知识，以及人之间的联系。人们对其文化传统的持续传承如何促进了他们对当下所有权的成功声索，这在其他地方也有讨论 [Layton，1983b；1985；1986]，但应当记住，本章所介绍的材料是在准备土地声索的过程中收集到的。

与土地相关的原住民和法律话语

《原住民土地权利（北领地）法》[*The Aboriginal Land Rights (NT) Act*] 是针对戈夫土地权利案（Gove land-rights case）的失败而制定的。戈夫案是由伊儿卡拉州（Yirrkala）原住民社区的成员对一家铝业公司开采他们的传统土地而提起的诉讼。该案之所以失败，是因为法官裁定，原住民与土地之间的联系并不体现英属澳大利亚法律所承认的所有权。虽然法官同情地看待他们所称之为"照看土地的精神义务"的证据，但仍认为证人所声称的土地是他们的，不足以证明其所有权——他判断这种权利取决于三个属性：使用和享受的权利、排他权和转让权 [Blackburn，1971：132；见 Williams，1986 和 Layton，1985 的讨论]。《原住民土地权利（北领地）法》最显著的特点是，它试图通过在法律体系中写入原住民土地权利表述来纠正这一失败。在法案的这项表述中，原住民的土地所有权归属于本土后裔族群，他们对土地上的场所负有主要的精神义务，根据原住民的传统，他们的成员有权在该土地上觅食。然而，该法后来的应用表明，它未能有效地反映人与土地之间的灵活联系 [参见 Keen，1984 和 Layton，1985]。在法庭的话语体系中，排他性起了很大的作用：（普通法律定义的排他性）后裔族群是根据单线原则进行成员补充的，他们对土地区域拥有相互排斥的权利。但是在原住民的话语体系中，则认可不止一种的成员补充方式，权利是相互重叠的，土地区域的边界往往是不固定的。

因此，在驶过景观区并远离乌鲁鲁时，人们可能会问：恩古拉－乌鲁鲁恩雅－帕拉加（*Ngura Ulurunya palatja?*）[这是乌鲁鲁的乡里吗？]，一开始会被告知"是"；但却不能明确在哪一点上，答案应变成"不是"。同样，如果问哪些人在照看这个乡里 [瓦提－明麻卡－恩古拉库－瓦厘加（*wati minymaka nguraku walytja*）]，就会发现，按照英国拉德克利夫－布朗派社会人类学（Radcliffe-Brownian）的父系标准来判断，答案中的一组人的成分是混杂的。事实证明，同一个族群可能要照看不止一个乡里，而且很多族群都有权在特定的乡里觅食。

莱顿 [Layton，1983b] 论述了在乌鲁鲁土地声索听证会上所出现的、代表原住民权利的困境。人类学和法律体系都使用了与本地观念不完全匹配的概念，并且又各自使用方法来验证这些与当地行为相异的概念[Layton，1983b：226]。当原住民证人将"主要的精神义务"归于一组人或另一组人时，他们所依据的是什么标准，为什么陈述有时会出现矛盾？为什么我的"双线血统"模型，即人们选择属于其母亲还是父亲的乡里，并不总能预测人们如何解释自己的归属？

该法案的措辞和程序的缺陷也指向了民族志中一个更为根本的问题，即文化的翻译是否可能，或者文化是否彼此封闭。本章正是根据福柯的话语概念①来考虑这个更为根本的问题 [Foucault，1972]。

关于生计的话语

当景观作为生存活动的"对象"出现在原住民的话语中时，与西方的生态学理解有很多共通之处，只不过原住民的讨论比之更为精确。

在访问或谈论一些地方时，人们经常会描述那里的食物资源：在哪个水坑里生长着野生无花果；在被皮草贸易消灭之前，在哪里可以捕捉到负鼠；在哪里建造隐蔽所，以便在鸸鹋来岩石豁口喝水时用矛去刺它们。有些地方是以当地特色资源命名的——科汀雅（Kitinya）：产桫椤树树胶的地方；伊厘彦雅（Iriyanya）：盐碱地；安库兰雅（Ainkuranya）：长可食用蘑菇或马勃菌的地方 [安库拉（Ainkura）被托比·南吉纳（Toby Nangina）描述为"像一个南瓜，黄色、长长的"]。

特定的动物物种经常出现在已知的栖息地，而植物物种则在特定的产地生长。在普提 [有灌木丛的平地或"灌木丛地区"]，可以发现玛鲁 [红袋鼠] 和卡拉雅 [鸸鹋]。在岩石上，可以捕捉到肯雅拉 [岩大袋鼠]、瓦

---

① 福柯的"话语权力"思想是其学术体系中的重要部分。福柯话语理论中的话语，是具体地同社会的文化制度及人的实际思想和生活方式紧密联系的那些话语体系及实践；主要指在特定社会文化条件下，为了一定目的而说出或写出的论证性话语，是伴随着说和写的过程所进行的一系列社会文化操作活动，是一系列事件。——译者

玉塔 [负鼠] 和恩金塔卡 [蜥蜴]。在沙丘中，可能会发现蜥蜴在猎取兔子或小袋鼠，那里还有库尼雅（kuniya）[蟒蛇]、库尔卡提 [沙巨蜥] 和玛拉 [兔袋鼠]。

人们谈到，在被殖民前的生活方式中，干旱时，他们会退居到邻近永久水源的大本营，但在雨后，他们则四处走动，与住在邻近大本营的人会面，并往返于相邻的恩古拉（ngura）["乡里"或领地]。恩岗卡厘 [积雨云] 穿越沙漠的移动预示着某处将会有新鲜的绿色植物长出；雨后是乌科厘 [大片绿草] 的时间。据说，不仅植物系食物的不均匀分布和零星出现迫使人们迁徙，而且人们也认为探望住在其他乡里或营地 [恩古拉] 的亲戚是一件好事。

朱库尔帕（Tjukurpa）[2] 的话语

西部沙漠景观并不是纯粹从生存的角度来谈的。它从根本上说是由众生在朱库尔帕，也即"正法时代"（time of the law）[3] 的行为决定的。许多地方都是以它们处于哪些朱库尔帕生物的路径上进行命名的，如玛鲁加 - 乌厘厘 [红袋鼠平原] 和卡拉雅 - 姆尔普 [鸸鹋岭]。这种论述似乎与我们自己谈论环境的方式相去甚远。例如，在一个重要的传说中，红袋鼠与岩大袋鼠一起旅行，尽管这两种动物的栖息地不同。此外，还有它们的卡玛鲁 [舅舅，母亲的兄弟] 陪伴着，也就是猫头鹰，一种夜间生物。岩石和水潭也被说成是亲戚，或是祖灵存在的化身。

如何在本土和西方这两种话语之间架起一座桥梁？对于福柯

---

[2] 朱库尔帕（Tjukurpa）是阿南古人的文化的基础。朱库尔帕这个词本身有许多深刻而复杂的含义，包含着一系列有宗教哲学意味的故事，将阿南古人与环境、祖灵存在联系在一起。朱库尔帕故事讲述了阿南古人的祖先最初创造世界的时间开始，关于土地和如何在沙漠中生存的重要教训，以及他们的行为准则。——译者

[3] 文中的"正法时代"（time of the law），应指阿南古人传说中其祖灵初创世界的时期。——译者

[Foucault，1972]来说，自然科学、精神病学或经济学等话语都有特定的"对象"，话语围绕着这些"对象"进行：物种、疯狂、市场。话语的规则决定了哪些陈述是合理的，哪些则被认为是不相关的、边缘的或不科学的，这些规则规定了什么是可能的。例如，一个在早期的土地声索听证会上提出的问题："梦创（祖灵传说）中的路径有多宽？"在关于梦创（祖灵传说）的话语中，这是一个荒谬的问题。话语还决定了谁被允许说话，或者谁说话有权威，以及他可以在哪里说话[Foucault，1972：53]，在关于西部沙漠景观的本土话语中，这两点都是重要的考虑因素。某位与特定地方有着公认的扭结关系的人，可以对此处地方讲很多话。如果有另外一个人对此地方评头论足，那就意味着此人在篡取他无权享有的权力。

福柯认为，一般而言，"对象"不能从一种话语的词汇翻译成另一种话语的词汇。19世纪精神病学的"对象"不能被投射到早期的话语中。例如，在疯癫被联系到犯罪之前，它是一个不同的"对象"。福柯写道，虽然有可能这样做，但他不会试图去发现"神经病"一词在某一特定时期的含义，因为这与理解"犯罪"如何在特定时期变成精神病学话语中"医学专业的知识对象"无关[Foucault，1972：48]。

尽管如此，福柯还是做出了两个重要的让步。首先，他区分了话语的内部关系和存在于话语之外的关系。话语之外的因素可以被看作是其形成要素[Foucault，1972：69]。这些要素包括话语在政府决策和政治斗争中的作用，以及对话语的占有[谁占有话语权]；这些是实践其可能性的规范方式。例如，资产阶级家庭单位和19世纪法国法律之间的关系，可以独立进行研究，而不需要考虑法律话语如何谈论家庭生活和正常行为之间的关系[Foucault，1972：45]。这种外部关系定义了一个与可能的话语相衔接的空间，正如关于"正法时代"的话语在原住民政治的空间中被衔接起来，而这赋予了展示知识的权利。其次，当福柯提出我们如何识别诸如精神病学等新话语的表征的问题时，他确实将狂躁症、谵妄症和忧郁症当作存在于特定话语之外的对象。他的回答是："古典时期的医生就狂躁症……[等等] 所讲的内容，绝不构成一门自主学科 [第 179 页]。"这是一个了不起的认定，因为即使狂躁症和其他疾病可以被证明在不同的话语中重新出现，它们显然是作为文化的构造物和人工制品，并与诸如灵魂附体形成对比，后者是不同话语中的一个"对象"。

地方是原住民关于朱库尔帕 ["正法时代"] 话语的 "对象"。例如，在维塔普拉（Witapula），昆嘎让卡拉帕 [即七姐妹] 在她们扎营过夜的地方建造了一个俞乌 [防风墙]，这成了（此地）水洼西南侧的陡坡。带我去现场的人向我指出，年轻女性在那里扎营的那晚，风一定是从西南方向吹来的（图 9.2）。在塔普吉，玛拉妇女在去朱特贾皮（Tjukutjapi）跳舞前会准备食物。塔普吉的岩石庇护所屋顶上的孔显示了她们处理玛依－伊荼尼帕（*mayi itunypa*）的地方，这是一种茄属植物的浆果，含有某种苦涩的汁液，必须挤出来或通过烹饪来去除。一位年轻女性的挖掘棒像一块长长的巨石，躺在岩石庇护所的入口之外。有时，岩石上有鲜艳的颜色或波浪形的线条，标志着一个朱库尔帕英雄的通道。在乌库恩甲（Urkuntja），一个波浪形的标记是楔尾鹰瓦拉鲁鲁的脚，瓦拉鲁鲁和它的两个妻子，老乌鸦和美丽的年轻凤头鹦鹉，曾在乌库恩甲扎营。

激进的后现代主义者 [受德里达启发的] 和温和的后现代主义者之间的一个关键区别，在于他们是否接受指称意义（referential meaning）[4] 的可能性。参考依据是"'我们使用语言'以引起人们注意到'我们正在谈论的内容'的方式"[Rommetveit，1987：86][5]。指称意义是指一个词或短语

---

[4] referential meaning，是指词（或符号）与客观（或虚构）世界中的现象相联系的意义。——译者

[5] 莱顿在另一篇文章中有类似表述，可以拓展此处表述的解读。"强硬的（德尔达启示下的）后现代主义和福柯（Foucault）艾柯（Eco）的柔软后现代主义之间的本质区别在于，学者是否接受存在一种文化语境或事物的参照体系存在于现实世界中。参照体系就是我们通过语言的使用来将注意力集中到我们想要表达的事物上的一种手段（Rommetveit1987：86；比较莫里斯 1938：4）"——罗伯特·莱顿，徐犀. 主体间性与岩画艺术解读（上）[J]. 内蒙古大学艺术学院学报，2014（2）：109-114.——译者

图 9.2 塔普拉：从低矮的山脊上看去，那是七姐妹的防风墙，而后是标志着过夜营地的水洼 [牛群的践踏已经破坏了周围的植被]。远处矗立着阿蒂拉（Atila）[康纳山]，其由冰人创造，与冬季的霜冻有关

可能具有的含义范围之外的意义，这取决于产生该词或短语的语境。虽然萨鲁普（Sarup）展示了德里达是如何明显无视指称意义的 [Sarup, 1989：58-62]，但艾柯 [Eco, 1990] 和福柯 [Foucault, 1972] 都允许这种逃离文本封闭世界的可能性，使我们能够在不同话语（discourses）下的"对象"之间得出对应关系。

尽管德里达不接受言语比书写更直接或更有效的说法，但一旦接受了指称意义的可能性，结论就会变得很清楚，与某人面对面交谈应该能让我们发现，我们是否比在远处向他们书写信息更有效地传达了我们的讯息。虽然德里达正确地认为，在我们的文化中，口语的使用可能会受到早期书面文本的影响，因此 [在某种意义上] 口语并没有特殊优势，但人类学家研究的口语或非文字的文化显然不是这样。德里达的理论本身是民族中心主义的。利科 [Ricoeur，1979] 则为民族志田野调查提供了一个更为可取的模型。根据利科的观点，社会的互动是一种表演，在这种表演中，参与者可以在一定程度上接触到对方转瞬即逝的主观反馈 [参见上文给出的绘制和收集家谱的例子]。如果听众给出了不恰当的反应，那么说话者会试着再讲一次，或者会意识到他提出的问题不符合当地的话语习惯。例如，在皮詹加加拉语（Pitjantjatjara）⑥ 中，普南役（*punganyi*）这个词有"击打"或"击杀"的双重含义。假设一个人看到他最喜欢的狗在树上偷肉，就对人类学家喊道 [用原住民英语]："'普南役（击打、击杀）'那条狗。"……人类学家会很快发现他是否正确理解了这个指令。对利科而言，只有当互动被外化时，它们才成为文本。正是在那个阶段，我们试图根据我们对表演者居住意义的"可能世界"的推断理解来解释文本。然而，作为作者，我们有可能在我们熟悉的话语的技术性语汇中寻求庇护；或者在我们自己的经验中进行类比，特别是如果我们从未去过特罗布里恩群岛（Trobriands）、西部沙漠或苏丹的话。

德里达只在字典层面上考虑意义：词语只有在参考其他词语的情况下才被定义；但字典中的意义在本质上是循环性的。另一方面，在田野调查中，我们与他者在一个对他们有意义、并且我们可以感知的环境中进行互动，即使我们只是在特定话语的条件下可以感知。然而，当我们听到：

"那人是我的父亲。" [但家谱显示他是一个叔叔，或者根本没有生物学上的关系]

---

⑥ 皮詹加加拉语（Pitjantjatjara）是澳大利亚中部皮詹加加拉人传统上使用的西部沙漠语言的方言，它与西部沙漠语言的其他变种可以相互理解。——译者

"那块石头是我的父亲。"[但我们不把石头说成是亲属]

我们自身的话语和我们工作对象的话语之间的脱节是强加给我们的。当我们参与到文化展演中时，语言是用来做实际事情的。

德里达将皮尔斯[Pierce]引为文本解释不确定性的权威，但正如艾柯所评论的（Eco，1990：35），这是个讽刺。这表明德里达认为他自己对皮尔斯的解读在某种程度上优于其他可能的误读。此外，艾柯认为，皮尔斯并不支持德里达的观点，即德里达所认为的文本之外没有任何东西。相反，皮尔斯认为，意义是有目的地指向语言之外的东西。这个指涉物是什么，只能通过我们表现它的方式来了解，但定义现实的思想或观点必须属于一个主体间的知识共同体（intersubjective community of knowers）和他们的话语世界 [Eco，1990：28，39]。上述段落表明，福柯也承认指称意义的可能性，但 [同样重要的是] 认为对对象的指称只能通过对这些事物的文化表征 [即通过福柯所说的"对象"] 来实现。

艾柯与福柯相似，认为在一个给定的话语世界中，某些东西可以被真正地断言，但这并不能穷尽"那个物体"的其他潜在的无限确定 [Eco，1990：37]。因此，在原住民话语中，可以确定地表述说："那是翠鸟－女人（Kingfisher Woman）。"而在西方话语中，则将之说成："那是一块剥落的沙岩巨石。"尽管如此，当我们站在那里交谈时，我们知道大家在谈论的是同一块阿普（apu）[岩石]。对人类学家来说，正常的民族志任务是学习原住民话语的规则，这些规则使岩石的异国表述呈现真实。

我认为，更大的问题在于我们在田野调查的基础上写出的文本。我们怎样才能阻止随意的解读？我们怎样才能把当地的话语变成比较民族志的"对象"，如"地方血缘群体"、抑或是"领土"？如果埃文斯·普里查德（Evans-Pritchard）将阿赞德人（Azande）的做法描述为"小团体的心理治疗"而不是"巫术"，我们的感觉就会很不一样。我们是否以丁卡人（Dinka）的方式来阅读林哈德（Lienhardt）对进行丁卡"祭祀"的"会众"的描述 [Carrithers，1990：268]？只有试图在我们的叙述中重现原始的指称语境，才能克服这些困难。这就是本章余下部分的意图。

沉入大地之中

尽管斯特雷洛（Strehlow）在他关于阿兰达人（Aranda）的宗教叙述中提到英雄祖先从地下涌现出来，并在旅程结束后沉回地下 [例如 Strehlow，1964]。但在人们给我的叙事中，"涌现出来"的意义并不大。最重要的地点是那些朱库尔帕里的主角们进入地下的地方：皮蒂－加尔磐古（*piti tjarpangu*），（字面意思为）"洞－进入"。正是在这些地方，他们的繁殖力得到了集中体现。以下是三个例子。

阿鲁居·皮蒂（洞）（Arutju Piti），这里是一大群敏克厉 [老鼠] 进入地下的地方。它在姆斯格雷夫山脉的米切尔丘附近，那是帕迪·乌卢卢（Paddy Uluru）出生的地方。当着帕迪·乌卢卢的面，他的朋友庞皮·瓦纳匹（Pompy Wanampi）清理了干涸水洼中的枯萎植被，并声称："我会让它变成敏克厉（老鼠），很多。"然后他唱起了该地的仪式歌曲，并将洞中的干土一把一把地抛向空中。

在阿帕拉（Apara）附近的恩金塔卡·皮蒂（洞）（Ngintaka Piti），也在姆斯格雷夫地区，是一个宁塔卡（Ngintaka）[眼斑巨蜥] 进入地下的地方。它（宁塔卡）被来自瓦尤塔－皮蒂（洞）（Wayuta Piti）的一大群刷尾负鼠人追赶。在到达名为帕拉（Pala）的山丘时，宁塔卡停了下来，环顾四周，以确保它没有被紧紧追赶，之后它钻入了地下。融入山坡上光秃秃的岩石中的黑块是它的脚印，白色的脉络则是它尾巴的轨迹。汤米·米云古（Tommy Minyungu）演示了人们如何在山坡上磨制石头以增加宁塔卡。在山坡底部的岩石平台上，一堆堆的石头被堆起来，用棍子敲打，以制造许多肥胖的"眼斑巨蜥"。一旦进入地下，宁塔卡就变成了瓦纳匹（*wanampi*）[水蛇或彩虹蛇]，并会给恩金塔卡-皮蒂附近的水洼放水。

库尼亚巨蟒（Kuniya pythons）在乌鲁鲁东端的库尼亚·皮蒂（洞）（Kuniya Piti）进入地下。乌鲁鲁侧面的起伏线显示了他们从穆蒂朱鲁过来时途经的地方，而它们的身体是长长的圆柱形巨石。一位库尼亚妇女将她自己带到乌鲁鲁的蛋埋在了这里。帕迪·乌卢卢和尼帕·威玛提带着两个尼提雅拉（*nyitiyara*）[大约12岁的男孩]来到库尼亚·皮蒂，在那里，男人们清除了巨石周围的草。帕迪·乌卢卢描述了他父亲最小的弟弟是如何离开阿雷永加（Areyonga）并死在这里，成为一个"真正的库尼亚人"。男孩们被吩咐坐在一块巨石上，而帕迪·乌卢卢则用一束草擦拭着这块巨石。然后两个人都用手摩擦石头，其中一位解释说："库拉-纳昆加拉-阿拉提（*Kuka ngalkuntjara alatji*）"，（这些词汇的意思分别是）"肉""吃+有""像这样"⑦[另见 Layton，1986：16]。

这种繁衍性场所的一个反面例子是位于乌鲁鲁北侧伊尼提塔拉的库尔帕尼（Kurpany），即"魔鬼丁戈"（图9.3）。库尔帕尼是由克钦库拉的威塔卡（Wintalka）（Tingari-廷加里）人创造的，以惩罚拒绝参加威塔卡人仪式的马拉人（Mala）[Layton，1986：5-7]。库尔帕尼从基京库拉地区的普尔帕亚拉的一个通向含有绿色晶体的岩石的洞中钻了出来，并在中午时分袭击了在乌鲁鲁营地睡觉的马拉人。由于杀死并吃掉了两个年轻的马拉人，库尔帕尼很是疲惫，在因特贾拉睡了一会儿，只有他的头——也就是一块大石头的尖部，突出在地面之上。任何人都不能打扰生在上面的长草，否则，打扰者就会变成一个纯粹的[活的]玛姆（*mamu*）[邪灵]。[1]当库尔帕尼醒来后，他在乌鲁鲁上空追寻着马拉人的足迹，中途被一个新生婴儿的气味所吸引，而马拉人则向南逃去。

---

⑦ 也即"像这样做就会有肉吃"。——译者

图9.3 卡匹－玉拉兰雅－普卡（Kapi Yularanya Pulka）是乌鲁鲁以北20千米处的一个岩洞，也是传统上在乌鲁鲁觅食时要去的临时水源地之一。两条祖先的足迹在此处交叉；其中一条是"魔鬼丁戈"（Devil Dingo）前往乌鲁鲁的足迹。远处可以看到乌鲁鲁

（基于以上叙事），有两个人在不同场合断言，乌鲁鲁岩与库尼亚人的关系比与马拉人的关系更密切，因为库尼亚人"进入了"岩石内部，而马拉人只是在上面"跑了过去"。

个人身份的来源

据说活着的人与祖先之间的关系是通过几种方式建立的。每个人在出生时，根据普厘伊（pulyi）[他脐带的残端]的脱落位置，首先会被关联到朱库尔帕的某个存在，从而获得其身份。他们的个性，即库润帕（kurunpa）[精神、意志、自我]，会被期望跟随他们所关联的英雄的个性，而人们在被谈论到的时候，某些方面会被当作他们所关联的那个朱库尔帕存在。帕迪·乌卢卢的父亲是朱库尔帕的龙卡塔－朱库尔巴（Lungkata Tjukurba）[蓝舌蜥蜴人]。斯宾塞（Spencer）和吉伦（Gillen）在1894年访问乌鲁鲁时似乎见过这个人[Layton，1986：31]。根据20世纪40年

代访问该地区的斯特雷洛（Strehlow）的说法，马拉人是由名叫龙卡塔－朱库尔巴的（先祖）带领到乌鲁鲁的[Strehlow, 1969: 14]。根据今天在乌鲁鲁讲述的故事，龙卡塔杀死了一只被贝尔鸟兄弟追杀的鸸鹋。贝尔鸟兄弟从帕迪·乌卢卢出生地附近的安塔兰亚追踪到这只鸸鹋时，被一个女人丢下的头垫惊扰。当这只鸸鹋在猎人（贝尔鸟兄弟）面前跑向乌鲁鲁时，龙卡塔杀死了它并把肉藏了起来。帕迪·乌卢卢和庞匹·道格拉斯用以下方式向我讲述了这个故事（参见 Layton, 1986: 9）。

> 帕迪·乌卢卢（P.U.）：龙卡塔（Lungkata）是我的父亲。
>
> 庞匹·道格拉斯（P.D.）：他（龙卡塔）从安塔兰亚偷走了鸸鹋的肉。他是乌鲁鲁的主人。他杀了一只属于另一个家伙的鸸鹋，他把它种[埋]在了卡拉亚·钩塔……他的父亲是龙卡塔·朱库尔。
>
> 帕迪·乌卢卢（P.U.）：我家首领。

庞匹·道格拉斯和托比·南吉纳于同一晚出生在两个特殊的地方，就是上面传说中提到的、用泥巴建造乌鲁鲁的两个男孩有关联的地方。由于在传说中这两个男孩发生了争吵，庞匹和南吉纳也因此被告知将来他们之间也会发生争吵，但（实际中）两人却成了好朋友，并为此感到高兴。人们和他们的朱库尔帕之间的一些最引人注目的识别是由佩得曼山脉（Petermann Ranges）的人给出的。廷加里人为邀请马拉人参加的仪式做了准备，但在讨论中爆发了战斗。一排石头显示了男人们坐下来谈话的地方，年长的人指出了与他们父亲有关的石头。一个人说："麻麻－恩嘎玉库－帕拉加（Mama ngayuku palatja）。"意思是"我的父亲就在那里"。

一块形似双筒的大石头标志着这是一个人和他的侄子被在场的另一个人的朱库尔（帕）杀死的地方。再往前，最年长的人给我指向了一块跨坐在这个地方的七英尺长巨石。这是他的朱库尔死的地方。石头下的一块小小的平坦岩石上有一个黑色的脚印轮廓，就是他的脚印。在叙述中，另一个人看到他已经死了，就跑开了。那个人是另一块石头，离着大约 8 英尺远（图 9.4）。

图 9.4　属于克钦库拉（Kikingkura）乡里的人，在多克尔河（Docker River）附近。他们是廷加里人（Tingari）鲜活的化身，廷加里人在"正法时代"发生争吵，并派"魔鬼丁戈"来惩罚乌鲁鲁的玛雅瓦拉比人（Maia Wallaby），因为这些人没有参加廷加里人的仪式。这些人站在一个沙丘上，（那里是）廷加里人传说的一部分

话语和实践习惯

除了语境本身限制了合理解释的概念之外，艾柯还引用了另一个理由来质疑皮尔斯是否为德里达关于"文本之外没有任何东西"[Derrida，1976：158] 的主张提供了良好的权威支持。皮尔斯认为，如果对某个表象的解释不能产生一个成功的实践习惯，符号学就失败了 [Eco，1990：29]。在西部沙漠，"梦创（祖灵传说）"必须考虑如何通过实践习惯来适应水的稀缺性和食物的不可预测性，否则就有被打破的风险。虽然一个人隶属于他（或她）的出生地，但这种与土地的联系的意义取决于它是否被

证明落在了他[或她]的生命运动的轨迹范围。它是一种初始假设或开局策略。婴儿的母亲可能会在普厘伊[脐带的残端]掉下来之前把孩子抱到一个地方[就像几个佩得曼男人和托比-南吉纳的情况一样]，以确保这些婴儿体现出与该地相关的存在[参见 Tonkinson，1978：51]。然而，有些人在出生时，他们的父母正离开他们的故乡去觅食，或去参加一个仪式。如果发生这种情况，"出生地"可能只是在乌恩朱（unytju）[微不足道地]意义上被视为这个人的故乡。（譬如）尼帕·温玛提说："我本该是在堪朱（Kantju）[乌鲁鲁北侧]的山洞里出生的，只是那里没有水；（后来）我母亲去了穆提朱鲁（Mutitjulu）[8]。"因此，尼帕（对应的）的梦创形象就是乌鲁鲁的朱库尔帕之一的库尼亚（巨蟒）。

彼得·布拉出生在潘图[阿玛迪厄斯湖 Amadeus Lake]附近的卡图尔基拉（Katulkira）。"那里的水很好……我应该出生在艾尔斯岩（Ayers Rock）、奥尔加山（Mt Olga）附近，但是……他们（他的父母）都是在好的季节、遍布绿色的时间里四处走动。"他的母亲后来把他带回了卡塔朱塔（Katatjuta）[奥尔加山]。卡图尔基拉的朱库尔帕与他母亲的故乡卡塔朱塔以西的地方的朱库尔帕相同[都是一群蜥蜴，包括荆棘魔鬼恩济亚厉和中央胡须龙恩加帕拉]。这为彼得与卡塔朱塔的关系提供了一种讲述方式。彼得的哥哥恩加帕拉·杰克（Ngapala Jack）——出生在恩加帕拉，在卡塔朱塔以西的乌提提留下蛋的地方，因此他们认同这一个传说。

与此相似，帕迪·乌卢卢出生时，他的父母正在尤南帕[米切尔之丘（Mitchell's Knob）]参加一个仪式，他们在那里获得了一个与乌鲁鲁无关的梦创。虽然帕迪·乌卢卢的朱库尔帕是敏克厉[老鼠]，但他强调，被龙塔卡杀死的鸸鹋也来自尤南帕乡里。庞匹·道格拉斯为帕迪·乌卢卢对乌鲁鲁的所有权辩护："先别管帕迪·乌卢卢的那个出生地……他的家人一直在那里，艾尔斯岩仍然属于他。他的兄弟都是在那儿，[在]因因

---

⑧ 联系上文，此处的穆提朱鲁（Mutitjulu）是库尼亚途经之地。——译者

提（Ininti）[乌鲁鲁的北面]出生的。他的兄弟们已经去世了……他现在已经取代了他们的位置。"

一个有趣的过程出现在鉴别一位（祖灵传说中的）左撇子马拉人之时，这个马拉人在因因提、用长矛刺死了威利-鹊鸰（Willy-Wagtail）女性汀特·汀特（Tjintir-Tjintir）[Layton，1986：14]。帕迪·乌卢卢告诉我，这个人是他的"兄弟"（第一代的堂兄），龙卡塔的侄子穆拉库。他是个左撇子，死在安格斯-唐斯附近的威尔皮亚。虽然彼得·布拉曾经说过用长矛刺穿汀特·汀特的人是帕迪·乌卢卢的兄弟，但在另一个场合，彼得指出帕迪自己就是那个人。帕迪·乌卢卢死后，罗尼·拉塞尔告诉我，帕迪本人，即罗尼所称的扎木（tjamu）[祖父]，就是那个左撇子的马拉人。据我所知，（那位）已故的堂兄穆拉库死后没有孩子。这种对传说中的英雄认同的转变过程与下面要讨论的社会亲属关系的构建相类似。

文化景观的冲突构建可能发生在两个层面：人对地方的归属，以及场所的传奇意义。当我在乌鲁鲁工作期间，有一个人的出生地屡屡引起争议。这个人坚持认为他是在乌鲁鲁出生的，他的朱库尔帕是被"魔鬼丁戈"嗅到的那个新生婴儿。他据此主张对乌鲁鲁的所有权，并且自20世纪30年代以来一直这样做[Layton，1983b：228-229]。其他与乌鲁鲁有关的人则坚持认为他出生在南方的马斯格雷夫山脉，并对他属于乌鲁鲁的说法提出异议[Layton，1983b：228-229]。这种争论与提出乌鲁鲁的场所意义的主张联系在一起。在我进行田野调查的早期，我被带去参观岩石南侧的某处地点。一块长长的巨石直立着，半埋在沙子里，被那个出生地有争议的人说成是普拉里（Pulari）的火棒，这位女英雄在此地往西几百米的一个小山洞里生了孩子，而那个有争议的人声称自己也是在那里出生的。帕迪·乌卢卢怒不可遏，反驳说那块石头是龙塔卡（蓝舌蜥蜴人）的尸体，他在树荫下被贝尔鸟兄弟灼烧后摔倒在地。当我们离开时，在场的其他年长者谨慎地评论说，帕迪·乌卢卢正在为他的父亲照看着这个地方,他的说法是正确的。事实上,这一说法与哈尼(Harney)和芒福德(Mountford)的记录一致,而两人的文献记载则来源于其他线人 [Layton,1986:9-10, 120]。隐晦的分歧集中在乌鲁鲁北壁的几个地点,三兄弟声称这些地点属于库尼亚蟒蛇的传说,这与通常的解释相反,人们认为这些是玛拉 [兔袋鼠] 的地点。在我的田野调查期间,这种分歧并没有在公开场合出现,但在这样的争论中,尼提(ninti)[熟悉,有经验的人] 比库里拉(*kulira*)[听说过或注意过传统的人] 的证词更有分量。

照看一个"乡里" [恩古拉(Ngura)]

那么,人们是如何谈论他们对一个乡里的权利的呢?每一个与大本营相关的永久性水域,以及周围的临时性水域,构成一个恩古拉 [营地或乡里]。在一个特定大本营范围内的地方是恩古拉 – 库朱(*ngura kutju*):一个乡里 [Layton 1983a:15-20]。迈尔斯 [Myers,1986a:54-9, 101-11, 151] 广泛地分析了恩古拉和瓦利特加(*walytja*)[亲属] 这些关键词汇的影响。有人告诉我,一个人通过生活在其中,通过使他们的住址能够恩古兰卡 – 尼南伊(*nguranka nyinanyi*)["营地 + 在" "坐"][9],通过守护他们的神圣传统来"保有"一个乡里。去爱丽斯泉(Alice Springs)的人放弃了他们的朱库尔帕;生活在丛林里的人现在仍保持着这些传统(Myers,1986a:68, 129, 145-6)。

西部沙漠中亲属关系的一个突出特点是,孩子同时继承母亲和父亲的恩古拉权利 [Layton,1983a:24-30; Myers,1986a:128-30; Tonkinson,1978:51-2]。一个男人他自己的儿子以及他妹妹的儿子会惯习同样的朱库尔帕。但是,如果某人没有学习过仪式歌曲,他就不能照看恩古拉。他的责任是保护这个乡里的荫玛(*inma*)[歌曲、仪式] 和圣物。如果他做

---

[9] 意为"让自己的住址坐落在乡里(营地)之中"。——译者

不到这一点，那他就要"把乡里送给别人"。

任何一个经常在乡里 [即使不是他或她自己的乡里] 觅食的人也需要熟悉这些歌曲。理想情况下，一个人要学会他所在乡里的所有朱库尔帕传统。在某一乡里的保有者向你展示其圣物并引导你与它们接触之前，你不能进入这个乡里 [Myers，1986a：151; Tonkinson，1978：53]。尼帕·威玛提说，所有卡塔朱塔、乌鲁鲁和阿提拉的人都必须了解这三个乡里的朱库尔帕，因为雨后人们会在整个区域内宿营。

当圣物被展示出来时，那些即将第一次看到它们的人需要与守卫者一起待在展示场地之外，直到圣物被摆放在树枝床上，然后他们才会被召到前面参观。描述圣物上绘制着的事件的诗句被吟唱出来，并辅以额外的口头解释。然后，那些第一次看到这些圣物的人会受到邀请，将它们送回仓库。

因此，要"保有"一个乡里，你必须既了解它的规矩，又使其成为你生命活动的基础；"不能只说'那是我的乡里'，你必须留在里面。"你有可能同时保有你母亲和父亲的乡里，或者你可以"从中挑出一个"。一个人在小时候不能保有一个乡里，只有当他们"长大"[普鲁卡营古（pulkaringu）] 后才可以。保有一个乡里的人在三个层面上对它有优先权。第一，他们通过控制（人们）能否信奉乡里的宗教传统，来控制（人们）对乡里的进入权（Myers，1986a：91）。有人告诉我："即使是内兄内弟，第一次如果没有主人带他进入一个乡里，他也不能进去。"第二，当来自另一个乡里的人在你的恩古拉（乡里）内打猎时，他们必须给你的人一些东西，特别是给那些年长的老人，因为他们已经不能自己打猎了 [Layton，1986：39-40]。第三，看护人有责任惩罚未经授权就擅自闯入圣地的行为 [Layton，1986：45]。

乡里之内的亲属关系

在西部沙漠，我们是否可以将《土地权利法》中所定义的"当地血缘群体"认作属于乌鲁鲁或卡塔朱塔等乡里的集体或联盟，也即乌图鲁（*utulu*）[一群或一伙生活在一起的人]？此外，通过承担照看该乡里的责任，他们已经成为该乡里中关系的一部分，开始关心该乡里，或成为乡里的看护者或亲属。

因此，将人映射到景观之上（the mapping of people on to landscape）具有更深层次的实践习惯基础。瓦利塔加（*walytja*）这个词所称的"对象"既可以指人，也可以指作为"物"的地方，这是西部沙漠话语的核心特征。当一个人成为或返为他们乡里某个地方所映射的祖先形象时，人与祖先形象的等同性在此人死后会得到完善。社会亲属关系建立在对乡里的依恋之上。尽管从统计数据上看，大多数人都与他们父母其中之一保有相同的乡里，但情况并不一定如此。原则上，一个人可以从其祖父母（及外祖父母）那里继承权利，从而被赋予了保有四个乡里的潜在权利。词汇卡弥（*kami*）[祖母（及外祖母）]和塔加姆（*tjamu*）[祖父（及外祖父）]，同时指母亲和父亲一方的亲属。因此，传承是按照代际关系进行的："如果某个年轻人的乡里需要他伸以援手，那他就会坐到他的祖父母（及外祖父母）身边"[参见 Tonkinson，1988：157]。而不照看一个乡里就会导致生产力的损失："当一个民族离开他们的乡里，永久水源就会干涸[这里说的是姆斯格雷夫（Musgraves）北部的库鲁匹塔加塔（Kulpitjata）]。"

乡里之间的亲属关系

瓦利塔加（*walytja*）表示亲属，即你所关心的人。相邻的乡里和照看这些乡里的人都被称作亲戚。因此，帕迪·乌卢卢把乌鲁鲁的人和阿帕拉的人都说成是"一个家庭"：两边的亲戚有着同一个祖父，（两边）

各一半。恩加帕拉·杰克将卡塔朱塔和乌鲁鲁描述为"像堂（表）兄弟一样"，而乌鲁鲁和阿蒂拉则被说成"（是）兄弟般的两座山"。同样的亲属词汇——库塔（kuta）[哥哥]）和马兰雅（malanya）[弟弟]，既适用于亲兄妹，也适用于亲密的旁系亲属，包括堂（表）兄妹。在同一朱库尔帕英雄轨迹上，更远乡里的成员也被视为兄妹。

乡里的亲属关系表现在一个人应该与来自遥远乡里的人结婚的规则上 [参见 Myers, 1986a: 71, 175]。"如果有人试图在自己的家庭内部婚配，就会被杀死。"尽管最近几代人之间发生了一些隶属于乌鲁鲁人和克钦库拉人之间的婚姻，但特定领地之间的定期联姻并不常见。

通过对在世老人及其已故父母的婚姻情况进行调查，得出了表 9.1 的结果。尽管样本数量不多，但（人们）明显倾向于同来自远方领地的人结婚。[禁止同一领地内部婚配的规则的唯一例外，是在编纂家谱时获得的。尽管这对夫妇的儿子还活着，我却无法访谈到这位有关人员。]

表 9.1　婚姻和居住关系　　　　　　　　　　单位：人

丈夫和妻子来自				
同一个领地	毗邻的领地	两者之间隔着 1 处领地	两者之间隔着 2 个以上领地	总数
1	2	8	22	33

西部沙漠的婚姻规则明显不同于那些依靠分区和次分区的社区，在分区和次分区的社区中，（人们）规定需与对面宗族的特定类别的亲属结婚。分区和次分区以这样的方式被锚固进当地族群之中，形成一种棋盘模式，即相邻领地的成员属于相反的宗族。而在次分区系统中，相邻领地的成员则属于交替的另一半 [参见 Morphy，第 8 章，澳大利亚北部的一个例子]。一个人的社会亲属关系取决于他所依附的土地的身份。

缺乏这种制度的皮詹加加拉人如何在"亲属关系"这个词汇下互相交流？（某人）属于一个特定的乡里，就预示着（他）与属于其他领地

282　景观人类学：地方与空间的视角

的人有兄妹或亲属关系，而这取决于他们（距离）是近还是远。

尽管这一过程的操作如图 9.5 所示，但很难通过家谱来阐明，因为人们总是倾向于把更远的堂（表）亲的旁系关系说成是更近的兄妹关系。旁

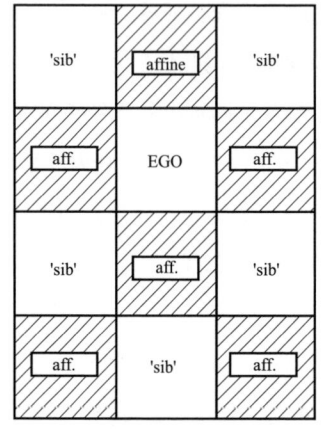

EGO：本部落领地
'sib' = 归类为直系亲属（即兄妹）
aff. = 归类为近亲
注释：由于（姑舅）表亲的婚配制，在 4 分区和 8 分区系统中，affine 是母系亲属的同义词

（a）

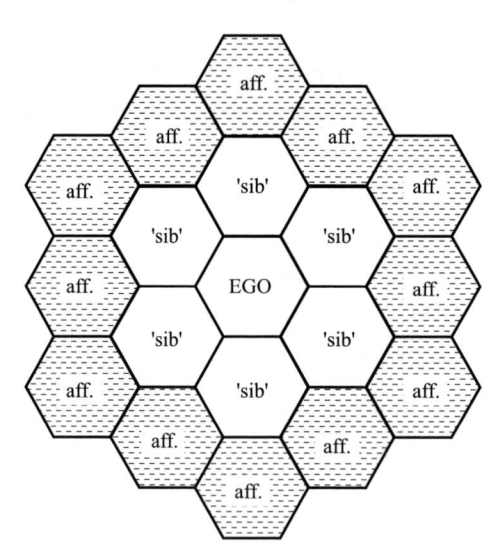

EGO：本部落领地
'sib' = 归类为直系亲属（即兄妹）。
aff. = 归类为近亲

（b）

图 9.5　地方族群之间的社会亲属关系
（a）四分区和八分区系统；(b) 西部沙漠

系亲属关系,即兄妹的孩子,也同样被并入"自己的孩子"这样的直系血缘关系之中。比利·凯伊皮皮描述,在他小时候,他和家人经常去蒙塔鲁瓦(Muntaruwa),那里有很多堂(表)兄弟,比利称呼他们为"兄弟"时,对这种倾向很明确。帕迪·乌卢卢称恩加帕拉·杰克和塔加卡里日为兄弟,因为乌卢卢的父亲龙塔卡和两者的母亲安涂玛拉虽然是表兄妹 [龙塔卡是安涂玛拉的舅舅的儿子],但"就像兄弟和姐妹……总是一起旅行"[参见 Myers,1986a:192-5]。表 9.2 中的小样本说明了这种趋势。

表 9.2　亲兄妹以外的人声称有兄妹关系　　　　　　　　　单位:人

隶属关系	没有明确的家谱联系	旁系血缘关系(即表亲)
同一个领地	2	2
毗邻的领地	7	5
两者之间隔着 1 个领地	2	1
两者之间隔着 2 个以上领地	—	—
两者之间隔着 2 个以上领地,但在同一条朱库尔帕的轨迹之上	3	—

在四个被记录下来的案例中,人们声称有"连襟"关系 [玛鲁朱(marutju)],尽管他们都没有娶对方的姐妹。在其中一个案例中,两个人来自相邻的领地,但在另外三个案例中,两个人的领地被两个或更多的领地分开。因此,作为相邻领地的成员而密切交往的人,普遍倾向于把对方当作兄妹来谈论。这些人经常在对方的乡里内进行觅食,并可能经常结成一伙。而那些来自遥远领地的人则被视为潜在的亲属,可以与他们缔结实际的婚配关系。这种婚配制将为孩子们提供选择,用以在两个相距甚远的地区间发展当地的忠诚关系。人们选择利用照看着同一朱库尔帕轨迹上领地的角色,将分了类的兄妹关系扩展到相邻的领地之外 [参见 Myers,1986a:154-5,184]。因此,将地方视为亲属的概念、与在

这些地方觅食的人之间建立的关系，两者是一致的。在前面提到的袋鼠、鸸鹋和猫头鹰的神话中，两个年轻人被后来为他们娶妻的人带到了一个遥远的乡里。

结论

现在能否将原住民话语中的词汇转变为一种我们更熟悉的说话方式中的"对象"？尝试这样做的一种方法，是基于社会生态学理论来考量人们对其获得地方和食物的说法，（在社会生态学理论下）原住民和西方话语都是通过相应的"对象"来谈论地方和食物所受的外部限制，在这一点上，原住民和西方的话语能够达成一致。

按照这种思路，可以说整个西部沙漠和澳大利亚北部的狩猎采集者利用了两种在分布方式非常不同的资源[水和食物]。在西部沙漠和澳大利亚北部，水都是以密集和可预测的方式，分布于广泛且分散的水洼、岩洞和偶尔的水井中。如上所述，圣地总是出现在水边。而尽管对水本身的获取没有受到物理性的管制，但进入圣地则是拥有该领地的人的固有权利。另一方面，植物和动物类食物是分散的，其分布是不可预测的。相邻领地的族群之间的互惠权保证了彼此利用雨后临时性丰收的权利。社会亲属关系的结构可被认为是在表达"允许互惠以获得暂时性丰富资源"，以及"人们在分享物品时接受恩惠，但又要保护对稀缺的永久水源和宗教知识的权利"[Myers，1986a：97-9，1986b：189-90; Layton，1989：447-51]。迈尔斯（Myers）认为，在干旱时期，社会关系最容易受到压力，能够与自己的近亲一起撤退到大本营是最重要的[Myers，1986b：183]。与此相对应的是，祖灵的足迹网络、个人对特定祖灵英雄的认同，以及邻近领地之间的亲属关系，创造了一个更广泛的生活社区的感觉，其成员的命运交织在一起。因此，朱库尔帕为谈论生存资源的获取提供了两种互补的模式：一种是包容性的，一种是排他性的。

然而，西部沙漠与澳大利亚北部的区别在于，非常不规则的降雨模式和缺乏季节性的气候 [见 Layton，1986：24-8，34-5]。一片山地可能需要忍受几年的干旱，而下一片山地则享有良好的条件。传统的策略是，遭遇干旱的地区的全部人口离开该地，迁往另一片山区。在 20 世纪的前 30 年中，曼恩山脉和佩特曼山脉以及马斯格雷夫山脉和麦克唐纳山脉之间，在不同时期发生了迁徙。这种迁徙可能会利用现有的婚姻联系，它还为新婚姻的发生提供了背景：来自佩特曼的皮詹加加拉人会与来自麦克唐纳的阿兰达人（Aranda）或来自马斯格雷夫的雅坤加加拉人（Yankunytjatjara）结婚。这种策略似乎是避免相同或相邻的领地之间通婚，并建立更远的联盟的强烈偏好的基础，这是西部沙漠的特点，与那些有区和分区系统的地区不同。因此，由祖灵足迹和灵活的部落成员联系起来的地方性部族的纽带，可以被解释为澳大利亚中部和北部常见的文化适应性的来源，而西部沙漠独特的婚姻规则为如何在半干旱地区生存的特殊问题提供了一个解决方案。这样的解释是在试图用福柯的语汇来定义一个生态空间，而西部沙漠关于景观的话语就是在这个空间中发生的。但不能声称该话语的概念形式是由生态学决定的。

连接西方和本土话语的另一种方式不是去解释，而是寻找熟悉的阐释性类比，如埃文斯·普里查德（Evans Pritchard）的"巫术"或林哈德（Lienhardt）的"祭祀集会"，即在我们自己的话语中寻找平行概念。这样的阐释之一，是将西部沙漠绘画当作景观地图进行分析。澳大利亚原住民艺术中对景观的描述因其采用的鸟瞰视角而备受关注。这与欧洲艺术中从风景中的一个点看风景的做法[10]完全不同。农业社区从一个固定的秩序点来解析景观，他们自己的村庄在地平线上被未知的、混乱的或看

---

[10] 单灭点透视的风景绘画，也即 Landscape 词汇用作地理学景观术语的主要起源之一。——译者

不见的东西所包围[见导言和第3章和第10章]，而游牧民族似乎采取了一种去中心化的视野，在这种视野下，许多点被赋予同等价值[见第6章和第8章]。盖尔（Gell）在第10章中描述的皮詹加加拉人和乌梅达人（Umeda）之间存在一种特别强烈的对比。皮詹加加拉人的生活是高度可视性的。传统上，人们在觅食探险时会点火以示存在，避免被怀疑作偷窃或复仇行为。在营地里，人们尽可能地坐在他们的树荫下，以宣示他们的社会性。芒恩认为，皮詹加加拉人和瓦尔比利人的宇宙观的一个关键概念，就是将创造性行为转化为可见的物体[Munn，1971]。相比之下，乌梅达人生活在一个非可视对象构成的世界之中，声音成为行为的主要表现形式。对于澳大利亚中部的绘画，欧洲评论家通常写道，圣地和连接它们的祖灵足迹就像在地图上被布置出来一样。这可以提供一把钥匙用以解释，同心圆表示地点，而各种形式的轨迹则表示袋鼠、蛇、负鼠等。然而，迈克尔斯（Michaels）嘲笑这种地图学诠释像是在做密码学的练习，它"减少了模棱两可的神秘性，使得欧洲观察者能够构建出一个可读的文本"[Michaels，1987：156]。

是否有可能超越地图学诠释？在最初的景观人类学会议上，一些发言者指出，在理解景观是如何在文化传统中被构想时，不应该把景观看作只是在某个独立层面上真正发生的过程的一种记忆或隐喻：作为社会构成的土地本身在文化关系的秩序中扮演着基础性的角色[见导论、第2章和第8章]，这一观点也适用于西部沙漠。创期期的概念，以及它在澳大利亚本土文化中作为某种"实在"状态的持续存在，使得流动的社会过程转化为可预测的社会关系持续结构的现实[见第8章，以及Myers，1986a：47]。与将绘画作为地图的想法相比，一个更有创造性的类比可能是将景观比作一个算盘，在这个算盘上，人们是珠子，其"价值"[文化身份]由他们在棋盘上的位置决定，而算盘的结构又由朱库尔帕的地点和旅程决定。圣地是个人和族群所锚定的固定参考点[比较Tonkinson，

1978：105]，并符合迈尔斯所说的，（这些参考点是）社会在一个充满分散状态的环境中所取得的不稳定的成就，问题是如何吸引足够的人聚集在一起，以促进社会互动 [Myers，1986a：48，154]。圣地是"存在"的创造性和世俗性层面相交汇的地方。因此，通过另一种西方话语，岩石中奇怪的形状和颜色也可以被设想为时空连续体（space-time continuum）的扰动，能量在此处创造性地转化为物质。每一种解释都改变了我们评价原住民话语的方式，就像我们对阿赞德人的不同反应取决于我们认为他们是在实践"巫术"，还是在做"心理治疗"。从我们的专业话语中选择类似的"对象"是一种政治行为，它决定了写作是压迫还是解放。只有通过参与本土话语，我们才能尝试进行恰当的解释。

注释

1. 伊拉提（lrati）[杀人魔法] 被注入乌鲁鲁（Uluru）南侧的伊伊鲁（liru）[毒蛇]地方的岩石中 [参见 Mountford，1977：50，54，60]。

参考文献

BLACKBURN, J. (1971). 'Milirrpum v. Nabalco Pty. Ltd. and the Commonwealth of Australia', *Australian Law Report (NT Supreme Court)*, 4–154.

CARRITHERS, M. (1990). 'Is Anthropology Art or Science?', *Current Anthropology*, 31: 263–82.

DERRIDA, J. (1976). *Of Grammatology*. London: Johns Hopkins University Press.

ECO, U. (1990). *The Limits of Interpretation*. Bloomington, Ind.: Indiana University Press.

FOUCAULT, M. (1972). *The Archaeology of Knowledge*. London: Tavistock.

KEEN, I. (1984). 'A Question of Interpretation: The Definition of "Traditional Aboriginal Owners" in the Aboriginal Land Rights (NT) Act', in L. R. Hiatt (ed.), *Aboriginal Landowners*. Sydney: Oceania.

LAYTON, R. (1983*a*). 'Ambilineal Descent and Traditional Pitjantjatjara Rights to Land', in N. Peterson and M. Langton (eds.), *Aborigines, Land and Land Rights*, 15–32. Canberra: Australian Institute of Aboriginal Studies.

——(1983*b*). 'Pitjantjatjara Processes and the Structure of the Land Rights Act', in

Peterson and Langton, ibid. 226–37.
——(1985). 'Anthropology and Aboriginal Land Rights in Northern Australia', in R. Grillo and A. Rew (eds.), *Social Anthropology and Development Policy*, 148–67. London: Tavistock.
——(1986). *Uluru, an Aboriginal History of Ayers Rock*. Canberra: Australian Institute of Aboriginal Studies.
——(1989). 'Are Sociobiology and Social Anthropology Compatible? The Significance of Sociocultural Resources in Human Evolution', in V. Standen and R. Foley (eds.), *Comparative Socioecology: The Behavioural Ecology of Humans and Other Mammals*, 433–55. Oxford: Blackwell.
MICHAELS, E. (1987). 'Western Desert Sandpainting and Post-modernism', in *Yuendumu Doors: Kuruwari*. Warlukurlangu Artists. Canberra: Aboriginal Studies Press.
MOUNTFORD, C. P. (1977). *Ayers Rock, its People, Their Beliefs and Their Art*, 2nd edn. Adelaide: Rigby.
MUNN, N. D. (1971). 'The Transformation of Subjects into Objects in Walbiri and Pitjantjatjara Myth', in R. Berndt (ed.), *Australian Aboriginal Anthropology*, 141–63. Nedlands: University of Western Australian Press.
MYERS, F. R. (1986*a*). *Pintupi Country, Pintupi Self*. Canberra: Australian Institute of Aboriginal Studies.
——(1986*b*). 'Always Ask: Resource Use and Land Ownership among Pintupi Aborigines', in N. Williams and E. Hunn (eds.), *Resource Managers: North American and Australian Hunter-Gatherers*, 173–95. Canberra: Australian Institute of Aboriginal Studies.
RICOEUR, P. (1979). 'The Model of the Text: Meaningful Action Considered as a Text', in P. Rabinow and W. M. Sullivan (eds.), *Interpretive Social Science: A Reader*, 73–101. Berkeley, Calif.: University of California Press.
ROMMETVEIT, R. (1987). 'Meaning, Context and Control: Convergent Trends and Controversial Issues in Current Social-Scientific Research on Human Cognition and Communication', *Inquiry*, 30: 77–99.
SARUP, M. (1989). *Post-Structuralism and Postmodernism*. London: Harvester-Wheatsheaf.
STREHLOW, T. G. H. (1964). 'Personal Monototemism in a Polytotemic Community', in E. Haberland (ed.), *Festschrift für Ad. E. Jensen*, 723–53. Munich: Renner.
——(1969). 'Mythology of the Centralian Aborigine', part I, *Inland Review* (June/August), 11–17. Alice Springs.
TONKINSON, R. (1978). *The Mardudjara Aborigines: Living the Dream in Australia's Desert*. New York: Holt, Rinehart and Winston.
——(1988). '"Ideology and Domination" in Aboriginal Australia: A Western Desert Test Case', in T. Ingold, D. Riches, and J. Woodburn (eds.), *Hunters and Gatherers: Property, Power, and Ideology*, 150–64. Oxford: Berg.
WILLIAMS, N. (1986). *The Yolngu and Their Land*. Canberra: Aboriginal Studies Press.

第10章

森林的语言：乌梅达的景观和语音象似性

阿尔弗雷德·盖尔（Alfred Gell）

在这样一本关于景观和文化的著作中提出语言象似性①的问题——语言的图示或拟态性上的属性——可能会显得很奇怪。但我希望声明，我对主题的选择并不像看起来那样随意，因为在塑造某些自然语言的文化因素、与讲这些语言的人所生活的景观环境的特殊性之间，可能确实存在着密切的关系。我的论点是，生活在茂密、未遭破坏的丛林中的人，譬如我将讨论的新几内亚人，他们说的语言在语音象似性（phonological iconisms）上异常丰富，而且森林栖息地和符号语言之间的这种联系可以从理论上得到解释。语音象似性是指语音或发音"姿态"与说话时运用的词汇所传达的语义之间存在着的可解释的关系。

语音象似性最简单的形式是拟声词，它激发了诸如"嘶嘶"（hiss）、"嗡嗡"（buzz）、"嘎吱"（crunch）等常见的英语形式，这种语言策略也存在于我正研究的新几内亚语言中；但在这些语言里，可理解的"声音－意义"关系被带得更远，进入语义领域。在语义领域中，"自然"声音和

---

① 语言学中的象似性（iconicity），是相对于索绪尔（Saussurean）在《普通语言学教程》中提出任意性（arbitrariness）而言的。索绪尔的语言的任意性是指，语言符号的形式、声音和语义之间没有任何自然的、内在的或逻辑上的必然联系。而现代认知领域的学者则借用了柏拉图在其著作《对话录》（Cratylos）中所区分的关于形式与内容之间的两种关系，针对语言任意性，提出了语言象似性的观点。认知语言学下的象似性（iconicity）反映的是语言与思维的关系，指出语言是客观世界、人类认知、社会文化等因素相互作用而产生的一套复杂的符号系统。因此，认知语言学并不否定语言的任意性，但更重视语言的象似性，尤其是在有关语言规则方面的研究中，象似性的地位大大高于任意性，这有助于从语言提供的独特视角，研究人类认知规律。——译者

232

语音之间没有明显的关系，所涉及的符号学意义只有在更复杂的文化分析的基础上才能显现。例如，我们的文化对"山发出的声音是怎样的"这个问题没有提供答案。英语（文化）中的山不发声，因此，就没有依据去将"山"的概念与特定的语音联系起来，也没有为了说"山"这个词而必须进行的发音。英语中的"山"是一个"任意符号"，符合德·索绪尔（de Saussure, 1966）提出的所有口语符号的任意性的一般原则，自那时起，绝大多数语言学家都接受了这一原则，只有零星的异议 [Sapir 1929, Jakobson and Waygh 1979]。我认为，在乌梅达（Umeda），情况并非如此，乌梅达话语中的"山"（*sis*）应被准确地理解为"山发出的声音"，或者更精确地说是，"山在发音和声学的空间中的形状"。

我将在本章中探讨的民族志材料是乌梅达文化背景下的"景观"概念 [例如"山"] 的表达符号。正如我已不止一次试图证明 [1975; 1979]，在非常基本的层面上，声音符号是这种景观概念的表达符号的关键。但我想做的不仅仅是描述一个有趣的 [或有问题的] 语言现象；我的主要目标是解释为什么乌梅达人 [以及其他生活在类似乌梅达景观中的人] 诉诸语音象似性模式的表达，而其他居住在不同类型景观中的人则不这样做。

试图证明新几内亚森林栖息地和语言表达之间存在明确的"统计学"关联是一个无望的提议，尽管有人 [比如我] 怀疑这种关联是存在的。我不会去尝试这样的论证，其无望之处基于这样一个事实——大多数民族学家根本不考虑景观、认知和语言之间的深刻关系的可能性，也不会根据这种未经检验的可能性来构建本土"文化"。语言学家在描述语言时通常也不会考虑到这一点，即使在他们同时对所研究语言的文化背景感兴趣的情况下也是如此。我在田野调查时，尽可能多地去关注乌梅达的符号，但这仅仅是个偶然；而且除了语音之外，我从未明确关注乌梅达文化中的其他"声音"[Gell, 1975: 120]。由于这种方法上的"失聪"，我无法将乌梅达的声音符号学研究推进到我在 1979 年达到的地步，因此这里的研究只是自我满足性证明,乌梅达中普遍存在的发音或语音符号构成了一种独特的"诗性语言",正如卢梭(Rousseau)所设想的那样 [Gell, 1979: 61]——乌梅达语就是作诗。对于这种奇妙的状态,我没有任何积极的解释,尽管我想我可以解释为什么乌梅达语没有像大多数语言那样丧失其诗意。

美拉尼西亚人类学(Melanesian anthropology)[2]的后续发展已经改变了这种状况。现在已经出版了两本民族志,专门寻求探究听觉领域,包括自然声音、语言和歌谣。它们本身就是文化系统,不仅仅是作为整个文化的附属品,而且在文化经验的各个层面上都是主题和基础。我(说的这两本民族志)指的是史蒂夫·费尔德(Steve Feld, 1982: 3)对大巴布亚高原卡鲁利人(*Kaluli*)的"作为文化系统的声音"的突破性研究,以及詹姆斯·韦纳(James Weiner, 1991)对福伊语(Foi)[3]和民族诗学的最新理论阐述。这两本"声音的民族志"[涉及不同的语言组,它们距离乌梅达几百英里,且被新几内亚的中央高地隔开]都独立地得出了与我所提出的关于语音象似性的类似结论。从这种学术观点的趋同中,我获得了一些鼓励。在我看来,这支持了如下推论:在新几内亚语言中,语音象似性可能是广泛存在的,但它需要一种特殊的民族志方法,即从作为文化基本组成部分的听觉领域的敏感性来揭示它。但不幸的是,这也意味着,要想在"统计学"上证明新几内亚语言中语音象似性的普遍性,就必须设想一大批类似费尔德和韦纳的学者致力于新几内亚多种文化的意象系统的特殊研究,因为语言可以具有如我们这里所讨论的、同样的"象似",但彼此之间却没有丝毫相似之处 [见下文]。景观的相似性并不意味着语言的"表面的"相似性,因为景观与语言的关系在很大程度上

---

[2] 美拉尼西亚(Melanesia,源于希腊语 Μελανησία)是太平洋三大岛群之一(其余两个为密克罗尼西亚和波利尼西亚),希腊语意为"黑人群岛"。由俾斯麦群岛、所罗门群岛、新赫布里底群岛、新喀里多尼亚群岛、斐济群岛等组成。——译者
[3] 巴布亚新几内亚当地共有约 832 种语言,福伊语(Foi)为分布于南部高地省(Southern Highlands)的巴布亚语族下的分支,人数约 2800 人。

是以文化因素为中介的，而文化因素可能有很大的差异。在任何情况下，提取语言内在的"诗性"[在每一个层面，包括语音、形态和句法等]都是一项新的领域。但可能出现的情况是，至少就某一类限定的语言而言，这一领域在理论上是可行的，在分析上是富有成效的。

现在，我们的目的是要确定哪些参数可以用来限定那些可能表现出明显的、在发音上存在语音象似性的语言。我把在所有语言中都可能表现出来的另一种象似性排除在外，即句法象似性。句法的象似性涵盖了存在于句法 [主句和从句的排列规则，以及其他语法特征] 和语义或句子意义之间的各种关系。句法象似性的一个典范案例是凯撒的名句"Veni, vidi, vici"④，其中动词的顺序反映了凯撒行动的顺序，整个结构的紧凑性体现了他成功的军事行动的轻松和快速 [Jakobson, 1965]。最近，海曼 [Haiman 1985] 研究了新几内亚语言的句法象似性，韦纳 [Weiner, 1991: 87] 将则这项工作纳入了民族诗学。这种象似性并不违反口语符号的任意性原则，因为这种任意性原则不适用于句子，而是适用于词和语素。语音象似性的问题要大得多，因为它取决于追踪单个词和语素的声音实质与它们的意义之间的联系。作为一种文化上精心设计的表达方式，它可能是相当罕见的，如果只是因为所有的语言都经历了有规律的声音转换过程，那么在其他条件相同的情况下，语音符号形式在经过一段时间后就会演变成非符号形式。只有在情况不一样的地方，也就是说，在有倾向于保留、普及和加强（语音符号形式）的特定文化载体、用以对抗形态变化反作用力的地方，我们才能期望遇到精心设计的语音符号，而不是零星的拟声词。

现在，我不认为这是一个偶然的问题，因为那些似乎容易被分析为语音符号系统的新几内亚语言 [到目前为止，乌梅达、卡鲁利和福伊] 都

---

④　此处为拉丁语，英语翻译为"I came, I saw, I conquered"，中文为"我到了，我见到了，我征服了"。　公元前 47 年，凯撒率兵攻下了小亚细亚城。凯撒向罗马元老院发回三个拉丁单词："Veni, Vidi, Vici"（出自古罗马历史学家普鲁塔克为凯撒大帝所作传记），成为千古不朽名言。——译者

位于"边缘"地区，远离人口更多、社会更活跃的中央高地和海洋及河流地带。卡鲁利和福伊位于中央高地南部人烟稀少、森林茂密的山坡上[那里的植被——低地森林让位给了更开阔的草地]，而乌梅达则在塞皮克弯（Sepik bend）以北的山地地区中占据了类似的位置，那里的人口同样非常稀少，人们的生活依赖于对森林的开发，只有极少的农耕活动。我要说的内容的关键取决于森林栖息地这一共同因素，而不是草原、河岸、海岸栖息地。我认为，原始森林环境给人们强加了一种感知能力的重组，这样一来，世界被感知的方式让听觉[以及另一种我们很少使用的感觉，即嗅觉（Gell，1977）]占据了重要地位，而这种感知能力的转变在认知领域有多方面的影响，倾向于促进语言中的语音象似性。

这也不是全部。新几内亚"森林"文化的价值体系似乎比开阔平原、沿海和河滩的文化更强调情感，或[也许是一个更好的词]"同情"。在这里，在充满活力的、有触感的、有香味的（森林）阴影中，是怀旧和被遗弃的景观，民族学家对卡鲁利和附近社会进行了很好的描述[Feld，1982；Schieffelin，1976；Wagner，1972；Weiner，1988，1991]。我怀疑，在表达对社区成员高度同情的文化偏好上[见下文关于福伊人、卡鲁利人的诗学]，以及听觉比视觉占优势上，两者之间存在着内在的联系；我认为这也是这些文化的特点。听觉是[相对]亲密的、具体的和有触觉的，而视觉则提倡抽象；同样，象似性语言是"具体的"[Goldstein 和 Scheerer 1971 年的观点；参见 Merleau-Ponty，1962]，而任意性语言，符号和意义在其中属于完全独立的代码，是抽象的。森林栖息地、语言象似性和我将在后面提到的"同情文化"，似乎都以一种我希望在下面继续讨论中予以阐明的方式被联系在了一起。乌梅达人也有这种文化模式的某些特征，尽管我在对乌梅达文化的描述中很少强调"同情"[Gell，1975]，部分原因在于我的视觉主义偏见，而另外的部分原因则在于，20 世纪 70 年代初时我对情感理论的兴趣不大。在那个阶段，可以说我的论点不仅仅是关于语言和森林生境的，而且还提出了语言与"社会性"之间的关系问题，正如它已经为人所知的那样。

简而言之，我把我的问题定义如下：在新几内亚，以及也许包括新几内亚以外的地方，只要有合适的自然与文化环境的并存，就会有某些语言显示出明显的语音象似性 [其类型将在下文具体描述]。我认为这些语言对应于某些森林栖息地和生活方式，这些栖息地和生活方式优先考虑听觉和嗅觉，而不强调视觉，尤其是远距离视觉。这些是"听觉"文化，也显示出某些意识形态的连续性 [即同情心（sympathy）]。首先，我必须勾勒出这些主张背后的现象学（框架）。之后，我将试图从认知上解释这些事实，认为如果能指和所指是以相同的感知模式编码的，就会有一种内在的倾向，即象似性的表达。

乌梅达：一种听觉文化

让我通过一种简短的自传式思考的方式来介绍我的主题。1969—1970 年，我在乌梅达 [西塞皮克区，现在的巴布亚新几内亚桑达恩省] 进行田野调查时，遇到了各种形式的挫折。我遇到的最烦恼和最难以克服的问题之一在于，我无法对乌梅达所在的地区有一个像样的观感。最后，我花了 14 个月的时间，把视觉环境限制在几十米之内，最多 500 米左右的地方 [有一个例外，我将在后面讲到]。我发现这些有限的视野令人非常不满意。像所有的英国中产阶级一样，我承袭了我们国民的共性，对风景和全景（panoramas）非常痴迷，尽管我不得不通过那越来越厚的眼镜来观察它们。如果我想通过登上山头来满足对远方（眺望）的渴望，那么没有任何山头能阻挡我的脚步，无论是岩石崎岖、密林丛生、烈日当空还是狂风肆虐。但乌梅达在这方面是个炼狱。周围的地区并不平坦，附近有许多山丘，我在打猎或去巡逻站的路上经常经过它们。但在这些山上，尽管我尽了最大努力寻找合适的地点，但仍没有一个山头的森林被清理到可以提供观察的"视野"。直到今天，我都不知道乌梅达村从远处看是什么样子。

当时，我忍受着自己对乌梅达（观感）的未实现的渴望，认为这只是构成民族志学者命运的众多考验中的一个。但我没有意识到这个问题有任何更深层次的意义，尽管从后来的发展来看，它肯定有。在经验层面上，我无法将乌梅达作为一个可视觉化的整体，这对我的理论野心提出了直接的挑战，我的理论抱负是将乌梅达作为一个基于智慧所构建的整体而"囊括"起来。请记住，那是很久以前的事了，在"视觉主义"（visualism）还没有在开明的圈子里成为罪魁祸首之前。我完全相信，人类学研究的目标主要是以几何－空间模型的形式，使乌梅达社会关系整体可见。因为我恰好是一个明显的视觉思考者，所以我在这方面相当成功，但现在我的"自我批判性中年阶段"已经来临，我可以看到，人类学理解与提供视觉—空间格式塔的概念有某些固有的缺点。利用几何图表和分析图，以及不断强调视觉形式的描述性语言，这仍然是我打算做的事情，而且在某种程度上，我也这么做了。当我在田野时，我已经掌握了乌梅达社会关系的视觉模型的要素，但我在"远观"[Levi-Strauss，1985]中囊括乌梅达的努力未果，这不仅仅是出于文化偏好，也是出于将我对乌梅达的知识构建投射到物理地形上的更宏大的愿望。

关键是，事后看来，这种对视觉和可视化的关注可能是错误的。乌梅达是"看不见的"，而视觉本身在很多时候的作用是相当有限的，这一事实提醒我应该注意，就乌梅达而言，视觉和其他感官模式之间的平衡会有所不同。实际上，我不禁注意到了许多奇怪的事情。

例如，我对一个年轻人告诉我的一个故事很感兴趣。他是第一批访问海岸的乌梅达人中的一员，在海岸那里他们被囚禁了一段时间，直到我去到乌梅达前的不久，他们才返回乌梅达。抵达瓦尼莫（Vanimo）[此地位于海岸，监狱建在这里] 时，这些乌梅达人在倾斜的海滩上一字排开，面向大海。在乌梅达人和海岸线之间，站着一名警察。乌梅达人以前从未见过大海或任何大片的水域，他们也从未见过遥远而平坦的地平线。因此，他们感觉到的不是海面在水平面上的逐渐远退，而是把它看作是一堵巨大的垂直水墙，直插云霄，从他们的角度看，海面显然比在前滩面对着他们的警察的头还高。这些乌梅达人担心这位警察即将被巨大的海浪吞没，而他们自己也会迅速被海浪追上。他们不明白，为什么预期的海浪最后没有到来。

我认为，对于乌梅达人来说，凡是能看到的东西，都被想当然地认为是比较近的。这可能解释了他们在从韦瓦克（Wewak）[约 150 千米外的一个沿海城镇] 的劳工大院中大规模突围后，试图从韦瓦克步行到乌梅达的非凡勇气，这甚至可以说是一种蛮勇。参与者告诉我，之所以进行这次著名的越狱行动 [在新几内亚，通过 10 千米的敌方领土都是一种冒险，更不用说 150 千米了]，是因为他们能够通过飞机的舷窗看到整个地区，当时那架飞机正将他们从伊蒙达 [乌梅达附近] 送到韦瓦克。他们看到了托里切利山脉（Torricelli）的线条和另一边的塞皮克河谷（Sepik）。在逃跑的回程中，他们沿着这条路线走了很多个星期，期间他们大多被俘，其中一人被妄断作女巫而遭到枪杀。他们完全不清楚这段旅程的实际难度，他们之所以要走这段路，只是因为他们被 [自己的认知] 蒙蔽了，以为这段距离比实际要短得多。我相信，这是因为他们习惯性地认为，任何两个可视点之间的距离都很短，很容易穿越。

另一个说明乌梅达人的感知框架与西方人不同的证据是，他们总是有一种方式，能够比我更了解他们的声音和嗅觉环境。大多数情况下这是不言而喻的。在茂密的森林中狩猎 [以及突袭和逃离突袭] 将听觉作为主要的感知方式去探测一定距离内的物体和事件非常重要，因为它们总是在视线之外。外出打猎时，我永远找不到自己的猎物，因为我总习惯性地用视觉去寻找它；而乌梅达人用听，当然他们也清楚地知道要听什么。在灌木丛中，他们低着头前行，观察道路上的荆棘和障碍物［以及其他记号，如足迹］，同时用他们永远敏感的耳朵去"侦查"周围的环境。由于听觉对他们来说具有如此强烈的功能重要性，对于噪声，他们遵守着非常明显的纪律；要么非常安静，要么非常吵闹，但他们不能容忍侵入性的非社会背景噪声，而我们认为这是理所当然的。这一特征在乌梅达人的起源神话中得到了很好的体现，该神话解释了白人的存在，白人被定义为噪声污染的制造者，具有鲜明的特征。和新几内亚此类神话一样，这个神话从两个兄弟开始，大的是黑皮肤，很笨，小的是白皮肤，很聪明。哥哥像乌梅达人一样生活，在森林里打猎，而弟弟则留在村里制造东西。我的报道人说，弟弟做的东西是水壶、勺子、刀子、铁皮盘子和平底锅。他用锤子敲打金属来做这些东西。哥哥打猎回来后很疲惫，想睡觉，但弟弟却坚持敲打金属。哥哥觉得这种敲打声让人无法忍受，于是他愤怒地站起来，把弟弟赶出了村子。弟弟带着他的金属物品，下到一个通向地球内部的洞里。直到今天，那里仍然是白人居住的地方，他们在地下，敲打着金属，发出可怕的噪声。

　　当然，视觉和听觉在狩猎和突袭中都是必要的，特别是在关键时刻。但是，我在这里要强调的不是乌梅达人不看东西，或者只依赖听觉去排除其他一切，而是他们对所处环境中的视觉和听觉成分之间的关系评估与我们不同。对于乌梅达人来说，一个可听但不可见的物体完全是"显现的"，对此我们很难理解，因为对我们来说，无论如何被感知，这样的物体都是"隐形的"。在乌梅达文化中，"隐形"的概念实际上与我们的文化完全不同。乌梅达人的词汇"隐形的"——玛卡斯玛卡斯（*maksmaks*），意味着的不是不可见，而是隐藏了其听觉痕迹，就像刺客的无声接近。一个人如果在接近时发出声音，即使在茂密的灌木丛中隐蔽起来，在乌梅达人观念中也根本不是"隐形"的。乌梅达人的这种观念适用于秘密

[无声的]行动,也适用于在说话中隐瞒真相,也就是撒谎、推诿,剥夺对话者感知真实事态所需的听觉信息。

对我们来说,看不见的东西是很有问题的,但对乌梅达人来说不是,他们用可听性而不是可见性来定义客观存在。这一点在我同我的信息提供者经常发生的、关于"证据"的冲突中显现出来。有一次,一个我很熟悉的乌梅达男人来到我家,他看起来好像刚刚经历了人生中最可怕的一次惊吓,并急切地告诉我他刚刚的痛苦经历。他在通往村庄的林间小路上,被一个玡特(yawt)追得上气不接下气,那是一种所有乌梅达人都深信不疑的可怕食人魔。黄昏已经降临,森林陷入了比往常更深的黑暗之中,但是那只食人魔一直在那里等待着。他听到它在呼呼呼地喘气,便急忙跑上小路去躲避它,但食人魔却隐蔽地[玛卡斯玛卡斯]绕了一圈,在他发觉之前就出现在了他面前,并且又在呼呼呼地喘着气,他不得不穿过森林来躲避它。最后,他重新回到了小路上,以最快速度回到了家。"是的,是的,"我打断他说,"但你真的看到了食人魔吗?"我的报道人疑惑地看着我,"当时天很黑,我正在逃跑,它就在那条路上,发出呼呼呼的声音。"……当我从这次谈话以及类似谈话中抽身出来时,有着一如既往的困惑:像乌梅达人这样明智的族群怎么会对食人魔,以及其他可怕的幽灵保持如此的迷信?我想知道,乌梅达人什么时候才会承认真的"看到"这些怪物?但是,这当然是一种基于视觉上的真实概念而产生的误解。对于乌梅达人来说,耳听为实(hearing is believing),乌梅达人确实听到了食人魔的声音,或者他们认为是食人魔的声音。

这里需要注意的是,强烈的情绪使乌梅达人"听而不闻"而非"视而不见"。我们一般说某人因愤怒会"变成瞎子",或"无法忍受他人的目光",而乌梅达人则说他们(因愤怒)不再能听到,或故意不去听对方说话,因为他们变成了"聋子"[阿嘎弥(agami),关闭的耳朵]。

乌梅达人并不把视觉作为一种基本的证据感,而是将其作为一种具有亲密关系和危险内涵的高潮感。在新几内亚，有这样一种很常见的现象：普通对话不需要持续的目光接触，而亲密或对抗性对话则需要。男女之间直接的持续性眼神接触意味着性诱惑或共谋。在跳舞时，或者仅仅是对任何路过的女性进行窥视，其目的是捕捉女性的目光，因为一切都取决于看到和被看到。除了作为诱惑的器官外，眼睛 [尤其是长辈的眼睛] 如果发出愤怒的目光，会使巫术攻击的受害者感到恐惧和沮丧。这是乌梅达版的"邪恶之眼"信仰，但重点是它只在近亲 [宗谱] 范围内有效；而在非血亲之间，致命的巫术 [和实际的暴力] 通过近邻和敌方村庄的夜间袭击，是在无形中进行的。

视觉世界是近距离的、亲密的，但它与整体世界相去甚远，与我们可以识别为"景观"的任何事物都相去甚远，因为它只是一系列不连贯的局部瞥见，并不围绕着任何中心视点。在"聚落"中，人们能看到的是自己恰好身处其中的小小村巷，而不是作为整体的"聚落"。向外看，人们看到的是附近的树顶，而不是真正构成"丛林"的花园、小径、溪流、猎场、沙丘，等等；这些都隐藏在下面，尽管人们可以听到正在进行的丛林活动，砍伐、捣碎西米，以及乌梅达人队伍在移动中发出的标准定位"呼声"。在"灌木丛"中，人们永远看不到聚落，或者说，（对于乌梅达人来说）除了最邻近的环境外，他们看不到任何地方，因为那些大都无关紧要。没有任何东西可以把这一切联系在一起，也没有特殊的"全域观察"点，能够像从城堡中的堡垒顶上那样望出去。虽然它（周边环境）被绑在一起，但是以一种相当不同的方式。我想说的是，由于缺乏视觉景观，乌梅达人所拥有的是一个"发声的景观"，一个可以在声学模式下获得的景观。这个景观是由两种经验之间的界面构建的：远端包括环境声音的编码，也就是一个声景（soundscape）；近端则将身体作为基本的统一扭结，作为一个发声腔体，对声音敏感，并且通过语言和模仿发声的自动感知经验，去发出声音。

发音景观（The Articulatory Landscape）

梅洛 – 庞蒂 [Merleau-Ponty，1962：184] 说："口语词汇亦有姿态，它的意义自成世界。"（The spoken word is a gesture, its meaning, a world.）我们确实可以把乌梅达的世界/景观想象成一系列要素之间的图景，这些要素包括发音姿态、在口腔 [微观世界] 内塑造的音节形状，以及由身体、通过身体介导的社会关系、其他自然形式 [尤其是树木] 和包围的物理环境组成的宏观世界。口腔 [履行发声和味觉、发射和接收功能] 本身就是一个小景观 [参见 Mimica，1981]，但不是一个静止的景观。它根据自身相对于特定的物理和社会媒介的位置关系，如限制和约束、上面和下面、向心性和疏离性，而进行移动、塑造和变换。

乌梅达语中有丰富的拟声词 [例如呼呋 -（*huf*），这是乌梅达人演奏的木制小号的名称，同时此乐器发出的声音与这个词完全相同]。更有甚者，有一大类的人声"音效"（vocal 'sound-effects'），在叙事中用作标点和说明动作。这些都可以在没有任何额外解释的情况下使用。例如，在一个神话中，英雄被遗弃在一棵无法攀登的高大树木的顶端。故事至此，开始进入了纯粹的声音效果，呜 – 呜 - 呜 – 叭……（w-w-w-ba……）。人们只需知道，这是英雄的眼泪从高处轻轻滴下的声音，在落下时敲打着树叶，提醒将拯救他的友好的蛇。但是，这些拟声词和声音效果并不构成基本系统，它并不局限于声音所直接表现的语境，尽管这些词汇只对（共享）其文化的成员透明。

乌梅达语音符号的基本模式可以从以下基本映射中推导出来。前辅音 [齿槽音] 与中心性有关 [*edi*= 男人，*edie*= 中间，*edtodna* 男性/中央部分]，而后辅音 [软腭音] 与边缘性有关 [*agwa*= 女人，*aga*= 耳朵，*agea*= 手臂/树枝，*agwatodna*= 女性/外围部分]。这种基本对立与另一类对立是一致的，即把表示"软性"营养和味觉对象及体验的鼻化前双唇音和齿龈音 [*mo*= 水果，*mol*= 女儿/外阴] 与表示"硬性"对象的硬后辅音 [ke=

骨头] 和表示厌恶 [*ehe*] 的声带元音相对立。乌梅达语的词通常是由语素（morphemic elements）⑤构成的，每个语素都可能有不同的组合。因此，举例来说，一个将中心性 / 阳刚之气与厌恶之情结合起来的实体，必须将一个具有齿槽辅音的语素与一个具有声带元音的语素相结合。这样的实体很容易识别：它是一种盲虫 [实际上是一种无腿的蜥蜴]，生活在老棕榈树的中空内部，以那里的蚂蚁为食。乌梅达人非常害怕这种生物，它的名字叫"厄莱赫"（*eliehe*），那是一种长长的、粉红色的、自驱式的阳具状生物，有时在棕榈树被砍伐时出现 [参见 Gell，1975：240]。厄莱赫（*eliehe*）这个名字可分解为 *eli* + *ehe*；*eli* 是 *edi* 的一个变体 [用相应的滑音代替了肺泡停顿] 加上 *ehe*，我们已经见过。厄莱赫（*eliehe*）不仅仅是一个中性的语音符号，它在发音空间中描绘其对象的"姿态"，同时映射到社交和情感空间。正如梅洛 – 庞蒂 [Merleau-Ponty，1962：179-87] 所写的：

> 词语的意义最终必须从词本身推导出来，或者更确切地说，它们的概念意义必须通过一种从语言中固有的姿态意义中演绎而形成……姿态把世界的某些可感知的部分带到我的面前，邀请我加入其中……姿态并没有让我想到愤怒，它本身就是愤怒……[词语的"概念和界定"意义是任意的，但这] ……如果我们考虑到一个词语的情感内容，即我们上面所说的在诗歌中非常重要的"姿态"意义，就不再是这样了。然后就会发现，单词、元音和音素是"歌唱"世界的许多方式，它们的功能是代表世界，并不像天真的拟声理论所认为的那样"基于客观的相似性"，而是因为它们提取并按字面意思表达它们的情感本质。

---

⑤ 语素，指语言中最小的音义结合体；一个语言单位必须同时满足三个条件"最小、有音、有义"才能被称作语素。——译者

梅洛-庞蒂的这些话可能严重夸大了语音象似性在大多数语言中的作用，但我认为这些话几乎是乌梅达的真实写照［很巧合的是，《感知现象学》（*The Phenomenology of Perception*）正是我进入该田野时所携带的一小批书籍之一］。让我剖析一下"姿态"意义的另一个例子，这次是专门与我们所理解的"景观"有关的。我在一开始就说过，英语中的"山"在文化上没有明显的音位动机。英语中的山是无声的、不动的，很难想象会有任何一种发声的"姿态"能比另一种更好地传达山的本质。在乌梅达，情况并非如此，尽管这需要通过文化解释来体现。乌梅达语中的"山"是斯嘶（*sis*）。乌梅达的"山"实际上是山脊，有尖锐的顶部，它们界定了领土的边界，特别是在乌梅达的主要敌人所在的北部和西部。嘶音"s"同时与男性权力和尖锐、狭窄的东西如尖棒［萨赫（*sah*）］有关。男性权力来自于椰子-萨（*sa*），以及祖先萨-托德（*sa-tod*）［村/谷/中央］。像竹刀这样锋利的东西是萨伊（*sai*），萨（*sa*）加上收缩的"窄"元音"i"。斯嘶（*sis*），一个对称的嘶嘶声和狭窄的"i"排列，非常适合乌梅达的"山"，也就是一个狭窄的山脊，与男性的追求、危险等相关。作为一个山脊，它与柯贝（*kebe*）相反，后者是乌梅达小村庄选址的一种平顶山丘，结合了暗示硬度的"k"音和意为"胖"［繁荣］的"*ebe*"［双唇音］。

我们可以把"斯嘶"（*sis*）作为"可听之山"的分析再向前推进一步。我提到过，从乌梅达看去，没有超过 500 米的景观特征是可以看得到的，但这一概括有一个例外。这个例外是奥西斯（*awsis*），它是乌梅达北部的一座高大山脊，标志着乌梅达领土与瓦伊纳-索万达族群［乌梅达人的"小"敌人和亲属］的领土，以及北部和西部的瓦森格拉山谷中的族群［乌梅达人的"大"敌人，在被迫接受殖民式和平之前，他们经常威胁要征服乌梅达人］的领土之间的边界。在传统时代，没有乌梅达人敢于越过这条山脊进入瓦森格拉山谷。奥西斯（*awsis*）这个名字可以分解为 *aw* +

sis。aw 在词语中起着独立的作用：作为最大限度"开放"的元音"a"，后面跟着圆滑的、紧缩的或限制性的半元音"w"，aw 是表示"包围界限"的词的一个组成部分；因此，有奥达（awda）= 栅栏，珀普奥（popaw）= 河坝 [这个词可以拆解为 po（水）+ aw]。[也可参见 yawt 一词，指森林中的食人魔。] 因此，奥西斯（awsis）是围绕乌梅达人世界的垂直限制性栅栏或墙，这也许是 [前面故事中] 囚犯们在瓦尼莫海滩上眺望大海时，他们所"看到"的垂直水墙的真正原始版本。

乌梅达柯贝（Umdakebe）[村庄所在的小山丘] 和奥西斯（awsis）分别标志着乌梅达的发音景观（Umeda articulatory landscape）的核心和外围；但在（这两者构成的）前景和背景之间有什么？乌梅达景观是由瞬息万变的声音和发音构成的，必须动态地理解，而不是作为视觉/空间对象的固定阵列。景观特征应被理解为运动而不是形式。例如，乌梅达地区的一个共同特征，即被称为普维欧博（pwiob）的水池，它形成于泉水穿过岩石的地方。这样的水池由一条狭窄的通道和膨胀为水池本身的部分共同组成，水 [在轻微的压力下] 从通道中涌出。作为一种发音姿态，普维欧博（pwiob）有两个部分，即 pwi + ob。pwi 从属于所有意味着"向上生长"的一类词：维（wi）= 葫芦 [象征着生长，因此作为儿童禁忌，参见 Gell，1979]，维斯（wis）= 月亮 [生长]，普维（pwi）= 生长的嫩芽，皮提皮提（pitpit）[高大的刺状可食用藤条]，普维厄（pwie）= 高。这对应于从岩石中涌出的水在"被迫向上生长"。另一方面，ob 属于"膨胀"的发音姿态，通常与"a"或"e"搭配，因此有：阿博（ab）= 成熟 [也作 abw]，卡博维（kabwi）= 大，胖，额贝（ebe）= 肥，帕博（pab）= 阴茎勃起，珀帕博（popab）= 高水，洪水。所有这些以元音 +b 为特征的单词都涉及一个发音"膨胀"，即在发出双唇音时，必须让脸颊胀满空气 [在声学上，此类共鸣是这种辅音类型的特征]。最后，圆形元音"o"似乎是在模仿圆形，在这个例子中是指水池的圆形 [参照 mol= 水果，mo= 咽喉、外阴、单词等]。因此，从整体上看，普维欧博（pwiob）这个词提供了一个动态的运动图景，展示了泉水注入的水池是一个过程，而不是一个物体；清晰地展示了水从岩石中喷涌而出，以及在其周围形成的膨胀的圆形水池。

在乌梅达的声学/发音景观中，有一种更为全面的"运动"感，它将上方和下方对立起来，补充了已经描述过的中心/边缘的轴线[进一步的细节见 Gell，1975：133-7；1979：46]。[发音景观]的上/下轴，同高/前元音"a""i"与低/后元音"u""o"之间的语音对比有关。如果我们从顶部开始[细数这些景观要素]，首先有最高的天[帕（pa）]。其次是星星[帕伊纳乌夫（painauf）]，星星也是祖先的阳具，而阳具本身的单词是帕伊哈(paiha)。离开这些最上层的要素，最后，还有云层奥菲额(awfie)[又一个 -aw- 词组]。而奥菲额的字面意思是"在上面"。

"上升"对应的语素是阿珀（ap），在乌梅达语这样的语言中："来"意味着向上运动[come up，伊达皮阿武（idapiav）]，"去"意味着向下运动[伊杜伊阿武（iduiav）]。当（形容）向上的运动是快速和爆发性的，阿珀（ap）就会被倒置，变成帕（pa），例如霍塔莫武伊额–帕（hotamovie pa!）["他快速地爬上了霍塔莫武（hotamov）树"]。一般来说，前面提到的开口/前置元音"a"表示的优越性，如萨–托德（sa-tod）= 祖先。年长的男性亲属是阿忒（at），也可作为"向上"的指示性词使用。乌梅达人偶尔会称呼我为阿忒（at），这并不是因为他们想与我建立亲属关系，而是因为我比他们个子高。有时亲属关系词汇和语气词会完全融合，比如他们试图给我指出正确的方向，让我射杀上方隐藏在树叶中的某种鸟[阿特–阿忒–阿特……（at-at-at……）"上面，叔叔，上面，上面……"]。帕特（pat）是房子的屋梁，阿斯（asi）是年长的亲属和祖父母，恩阿（na）是母亲的兄弟，等等。

向下运动由 -u- 表示，如伊杜伊阿武（iduiav）[往下走]。相对于村庄而言，"低"的灌木丛是苏古特（*sugut*）。灌木丛的最低部分是沼泽：普德（*pud*）。"低等"的社会角色也由同样的"*u*"元音符号标记；姆葛托德（*mugtod*）= 单身汉，来自姆葛（*mug*）= 腿、脚；伊普迪（*ipudi*）= 儿子；土达（*tuda*）= 孩子；乌德（*ude*）= 小妹妹、狗。但典型的向下运动是水的移动，从天空落下，顺着许多溪流流下，所有这些都是珀（*po*）。一般向下/灌木丛的方向（流动）被表示为珀柯维额（*pokwie*）或苏葛维额（*sugwie*）。当珀（*po*）降下来时，洪水就会上升-珀帕博（*popab*），从"*pab*=勃起"一词引申出来的意思[参见上文关于"膨胀"一词]。这些像水一样的下降/上升运动有标准的性/宇宙学意义。大地是女性，像子宫一样，被蚯蚓[苏布鲁（*subul*）]刺穿，因此乌梅达人非常害怕蚯蚓。大地作为子宫[乌达（*uda*）：亦称"网袋"]的特性尤其集中地反映于富集在地下的白色高岭土矿床中，这是一种主要的神奇材料。这种神奇的高岭土的名称是乌鲁乌维（*urugubwe*），这是一种最神奇的声音，发音很轻。

目前，这些关于乌梅达发音景观的讨论已经足够多了；不过，我也许还可以进行某些补充，因为乌梅达语的全部词汇都构成了我所讨论的"景观"。我已经发表了很多相关的成果，似乎没有必要再重复了。然而，为了让大家进一步了解这个系统，也为了让"猜谜爱好者们"开心，我附上了1979年发表的文章中设计的插图，它将一些最重要的乌梅达词汇映射到"人/树/社会"（man/tree/society）的综合体上，形成了这个系统的核心"三重类比"（triple analogy）[图10.1]。我相信，我在这里所讨论的，以及我在早期出版物中所说的，将足以使我的基本论点具有可信性，即乌梅达语在语音和发音水平上是具有普遍的象似性的。现在，在确立了我的民族志观点之后，我想对这种相对不寻常的，或者至少是不那么为人所熟悉的状态提出一种解释。

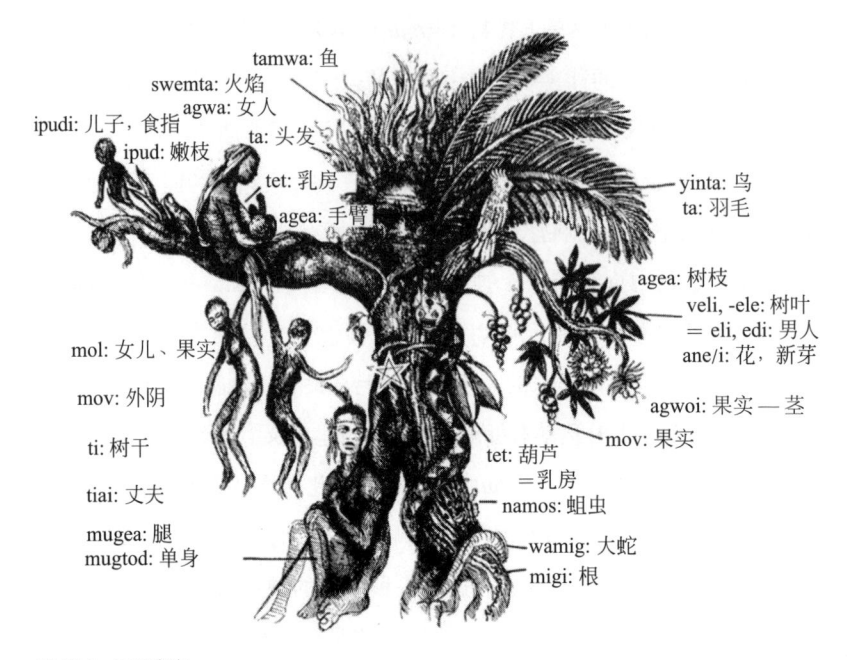

图 10.1　三重类比

感官模式与语言象似性

我认为，在新几内亚的森林栖息地，听觉作为对整个环境进行编码的感官模式，相对占主导地位 [超过视觉]。我现在要做的是提出一个一般原则，用以解释为什么同非听觉的或"视觉"文化的语言使用者相比，"听觉"文化可能特别容易发明、阐述和保存语言的发音意象。这里所涉及的原则是：如果记录"世界"的主要感官模式与语言交流中使用的感官模式之间存在统一性，那么象似性将趋于普遍；但如果感官模式的这种统一性不存在，发音的象似性将趋于不太明显或完全不存在。

语言的正常感官模式是听觉；语言是基于声学进行编码的。但是，在"视觉"文化中 [出于论证的目的，可以认为包括所有以视觉为主导远端感官的文化]，语言唤起的[视觉]世界的感官模式与语言[听觉]代码之间必须有一个交叉（转换）点；而在听觉主导的文化中，则没有这样的交叉（转换）点。在听觉占主导地位的"世界"中，是通过语言的听觉代码，在同一感官模式中直接唤起的。换句话说，乌梅达语以及类似乌梅达语的语言，都是具有语音象似性特征的，因为它们唤起的现实本身就是在听觉代码中"听到"和想象的，而像英语这样的语言是非[语音]象似性的，因为它们唤起的现实是在视觉代码中"看到"和想象的。

为什么符号和其所指之间的感官模式的一致性会引起象似性？这在实际上是真的吗？让我们从英语开始思考。英语有两种主要的语音象似性词汇，一种是拟声词[如吱吱声、嗡嗡声、隆隆声等（squeak, hum, rumble, etc.）]，另一种则是更成问题的"表现性"词汇，如以"sh"结尾的一系列表示突然破坏性行动的词汇：猛击、碰撞、压坏、打碎（bash, crash, crush, smash）等[Fudge: 1970]。也许后者的这些词汇根本不带有意指性，而只是通过我在其他地方所说的"后验的象似性"（a posteriori iconism），即通过与它们的意义相关联[Gell，1979: 57, 59]，这些词汇在我们看来才带有意指性。因此，可以说，英语中唯一无可争议的语音意指的例子实际上就是拟声词，即表示声音的词。只有拟声词在某种程度上实际地类似于这些声音[因此，我们可以预想，非英语国家的人在看到"吱吱声"（squeak）和"哼哼声"（hum）这类词，并将之对应去选择实际的吱吱和哼哼行为时，他们可以根据英语的声音分类法正确分类]。这很好地证明了我的主张，因为其表明在像英语这样的语言中，在特殊情况下，一个词的意义实际上是一个声音，然后"符号的任意性"被中止，语言保留了一个鲜活的语音象似性子集，历史变迁并未困扰其声音/意义关系。但是，英语中的绝大多数单词并不表示声音，也不是拟声词，因此整个拟声词的问题被放到了一边。因为这太过明显和微不足道了，不值得过多考虑。

但也许这种"显而易见"可以给我们上一课。如果在某种语言的其他部分不存在普遍的语音象似性倾向的情况下,其拟声词仍然是象似性的,那么至少表明,在这个领域[即听觉经验的语言编码]有一个调度表达资源工作的"省力"原则;如果一个拟声词的表达在本质上是可行的[因为语言的声音内容与被唤起的听觉现实之间的统一性],那么一个拟声词的形式可能会出现并被保留下来。我们只需要扩大对象范围,讨论任一文化中"听觉现实"的含义,就可以找到对普遍的语音象似性的解释,也即广义化的拟声词。

不幸的是,在试图批判索绪尔(Saussurean)的"符号的任意性"假设的历史中,显而易见的问题被忽视了。在萨丕尔[Sapir 1929]的研究之后,一些语言学家和心理学家试图通过"联觉"(synaesthesia)的方式来解释语音象似性,也就是说,我们可能有某些自然倾向,将一种感官模式的特征与另一种感官模式的相应特征联系起来[Peterfalvi,1970:47]。因此,(有人)已经进行了比较研究,以将"大"与开元音联系起来,将"小"与窄元音联系起来,就像法语中的大与小配对一样。或者,(再如)已有科勒(Köhler)的著名实验,请受访者选择/指出下图[图10.2]中的两种形式哪个是塔柯特(TAKETE),哪个是玛鲁玛(MALUMA)[Peterfalvi,1970:33]。这些研究的前提是,"空间"[视觉]特征与声音[听觉]特征通过"联觉"存在内在的联系。我认为这是一个错误,并非因为这些实验未能证明人类直觉的某些统一性,而是因为他们假设的语音象似性,高于"单纯的"拟声词的水平,必然涉及视觉和听觉之间的关联关系,或者其他一些不同感官模式的配对。我对科勒实验的解释有所不同。我相信受访者看到的"塔柯特式对象"不是一个无声的、带刺的东西,而是一个能发出"塔柯特"声音的对象[例如,如果有人尝试将它放在地板上滚动时],同理,软的、橡胶状的"玛鲁玛式对象"也是如此。因此,"塔柯特"和"玛鲁玛"实质上也是拟声性的,受访者能够正确识别它们,并不是基于听觉／视觉的关联，而是因为对物体发出的声音种类的沉淀 [和跨文化的统一] 知识。这种分析也适用于发音时在口腔中产生的运动感觉，因为无论如何，听觉意识是一种专门的"触觉"感觉，而"在脑袋里"的触觉和听觉是不可分割的，它们并不是两种不同的感官模式。

图 10.2　科勒实验的图片

我们可以从另一个相反的方向来理解符号及其所指的众多感官模式间的一致性与非一致性问题。众所周知，听障教育专家之间就唇读、手指拼写和其他允许听障人士间接 [通过视觉渠道] 获得的口语的交流方式与手语进行比较，并展开了激烈的讨论。手语是由听障人士在听障机构中开发的，主要用于相互交流 [萨克斯（Sacks）于 1989 年就该问题的历史有所概述]。[这些听障者社区内部的手语，必须与健听者们用于无声交流或听障者与健听者之间的交流所用手语区分开来]。在听障者社区内部发展的手语中，最有名的是美式手语（American Sign Language, ASL），它排除了健听者，也经常被好心但不敏感的当局压制。听障者的世界是一个视觉世界。尽管反对者曾经说过，美式手语是一个功能齐全的交流系统，能够传递口语的所有语义表现，当然，与听觉体验有关的事物除外。它和口语一样"好"，一样"先进"。但是，即使对美式手语的标准工作进行最简单的研究 [Klima et al., 1979]，也足以发现（视觉）意象不仅频繁出现，而且普遍存在于整个语言中。

科里玛（Klima）和贝鲁日（Bellugi）指出，在美式手语中存在一些任意符号，而且随着时间的推移，任意形式的频率似乎在增加；但他们毫不怀疑，象似性一直是，而且仍然是获得、使用和发展美式手语的一个构成性原则，这源于模仿性手语的"认知自然性"（cognitive naturalness）[Klima et al., 1979: 21-6]。就这里提出的理论而言，美式手语的普遍象似性是手语中使用的感官模式 [视觉] 和在听障者的世界中占主导地位的感官模式 [也是视觉] 之间一致性的可预见的结果。也就是说，在表达上的省力 [或"自然性"] 原则，导致了视觉意象的产生，它比任意符号更容易解释、记忆和创新。它们还允许辅助语言在表达上有更大的灵活性 [如强调、风格化、喜剧效果等]，正如科里玛和贝鲁日在专门讨论美式手语的手语诗歌的章节中所指出的那样 [Klima et al., 1979: ch.14]。

那么，这就是对乌梅达的语音符号普遍存在的现象提出的认知解释。因为在森林生境中，听觉模式作为组织经验和形成概念的远端感官相对占主导地位，也即 [相对而言] 符号和所指之间的感官模式是统一的，因此，在使用表达手段的"自然性"的基础上，语音象似性受到青睐。

有意思的是，我们可以进一步探究美式手语作为听障者认知上最自然的交流方式，其普遍的象似性是否与一套特定的价值取向有关。正如我将在下面声明的那样，语音象似性与强调"同情"的价值取向有关。美式手语在近一个世纪的彻底压制中的韧性表明 [从 1880 年到萨克斯（Sacks）的 1989 年的研究，Sacks：27]，它满足了听障机构中的情感及实践或工具性需求。而且，美式手语非常适合表达情绪和感受，这可能表明，无论它在抽象信息的交流之外还能做什么，美式手语都是一种能够特别好地用于协调平等社会团结的语言。即使这可能有很深的联系，但需要更广泛的分析才能完全解决这个问题。因此，让我回到新几内亚的语音象似性和景观上来，这次是在一个更广泛的比较角度来讨论。

结论：语言和民族诗学

在目前讨论的背景下，费尔德（Feld）对卡鲁利人进行的"声音民族志"（ethnography of sound）研究的意义不在于他所说的语音象似性 [我将在适当的时候谈到]，更多的在于他最早且非常成功地尝试专注于将声音作为文化的形成元素。费尔德之所以能够做到这一点，是因为两个因素的结合：首先是卡鲁利的环境，其次是卡鲁利人文化中的某些主题元素，这些元素同样被席费林（Schieffelin, 1976）很好地提出了。卡鲁利人占据了大巴布亚高原 [那里并不平坦] 上的博萨维山（Mount Bosavi）的山坡。这是一大片森林茂密、居民稀少的地区，在生态学上与乌梅达人所在的边境山脉地区并无二致。与乌梅达人一样，卡鲁利人广泛地采集西米 [而且与乌梅达人一样，他们在采集时唱着悲伤的歌（Feld: n.d.）]。卡鲁利森林里充满了声音，鸟类的声音，特别是牟尼鸟，它的歌声是 D-C-A-G 的音调下降，是卡鲁利人"唱词—哭泣"的原型 [Feld, 1982: 32-3]。费尔德指出，鸟鸣是卡鲁利人文化的一个基本性关键元素，因为在席费林的著作中 [Schieffelin, 1976] 描述的戈萨洛（Gisaro）歌谣仪式里，卡鲁利人正是以鸟 / 悼念者的身份寻求仪式上的神化；事实上，在死后，他们变成了鸟，从一个地方到另一个地方，像生前一样唱歌。鸟儿同时是生者世界和死者世界的一部分，但不是作为有形的东西，只是作为没有实体的歌谣。"对你们来说，它们是鸟，但对 [我们] 来说，它们是森林里的声音"，正如一位卡鲁利人对费尔德所说的（Schieffelin, 1982:45）。（这位卡鲁利人）接着表示，鸟类的分类不是基于其外观，而是基于它们所吟唱的歌谣种类 [Schieffelin, 1982:2]。所有这些都有力地支持了我的主张，即某些森林文化倾向于用听觉代码来编排现实，或者更准确地说，正是由于阅读了费尔德的文章，我才想到这种可能性。

鸟鸣并不是卡鲁利文化中唯一的主题性声音，另一个对听觉环境非常重要的编码来源是噪声，那些由河道，特别是瀑布产生的噪声。卡鲁利人歌谣中的降调相当于瀑布的歌唱，特定的溪流和瀑布在卡鲁利人歌谣的文本中被不断唤起，这些歌谣通常是穿越记忆森林的"旅程"，去寻找失散的同伴 [Schieffelin，1982：107]。地方、声音和社会记忆在卡鲁利人的诗学中融合在一起。如果认为卡鲁利人的声音景观构成了他们最完整的"世界"，那肯定是正确的；在他们的仪式中，虽然有视觉展示，但却从属于纯粹的声音的大河，唤起了一种听到的而非见到的超越。

毫无疑问，卡鲁利人存在一定程度的听觉优势；剩下要问的是，卡鲁利人的语言是否像我所讨论的乌梅达人的语言那样，表现出普遍的象似性。我没法判断在与整个语言的联系中是否如此，但费尔德非常具体地指出了歌谣文本中存在的语音象似性。这种手段被称为"声音词"，采用特定的元音来传达环境的特征和品质 [Schieffelin，1982：144-50]。这些象似性的元音 [与适当的辅音结合] 唤起了鸟、水和森林（的意象）。例如，咯－吱（*gi-ge*）一词"是树木随着季节的变化而转动的声音……森林里嗡嗡作响，一些树叶快速落下时发出清脆的声音，而另一些则轻柔而连续地落下" [Schieffelin，1982：146]。基于"-*u*-"的诗意"声音词"让人联想到瀑布、雷声、落木（的意象），"-*o*-"则对应鸟儿的飞行，等等。

这些（语言）形式在日常语言中也发挥着作用，尽管从语法的角度来看，它们在诗歌和日常语言使用中的处理方式不同。讨论中尚未厘清它们是否只是一个限定的类别，抑或在语言中是否有更多的词采用了与歌谣文本中特定的元音符号相同的类型。可能"声音词"就只是声音的词，更类似于乌梅达神话中的"声音效果" [参见上文]，而不是迄今为止所认为的大部分的乌梅达例子。另外，它们显然比一般情况下的语言更加系统和综合。

在占据了高原东部边缘地区 [山地较少] 靠近库图布湖领土的福伊人（Foi）这里，任何这样的疑虑都会被消除。韦纳 [Weiner，1991] 很明确地指出，语音象似性是福伊族语言的一个普遍特征，在诗歌中被大量使用。

韦纳引用了我 1979 年的论文，并引用了我的某些评论，尽管我确信即使他没有受到这些特殊的启发，也会得出完全相同的结论。韦纳在书中用了整整一节的篇幅来探讨福伊族语言中不同类型的象似性，例如空间/时间的描述 [Weiner，1991：72]，运动和休息，与亲属关系有关的紧张和亲密的情感品质 [Weiner，1991：81]。不过，他提出了一个非常重要的且业已明确的观点，即具有象似性的语言不一定将其象似性建立在同一基础之上，且几乎没有任何具备"普遍性"（universal）的象似性系统。因此，他指出，乌梅达人语言中的第一人称代词 [卡（*ka*=I）] 有一个"k"音，而在福伊族语言中，卡（*ka*）[出于完全不同的原因] 是指"女人"。乌梅达语的第一人称代词的基础是，"骨"[柯（*ke*）] 作为人的核心的文化假设：自身（the self）是一个坚硬的、有抵抗力的、由肉 [尼赫（*nih*）] 包裹着的骨核心；因此，"k"是最大程度的硬辅音。而在福伊族语中，"k"都意味着克制、约束；因此，卡（*ka*）是亲缘关系中的因素。

韦纳的结论是，语音象似性的一个来源是语言在共同的声音关联基础上发展出成组的相关词的趋势。[我称之为"后验象似性"（a posteriori iconism），Gell，1979：59；Weiner，1991：84]。也就是说，一旦一个词被纳入语言，即使声音和意义最初是任意结合的，也将从此关联起来，所以新的词可以围绕着原来的词，利用一种既定共鸣的形式增加。这种现象的真实性是毋庸置疑的 [Weiner 引用了 Bolinger 1965 年的英语例子]，但我更愿意相信这不是导致"听觉文化"中的象似性原则的原因，或者至少不完全是。即便如此，韦纳似乎并不排斥我在乌梅达人语言的研究中所热衷于证明的那种"先验"的象似性。这个问题显然还有待进一步辩论。

但是，在韦纳的作品中，也许最重要的理论发展是他对语言和感知能力之间关系的分析，我想在结束语中讨论一下这个问题。韦纳采取了强烈的海德格尔式的立场，将福伊人的感知能力 [特别是在他们的诗学中所揭示的]解释为一种存在主义的追求，并赋予其绝对意义。借鉴海德格尔将语言比喻为"存在之屋"（house of being）[1971：132]的描述，他认为在语言中对世界进行诗意的唤起，"消除了我们与真实存在的事物之间的距离"[Weiner，1991：200]。就像房屋不是与其居住者分离的，而是他们个性的一部分，所以语言不是一个仅对描述"外面"的世界有用的中性工具，而是世界本身的构成。拥有一所房子，一种语言，就是拥有一个世界。福伊族诗歌文本是在这个语言的"房子"里的旅行，它在一个[长]房子里进行，而这个房子本身又隐喻性地与福伊族的领土和整体的景观相联系[Weiner，1991：64-70，185-195]。贯穿这一切的是对笛卡尔主义和"西方"理性主义的批判。韦纳将福伊族诗歌的本土悲情与西方艺术的异化特征进行了对比，前者直接源于失去和被遗弃的体验，而后者则是由演奏家为观众制作的，并由观众从艺术创作的过程中筛选出来。福伊族诗歌消除了主体和客体之间的距离，而我们的艺术则建立并强化了这种距离[Weiner，1991：202]。他还引用了海德格尔的说法，"对于讲现代欧洲语言的人来说，诗歌[艺术]、生活和思维之间原本存在的联系已经丧失"[Weiner，1991：201]。而在福伊族中，这种"联系"仍然完好无损。

韦纳对福伊族诗学的评论提出了许多非常有趣的问题。他这本书的主旨是展示福伊族诗学和一系列社会态度之间的联系，这些态度最好被称为"同情"。福伊文化，在其自我揭示的时刻[当唱起失去和被遗弃的歌谣时]，最终激发和表达了对死者的同情，以及对正在哀悼亡者离开的人们的同情。卡鲁利人也是如此，他们以非常相似的诗歌和制度形式表达自己的情感。用福伊人和卡鲁利人的话说，"社会性"与同情心的表达紧密相连，鉴于[歌唱]诗歌是同情心在社会交流中的最高工具，有足够的理由将这些社会描述为"诗意的"社会，就像韦纳援引海德格尔所说的。

然而，对我们来说有趣的一点是，同情文化以严格限制的代码、高

度不变的音乐习语 [这被费尔德很好地描述了] 和同样简化的诗歌形式进行。声称在这个有限的领域中发现相当于诗歌、一般艺术的"本质"的东西，似乎有浪漫唯心主义的风险。韦纳自己也不得不承认，在这种朴实无华的真理脉络中，诗歌只是福伊族文化的一半。只有女性创作诗歌 [尽管男性会唱歌]，而男性的语言艺术则由咒语组成，其效力恰恰在于它们颠覆了生活经验，并在表象和现实之间设置了障碍 [Weiner，1991：16-17]。韦纳说，魔法不是真正的诗歌，但这是一个批判教条的问题，与更普遍的观点几乎不相符，即口头魔法通过强大的隐喻发挥着作用，因此也是决定性的诗歌，无论它是否旨在表达情感。政治修辞和其他男性语言艺术的诗学也是如此，在这些艺术中，掩饰和隐瞒往往起着明显的作用。

　　韦纳把诗歌仅仅看作是对存在的自发揭示，但这太片面了。他和费尔德所描述的失去和被遗弃的诗学只是福伊人 / 卡鲁利人文化的一个方面，尽管这是他们和他们的民族学家所选择要特别强调的一个方面。因此，无论对他们还是对我们来说，都不能将之作为确定什么是"正宗"艺术的试金石。与其求助于海德格尔式的"人之天性"的浪漫概念的普遍性 [Weiner，1991：13]，不如构建诗歌实践理论，并将之与更狭义理解上的文脉、而非"存在"联系起来。因为正是在景观、人格和语言之间的关系中，形成了特定诗歌形式的起源。

　　本文所隐含的民族诗学的方法就建立在这个更局部的基础上。我同意梅洛－庞蒂（Merleau-Ponty）[并反对海德格尔] 的观点，强调身体、知觉以及身体在其知觉环境中形成的复合体，在语言基础中的关键作用。在任何绝对意义上，语言不是"存在之屋"；如果有的话，身体就是存在，而语言是身体的一种功能。但也没有"绝对"的身体；身体是一个地方，一个环境，以及由该环境强加的、在一生中灌输的某种认知方式。因此，我追踪福伊族诗学的根源不是语言本身，而是这种知觉的环境。象似性的盛行是一种判断性特征，其不仅是一种注定要在某种类型的诗性表达中达到顶峰的生活方式，同时也是一种在表达同情中达到顶峰的社会性的特征。这种诗性的语言手段和主题有一个共同的来源，那就是边缘森林栖息地的偶然性和特有的不稳定性 [人口、居住、政治]。

尽管我没有把注意力放在这上面，但"同情"的主题在乌梅达文化中同样突出，乌梅达人的诗歌吟唱在风格和音调上也可以媲美。与福伊/卡鲁利人一样，乌梅达人对死者进行了热情的、正式性的恸哭，妇女们唱着哀歌，一整晚的伊达（*ida*）仪式完全用来吟唱歌谣，据我从自己那很不充分的笔记中的重建，（这些吟唱）非常类似于韦纳和费尔德 [Gell，1975：199-201] 描述的那种怀旧的、鸟语花香的歌谣。因此，一方面，象似性与边缘森林栖息地中"具体"的、"同情"态度的表达有着特殊的联系；另一方面，边缘森林栖息地引起的"同情"是一种社会需要，因为森林存在的变化给依赖森林生存的集体体制带来了不可避免的不稳定性。

如果你喜欢，这是一个狭隘的民族诗学的环境决定论理论。我坚持这一点，只是因为我相信文化理论应该扎根于自然环境、技术、生活方式的具体细节，而不是寻求诉诸绝对和本质。在我看来，把福伊人、卡鲁利人或乌梅达人的语言作为典型的诗性语言，认为（它们）比我们自己的语言更优越 [基于海德格尔的理由] 是非常错误的，因为他们的诗歌特征是严格的地方性的，有利于对周边的诗性表达，其感知、社会和语言经验没有对照物。这些异国的诗性传统和诗性语言的独特之处在于它们植根于某种景观和某种认知模式，我们可以 [从远处] 欣赏它们，但由于我们的经验和他们的经验之间存在巨大的鸿沟，我们无法充分参与其中。但是即便如此，我承认，在拓展人类可能的概念范畴方面，我们可以从他们那里学到很多东西。即使是间接体验性的参与，也激发了我们去颠覆感知真实概念的限制，并由此衍生出我们的诗性概念。

参考文献

BOLINGER, D. (1965). *Forms of English*. Tokyo: Hokouo Publishing Co.
FELD, S. (1982). *Sound and Sentiment: Birds, Weeping, Poetics and Song in Kaluli Expression*. Philadelphia: University of Pennsylvania Press.
——(n.d.). 'Wept Thoughts: The Voicing of Kaluli Memories'. Unpublished manuscript.
FUDGE, E. (1970). 'Phonological Structure and "Expressiveness"', *Journal of Linguistics*, 6: 161–88.
GELL, A. (1975). *The Metamorphosis of the Cassowaries*. LSE Monographs in Social Anthropology, 51. London: Athlone Press.
——(1977). 'Magic, Perfume, Dream', in I. Lewis (ed.), *Symbols and Sentiments*. London: Academic Press.
——(1979). 'The Umeda Language Poem', *Canberra Anthropology*, 2/1: 44–62.
GOLDSTEIN, K., and SCHEERER, M. (1971). 'Abstract and Concrete Behaviour', in Kurt Goldstein, *Collected Papers*, ed. A. Gurwitsch. The Hague: Martinus Nijhoff.
HAIMAN, J. (1985). *Natural Syntax: Iconicity and Erosion*. Cambridge: Cambridge University Press.
HEIDEGGER, M. (1971). *Poetry, Language, Thought*. New York: Harper & Row.
JAKOBSON, R. (1965). 'In Search of the Essence of Language', *Diogenes*, 51: 21–37.
—— and WAUGH, L. (1979). *The Sound Shape of Language*. Brighton: Harvester Press.
KLIMA, E., and BELLUGI, U. (1979). *The Signs of Language*. Cambridge, Mass.: Harvard University Press.
KÖHLER, W. (1930). *Gestalt Psychology*. London: G. Bell.
LÉVI-STRAUSS, C. (1985). *The View From Afar*. London: Penguin Books.
MERLEAU-PONTY, M. (1962). *The Phenomenology of Perception*. London: Routledge & Kegan Paul.
MIMICA, J. (1981). 'Omalyce: An Ethnography of the Ikwaye View of the Cosmos'. Unpublished Ph.D. thesis. Australian National University.
PETERFALVI, J.-M. (1970). *Recherches Expérimentales sur le Symbolisme Phonétique*. Paris: Centre Nationale de la Recherche Scientifique.
SACKS, O. (1989). *Seeing Voices: A Journey into the World of the Deaf*. Berkeley, Calif.: University of California Press.
SAPIR, E. (1929). *Language*. New York: Harcourt, Brace & World.
SAUSSURE, F. DE (1966). *Course in General Linguistics*. New York: McGraw Hill.
SCHIEFFELIN, E. (1976). *The Sorrow of the Lonely and the Burning of the Dancers*. New York: St Martin's Press.
WAGNER, R. (1972). *Habu: The Innovation of Meaning in Daribi Religion*. Chicago: University of Chicago Press.
WEINER, J. (1988). *The Heart of the Pearl Shell: The Mythological Dimension of Foi Sociality*. Berkeley, Calif.: University of California Press.
——(1991). *The Empty Place: Poetry, Space and Being among the Foi of Papua New Guinea*. Bloomington, Ind.: Indiana University Press.

索　引

注：斜体的参考文献表示文本中的数字（条目后的数字为原书页码，见本书边码）。

A

Aborigines, Australian（原住民，澳大利亚）4, 18-20, 184-209, 210-31
Aboriginal Land Rights (Northern Territory) Act (1976)［《原住民土地权利（北领地）法》(1976)］185, 210, 211-12, 224
　　另见词条：Walbiri; Western Desert Aborigines; Yolngu
above/below in Umeda（乌梅达的上方/下方）243-4
abstraction, vision and（抽象，视觉和）235
action and structure（行动和结构）180, 187, 206
actuality, foreground（实际情况，前景）3-5, 10
　　另见词条：foreground and background
advertising:（广告）
　　French country house（法国乡村住宅）35, 36, 37
　　Indian（印度人）80, 91
　　Israeli SPNI（以色列自然保护协会）123
aesthetic approach（美学方法）32-3, 34, 40, 60, 64-5
Agriculture（农业）6
　　Amazonia（亚马孙地区）44, 48-9
　　Israel（以色列）118, 129-30, 132
　　slash and burn（砍伐和烧毁）10, 44, 48-9
　　Zafimaniry（扎菲马尼里）10, 63-4
Aliyah, first（第一批回归以色列定居的犹太人）118
Alberti, Leon Battista（莱昂·巴蒂斯塔·阿尔伯蒂）7-8
Alpers, S.（S. 阿尔珀斯）8, 25
Alon, Asaria（阿萨莉亚·阿隆）129-30
Alphand, Adolphe（阿道夫·阿尔方）37
Altai（阿尔泰）145
altitude（海拔）10, 70-1, 74
Amazonia, Western; Piro people（亚马孙地区，西部；皮洛人）9-10, 43-62
　　agriculture（农业）44, 48-9
　　birth（出生）47
　　cartography（制图学）56-8, 59, 60
　　cattle ranching（牧牛业）43-4, 57
　　Death（死亡）48, 53-4, 55, 58
　　Deforestation（毁林）9, 43
　　demons, bone or corpse（骨魔）10, 54
　　ecological knowledge of natives（地方的生态知识）49-50
　　enclosed nature of landscape（景观的封闭性）9, 43
　　fishing（钓鱼）48, 49
　　gardens（花园）9, 44, 48-9, 50-2, 61
　　grasslands（草地）50
　　houses（房屋）9, 46, 52, 53-4
　　implication in landscape（景观中的含义）49-53

intervention in nature（对自然的干预）44, 50, 54
　　kinship（亲属关系）9, 47-9, 50-3, 54, 58
　　land title（土地所有权）56-8, 59, 60
　　narratives（叙事）44-5, 51, 52-3, 58, 59, 60, 61
　　paths as boundaries（作为边界的路径）57, 59, 61
　　power relations（权力关系）58, 59
　　representation（代表性）44, 55-8
　　river and forest（河流和森林）45, 49, 54-5, 58
　　shamans（巫师、萨满）10, 44-5, 55-6, 59
　　spirits（灵魂）49, 53-5, 58
　　white *patrones*（白人赞助人）46, 57
Ambedkar, Bhimrao Ramji（比姆拉奥·拉姆吉·安贝德卡尔）97, 98
Ambositra, Madagascar（安布西特拉，马达加斯加）70
American Sign Language（美式手语）247, 248
Anangu people（阿南古人）19
ancestors, ancestral beings:（祖先，祖灵存在）
　　另见词条: Fiji; Western Desert; Yolngu
Angara River（安加拉河）153
Antananarivo, Madagascar（塔那那利佛，马达加斯加）70
anticipated outcome（预期结果）27
Apara, Australia（羊驼，澳大利亚）224
Arab *fellahin*（阿拉伯的农夫），另见词条: Israel Aranda people of Australia 228
arbitrariness of the sign (Saussure)［符号的任意性（索绪尔）］232, 234, 245
arcades, 19th-cent. Parisian（19 世纪，巴黎的拱廊）7, 38-9
Arcadia（阿卡迪亚）2, 11
architecture, landscape（建筑，景观）35, 37-8
Arnhem Land, Australia（澳大利亚阿纳姆地）184-209
　　另见词条: Yolngu
art historical analysis（艺术史分析）31-42
Artiste, L '(journal)［《艺术家》（杂志）］34
Arutju Piti, Australia［澳大利亚的阿鲁居－皮蒂（洞）］217-18
Ashdod, Israel（以色列城市阿什杜德）121-2
ASL (American Sign Language)（美式手语）247, 248
Atila, Australia（澳大利亚阿提拉）223, 224
audibility, acoustic modality（可听性，听觉模式）20-1, 235, 237-8, 248
　　另见词条: language; Umeda
Australia（澳大利亚）3-4
　　另见词条: Walbiri; Western Desert Aborigines; Yolngu
ayahuasca (hallucinogen)［死藤水（致幻剂）］10, 54, 55-6
Ayers Rock, 另见词条: Uluru（艾尔斯岩）
Ayush (Mongolian warrior-hero)（蒙古族战士－英雄）158

B

Baaniyala, Australia（澳大利亚巴尼亚拉）196-7
background potentiality（背景潜力），另见词条: foreground and background
Badrinathji, India（印度教寺庙巴德瑞那

特寺,"毗湿奴的住所")93
Baikal, Lake(贝加尔湖)153
Banerjea, Surendranath(苏伦德拉纳特·班纳吉)78
bar-mitzva celebrations(犹太教成人礼)124-5, 128
Bayan-Tugud hill, Mongolia(巴彦图嘎特山,蒙古国)150
bazaar art(巴扎艺术),另见词条:oleographs
Bedouin(贝都因人),另见词条:Israel
Belkind, I.(I. 贝尔金德)118
Bellugi, U.(U. 贝露姬)247
Ben-Gurion, David(大卫·本-古理安)117
Berger, John(约翰·伯杰)13, 31, 82, 103, 105
Betsileo people, Madagascar(马达加斯加贝齐寮人)63, 64
Betsimisaraka people, Madagascar(马达加斯加贝齐米萨拉卡人)63
Bhargava, Hem Chander (Delhi oleograph publisher)(德里油画出版商)92
Bhatisuda, India(印度巴提斯达)85, 86-7, 91, 102, 107
bird's-eye view(鸟瞰图)81, 228-9, 237
Birdsong(鸟鸣)248-9
Birla, G. D. (G. D. 比尔拉)85, 88
birth(出生),另见词条:Amazonia; Fiji; Western Desert; Yolngu
Black Panther movement(黑豹运动,美国20世纪60年代黑人组成的一个政党)131
Boas, Franz(法兰兹·鲍亚士)11, 60
body and language(身体和语言)144, 252
Bogdo Uul Mountain, Mongolia(博格达·乌尔山,蒙古国)146

bone demon, Amazonian(骨魔,亚马孙)10, 54
bone metaphors, Mongolia(骨头的隐喻,蒙古族人)144-5
bone-setters, Mongolian(正骨师,蒙古族)138, 139
Bora people(博拉人)50
Borochov, Bir(波罗晓夫区,博尔)115, 116
Bose, Subhas Chandra(苏巴斯·钱德拉·鲍斯)98, 99, 100, 102
boundaries(边界):
  Amazonian(亚马孙地区)57, 59, 61
  Israeli(以色列)125
Bourdieu, P.(皮埃尔·布尔迪厄)4, 16, 17
Brazil; Kayapó people(巴西;卡雅布人)50
Brijbasi, S. S., and Sons (oleograph publisher)(油画出版商)91-2, 93, 94, 95-6
Brilliant, Richard(理查德·布赖特)97
Britain(英国):
  and Australia(和澳大利亚)3-4, 185
  Cenotaph, Whitehall(纪念碑,白厅)24
  and Fiji(和斐济)177
  and India(和印度)78, 82, 89, 91, 127
  Palestine Exploration Fund(巴勒斯坦勘探基金)130-1
  national identity and the picturesque(国家认同与如画风景)12
  Ramblers' Association(徒步者协会)133
  social anthropology(社会人类学)1
Brunel, Isambard Kingdom(伊桑巴德·金德姆·布鲁内尔)97
Buber, Martin(马丁·布伯)13, 116, 118

Buddhism, Lamaist, in Mongolia:（佛教，喇嘛教，在蒙古族群中）
　　alliance with chiefly sphere（与部落形成联盟）140, 144, 150, 157
　　and cave cults（和洞穴崇拜）149, 150, 157-8
　　and death（和死亡）152, 154
　　moral tone（道德品格）140, 152
　　and mountain worship（和山地崇拜）148
　　and shamanism（和萨满教）140-1, 150, 157-8
　　transformation of native spirits（本土神灵的转化）160
Bulla, Peter（彼得·布拉）221, 222
burning:（燃烧）
　　of fruit trees in Fiji（斐济果树的—）168
　　of land by Yolngu（雍古族土地的—）199, 201
Burxan Xaldun, Mongolia（不儿罕·合勒敦山，蒙古国）154, 159
Buryats:（布里亚特人）
　　accommodation of chiefly and shamanic powers（部落首领和萨满教权力的调和）138, 157
　　cave cults（洞穴崇拜）149
　　dead shamans（死去的萨满巫师）151, 154
　　Gushid（谷希德）138
　　landscape terminology（景观术语）145
　　mythology（神话故事）153
　　Selenga（色楞格）150
　　shamanic invocation（萨满教的召唤）149
　　Western（西方）138-9, 154, 156
　　Xori（霍里）147

C

Caesar, C. Julius（C. 尤利乌斯·恺撒）234
Cakobau (Fijian high chief)（斐济高级酋长）166
Calcutta, India（印度加尔各答）80
Calcutta Art Studio（加尔各答艺术工作室）89, 94
calendar art（年历艺术），另见词条：oleographs cannibalism 177
capital, logic of（资本的逻辑）15
captives, sacrifice of（牺牲俘虏）177
Carter, P.（皮特·卡特）3-4
Cartesianism（笛卡尔主义）8, 16-17, 99, 100
Cartography（制图学）8
　　Aboriginal images as（作为—的原住民形象）19, 22, 228-9
　　Amazonian（亚马孙地区）56-8, 59, 60
　　Cartesianism and（笛卡尔主义和）16-17
　　Fijian（斐济人）177
　　Indian（印度）81, 82, 93, 96
　　Israel（以色列）130-1
　　and perception of landscape（—和对景观的感知）43
　　as representation（—作为代表）17, 60
cave cults, Mongolian（洞穴崇拜，蒙古族）149-50, 157-8
Cenotaph, Whitehall, London（纪念碑，伦敦白厅）24
centrality/peripherality（中心性/外围性）242, 243
centre of cosmos, Mongolian concept of（蒙古族人观念中的宇宙中心,）142,

143, 150
chalutz (Jewish pioneer)（犹太复国主义）117
Chamar,（印度"贱民"阶层：珈玛）另见词条：Untouchables
Chambal river, Madhya Pradesh, India（印度中央邦巴尔河）88, 94, 95, 96
Chandra Art Cards（钱德拉艺术卡）93
change, contingent（变化，偶然的），另见词条：Mongolia; Yolngu
Charivari (journal)［《夏利文报》（杂志）］34
Chevra LeHaganat Ha Teva,（哈塔瓦教堂）另见词条：SPNI Chicago, USA 15
Chieftainship（酋长身份）：
　Fiji（斐济）164, 176, 177, 178
　另见词条：Mongolia
Chitrashala Press, Pune（Chitrashala 出版社，浦那）89
chorography（地方志、地方图）25
Christianity（基督教），另见词条：Fiji
chromolithographs（彩色印刷）89
cityscapes, Indian oleographic（城市景观，印度油画）101, 102
clarity（清晰度），另见词条：Zafimaniry
Clark, Sir Kenneth Mackenzie, Baron（肯尼思·麦肯齐·克拉克爵士，男爵）32
class, social（社会等级）91, 115, 117
Claude Lorraine（克洛德·洛兰）2, 12
cognitive geography（认知地理学）144
cognitive mapping（认知图谱）27
collectivism, Israeli（集体主义，以色列）121, 122-4
colonial era（殖民时代）：
　Aborigines（殖民时代原住民）in 185
　India（印度）78, 82, 89

South Pacific（南太平洋）11-12, 16, 177
Company Official Surveys the River, A (anon. watercolour, c.1770)（公司正式测量河流，A，约1770年的水彩画）82
conception, Aboriginal spirit（构想，原住民神灵）196, 197, 203, 204
concrete and abstract（具体的和抽象的）235
Constable, John（约翰·康斯特布尔）31
consumerism, US（消费主义，美国）14, 131
consumption（消费）：
　Amazonian attitude to（亚马孙人对—的态度）47, 48
　Fijian concept（斐济人关于—的观念）168, 176, 177
　Paris, 19th-cent.（巴黎，19世纪）38-9
continuity, sense of（连续性，—的观念）：
　Aborigines（原住民）186, 190
　Fiji（斐济）168
　Mongolia（蒙古族）22, 136, 148, 158
Cook, Captain James（詹姆斯·库克船长）3
Cosgrove, D.（D. 科斯格罗夫）5, 13, 22
cottage, idealization of（山寨，理想化的）3, 35
Coulaud, Daniel（丹尼尔·库洛德）63
countryside（乡村）：
　Idealization（理想化）2-3
　19th-cent. experience of（19世纪的经验）6-7, 35-40
　Indian oleographs（印度石版画）87-8, 92, 101

and town（—和乡镇）2-3, 6-7, 15, 35-40, 89

Cronon, William（威廉·克罗农）15, 60

culture, cultural processes（文化，文化过程）：

auditory（听觉）236-40

interdependence of Aboriginal society and（原住民社会的相互依存关系和）187, 206-7, 229-30

shaping of landscape（景观的塑造）9

translation issue（翻译议题）212

D

Daguerre, Louis（路易·达盖尔）39

dallaga (Mongolian ritual)［达拉嘎（蒙古族仪式）］147

Daniell, Thomas and William（英国画家托马斯·丹尼尔和其侄子威廉·丹尼尔）79, 80, 81, 82-3

Daniels, S.（S. 丹尼斯）5

Darawuy, Australia（达拉乌伊，澳大利亚）191

Daucina (Fijian deity)［道奇纳（斐济的神）］167, 169

Daur people（达斡尔人）145, 150, 151-2

Dayan Derke cave, Mongolia（蒙古国达扬·德克洞）150, 157-8

deafness（聋哑）247, 248

death and the dead（死亡和死者）：

association with place（与地方的联系）53-4, 68-9, 136,

(Australia)（澳大利亚）19, 196-7, 198, 199, 201, 204, 224

Umeda（乌梅达）252

另见词条：Amazonia; Fiji; Mongolia; Western Desert; Yolngu; Zafimaniry

deforestation（毁林）9, 10, 11, 43, 63-5, 75

Degei (Fijian deity)［德戈伊（斐济神）］167

demons（恶魔）10, 166-7

Amazonian bone or corpse（亚马孙的骨头或尸体）10, 54

Denecourt, Claude-François（克劳德-佛朗索瓦·德内考特）35, 37

Derrida, Jacques（雅克·德里达）215, 216-17, 221

Descartes, René（勒内·笛卡尔），见：Cartesianism descent 64, 212

另见词条：Mongolia

desire（愿望）54, 80, 81, 168-9, 177

destiny（命运）67, 139

Devi, Vaishno (Hindu deity)（印度教神）93

Dingo, Devil (Aboriginal legendary figure)［魔鬼丁戈（原住民的传说）］218, 219, 220, 222

dioramas（透视缩影）7, 39

discourse, Foucault's notion of（话语，福柯的概念）212, 213-14

distance, judgement of（距离，判断）237

Djan'kawu (Yolngu ancestral beings)［詹-卡武（雍古族的祖灵）］191, 193, 202

Djarrakpi, Australia（贾拉克皮，澳大利亚）196

Djungguwan (Yolngu ceremony)（琼古万，雍古族仪式）184, 202

Douglas, Pompy（庞皮·道格拉斯）219-20, 221-2

Dreaming, Aboriginal（梦创，原住民）4, 19, 184, 187, 189, 205-6

Dresch, P.（P. 德雷施）1

Durkheim, Emile（埃米尔·涂尔干）9,

24, 25-6, 60

E

earth as female（大地作为女性）244
East India Company（东印度公司）82, 89, 91, 127
Eco, Umberto（安伯托·艾柯）216, 217, 221
ecology（生态学），另见词条：nature
Edenic imagery（伊甸园的意象）11
Edward VII, King of Great Britain（大不列颠国王爱德华七世）81
ego-centred systems（自我中心性系统）：
    Mongolian chiefly（蒙古族部落政治）142, 144
    Yolngu（雍古族）199, 200-1
Emerson, Ralph Waldo（拉尔夫·沃尔多·爱默生）105-6
emperors, Mongolian（蒙古帝国君主）145, 148
emptiness（空虚）4-5
enclosure（围墙）148, 242
    另见词条：forests (horizon)
energies of nature, Mongolian（自然界的能量，蒙古族的）135, 136-7, 141-2, 151
English language; iconicity（英语；象似性）245-6
Enlightenment（启蒙运动）115
environmentalism（环保主义）37, 64-5, 119-20
estates, country（庄园、国家、地区）2, 22
ethnicity determined by lifestyle（取决于生活方式的民族性）64
ethnography as representation（作为表征方式的民族志）59

ethno-poetics（民族诗学）248-53
evolutionary theory（进化理论）25
'expressive' words（表达性词语）245-6
eye, evil（邪恶的眼睛）239
eye-contact（眼神接触）239

F

Fasabi, Mauricio（莫里西奥·法萨比）46, 50, 51, 60
Feld, Steve（史蒂夫·费尔德）233-4, 235, 248-9, 250
fertility（生育率）149-50, 176
Fiji（斐济）163-83
    ancestral places（祖先之地）165-9, 170
    ancestral powers (mana)［祖先的力量（法力）］16, 166, 169-71, 176-7
    birth and place（出生和地点）163, 164, 170, 172
    British rule（英国统治）177
    cartography（制图学）177
    cash-cropping（经济作物）16, 171, 174-6
    chiefs（酋长）164, 176, 177, 178
    children（儿童）178-9
    Christianity（基督教）16, 164, 166-7, 169, 173-4, 175-6, 177
    commoditization of economy（经济的商品化）164, 174-6, 178
    consumption（消费量）168, 176, 177
    creation myths（创世神话）169-70
    dead（死者）166, 170;
    burial in house foundations（埋在房屋地基中）165, 174, 176;
    sniffing of（嗅探）176
    devils（魔鬼）166-7
    equality（平等）164-5, 165-6, 169, 171,

172-3, 178
European institutions assimilated（欧洲机构被同化）16, 164, 171, 173-4, 174-6, 178
exchange relations（交换关系）164, 171, 174-5, 176, 177, 178
food（食品）172, 173
hierarchy（阶层、等级）164-5, 165-6, 171, 172-3, 178, 182
history as dynamic（历史是动态的）164, 168
house foundations (yavu)［房基（雅武）］16, 165-6, 167-9, 171, 174, 176
identity and place（身份和地方）163, 164, 170, 171-3
Indians（印第安人）174
joking（笑话）169
kinship（亲属关系）165, 169, 172-3, 175, 178
Lands Commission (1916)［土地委员会（1916）］163, 169, 177
marriage（婚姻）165, 172
meke songs（梅柯歌曲）176
Naivinivini（奈维尼维尼）167-9
place-names（地名）165
remarking places and events（对场所和事件的评论）163-5
representations of land（对土地的描述）177
sacrifice（牺牲）169, 177
sea（海）171-2
smell, consumption by（味道，被—消费）176
songs（歌曲）176
spirits（精神，神灵，魂灵）166-7
subsistence economy（自给自足的经济）171
tabu（塔布 – 禁忌）170-1

'time emplaced'（时间置入）163, 176-9
trees in ritual（仪式中的树木）168, 169, 172
tribute（贡品）164-5, 169, 171, 172, 176, 177, 178
villages（村庄）165, 169, 177
witchcraft（巫术）175
women（妇女）172, 173
yaqona（雅琼纳）175;
ritual beer-drinking（喝啤酒的仪式）172, 173, 177
yavu（雅武），另见上面词条：house foundations
yavusa (social division)（雅武萨，社会划分）163, 165
fishing（钓鱼）：
Amazonia（亚马孙地区）48, 49
Fiji（斐济）172, 173
fixity（固定性）22
Flaubert, Gustave（居斯塔夫·福楼拜）40
Foi people（福伊人）20, 233-4, 249-51
Fontainebleau forest, France（枫丹白露森林，法国）35
food（食品）：
Aborigines' access to（原住民获得—）221, 227-8
Amazonian kinship and（亚马孙人的亲属关系和—）47, 48, 49
Fijian men provide（斐济男子提供—）172, 173
foot and hand-prints of ancestors（祖先的脚印和手印）：
Australia（澳大利亚）214-15, 218, 221
Fiji（斐济）167, 170
foreground actuality，另见词条：foreground and background

foreground and background（前景和背景）3-5, 7, 10, 16, 22-3

　　place/ space representation（地方 / 空间表征）79-81

　　另见词条：oleographs

forests（森林）：

　　acoustic modality dominant（听觉模式占主导地位）20-1, 235, 237-8, 248

　　clearance（清除）9, 10, 11, 43, 63-5, 75

　　horizon restricted（地平线受限）9, 20, 43, 65-7, 229, 236, 237, 242

　　phonological iconicity（语音象似性）20, 232, 234-5, 252

　　regeneration（改造）9-20, 44, 50, 54, 138

　　sense of smell（嗅觉）235, 237-8

　　'sympathy'（"同情"）235, 250-2

Foucault, M.（米歇尔·福柯）6, 60, 212, 213-14, 216, 217

France（法国）6-7, 21, 34-40

　　另见词条：Paris

French language（法语）246

Friedlander, Max Jacob（马克斯·雅各布·弗里德兰特）25

G

Gainsborough, Thomas（托马斯·庚斯博罗）31, 82, 105

games, Mongolian athletic（比赛，蒙古族运动员）148

Gandhi, M. K., oleograph of（M.K. 甘地石版画）102, 103

Ganydjalala (Aborigine ancestral woman)（加尼贾拉拉，原住民女性祖先）184, 185

gardens（花园）22

　　Amazonian（亚马孙）9, 44, 48-9, 50-2, 61

　　Fijian（斐济语）165

　　landscape（景观）2, 31, 35, 37-8

　　urban（城市）3, 36, 37

Gau, Fiji（斐济高卢岛）166, 169

Gaya, India; pilgrim maps（印度加亚；朝圣者地图）93

genealogy（家谱）：

　　Yolngu（雍古族）199-200

　　Zafimaniry（扎菲马尼里部落）10, 70, 71

geography（地理）5, 7, 8-9, 13, 25

　　cognitive（认知）144

geomancy（泥土占卜）26

geometric space（几何空间）8, 25

Germany; *Wandervogel* movement（德国；"漂鸟"运动，源自19世纪末，德国青年从第一次世界大战中幻灭归乡，主张摆脱社会条条框框，于是背起背包四处旅行漂泊）115

gestural meaning（姿态意义）240, 241

Gibson, James（詹姆斯·吉布森）44

Gilpin, William（威廉·吉尔平）11, 12

Giriama, East Africa（吉莱玛人，东非）5

goats, black, in Israel（山羊，黑色，在以色列）128

Gobi region（戈壁地区）137

Gokhale, Gopal Krishna（戈帕尔·克里什纳·戈卡尔）78

Gombrich, Ernst（恩斯特·贡布里希）7-8, 31

Gordon, A. D.（A. D. 戈登）115, 116-17

Gove land rights case（戈夫土地权利案）211

Gran Pajonal Campa（秘鲁原住民语言）50

Grand Tour（壮游）12

Grandparents（祖父母）224
GRASIM Industries Ltd., Nagda, India（印度纳格达的 GRASIM 工业有限公司）88, 92, 94, 95, 96, 99
    propaganda murals（宣传壁画）85, 86, 87
grasslands（草地）50, 64, 144, 145, 158
Green Patrols, Israel（绿色巡逻队，以色列）126, 128
Green Revolution（绿色革命）105
group experience of nature（群体对自然的体验）116, 121, 122-4
guides, 19th-cent. tourist（19 世纪的导游，游客）34, 35, 36, 37
Gurka'wuy, Trial Bay, Australia（古尔卡 – 乌伊，澳大利亚特瑞亚湾）195

H

Ha'am, Achad（阿哈德·哈阿姆）118
Hagana（亚加纳）129
hallucinogens, shamans' use of（致幻剂，萨满巫师的使用）54, 59
health, nature and（健康、自然和—）7, 37, 39-40
heat and desire（热和欲望）168-9, 177
Hebron, Israel（希伯伦，以色列）133
Heidegger, M.（马丁·海德格尔）:
    'The Age of the World Picture'（《世界图景时代》）99, 100, 102, 105
    on language（关于语言）250, 251, 252
    on modernity（关于现代性）88
Herzl, Theodore（西奥多·赫兹）115, 118
hierarchy（等级）:
    Zafimaniry genealogical（扎菲马尼里部落的谱系）10, 70, 71
    另见词条: Fiji

Hinduism（印度教）78, 89, 91, 93, 94-9, 102
history（历史）:
    and decline（下降），另见词条: India
    dynamism: Aborigines（活力：原住民）18, 189, 196-7, 203, 204, 205, 219-21;
    Fiji（斐济）164, 168
    patriotic exploitation, Israel（爱国主义剥削，以色列）121-2
    recurrence: Mongolian（重演：蒙古族）139-40, 148;
    Yolngu（雍古族）189
    Hodges, William（威廉·霍齐斯）108
Holland（荷兰）2, 25
Hong Kong, oleograph of（香港，石版画）*101*
houses（家屋）:
    on death of inhabitant（关于居民的死亡）53-4, 202;
    dead buried in（死者被埋在）165, 174, 176
    country, 19th-cent.（国家，19 世纪）35, 36, 37
    Hindu domestic shrines（印度教国内的神殿）91
    organization of space in（空间的组织）143
    purification rituals（净化仪式）5, *202*
    symbolize permanence（象征永恒）10, 67-71, 74
    另见词条: Amazonia; Fiji; Zafimaniry
Howard, Ebenezer（埃比尼泽·霍华德）2
Howlett, Robert（罗伯特·豪利特）97
Humboldt, Alexander, Baron von（亚历山大·冯·洪堡）11
hunting and gathering（狩猎和采集）192, 210, 237-8

Hyderabad, India（印度海得拉巴）89

I

icaros (Amazonian shamans' songs)［伊卡洛斯（亚马孙巫师的歌曲）］55
iconicity, phonological（象似性，语音）20-1, 232-54
    ethno-poetics and（民族诗学和—）248-53
    iconicity phonological［象似性语音（续）］:
    Foi（福伊族）20, 233-4, 249-51
    forest environment and（森林环境和—）20, 232, 234-5, 252
    onomatopoeia（拟声词）232, 240, 245-6
    'a posteriori'（"后验"）245, 250
    sensory modality and（感知模式和—）245-8
    sound-effects（声音效果）240, 249
    value orientations and（价值取向和—）235, 248, 250-2
    vowel symbolism（元音符号）249
    另见词条: Umeda
iconocity, syntactic（象似性，句法学）234
iconicity, visual; American Sign Language（象似性，视觉；美式手语）247, 248
identity and place（身份和地方）:
    Aborigines（原住民）205, 210, 219-21
    Fiji（斐济）163, 164, 170, 171-3
Image（图像）:
    and representation（—和表征）4, 16-21
    soul as image of memory（灵魂作为记忆的映射）54

implication in landscape（景观中的含义）18-19, 49-53
India（印度）12-13, 78-113
    advertising（广告）80
    cartography（制图学）81, 82, 93, 96
    colonialism（殖民主义）78, 82, 89
    Constitution（宪法）97, 98
    folk genres（民间流派）91, 92
    historical decline, sense of（历史的衰落，感觉）78, 83-4, 85, 88, 92, 100-1, 102; 另见下面词条: yugs
    Israeli perception as antisocial（以色列人被视为反社会的）124
    Jains（耆那教）87-8, 102
    middle class（中产阶级）91
    military sphere（军事领域）82, 104-5
    modernity（现代性）78, 83-4, 85, 88, 92, 100-1
    nationalism（民族主义）12, 23, 78, 83, 90, 92, 97-9, 102-7
    painting（绘画）82, 89, 91; 另见词条: oleographs
    Parliament Building（议会大厦）97, 98, 99
    pollution（污染）85, 88, 94, 95
    rural/urban relationship（乡村/城市关系）89
    sanskritization（梵语化）91
    self, loss of（自我，丧失）83
    Untouchables（贱民）91-2, 96, 97
    yugs (historical ages)（历史年代）84, 88, 93, 94, 99, 100, 102, 107
    另见词条: Hinduism; oleographs
industrial revolution（工业革命）6
Inintitjara, Uluru, Australia（因因提加拉，乌鲁鲁，澳大利亚）219
inside/outside（内/外侧）1-2, 4, 13-16, 22, 126-8

intervention in nature（对自然界的干预）6, 11
    Amazonia（亚马孙地区）44, 50, 54, 61
    Zafimaniry（扎菲马尼里部落）10, 11, 65
    另见词条：agriculture; deforestation
Israel（以色列）13-14, 114-34
    age roles（年龄角色）116, 117, 125, 129
    agriculture（农业）118-19, 129-30, 132
    first *Aliyah*（第一批回归以色列定居的犹太人）118
    Arab 'fellahin'（阿拉伯"农夫"）13-14, 114, 117-19, 121, 122;
    as 'bad other'（一作为"坏的异类"）127, 129, 131;
    and traditional way of life（一和传统的生活方式）118-19, 130, 132
    Bedouin（贝都因人）13-14, 117-19, 126, 127, 128, 129, 130
    cartography（制图学）130-1
    class struggle（阶级斗争）117
    context of study（研究背景）115-19
    defence of nature and of state（捍卫自然和国家）114, 129-32
    development towns（发展中城镇）131
    goats, black（山羊，黑色）128
    Green Patrols（绿色巡逻队）126, 128
    group experience of nature（群体对自然的体验）116, 121, 122-4
    history used in propaganda（宣传中使用的历史）121-2
    inside and outside（内部和外部）13-14, 126-8, 133
    Kibbutzim（基布兹）124-5, 128
    liberation（解放）114, 115-17, 125, 129, 132-3

    national identity（民族认同）13-14, 119-29, 131
    nature conservation（自然保护）119-20
    nature tours（自然之旅）114, 119-20, 129, 131, 132-3
    others: 'bad'（他人即"坏"）119, 126-8, 133;
    'significant'（显著）122-4
    Palmach 118, 119, 120, 128
    redemption（赎回）114, 116-17
    religion and secularism（宗教与世俗主义）115, 125, 129, 132
    socialism（社会主义）115, 117, 128, 132
    travel accounts, 19th-cent.（旅行账户，19世纪）115, 130-1, 132
    Turks（土耳其人）126, 127
    and USA（一和美国）127;
    rejection of US culture（对美国文化的排斥）14, 123-4, 125, 129, 131
    and USSR（一和苏联）16, 126, 127-8
    Zionism（犹太复国主义）13, 115-17, 125, 128, 132
    另见词条：SPNI

J

Jack, Ngapala（恩加帕拉·杰克）225
Jackson, Michael（迈克尔·杰克逊）125
Jain Picture Publisher（耆那教图片出版社），另见词条：oleographs Jains 87-8, 102
Jameson, F.（F. 詹姆逊）27
Janaith, Rachel（雷切尔·迦纳斯）116
Janin, J.（J. 杰尼）37
Japan; landscape representation（日本；景观表征）26

K

Kali (Hindu goddess)（印度教女神迦梨）80, 84, 96

kaliyug (Indian 'age of machines')（印度的"机器时代"）84, 88, 94, 102, 107

Kaluli language（卡鲁利语）233-4, 248-9, 250, 251

kaolin clay deposits, Umeda（高岭土矿床，乌梅达）244

Kapi Yularanya Pulka, Australia（卡皮·玉拉延雅·普卡，澳大利亚）*218*

Kashi, India（卡什，印度）93

Kasimbazar, India（卡辛巴刹尔，印度）82

Katatjuta (Mt Olga), Australia［卡塔朱塔（奥尔加山），澳大利亚］210, 221, 223, 224

Kaya (ritual capital of Giriama)（卡亚，吉里亚姆的仪式之都）)5

Kayapa people of Brazil（巴西的卡雅帕人）50

Keesing, R.（R. 基辛）1-2

Khan, Mehboob（梅赫布·罕）104

Khangalov, M. N.（M. N. 堪噶洛夫）*155*

Khanna, J. B. (Madras oleograph publisher)［J. B. 汉娜（马德拉斯彩印出版商）］92

Kibbutzim（基布兹）124-5, 128

Kikingkura, Australia（克钦库拉，澳大利亚）225

kinship（亲属关系）:
  Aborigines（原住民）199-201, 203, 204, 223, 224-7, 228
  and desire（—和欲望）54
  and Foi phonological iconicity（福伊语的语音象似性）250
  food and（食物和—）47, 48, 49

implication in landscape（景观中的含义）18-19, 50-3
  另见词条: Amazonia; Fiji; Zafimaniry

Klima, E.（E. 克里玛）247

Knight, Richard Payne（理查德·佩恩·奈特）11, 12

Kohler, W.（W. 科勒）246, 247

Krauss, Rosalind（罗莎琳·克劳斯）81-2

Kulpitjata, Australia（库鲁匹塔加塔，澳大利亚）224

Kungakangkalpa (Aboriginal ancestral beings)（原住民的祖灵存在）214, *215*

Kuniya Piti, Australia［库尼亚·皮蒂（洞），澳大利亚］218-19

Kurpany（库尔帕尼），另见词条: Dingo, Devil Kwaio people 1-2

L

Laksmi (Hindu goddess)［拉克西米（印度教女神）］95

land（土地）:
  disputed（有争议的）85
  kinship and（亲属关系和—）47-9
  perceived as unchanging（被认为是不变的）67, 74-5
  people as belonging to（属于土地的人们）164
  personal identity and（个人身份和—）171-3
  work as redemptive on（作为赎罪的工作）13, 115-17

Land Rights Act, Northern Territory（《土地权利法》，北领地）210-12

land surveys（土地调查）81-2

land title, Amazonia（土地所有权证书，亚马孙地区）56-8, 59, 60

landscape（景观）：
　aesthetic approach（美学诠释）32-3, 40, 60, 64-5
　cultural（文化）9
　as cultural process（—作为文化过程）21, 22-3
　nature into（—的性质）6-8, 21
　origin of word（—词的起源）2
　totemic（图腾）186, 192
　另见词条：painting and individual aspects throughout index（在整个索引中还可以看到个别方面的内容）
landscape architecture（景观建筑学，或风景园林）35, 37-8
Landschap（景观）2
Landskip（景观）2
language（语言）：
　arbitrariness of the sign（符号的任意性）232, 234, 245, 246
　deaf people's sign（听障人士的手势）247, 248
　grounding in body and perception（立足于身体和知觉）252
　pragmatic view（实用主义的观点）19-20
　principle of least effort（最省力原则）246, 247, 248
　'synaesthesia'（"联觉"）246
　另见词条：iconicity, phonological and syntactic; terminology, landscape; *and individual languages*
Larrtjanga (Yolngu artist)（雍古族艺术家）*191*
Latour, Bruno（布鲁诺·拉图尔）60
Lattimore, Owen（欧文·拉蒂莫尔）137, 141
law, Aborigines and（法律，原住民和）：

legal discourses on land（关于土地的法律话语）19-20, 211-12
　sacred law（神圣的法律）189, 193, 201, 203, 223
　tjukurpa ('time of the law')［朱库尔帕（"正法时代"）］19, 213-17
laws of nature（自然规律，自然法则）25
Lowdermilk, Walter（罗德民博士，沃尔特·洛德米尔克）126-8, 132
lying, Umeda sense of（平置，乌梅达的感觉）238

M

Madagascar（马达加斯加），另见词条：Zafimaniry Madurai, India 82
magic（魔法）250
Malini, Hema (Indian actress), oleograph of［赫玛·马利尼（印度女演员）的彩印画］83, *84*, 100-1
Malinowski, B.（B. 马林诺夫斯基）1
Mamolena, Madagascar（马达加斯加的马莫莱娜）64
mana (Fijian; ancestral powers)［玛纳（斐济语；祖先的力量，法力）］16, 166, 169-71, 176-7
Mann Ranges, Australia（曼恩山脉，澳大利亚）228
maps（地图），另见词条：cartography Marika, Roy *198*, 199
Marquesas Islands（马克萨斯群岛）181
marriage（婚姻，婚配）：
　Aboriginal patterns（原住民模式）199-200, 201, 204, 205, 206, 224-5, *226*, 228
　Fijian patterns（斐济人模式）165, 172
　Zafimaniry association with houses（扎

菲马尼里人与家屋的关系）68, 73
Marx, Karl（卡尔·马克思）15
Marxism（马克思主义）15, 115
masculinity（阳刚之气）：
　　and land（—和土地）172
　　and sky（—和天空）148-9
Maymuru, Narritjin（梅姆鲁，纳瑞金）184, *185*
meaning, referential（意义，指代性）215-17
megaliths, Zafimaniry（巨石，扎菲马尼里）10, 22, 71, 72, 73-4
meke songs, Fiji（梅柯歌曲，斐济）176
memory（记忆）17, 54
Merina people, Madagascar（马达加斯加梅里纳人）63
Merleau-Ponty, M（莫里斯·梅洛–庞蒂）240, 241, 252
Methodist Church in Fiji（斐济的卫理公会）166, 176, 182
Michelet, Jules（朱尔斯·米歇尔）39-40
migrations（迁移）142-3, 153, 158
mimesis（模仿）32
Mitchell's Knob, Australia（澳大利亚米切尔丘）221
modality（模式），另见词条：sensory modalities
moieties, Aboriginal（物质，原住民）184, 190, 198-9, 225
Mongolia（蒙古族）14-15, 135-62
　　ancestors（祖先）154
　　background to chiefly/ shamanic conflict（部落政治／萨满教冲突的背景）137-41
　　bone metaphors（骨头的隐喻）144-5
　　bone-setters（正骨师）138, 139
　　Buddhism（佛教），另见单独词条：

cave cults 149-50, 157-8
cosmic view（宇宙观）142, 143, 144, 150
change and diversity（变化和多样性）18, 22, 136, 148, 150-1, 156, 158
chieftainship（部落首领制）14-15, 22, 136, 142-9;
　　accommodation with shamanism（与萨满教的融合）137-8, 138-9, 147, 156-7;
　　denial of change（拒绝改变）22, 136, 148, 158;
　　empowerment（赋权）135-6, 151;
　　male ethos（男性道德观）148-9;
　　and patrilineal descent（—和父系血统）14-15, 136, 142, 145, 151;
　　verticality（垂直度）14, 15, 142, 147
cognitive geography（认知地理学）144
death（死亡）15, 136, 151, 152-6, 158
descent: matrilineal（血统：母系）145;
　　patrilineal（父系）14-15, 136, 142, 145, 151;
　　shamanic（萨满式）151, 156
destiny（命运）139
ego-centred system（自我中心系统）142, 144
emperors（皇帝，君主）145, 148
enclosure（围墙）148
energies in nature（自然界的能量）135, 136-7, 141-2, 151
fertility cults（生育崇拜）149-50
forest regeneration（森林再生）138
historical recurrence（历史上的重复出现）139-40, 148
landscape concepts, shared chiefly and shamanic（景观观念，部族政治和萨满教共享的）141-2

landscape terminology（景观术语）144-5
migrations（迁移）142-3, 153
mountains（山脉）144;
worship（崇拜）137, 140, 143, 145, 146, *147*, 148
movement（运动）142-3, 150-1, 153, 154-5, 158
names（名称）144, 145, 155-6
power（权力）135-6, 137, 151
ritual（仪式）137, 142-3, 147; 另见上面词条: mountains (worship)
rivers（河流）145, 150
and Russia（—和俄罗斯）138, 158
Shamanism（萨满教）14-15, 149-59;
accommodation with chiefly（与部族政治的通融性）
agency（能动性）137-8, 138-9, 147, 156-7;
and Buddhism（—和佛教）140-1, 150, 157-8;
and change/diversity/laterality（—和变化／多样性／时间性）22, 136, 148, 150-1, 156, 158;
death（死亡）151, 152, 153, 154, 155, 156;
descent（血统）151, 156;
gowns（礼服）151-2;
way or path（方式或路径）152
sky, deified（天空，被神化）142, 143, 145, 149
social hierarchy（社会等级制度）143-4, 148
spirits（精神，神灵）141;
chiefly（部族）136, 145, 146, 151;
shamanic（萨满）136, 153
('running courses')（"跑步课程"）150-1, 154-5, 158

time（时间）142, 143, 148, 156
tracks, spirit（轨迹，神灵）150-1, 154-5, 158
verticality（垂直的，竖向的）14, 15, 142, 147
women（妇女）137, 148, 149, 150-1, 160
Morley, D.（D. 默利）34
mortality/ immortality and place/ space（有限生命／不朽性和地方／空间）10
Morton, J.（J. 莫顿）205-6
Mother India (film)［《印度母亲》（电影）］104
mountains（山）:
Umeda terminology（乌梅达词汇）232, 241-2
另见词条: Mongolia
movement（运动）:
Amazonian shifts in residence（亚马孙地区的居住地转移）46
另见词条: migrations; travel; and under Mongolia; Umeda; Western Desert; Zafimaniry
Munn, N.（N. 芒恩）205
Mununggurr, Maaw' (Yolngu artist)（玛阿·木努古尔，雍古族艺术家）*194*
Murshidabad, India（印度穆尔西达巴德）82
Musgrave Ranges, Australia（澳大利亚马斯格雷夫山脉）217-18, 224, 228
Myers, F. R.（F. R. 迈尔斯）205-6, 229

N

Nagda, India（印度纳格达）12-13, 79, 85-9
oleographs（石版画）91, 93-4, 94-9

pollution（污染）85, 88, 94, 95
  另见词条：GRASIM Industries Ltd.
Naivinivini, Fiji（斐济奈维尼维尼）167-9
names,（名字）见词条：Fiji; Mongolia; place; Western Desert; Yolngu
Nangina, Toby（托比·南ថ纳）220, 221
Naoroji, Dadabhai（达达巴伊·纳奥罗吉）78
Napier, Robert Cornelis, 1st Baron（罗伯特·科内利斯，纳皮尔，男爵一世）89
Nathdwara school of painting（纳特杜瓦拉画派）91
nationalism, national identity（民族主义，民族认同）：
  French, of the land（法文，土地）36
  另见词条：Britain; India; Israel
nature（自然）：
  and Aboriginal culture（—和原住民文化）19, 20, 192-7, 212-13
  Amazonian natives' knowledge（亚马孙当地人的知识）49-50
  energies in (Mongolian)［—的能量（蒙古族人的）］135, 136-7, 141-2, 151
  European conceptions of（欧洲人—的观念）6-8, 34-40
  and health（—和健康）7, 37, 39-40
  into landscape（—融入景观）6-8, 21
  laws of 25（—的法律）
  Yolngu and（雍古族和—）192-7
  另见词条：environmentalism; intervention; and under Israel
navigation（导航）17, 93
Netherlands（荷兰）2, 25
New Delhi, India（印度新德里）97, 98, 99
New Guinea（新几内亚），见词条：Umeda
Ngintaka Piti, Australia［恩金塔卡－皮蒂（洞），澳大利亚］218
ngura (Aboriginal 'country')［恩－古拉（原住民"乡里"）］20, 223-4
Nisan Shaman（尼山萨满）152
nomadism（游牧主义）142-3, 229
Nukuloa, Fiji（斐济努库洛亚）168, 169

O

objectivism（客观主义）1-2, 8-10, 16, 17
oboos (Mongolian mountain shrines)（敖包，蒙古族的山上的神坛）140, 144, 146, *147*, 148
oleographs, Indian（石版画，印度）12-13, 78-113
  cityscapes（城市景观）*101*, 102
  colonial influence（殖民影响）78, 89
  of countryside（农村的—）87-8, 92, *101*
  on desire（关于欲望的—）80, 81
  dissemination（传播）91, 93-4, 94-9
  ethnographic context（民族志情境）85-9
  foreground and background（前景和背景）12, 23, 79-81, 83, *84*, 101-2, 103-7
  and Hinduism（—和印度教）93, 94-9
  on historical decay（关于历史上的衰落）78, 83, *84*, 102
  history of genre（—体裁的历史）89-92
  map-like（地图状）93
  and nationalism（—和民族主义）12, 23, 78, 83, 90, 92, 97-9, 102-7
  and perceptions of actual landscapes（—和对实际景观的感知）79, 94-9
  place/space（地方/空间）78-9, 79-

81, 87-8, 103-7
possession（占有率）81-4
women in（—中的女性）80, 90, 100-1
DESIGNS（设计）:
'Agricultural Baby'（"农业宝贝"）103, *105*, 106
'Agricultural Beauty' or 'Agricultural Lady'（"农业美人"或"农业女性"）90, 103, *106*, 107
of B. R. Ambedkar（比姆拉奥·拉姆齐·阿姆倍加尔—）*97*, 98
of S. C. Bose（鲍斯，S.C.—）*98*, 99, 100, 102
'Diwali Poojan'（"排灯节"）95-6
of M. K. Gandhi（M.K. 甘地）102, *103*
'Gopal Krisna'（"戈帕尔·克里什纳"）96
of Hema Malini（希玛·玛丽妮）83, *84*, 100-1
Hong Kong（香港）*101*, 102
jai javan /jai kisan（胜利属于士兵/胜利属于农民）103, 104, 105
Jain Picture Publisher (Bombay) product no. 3399（联合图片出版社，产品号 3399）79, *80*, 81, 82-3, 103, 106-7
'Shiv Shankar'（"印度教湿婆神"）*90*, 92, 94, 98
'Village Scenery'（"乡村景致"）*101*
Olga, Mt., Australia（奥尔加山，澳大利亚），见词条：Katatjuta
Olzeitei-Ondor hill, Mongolia（敖泽特－昂多山，蒙古国）150
onomatopoeia（拟声词）232, 240, 245-6
outside/inside（局外/局内）1-2, 4, 13-16, 22, 126-8

P

painting（绘画）:
aesthetic approach（美学方法）32-3, 34, 40, 60, 64-5
art historical analysis（艺术史分析）31-42
artist/audience separation（艺术家/受众的分离）251
bird's-eye views（鸟瞰图）228-9
Dutch（荷兰语）2, 25
Far Eastern（远东）26, 135
historical specificity（历史的特殊性）31, 32
India（印度）82, 89, 91; 另见词条: oleographs
nomads'（游牧民族的）228-9
origin of word 'landscape'（"景观"一词的起源）2-3
pictorial mode of looking（观看的图像模式）21, 37-8
representation and 'reality'（表征和"现实"）8, 32, 40-1
rise of landscape genre（风景画流派的兴起）2-3, 6-7
and society（—和社会）31, 33, 34, 40
spectatorship, popular and casual（观赏性、流行和休闲）34, 38-9
text-based analysis（基于文本的分析）33-4, 40
timelessness and fixity of landscape（景观的永恒性和固定性）22
topographical（地形）7, 34, 177
visuality not prime property（视觉性不是主要属性）7, 21, 41
visualization, traditions of（视觉化，传统的）7-8

world picture（世界图景）99, 100
　　另见词条：foreground and background; picturesque, the; *and under* Mongolia; Western Desert; Yolngu
Pakistan（巴基斯坦）104
Palestine Exploration Fund (PEF)［巴勒斯坦勘探基金（PEF）］130-1, 132
Palmach（帕尔马赫）118, 119, 120, 128
panoramas, 19th-cent.（全景图，19世纪）37
Papua（巴布亚），另见词条：Foi people
Parent-Duchâtelet, Alexandre（亚历山大·派伦特-杜恰特莱,）37
Paris in 19th cent.（19世纪的巴黎）6-7, 34-40
　　arcades（拱廊）38-9
　　cultural dominance（文化支配地位）35-6, 39, 40
　　environmentalism（环保主义）7, 37
　　modernity（现代性）38-9
　　pictorial mode of looking（观察的图像模式）21, 37-8
Parkin, D.（D. 帕金）5, 24
Paths（路径）：
　　Amazonian territorial（亚马逊地区的领土）57, 59, 61
　　Mongolian shamanic（蒙古族萨满教）152
　　另见词条：tracks, spirit
PEF (Palestine Exploration Fund)［PEF（巴勒斯坦勘探基金）］130-1, 132
perception（感知）：
　　cartography affects landscape-（制图学影响景观）43
　　and grounding of language（—和语言的基础）252
　　social influence on artistic（社会对艺术的影响）31

spatial/perceptual relations in art（艺术中的空间/感知关系）32
performance, social interactions as（表演，社会互动）216
permanence, 见词条：Zafimaniry
perspective（观点，视野，视角）8, 32
Peru, see Amazonia（秘鲁，见亚马孙地区）
Petermann Ranges, Australia（佩特曼山脉，澳大利亚）220, 221, 228
photography（摄影）32, 81-2, 97, 128
pictorial mode of looking（观察的图像模式）21, 37-8, 99, 100
picturesque, the（如画风景）2, 11-13, 15
Pierce（皮尔斯）217, 221
Pierotti (Italian traveller in Palestine)（皮耶罗蒂，在巴勒斯坦旅行的意大利旅行家）130
pilgrim maps, Indian（朝圣者地图，印度）93
pioneers, Jewish (*chalutz*)［开拓者，犹太人（犹太拓荒者）］117
Piro people（皮洛人），另见词条：Amazonia
Pitjantjatjara language（皮洛语）210, 216
place（地方）：
　　names（名称）144, 155-6, 165, 190, 212-13
　　sacred（神圣的）93
　　and space（—和空间）4, 8-10, 100;
　　foreground/background and（前景/背景，近景/远景）4, 79-81, 103-7;
　　in oleographs（在石版画中）78-9, 79-81, 87-8, 92, 103-7
　　time subordinated to（时间从属于—）18, 188, 190, 196
　　transformation of people into（人转变为—）71-5
Plato（柏拉图）100

poetics, ethno-（诗学、民族学）248-53
Poland（波兰）116
pollution（污染）：
    industrial, India（工业，印度）85, 88, 94, 95
    of Mongolian rivers（蒙古国河流的）141
    noise-（噪声）238
Port Bradshaw, Australia（布拉德肖港，澳大利亚）*198*, 199
possession（占有率）81-4
postmodernism（后现代主义）19-20, 215-17
potentiality, background（潜在性，背景）3-5, 10
    另见词条: foreground and background
Poussin, Nicolas（尼古拉斯·普桑）2, 12
power（权力）：
    Amazonian land title and（亚马孙的土地所有权和—）58, 59
    consumption and（消费和—）168
    Fijian ancestral（斐济祖先的—）166, 169-71, 176-7
    Mongolian concepts（蒙古族人观念中的—）135-6, 137, 151
    Zafimaniry concept（扎菲马尼里人观念中的—）10, 70, 71
Price, Sir Uvedale（乌维代尔·普莱斯爵士）11, 12
primitivism（原始主义的）11
process（过程）：
    landscape as cultural（作为文化过程的景观）5, 21, 22-3
    structure and（结构和—）180, 187, 206
prohibition (*tabu*)［禁忌（塔布）］170-1, 198
property interests（财产权益）31, 58, 59, 82, 105
Ptolemy (Claudius Ptolemaeus)（托勒密）25
Puddukotah, India（印度普度阔塔）90
Pune, India; Chitrashala Press（印度浦那；奇塔拉利拉出版社）89
purification rituals（净化仪式）5, 199, 201, 202

R

Radua, Fijian myth of（拉杜阿，斐济神话）170
Ramblers' Association（漫游者协会）133
Ranade, Mahadeo Govind（马哈德夫·戈文德·拉纳德）78
Ratzel, F.（F. 拉策尔）9
Ravidas (Hindu saint)（拉维达斯，印度教圣人）91, 96
'reality' represented in painting（绘画中的"现实"）8, 32, 40-1
reciprocity in Fiji（斐济的互惠性）164-5, 171, 174-5, 176, 177, 178
referential meaning（指代意义）215-17
representation（表征，象征，展示）：
    aesthetic approach（审美方法）60
    in Amazonia（—在亚马孙地区）44, 55-8
    Cartesianism and（笛卡尔主义和—）16-17, 99
    cartography as（制图学作为—）17, 60
    Durkheim's collective（涂尔干的集体主义）60
    ethnography as（民族志作为—）59
    European conventions in South Pacific（欧洲在南太平洋的公约）11, 15, 177

and image（—和图景）4, 16-21
    picturesque and（如画风景和—）11, 15
    'reality' and painterly（"现实"和绘画性）8, 32, 40-1
ritual as（仪式作为）201-3
    另见词条: cartography; painting
Repton, Humphrey（英国景观建筑师亨弗利·雷普顿）12
Ricoeur, P.（保罗·利科）216
Riefenstahl, Leni（莱妮·里芬斯塔尔）108
rites of passage（通过仪式）19, 172
另见词条: birth; death; marriage
ritual（仪式）：
    purificatory（净化的—）5, 199, 201, 202
    as representation of land（—作为土地的表征）201-3
    另见词条: under Mongolia; Western Desert; Yolngu
rivers（河流）：
    and Aborigine landscape（—和原住民景观）203
    Mongolian（蒙古族人）141, 145, 150, 153
    pollution（污染）88, 94, 95, 96, 141
romanticism（浪漫主义）11
Rosa, Salvator（萨尔瓦多·罗萨）2, 12
Rousseau, Théodore（西奥多·卢梭）37
Russia（俄罗斯）138
    另见词条: Union of Soviet Socialist Republics

S

sacred and profane space（神圣的和世俗的空间）24

sacred objects, Aborigine（圣物，原住民）189, 190, 201, 203, 205, 223
sacred sites（圣地）：
    Aborigine（原住民）198, 223-4, 227, 229
    emptiness（空虚）4-5
    Fijian（斐济人的）165-9, 170
    另见词条: oboos
sacrifice（牺牲）5, 147, 169, 177, 205
sand sculpture, Yolngu（雍古族沙雕）202
Santa Clara, Bajo Urubamba, Amazonia（圣克拉拉，巴觉·乌鲁班巴，亚马孙）45-7
    land title（土地所有权）56-8, 59, 60
Sapir, E.（E. 萨丕尔）246
Saraswati (Hindu goddess)［萨拉斯瓦蒂（印度教女神）］94, 95
Sastri, Lal Bahadur（拉尔·巴哈杜尔·夏斯特里）103-4
satyug (age of truth, Indian)［萨特宇格（真理时代，印度）］84, 88, 93, 94
Sauer, C.（卡尔·索尔）8-9
Saussure, F. de（F. de 索绪尔）232, 234, 245, 246
'savagery'（"野蛮"）11
Sawaieke, Gau, Fiji（沙瓦伊克，高卢岛，斐济）163
Schieffelin, E.（E. 席费林）235, 248
Sea（海洋）：
    Fiji（斐济）169-71, 171-2
    Umeda first sight of（乌梅达人第一次见到—）237
self, loss of（自我，迷失）83
sensory modalities（感官模式）：
    inter-articulation（发音间的关系）21
    and phonological iconicity（和语音象似性）245-8
sensibility and language（感性和语言）

235, 248, 250-1
separation（分离）6
sexual intercourse as consumption（作为消费的性行为）176
shamans（萨满、巫师），见词条：Amazonia; Mongolia
sharks（鲨鱼）193, *194*, 195-6, 204
Sharma Picture Publications（沙马图片出版社）91-2, 93, 96
'Shiv Shankar'（"印度教湿婆神"）*90*, 92, 94, 98
Sharon, Ariel（阿里埃勒·沙龙）128
shop window displays（商店橱窗展示）38
Shree Vijay Lakshmi Art Int.（纱丽·维杰·拉克什米艺术娱乐）93
siblingship（兄妹）：
　Aborigines（原住民）20, 224, 225, *227*
　Zafimaniry（扎菲马尼里）10, 72-3
sign language, deaf people's（手语，听障人士的）247, 248
Simon, Jules（朱尔斯·西蒙）36
Sinai peninsula（西奈半岛）128
Siva (Hindu deity)［希瓦（印度教神）］94, 95
Sivakasi, Tamil Nadu（泰米尔纳德邦·锡瓦卡西）92
sky, deified (Mongolia)［天空，神化（蒙古族）］142, 143, 145, 149
smell（气味）：
　consumption by（—的消耗量）176
　primacy in forests（森林中的首要地位）235, 237-8
Smith, Bernard（伯纳德·史密斯）11
Snowy Mountains, Australia（雪山，澳大利亚）184, *185*
social context of looking at art（观察艺术的社会背景）34

social roles, phonological iconicity and（社会角色，语音的象似性和）243
social space, organization of（社会空间，组织）：
　Mongolia（蒙古族）143, 144, 148
　Yolngu（雍古族）201
society（社会）：
　/culture interdependence（—/文化的相互依存关系）187, 206-7, 229-30
　and milieu（—和环境）9
　and painting（—和绘画）31, 33, 34, 40
Society for the Protection of Nature in Israel,（以色列自然保护协会）见词条：SPNI
sociology（社会学）9
Solomon Islands（所罗门群岛）1-2
Sonam (Indian actress), oleograph of［石版画中的索南（印度女演员）］, 79, *80*, 81, 82-3, 103, 106-7
songs（歌曲）：
　Aborigine（原住民）218, 223
　Amazonian shamans'（亚马孙巫师的）55
　Fijian（斐济人）176
　Foi（福伊族）251
　Kaluli（卡鲁利人）248, 249
　Yolngu（雍古族）190, 191, 193, 194, 201, 203
soul, concept of（灵魂，的观念）：
　Aboriginal（原住民的—）19
　Amazonian（亚马孙人的—）53-4
　Mongolian（蒙古族的—）153-5
sound-associations（声音—联想）245, 250
sound-effects, vocal（声音效果，嗓音）240, 249
sound-shift（声移）234

space（空间）：
　　Foi deictics（福伊语的口音）250
　　geometric（几何）8, 25
　　hodological（矢端空间）78, 80
　　mythical（神话的）25
　　sacred and profane（神圣的和世俗的）24
　　spatial history（空间历史）3-4
　　spatial/perceptual relations in art（艺术中的空间/知觉关系）32
　　Yolngu concept（雍古族关于—的观念）187-9, 190, 201
　　Zafimaniry concept（扎菲马尼里关于—的概念）65
　　另见词条：place
spectatorship（观看行为）34, 38-9
spirits（灵魂），见词条：demons; soul; tracks, spirit; 以及词条：Amazonia; Fiji; Yolngu（关于灵魂的概念）
SPNI (*Chevra LeHaganat HaTeva*, Society for the Protection of Nature in Israel)（以色列自然保护协会）14, 119-20, 124, 128, 129, 132-3
　　and patriotic feeling（—和爱国情怀）120, 121-5
　　state involvement（国家参与）120, 122, 131
Stanner, W. E. H.（W. E. H. 斯坦纳）184
Strathern, M.（M. 斯特拉森）27
structure and action（结构和行动）180, 187, 206
style, history of artistic（风格，艺术史）32
subjectivity/objectivity（主观/客观性）8-10, 40
'sympathy' as value（作为价值的"同情心"）235, 248, 250-2

synaesthesia（共鸣）246
Szynkiewicz, Slavoj（斯拉沃热·斯兹克维奇）142

T

taboos（禁忌）：
　　Fiji（斐济）170-1
　　Yolngu（雍古族）198
Tanala people, Madagascar（塔纳拉人，马达加斯加）63
Taputji, Australia（塔普吉，澳大利亚）214
Tarsai spirit-rulers of Western Buryats（西布里亚特人的塔尔赛神主们）154-5
television viewing（电视观看）34
terminology, landscape（术语，景观）144, 145, 192, 232, 241-2
　　另见词条：place (names)
text-based analysis（基于文本的分析）33-4, 40
Thailand（泰国）150
Thomas, Keith（凯茨·托马斯）2, 3, 6
Tibet（西藏）135
time（时间）：
　　Fijian 'time emplaced'（斐济语"置入时间"）163
　　Foi deictics（福伊族的指示语）250
　　Mongolian（蒙古语）142, 143, 148, 156
　　Yolngu subordination to place（从属于地方的雍古族）18, 187-9, 190
timelessness（永恒）22
Tingari, Aborigine legend of（廷加里，原住民的传说）219, *220*
tjukurpa (Aborigine 'time of law')［朱库尔帕（原住民的"正法时代"）］19,

213-17
town and countryside（城镇和乡村）2-3, 6-7, 15, 35-40, 89
tracks, spirit（轨迹，路径，神灵）:
    Aborigine: ancestral beings'（原住民：祖灵存在）18, 19, 20, 190, 218, 228, 229, (and ecological zones)（和生态区）192, 193-4, (ritual involving)（涉及仪式）202, 203, 204;
    dead souls'（亡灵的）19, 203, 204
    Mongolian（蒙古语、蒙古族的）150-1, 154-5, 158
tradition, seeing eye of (Boas)［传统，看见的眼睛（法兰兹·鲍亚士）］60
Travancore, India（特拉凡科，印度）90
travel（旅行）:
    in Israel, 19th cent.（在以色列—，19世纪）115, 130-1, 132
    Mongolian（蒙古族）142-3, 153, 158
    World（世界）12
trees, Fijian rituals involving（树，斐济人的仪式，涉及）168, 169, 172
Trevelyan, Sir Charles（查尔斯·特里维廉爵士）89
Tripe, Linnaeus（林奈·特里普）82
Turks in Israel（在以色列的土耳其人）126, 127

U

Uberoi, Patricia（帕特里夏·乌贝罗伊）78, 89, 91
Ulaan-Bataar, Mongolia（乌兰巴托，蒙古国）146
Uluru, Paddy（帕迪·乌卢卢）218, 219-20, 221-2, 224, 225
Uluru region, Australia（澳大利亚乌鲁鲁地区）19, 210-31
    另见词条: Western Desert Aborigines
umbilical cord（脐带）168, 172, 219, 221
Umeda people, New Guinea; phonological iconicity（乌梅达人，新几内亚；语音象似性）20-1, 232-54
    articulatory landscape（衔接景观）240-4
    auditory culture（听觉文化）229, 236-40
    auditory modality（听觉模式）245-8
    death ceremonies（死亡仪式）252
    limited horizons（有限的视野）229, 237, 242
    mountain, word for（山，单词）232, 241-2
    movement（运动）242-3, 243-4
    onomatopoeia（拟声词）240
    poetry（诗歌）252
    social roles（社会角色）243
    sound-effects（音效）240, 249
    'sympathy'（"同情"）252
Union of Soviet Socialist Republics: and Israel（苏维埃社会主义共和国联盟：与以色列）116, 126, 127-8
    and Mongolia（和蒙古国）138, 158
United States of America（美国）60, 128
    另见词条: Israel
Untouchables (Hindu caste)［贱民（印度教种姓）］91-2, 96, 97
Upxyr, Mongolia（乌布谢尔，蒙古国）138
Urga (Ulaan-Bataar), Mongolia［蒙古国乌尔加（乌兰巴托）］146
Urkuntja, Australia（澳大利亚乌库恩甲）214-15
Urubamba river, Peru（乌鲁班巴河，秘

鲁）9-10, 43-62
另见词条：Amazonia

V

value orientations and phonological iconicity（价值取向和语音象似性）235, 248, 250-2
Vanimo, New Guinea（新几内亚瓦尼莫）237, 242
vanua (Fijian; 'country, land, place')（瓦努阿（斐济语；"国家、土地、地方"）164
Vanua Levu, Fiji（瓦努阿·莱武，斐济）169
Vargas, Pancho（潘乔·瓦格斯）46
Varma, Ravi（拉维·瓦尔马）78, 89, 90, 91, 94
Vermeer, Jan（扬·维米尔）25
verticality, Mongolian（垂直性，蒙古语）14, 15, 142, 147
Vico, Giovanni Battista（乔瓦尼·巴蒂斯塔·维科）17
views（观点，视角）：
　　bird's-eye（鸟瞰）81, 228-9, 237
　　and land surveys（—和土地调查）81-2
　　Zafimaniry love of（扎菲马尼里人关于爱的—）65-7
　　另见词条：forests (horizon)
villages（乡村）：
　　Fijian（斐济人的—）165, 169, 177
　　Zafimaniry（扎菲马尼里的—）69-70
Vincennes, France（万塞讷，法国）37
visuality（视觉性）20-1
　　European traditions of visualization（欧洲的视觉化传统）7-8
　　not prime property of pictures（不是图片的主要属性）7, 21, 41
　　in sign language（在手语中）247, 248

W

Waiboteigau (Fijian stream)［威博泰皋（斐济的河流）］170
Walbiri people（瓦尔比利人）18-19, 20, 229
Wanampi, Paddy（帕迪·瓦纳匹）218
Wandervogel movement（漂鸟运动）115
water（水）：
　　Aborigine access to（原住民所获得的—）19, 221, 227-8
　　and phonological iconicity（—和语音象似性）243-4, 249
Weiner, James（詹姆斯·韦纳）20, 233-4, 235, 249-51
Weinstock, Nathan（内森·温斯托克）117
Western Desert Aborigines of Australia（澳大利亚西部沙漠原住民）19-20, 210-31
　　Anangu people（阿南古人）19
　　ancestral beings: discovery of presence in landscape（祖灵存在：在景观中发现的存在）184, 185, 186;
　　footprints（脚印）214-15, 218, 221;
　　going into ground（进入地下）217-19;
　　tracks（轨迹）19, 20, 218, 228, 229;
　　relationships with（—的关系）219-21, 222, 224, 228
　　birth（出生）19, 210, 219, 221, 222
　　cartographic interpretation of images（图像的制图学解释）19, 22, 228-9
　　colonial experience（殖民经验）185
　　'country' (*ngura*), holding of（乡里，保有）20, 223-4

culture and landscape（文化和景观）229-30
death（死亡）224
descent（血统）212
and ecology（—和生态学）19, 20, 212-13, 221, 227-8
food supply（食品供应）221, 227-8
grandparents（祖父母）224
hunting and gathering（狩猎和采集）210
identity（身份）210, 219-21
indigenous and legal discourses on land（关于土地的原住民和法律话语）19-20, 211-12
Kangaroo, Euro and Owl myth（袋鼠、鸸鹋和猫头鹰的神话）213, 227
kinship（亲属关系）223, 224-7, 228
knowledge of land（对土地的了解）210-11
land claims（土地声索）19, 185, 210, 211
languages（语言）210, 216
law（法律）223
marriage（婚姻）224-5, 226, 228
moieties（媒介物）225
movement（运动）210, 213, 228
paintings（绘画）20, 228-9, 229-30
place names（地名）212-13
practical habit affecting Dreaming（影响梦创的实践习惯）221-2
ritual（仪式）19, 210, 213-17
sacred objects（圣物）223
sacred sites（圣地）222, 223-4, 227, 229
siblingship（兄妹关系）20, 224, 225, 227
songs（歌曲）218, 223
State attempts to impose fixity on（国家试图锚固）19, 22
subsistence（生计）210-11, 212-13
tjukurpa ('time of law')［朱库尔帕"正法时代"］19, 213-17
tracks（轨迹），见词条：ancestral beings above visibility of life 229
water supplies（水供应）19, 221, 227-8
Wewak, New Guinea（韦瓦克，新几内亚）237
White City, London; exhibition (1908)［白城，伦敦；展览（1908年）］81
Williams, Raymond（雷蒙德·威廉姆斯）6, 13
Winmati, Nipa（内帕·温马蒂）221, 223
Witapula, Australia（维塔普拉，澳大利亚）214, 215
witchcraft, Fiji（巫术，斐济）175
women（妇女）：
　Fijian（斐济语）172, 173
　Foi poets（福伊族诗人）250
　in Indian oleographs（在印度的石版画中）80, 90, 100-1
　liberation of lsraeli（以色列解放）115, 116
　Mongolian（蒙古族）137, 148, 149, 150-1, 160
world picture（世界图景）99, 100
Wurlwurlwuy, Australia（乌尔乌尔乌伊，澳大利亚）194, 195-6

X

Xalx, States of, Mongolia（喀尔喀蒙古）140
Xangai, Buryat invocation to（杭爱山脉，布里亚特人对其的召唤）149

Y

Yalangbara (Port Bradshaw), Australia［雅朗巴拉（布拉德肖港），澳大利亚］198, 199

yaqona, Fijian（雅琼纳，斐济语）175
  ritual drinking of beer（喝啤酒的仪式）172, 173, 177

yavu, yavusa（雅武，雅武萨），另见词条：Fiji

Yediat HaAretz［耶迪亚特（国土知识）运动］120, 122

Yirrkala, Australia（澳大利亚伊儿卡拉地区）202, 211

Yolngu people of Arnhem Land（阿纳姆地的雍古族人）18-19, 19-20, 184-209
  ancestral beings: interaction with present（祖灵存在：与现在的互动）18, 196-7, 204, 205; and
  landscape（—和景观）184-6, 187-8, 189, 190-2, 192-7, 201, 202;
  tracks（轨迹）18, 20, 190, (and ecological zones)（和生态区）192, 193-4, (ritual involving)（涉及的仪式）202, 203, 204
  artistic system（艺术系统）191
  birth（出生）19, 20, 197, 204
  burning of land（焚烧土地）199, 201
  ceremonial grounds（仪式场地）201
  and change（—和变化）18, 196-7
  conception spirits（灵魂观念）196, 197, 203, 204
  continuity（连续性）186, 190
  creation（创造性）187-8, 189, 190-2, 195-6, 201
  culture/society interdependence（文化/社会的相互依存关系）187, 206-7
  death: association of place with（死亡：与地方的关联）196-7, 198, 199, 201;
  mortuary rituals（丧葬仪式）19, 196, 199, 201, *202*, 203, 204
  Dhuwa moiety（忽瓦部落）198-9
  Djan'kawu sisters（詹－卡武姐妹）*191*, 193, 202
  Djungguwan ceremony（琼古万仪式）184, 202
  and Dreaming（—和梦创）205-6
  ecology and the ancestral nature of place（地方的生态和祖先属性）192-7
  history, dynamism of（历史，动态的）189, 203, 205
  hunting and gathering（狩猎和采集）192
  identity（身份）205
  image and representation（图景和表征）18-19, 19-20
  individual's acquisition of knowledge（个人对知识的获取）197-9, 204
  kinship（亲属关系）199-201, 203, 204, 225, *226*

Yolngu people of Arnhem Land (cont.):（阿纳姆地的雍古族人）
  language（语言）188-9, 191-2
  law（法律）189, 193, 201, 203
  Manggalili clan（曼加利利氏族）196
  marriage（婚姻）199-200, 201, 204, 205, 206
  moieties（部落）184, 190, 198-9
  naming systems（命名系统）191-2
  Ngaarra ceremony（纳戛拉仪式）202
  Ngayimil clan（加伊米尔氏族）*191*
  organization of landscape（景观的组织）203
  paintings（绘画）184, 189, 190, *191*, 205

place（地方）187-9, 192-7, 201;
names（名称）190;
precedence over time（优先于时间）18, 188-9, 190
reinterpretation of landscape（对景观的重新解释）184, *185*, 186
ritual（仪式）184, 189, 190;
and landscape（一以及景观）197-9, 201-3, 204, 205, 213-17; 另见上面词条：death
sand sculpture（沙雕）202
shark legends（鲨鱼的传说）193, *194*, 195-6, 204
society（社会）199-201, 204, 206-7
songs（歌曲）190, 191, 193, 194, 201, 203
soul（灵魂）19
space（空间）187-9, 190, 201;
precedence over Time（优先于时间）18, 188-9, 190
spirits（灵魂，精神），见上面词条：ancestral beings and conception spirits
taboos（禁忌）198
time（时间）18, 187-9, 190
Yarrwidi Gumatj clan（雅卫迪·古玛奇宗族）*202*
Yirritja moiety（伊尔里加部落）191, 193-4, 196, 198-9
Yom Kippur（犹太教节日——赎罪日）118, 119
yugs (Indian historical ages)［玉古斯（印度历史年代）］84, 88, 93, 94, 99, 100, 102, 107
Yumsunov (Buryat chronicler)［尤姆苏诺夫（布里亚特编年史学家）］147
Yunanpa, Australia（尤南帕，澳大利亚）221

Z

Zafimaniry of Madagascar（马达加斯加的扎菲马尼里）10, 63-77
agriculture（农业）63-4, 75
and altitude（一和海拔高度）10, 70-1, 74
carvings（雕刻品）68, *69*
and clarity（一和清晰度）10, 65, 66-7, 70, 71, 75
death（死亡）68-9
and deforestation（一和砍伐森林）10, 63-5, 75
destiny（命运）67
and environment（一和环境）67, 68, 75
genealogical seniority（世系资历）10, 70, 71
God（神）67, 74
hearths（炉灶）68, *69*
houses（房屋、家屋）10, 22, 67-71, 73;
hardening（硬化）68, 69-70, 74;
'holy'（"圣洁"）69-70
kinship（亲属关系）10, 72-3
landscape（景观）63-5
marriage（婚姻）68, 73
medicine（药品）67
megaliths（巨石）10, 22, 71, *72*, 73-4
movement（运动）71
and permanence（一和持久性）10, 22, 67, 68, 71, 74, 75
political power（政治权力）10, 70, 71
siblingship（兄妹关系）10, 72-3
symbolism of wood and stone（木头和石头的象征意义）73
views, love of good（对美好事物热爱的观念）65-7

village formation（村庄的形成）69-70

Ze'evi, Rehevam（以色列前旅游部长，拉赫姆·泽维）130-1

Zionism（犹太复国主义）13, 115-17, 125, 128, 132

Zoffany, John（约翰·佐法尼）108

译后记

这本诞生于20世纪90年代初的《景观人类学》是一本开创性的著作，它汇集了众多人类学和文化研究领域专家的成果，深入探讨了景观在不同文化和社会中的意义与价值。本书不仅是学术界对景观人类学领域的一次重要贡献，也是对广大读者了解人类与自然环境关系的一次深刻启发。

本书编者和各章作者特别强调了景观不仅仅是自然地貌的展现，更是人类活动、社会结构和文化价值的反映。它探讨了景观如何在文化过程中被赋予意义，以及这些意义如何影响和塑造了人们的身份认同和族群生活。书中的案例研究涵盖了从部落社会到现代国家，从农村社区到城市环境的广泛主题，通过对不同文化和社会背景下的"景观"这一概念的多维度解读，为我们提供了一个全新的视角来理解人类与环境之间的复杂关系。全书的10个章节，是对特定地区或文化中景观概念的深入剖析。从法国19世纪的阶级与视觉图像，到西亚马孙流域的土地权利与原住民生活；从马达加斯加扎菲马尼里人的森林砍伐到印度石版画中的道德情感；从以色列的民族主义景观到蒙古族的草原政治与萨满信仰；从斐济的土地叙事到澳大利亚原住民的祖先景观再现，每一章节都为读者揭示了景观背后的文化逻辑和社会意义，让我们窥见了不同文化中人们对自己所处环境的理解和感知，展示了景观如何影响人们的生活方式、价值观和社会结构。对于从事人居环境学、人类学、地理学、生态学等研究的读者来说，本书提供了一个跨学科的视角，帮助大家理解景观如何在不同文化和社会中发挥作用。无论您是学术研究者还是对文化多样性和人类行为感兴趣的普通读者，本书都将为大家打开一扇洞察地方景观社会的窗口，带大家走进景观背后的丰富故事和深层意义。

关于本书的源起、各章作者简介和内容导读，两位主编埃里克·赫希和迈克尔·奥汉隆分别在"序言和致谢""导论（景观：在地方和空间之间）"部分进行了详细阐述，相信能够满足读者们的阅读需求，不必译者赘言。我们想请大家特别留意在本书"序言"的开篇，两位主编的一段宣言式表述："……不同学科的参会者围绕会议主题找到了很多共同话题，从而证明'景观人类学'这一主题的时代已经到来。"这不仅是本书主编和作者们的学术洞见，也反映了20世纪70年代以来，空间与文化研究交叉互耦转向的学术发展趋势，20世纪90年代发端于英国人类学领域的景观人类学具备了交叉学科特征，成为地理学、人类学交叉研究的最新领域。通常作为社会文化研究"客体"存在的景观要素成为研究的"主体"，通过解析景观的文化意义塑造过程，开辟研究人类群体文化结构的新视野。下面，我们将对"景观"研究的学术发展脉络进行简要梳理，希望能为广大读者和学术同行进入景观人类学研究领域提供基础性共识信息。

1. 景观研究的主旨转换与发展

作为学科研究对象的"景观"，其本身在中文属于外来语，中文词源于"日本植物学者三好学博士于明治三十五年（1902）前后对德语'landschaft'的译语"，最初用于"植物景"学术研究中，后日本地理学与都市社会学领域也使用"景观"这一日文汉字译法，并在20世纪30年代被中国学者引入中国，成为中文语汇之一（林广思，2006）。

考校"landscape"的原始内涵，其古英文并不具有美学或情感（文化）意义，而是指地表空间要素组合，特别是乡村聚落土地（Jackson，1984）。17世纪早期，荷兰的风景绘画中使用了"landschap"一词，用以描绘风景绘画空间景深的特殊构图方式（张海，2010）。在风景绘画者的影响下，landscape 逐渐指一个地区的外貌，尤其是表示风景（Johnston et al.，1994）。此外，在古荷兰语中的另一词汇 landskab 和德语 Landschaft 都包含了社区、地区和管辖权的法律和行政理念：将景观（landscape）作为传统行政单元（customary administrative unit）（Olwig，1996）。上述双重含义，共同支撑空间审美意象（scenery）与空间地学（geography）。特别是后者，符合地理学对空间单元划分、区域特性认知的需求，并以此被引入地理学研究范畴（辻村太郎，1936：6）。

进入地理学视野中的"景观"，其研究主旨经历了如下主要转向：19世纪中后期至 20 世纪初，景观的研究主旨为区域划分和特性的认知；19世纪末至 20 世纪初，人文地理学建立自然景观、文化景观二元论后，景观的研究主旨为解析其蕴含的人地关系；20 世纪 20—70 年代，景观学派建立后，景观的研究主旨为其见证的文化史解析；20 世纪 70 年代以来，景观研究出现文化与情感转向后，景观的研究主旨为解析其蕴含的地方文化与情感价值。这些研究主旨的转换，推动了对"景观"本质的认知及其研究范式的转变。

（1）作为区域特性描述的"景观"概念

基于德国地理学关注于地貌形态研究的传统，首先发展出对地理单元特性的景观研究。德国科学考察旅行家、植物地理学家亚历山大·冯·洪堡（Alexander von Humboldt）在其晚年著作《宇宙》（Kosmos，1845—1862）中将景观作为一个科学名词引入地理学中，并将其解释为"一个区域的总体特征"（Naveh et al.，1984：13）。洪堡的开创性研究促使德国景域学派（Landschaft School）的形成，使景域学派在 19 世纪末成为区域地理学概念的核心（Claval，2015：85）。

景观一词被引入地学研究后，已不只具有视觉美学方面的含义，而是具有地表可见景象的综合（特征）与某个限定性区域的双重含义（肖笃宁，1999）。德国景观地理学创始人帕萨格（Siegfried Passarge）在其著作《景观地理》（*Landschafts Geographie*）中，将景观定义为"由气候、植物、地形、水系、地质及土壤等要素所反映的，带有明显单元特性的地域"（辻村太郎，1936）。显然，这里的景观更接近于作为地志学（regional geography）研究的自然景观的概念。

（2）作为"人与环境关系"研究的"景观"概念

以1859年达尔文出版《物种起源》（*The Origin of Species*）作为分界，揭示环境与物种分布的演化论（Evolutionism）对历时性、动态性视野，以及社会学研究产生了巨大影响，促成了"人与环境关系"研究主旨的新开端，在人类学、地理学中出现了"环境决定论"主题。

在此之前，德国另一位地理学家李特尔（Carl Ritter）在其著作《地理学及其与自然和人类历史之关系（比较地理学）》（*The Science of the Earth in Relation to Nature and the History of Mankind; or, General Comparative Geography*）中，坚持"寻找影响人类群体命运的环境因素"。李特尔认为地理学是解释人类命运的重要学科，强调地理学对解释历史的重要性（Claval，2015：89）。

德国人文地理学奠基人之一的拉策尔（Friedrich Ratzel）受演化论的影响，致力于研究人类迁移、文化借鉴和人地关系的"人类演化论"。在其代表作《人类地理学》（*Anthropogeopraphie*）中将"人与环境关系"作为研究中心主旨，取代区域特性描述。值得注意的是，拉策尔也是人类学家，其在出版上述地理著作的同时，也出版了《民族学》（*Völkerkunde*，3卷，1885、1886、1888）。这样的双重身份使拉策尔很早就建立起了人类与环境互动关系的视野，其在《人类地理学》第一卷中"追溯不同自然特征对人类历史的影响"，而在第二卷中，"虽然也将人类社会与自然特征联系起来进行研究，但是主要的注意力集中在人类群体的文化上"（Martin，2008：215）。

1906年，德国景域学派的创始人施吕特尔（Otto Ludwig Karl Schlüter）提出："地理学家首先看到的是地表可以通过感官感受到的事物，而这种感受的总和就是地理景观。"施吕特尔将没有受到人类活动大规模改变之前的地理景观定义为"原始景观"，而"文化景观是人类文化所建立的地理景观"，他认为追寻原始景观向文化景观转变的一系列过程就是地理学的主要任务（Martin，2008：221）。

（3）作为"文化史"解析工具的文化景观

承袭施吕特尔，20世纪20年代以来，德国和美国的景观学派将研究视野从人地关系中的环境决定论，转换到对驱动自然景观向文化景观转化的具体社会集团的属性、机能和变化的研究（菊地利夫，2014：34），从而形成了新的景观学派，将文化景观视作文化史研究的工具。

其中最为突出的代表是德裔美国学者卡尔·索尔（Carl Ortwin Sauer）。他吸收并发展了德国地理学者帕萨格和施吕特尔的景观的概念，于1925年发表了《景观形态学》一文，"景观"这一术语被引入美国地理学中。由索尔及其在伯克利的同事，历史学者博尔顿、人类学者克罗伯（菊地利夫，2014：31），以及索尔的学生们共同建立了景观研究的伯克利学派。索尔认为人文地理学的核心是解释文化景观，文化景观是某一文化群体利用自然景观的产物，文化是驱动力，自然是媒介，而文化景观则是结果（Johnston et al.，1994：133）。

20世纪50年代初，英国历史学家霍斯金斯采用了类似观点，在他的《英格兰景观的形成》（*The Making of English Landscape*，1955）中提出"对于知道怎样阅读的人来说，英国景观本身就是我们所掌握的最丰富的历史记录"，"景观背后所隐藏的历史，或者景观中的历史跟我们原本意义上所学的英国的农业史、经济史、社会变迁的历史、城镇化的历史都是息息相关的"（Hoskins，1955：14）。

作为文化史解析的景观研究延续至20世纪80—90年代，研究学者

"把社会理论和文化理论应用于景观解释中,分析形成景观的社会文化和政治过程,以及在这些过程中景观所起的作用"。英裔美国文化地理学家科斯格罗夫(Denis Cosgrove)把景观重新定义为"观察的方式",而不是影像或物体。他解释:"(景观是)通向观察之路,某些欧洲人用以向自己和其他人再现其世界,以及再现他们与这个世界之关系的一种方式,他们通过它(景观)说明了社会关系。"(Cosgrove, 1984: 1)

文化地理学中的文化景观学派建构起了从景观形态解析"文化史"的充分视角。作为承袭"人地关系"的文化史景观学派,其前提仍是自启蒙运动以来对人的行为具有"理性"的假设,即相信"人类的重要决策都出于理性选择",由此景观的"研究焦点集中在表现社会功能的土地利用形态,以及作物的轮作和区域的组织"。其基本假设是,人类的理性选择行为将通过上述群体组织行为而"呈现在景观的永久性和半永久性的结构特性之上"(Claval, 2015: 38)。

2. "文化转向"的景观研究及其主旨

(1) 景观研究的文化转向

上述"人类理性"的前提假设在 20 世纪 60 年代的计量地理学中发展至顶峰,伴随而至的是对绝对理性带来的机械性、忽略人文价值的质疑。甚至,景观学派对形态学分析的传统也被质疑,"通过景域的研究途径,将区域地理的研究范畴集中于特定类型的空间分区,寻找可见的特征……至于不可见的特征:譬如活动流量,居民的态度、想法和主观的情感则被遗漏"(Claval, 2015: 114)。

20 世纪 70 年代,对于空间研究出现了以现象学为理论基础的"文化转向"。人文地理学者以存在主义、现象学和人本主义的研究视野(Cosgrove, 1984; Samuels, 1979),关注具体群体"空间生活经验"(the lived experience of space)和"地方感"(the sense of place)等研究主题。

德国和法国地理学研究中基于"日常生活"视角进行景观研究的传统被重新忆及。在德国，19世纪50年代，在学校教育中将地理学视作乡土科学（Heimatkunde），其目标是教育德国年轻人认识国家景观、人民和传统，其地理学被赋予文化保存的功能（Claval，2015：112）。在法国，其地理学派创立人维达尔（Paul Vidal De la Blache）及维达尔学派（Vidalian）研究地理的思想核心是对传统生活观察解析基础上的人与环境的垂直关系的解析，称作"生活方式"（way of life，法语：genres de via）的研究视野。作为景观研究的现象学"文化转向"代表，提出人本主义地理学（Humanistic Geography）的华裔美国地理学家段义孚（Yi-Fu Tuan）将其研究主要论题之一定为"从纯空间向……某种强烈的人文地方"转换（Kobayashi，1989）。这种"地方"被段义孚提炼作"地方感"（topophilia）（TUAN，1976），用以理解个人或群体及其居住区域之间的情感纽带。

由此，文化转向视野下的景观研究，不再局限于对景观的客观特征、变迁规律的探求，景观研究的新主旨聚焦于景观所属人类群体的地方情感价值、具体景观文化意义的解释。景观研究主旨的发展需要打破既有经验主义和实证主义的藩篱，探究新的学术范式。

英国学者普林斯（Hugh C. Prince）提出了地理研究获取知识的三个途径及其知识属性：获取自实在世界（real world）的实在知识、获取自抽象世界（abstract world）的抽象知识、获取自知觉世界（imagined world）的知觉知识（PRINCE，1971）。日本学者菊地利夫进一步发展了这一认知，并进一步阐释为"实在知识是关于历史地理现象具体的特征性知识，抽象知识则是关于历史地理现象的普遍性、规律性知识。无论是实在知识，还是抽象知识，都是由外部考察历史地理现象，或者单纯强调事物的特征性侧面，或者单纯强调事物的规律性侧面"。"无论是实在知识，还是抽象知识，当询及过去的人们基于怎样的认识而组构过去的地理时，这些由外部考察所得的知识都无法回答。因此，有必要从内部考察组构过去地理的人类集团的动机、意志决定、环境评价等，历史地理学必须通过过去具体时代的人们的眼睛，来评价当时的环境、资源及文化条件，研究他们如何组构过去的地理。"（菊地利夫，2014：97）菊地利夫进一步评价。20 世纪中叶以来，第三种"知觉知识"的快速发展正是历史地理学的学科的新代表性成果。

回顾景观研究主旨的发展，19 世纪初期刚刚进入地理学视野中的景观研究，乃基于经验主义，对景观的视觉表象的物质实在进行客观摹写描述，产生的知识是"实在知识"；19 世纪中后期至 20 世纪中期，"人与环境关系"和"文化史"视野下对于文化景观的研究，乃基于实证主义，对推动自然景观向文化景观转变过程的文化结构、文化特征、形成过程等所进行的抽象性规律研究，产生的知识是"抽象知识"；20 世纪 70 年代以来，以景观蕴含的地方情感与地方价值为主旨的研究，基于人本主义，对景观文化意义不再单纯追求解释，而更强调"他者眼光"的理解，由此产生的知识是"知觉知识"（perception）。

当今，前两种研究范式仍常见于空间学科之中。然而，对于理解景观情感价值的"知觉性"研究，却方兴未艾。

（2）以"知觉知识"为主旨的景观研究

研究"景观"的知觉知识，需要建立对"景观"本质的新认知。景观中的自然与人文环境作为一种存在，其物质实在或其特性、规律并不能解释其文化意义，需要且仅能通过建构其文化意义的具体人类群体的视野，方能阐述作为结果的景观的具体文化意义。以"解释景观的文化意义"为研究主旨时，建立在经验主义、实证主义基础上的景观实在知识、抽象知识不再重要，重要的是获取存在于具体族群情感、文化映射中的知觉世界的知觉知识；此时，有必要从建构此景观文化内涵、赋予其情感价值的人类集体内部（即以"他者眼光"）出发，考察其映射至景观空间之上的情感、精神信仰等文化动机，此方法为"理解性方法"（verstehen methode）（菊地利夫，2014：98）。

以探求"知觉知识"为主旨的景观研究，"景观不再是表面和外在的，而是人类集团表达意识、创造和认同的重要手段""（景观）一旦呈现符号意义，遂成为形塑人们的文化母体（matrixes），给予人们生活上的意义"（Claval，2015：323）。景观的本质应被视为一种文化现象，其本质是具体族群文化在具体空间中的映射。

作为文化现象的"景观"处于一种永恒的变化状态，为了理解景观的物质实在和文化之间的映射关系，必须在具体时间的变化中进行研究，而不能把它们看作时间尺度上的静态现象。

对作为文化现象的景观的研究，"它（景观）不容易受实证主义的影响，因为它不是能够'从外部'研究的东西。景观是由人们根据他们想象的与自然的关系、他们的社会角色以及他们对他人与自然间联系的解释，来创造和解释的"（Johnston，1986：142），其方法论应当借鉴存在主义现象学的方法，"只有我们不去企图把事物硬塞进我们为其制造的观念的框架中去时，它才能向我们显现自己"。由此，解析作为文化现象的景观的文化意义，不能通过景观的外在表象描述，也不能通过抽象的景观特性及其规律的研究获得，而只能回到建构其文化意义的群体本身。这也是景观研究借鉴人类学方法，应用"景观人类学"的方法论基础。

3."空间转向"的人类学与景观人类学旨趣

（1）人类学研究的视野与空间转向

作为相关学科，人类学研究主旨的转换与上述"景观"研究具有极高的同步性和相关性。

19世纪中叶，由"博物学"广泛研究领域细分而构建的现代地理学、地质学、生物学、考古学学科的发展支撑了对于人类发展规律的研究，特别是《物种起源》发表后，泰勒、摩尔根等最早的一批文化人类学家认为人类社会发展与自然界类似，有着内在的客观规律，从而为人类社会的抽象研究提供了先验主义的理论支撑。这一时期的人类学家与早期将景观作为"地志"研究的地理学家类似，将自己的研究建立在环境决定论的基础之上，发展出了文化进化论与文化传播论学说，认为人类进化、文化传播是适应环境的结果。这一时期，空间是人类学研究的重要客体。

19世纪末至20世纪50年代，与景观的文化史学派几乎同时，文化人类学进入第二阶段——历史主义时期（绫部恒雄，1988：75），环境决定论受到新学者的批判，建立了以美国博厄斯（Franz Boas）为首的、以文化相对主义为宗旨的文化史学派。同时期，马林诺夫斯基（Bronislaw Kaspar Malinowski）将社会与文化视为有机统一体，其研究视角专注于文化要素在有机体中的功能联系，建立了文化人类学的功能主义；列维-施特劳斯以探究文化群体结构中各要素间关系，并进一步将其抽象为结构性体系，发展了20世纪30年代的荷兰结构主义学派（莱顿学派）的研究。这一时期，人类群体的文化本身成为人类学的研究核心，环境（空间）作为人类学研究的客体进一步消弭。

20世纪五六十年代，以"理解"固有社会的世界观、解释文化现象的文化意义为研究目标的人类学借鉴符号学、象征论、行为学等方法，建立的象征人类学、认识人类学、解释人类学等理论体系，"空间"作为特定行为与现象存在的载体，被人类学家作为研究主体的背景重新拾起。

20世纪70年代，现象学被人类学家引入研究视野，梅洛·庞蒂（Maurice Merleau-Ponty）、阿尔弗雷德·舒茨（Alfred Schutz）等发展了胡塞尔（Edmund Gustav Albrecht Husserl）的现象学，将人类群体"间接性主观"构成的意义世界（阿尔弗雷德·舒茨称之为"生活世界"）作为研究的主题，将其作为在"一次性构筑物"的现实基础上所创立的理念性构筑物，即"二次性构筑物"，以存在主义的视角予以客观研究。作为

"生活世界"之一的"意义化空间"具备了作为研究主体进入人类学研究核心范畴的理论基础。1989年6月,英国的人类学家在伦敦政治经济学院召开了一场以"景观人类学"为主题的学术研讨会,以此为发端,景观人类学作为人类学和地理学的交叉研究领域,正式进入学术研究视野,这也标志着在人类学研究中,主旨从"文化"向"空间"正式转向,空间意义的解析成为"景观人类学"研究的核心主旨。

(2)景观人类学的旨趣

近年来,随着文化景观遗产保护实践和理论探索、"景观人类学"专题发刊(《风景园林》2021年3月刊)、首届跨学科景观研究工作坊(2023年6月)等学术交流活动的展开,国内人类学、风景园林、景观规划、遗产保护、人文地理等学科的跨学科学术共同体正在逐渐形成。研究者正尝试打破传统学科边界的限制,从多学科中汲取养分,不断凝练共同的学术问题意识和学术话语,并逐渐形成一定程度的学术共识。这体现了"景观"作为一种跨学科研究对象的独特魅力,也展现了景观人类学研究所具有的广阔前景。

以《景观人类学》的译介为契机,我们可以对景观人类学的旨趣进行以下几个方面的总结:

第一,景观人类学将景观视为本体论与方法论,使得以人为中心的人类学研究视角转向人及其所处场所与空间之间的关系。景观人类学或人类学的景观研究,重心不在于建立一门人类学的分支学科,而在于将"景观"从人类学的文化图谱中凸显出来,确立"景观"本身所具有的本体论和方法论意义,由此拓展人类学研究议题的纵深度,深化人类学对于人自身、人与其所处世界之关系的理解。

第二,景观人类学对景观的重新理解,可作为西方中心主义人类学观的反思之镜鉴。一直以来,西方思想中的景观传统是以视觉为中心的,这种视觉中心主义的景观传统在20世纪80年代之后受到来自西方人类学内部的挑战。他们意识到，走出景观的视觉中心主义，体现了人类学自身的反思精神，是对人类学的西方中心主义的反思与调整。

第三，景观人类学可能召唤一种新的民族志形式，即景观志。自马林诺夫斯基开创科学民族志的规范之后，民族志一直被视为人类学知识生产的重要途径和文本形态。20世纪90年代，多点民族志的兴起呼应了人类学面临的全球化挑战，一改传统民族志的单点、固定与封闭，使跨越时间与空间的民族志成为可能。而聚焦于场所与空间的景观人类学的知识生产，无疑将面临更为复杂的对象。例如，从单一空间转向复合空间，空间内部所具有的多重叠加属性（多维度的感知/认同/权力等）构成了单一空间自身的折叠；从无时间感的空间到时间中的空间，在时间进程（即空间的时间化）中去理解空间的生成性与流变，理解景观的结构过程；从地域空间到跨地域空间，如民族走廊、文化圈、仪式与信仰空间、市场网络与贸易空间等；从固定空间到流动空间，如流域空间、线路空间、全球的生产与消费空间、移民与流动带来的各种空间样态（错位的空间、缺失的空间、模糊的空间等）。由此，多向度的空间将召唤新的知识生产途径与文本形态，即景观志。

第四，景观人类学研究让人类学更好地触及当代人类存在的真实境况。在全球化时代，人类的流动性达到史无前例的强度。几乎每一个角落的人都被卷入全球化流动的旋涡，具有主动或被动流动的可能。在这样的境遇之下，人与地方之间的疏离感和依恋感同时达到一种悖论化的高度。我们在不停地流离失所，与此同时，也在不停地渴望建立自身与地方之间的情感关联，即家园感。这样一种存在体验，是多数当代人的真实境遇，是人类学必须面对和处理的新议题，而"景观"无疑是切入这个议题的绝佳方式——毕竟我们的存在是身居大地的存在，我们在大地上流浪、居无定所或深深扎根。

第五，景观人类学的景观实践不仅仅关乎学术操练本身，更关乎研究者与研究对象之间所达成的身、心、灵的共通与体悟。景观人类学的学术操练是一种超越纯粹学术操练本身的生命实践，研究者可以将自身的身体感受、心灵感知和灵魂感悟带入研究对象之中，并产生一种研究主体与研究客体之间的共情、共鸣与交融。景观人类学关乎作为学科的人类学，更关乎作为人的研究者本身——它让每个研究者在研究之中不断拓展自身的边界。

第六，景观人类学研究为中国人类学的本土话语与理论建构提供可能，成为本土人类学思想诞生之可能渊薮。中国传统文化具有悠久的山水观念以及一整套时空宇宙图式。在这样的思想文化传统中，人居天地之间，"天—地—人"构成一个具有内在关联性的文化整体系统和宇宙图式。对于中国本土人类学来说，重新将人置于这一思想的传统和思维的框架之中，是重返中国思想整体性的努力，也是中国人类学本土化发展的可能思想源泉。

在以上景观研究主旨交叉转向和国内景观人类学初步探索的背景下，包括我们两位译者在内的许多空间和社会人类学学者，不约而同地开始尝试将研究聚焦到作为自然和文化互耦建构过程的景观之上，特别是希望能够共同探索作为学科交叉领域的景观人类学。2020年年末，包括我们两位译者在内的从事空间和文化跨学科研究学者，因讨论《风景园林》期刊"景观人类学"专题的组稿工作而发起了一次交流讨论会。会上我们决定，将译介《景观人类学》这本书作为推动景观跨学科研究的主要工作之一。2021年6月，欣闻这本书列入了清华大学出版社组织翻译出版的建筑人类学系列图书计划，在系列图书主编黄华青、李耕两位老师的推荐下，我们开始了具体的翻译工作。

翻译这本书不仅是语言转换的任务，更是一次跨越文化和学科的学术旅程。《景观人类学》集合了来自不同文化背景的学者的研究，每一篇文章都提供了独特的视角来探讨景观在人类社会中的意义。作为译者，我们必须确保这些独特的视角在中文语境中同样清晰和有力。在翻译过程中，我们首先面临的挑战便是处理专业术语。人类学和文化研究领域有其特定的术语和概念，而部分术语在中文中没有直接对应的词汇。我们需要确保这些术语的翻译准确传达了原文的意义，同时对中文读者来说又是可理解的。为此，我们在翻译的同时，有意保留了一定量的特定学术语言的英文原文，我们理解如此处理将在一定程度上影响译后语言的连贯性，但经过与编辑的审慎讨论，觉得如此将有利于关键学术概念的进一步研究和传播。翻译过程中的第二个挑战是传达原文的语境和文化细节。书中讨论的景观往往与特定的地理、历史和社会背景紧密相关。在翻译时，我们努力保留这些细节，同时也添加了必要的注释，以期帮助中文读者更好地理解这些文化背景。需要专门说明的是，本书英文版由牛津大学出版社于 1995 年首次出版，距今已近 30 年。牛津大学出版社已无法提供书中图片的原始版本，只能提供图书扫描版本中的图片。这也是清华大学出版社和我们译者努力争取解决的一个重要问题。我们联系了原书主编并通过主编联系作者，试图寻找这些图片，但由于原图为胶片拍摄，且部分章节作者已经过世，找到原始图片已经希望渺茫。因此，在编辑付梓的最后阶段，清华大学出版社和我们曾多次讨论是否保留这些图片。在联络解决图片问题的过程中，不论是原书主编埃里克·赫希教授，还是我们译者，都认为从本书所讨论的景观人类学的主题出发，中文译版保留原书图片对于完整理解书中内容是十分必要的。最终，通过和清华大学出版社充分说明和沟通，在清晰度留有缺憾的情况下，仍保留了原书中所有图片。

在本书译校过程中，我们与原书主编埃里克·赫希教授进行了多次沟通。赫希教授在电子邮件中表达了对本书能够译为中文，从而将景观人类学领域推介给中文读者的期待。在我们译者和清华大学出版社向赫希教授发出撰写中文版序言的邀约时，他也欣然接受。在近万字的中文版序言中，赫希教授回顾了 1989 年 6 月第一次景观人类学会议，以及此后本书各章节结集出版的学术源起，讨论了本书出版 30 年以来景观人类学研究领域和视野的进一步拓展，并展望了景观人类学研究与当代社会中全球化、生态、环境变化等议题的衔接。赫希教授对书中 12 位作者的开创性研究成果进行了逐篇分析，特别是以自身在景观人类学领域的深耕积累，综述了 10 个章节研究成果对之后相关领域研究的影响，以翔实的学术成果与研究进展证明了确如本书约 30 年前序言中的预言——"'景观人类学'这一主题的时代已经到来。"在与赫希教授通过电子邮件沟通、邀约中文版序言的过程中，我们充分感受到了他作为景观人类学领域发端的首倡者，30 年来孜孜不倦地致力于学术共同体建立的热忱和动力。这对我们译者来说也是鞭策和激励，提醒我们作为研究者应不仅醉心于自己的学术领域，更需要以广阔胸怀贡献于知识共同体、学术共同体的网络构建，促进知识的批判性共享。

我们想强调的是，翻译这本书是一次充满挑战和收获的经历。我们尽力保持原著的学术严谨性和可读性，同时也希望中文版本能激发中文读者对景观人类学这一领域的兴趣，能够让中文读者更深入地理解书中的学术讨论，并欣赏到景观在不同文化中的多样性和复杂性。包括本书在内，后续即将出版的建筑人类学系列丛书，将进一步推动空间与社会文化研究交叉领域学术共同体的建立，我们两位译者非常荣幸能够参与到这一过程之中。囿于视野和能力，书中应仍留下了不少错漏之处，恳请广大学术同仁和读者不吝批评指正。在翻译过程中，我们本着尊重作者原意的想法，尽量呈现了原文内容。本书的 10 章内容写作于 20 世纪 80 年代末，经赫希等编撰成书于 1995 年，经过 30 年的时间沉淀，这些学者对各民族景观文化的分析因其对"景观人类学"领域的学术敏锐性而愈加具有价值。同时，大家也应审视人类学家自身能动性对其所书写民族志的影响，正如英国人类学家帕洛玛、胡安在著作《民族志阅读指南》（How to read ethnography）中提到的"民族志文本作者的身份来自田野和'在家'的各种关系"（Paloma et al., 2023：214），作者们在对其书写文本控制过程中扮演的是民族志知识的叙述者和过滤器。对此，作为译者，我们需要提醒广大读者在阅读过程中保有批判性的视野。

最后，我们想感谢丛书主编黄华青、李耕两位老师和清华大学出版社。黄老师和李老师作为国内建筑人类学跨学科研究的积极贡献者，不仅自身在空间和社会文化研究领域具有扎实的学术积累和丰厚的学术成果，同时也通过组织协调年度的建筑人类学论坛，以及筹备如本系列建筑人类学丛书工作，推动了空间与社会文化研究学术共同体的建立。感谢清华大学出版社诸位负责原始版权引进、译稿审读、排版设计、校对、出版发行等环节的老师，有赖于你们专业、高效的工作，才使本书得以最终呈现在读者面前。特别感谢清华大学出版社的张阳、冯乐两位编辑老师，其中冯乐老师负责本书的选题论证、合同签订及原始书稿准备等前期工作，张阳老师负责本书具体翻译环节中的体例订正、审读等后续多项工作。审校过程中，张阳老师始终以饱满和持久的热情与我们反复沟通译稿中需要修正的词句和图片，张老师的敬业专注精神是督促我们高质量完成这本译著的重要动力。在三年多的初译、初校、初审、复审、终审工作中，很多老师作为本书译稿的最初读者，提出了宝贵的修订意见，这里面也包括我们两位译者的研究生王智春、胡嘉慧、陈晨和王一汀。她们仔细阅读了本书译出的第一稿，以普通读者视角提出对书稿阅读的直观感受，诸如专业术语、研究背景和过长语句等初稿中的问题，在此，我们一并致以最由衷的感谢。

徐 桐 周丹丹

2024 年 4 月 24 日

参考文献

河合洋尚，2015. 景观人类学的动向和视野 [J]. 广西民族大学学报：哲学社会科学版（37）：59.

菊地利夫，2014. 历史地理学的理论与方法 [M]. 辛德勇，译. 西安：陕西师范大学出版总社有限公司：31-98.

克拉瓦尔，2015. 地理学思想史 [M]. 郑胜华，刘德美，刘清华，等，译. 4版. 北京：北京大学出版社：38-311.

林广思，2006. 景观词义的演变与辨析（2）[J]. 中国园林，22（7）：21-25.

绫部恒雄，1988. 文化人类学的十五种理论 [M]. 周星，等，译. 贵阳：贵州人民出版社：75.

马丁，2008. 所有可能的世界：地理学思想史 [M]. 成一农，王雪梅，译. 上海：上海人民出版社：215-221.

辻村太郎，1936. 景观地理学 [M]. 曹沉思，译. 北京：商务印书馆：3-6.

王绍增，2005. 园林、景观与中国风景园林的未来 [J]. 中国园林（3）：24-27.

肖笃宁，1999. 论现代景观科学的形成与发展 [J]. 地理科学（4）：379-384.

徐桐，2021. 景观研究的文化转向与景观人类学 [J]. 风景园林，28（3）：10-15.

张海，2010. 景观考古学：理论、方法与实践 [J]. 南方文物（4）：8-17.

周丹丹，2021. 景观人类学的旨趣 [N]. 中国社会科学报，2021-04-07（5）.

JACKSON J B, 1984. Discovering the vernacular landscape[M]. New Haven: Yale University press: 5.

JOHNSTON R J, GREGORY D, SMITH D M, 1994. The Dictionary of human geography[M]. 3rd edition. Oxford: Blackwell publishers Ltd: 133-367.

OLWIG K, 1996. Recovering the substantive nature of landscape[J]. Annals of the Association of American Geographers, 86(4): 630-653.

NAVEH Z, LIEBERMAN A S, 1984. Landscape ecology: theory and application[M]. New York: Springer Verlag: 13.

LEIGHLY J, 1963. Land and life: selections from the writings of Carl Ortwin Sauer[M]. Berkeley: University of California Press: 315-350.

HOSKINS W G, 1955. The making of the English landscape[M]. Hachette: Hodder & Stoughton: 14.

COSGROVE D E, 1984. Social formation and symbolic landscape[M]. Madison: The University of Wisconsin Press: 1.

SAMUEL S M, 1979. The biography of landscape: cause and culpability[M]// MEINIG D. The interpretation of ordinary landscapes. New York: Oxford University Press.

KOBAYASHI A, 1989. Critique of dialectical landscape[M]//KOBAYASHI A, MACKENZIE S. Remaking human geography. London: Unwin Hyman: 164-185.

TUAN Y F, 1976. Humanistic geography[J]. Annals of the Association of American Geographers, 66(2): 266-276.

TUAN Y F, 1975. Topophilia: a study of environmental perception, attitudes and values[M]. New York: Columbia University Press.

JOHNSTON R J, 1986. Philosophy and human geography[M]. 2nd edition. London: Edward Arnold (Publishers) Ltd. : 142.

PRINCE H C, 1971. Real, imagined and abstract worlds of the past[J]. Progress in Human Geography (3): 1-86.

本书主编简介

埃里克·赫希（Eric Hirsch），英国布鲁内尔大学商业、艺术与社会学系的人类学教授，长期关注巴布亚新几内亚和美拉尼西亚的民族志和历史，重点研究历史性、景观、权力和财产关系等问题，对传统历史观念之外的宇宙观（神话和仪式）与地方历史经验之间的关系尤其感兴趣，探讨如何阐述包含多种历史的多样世界之间的关系。埃里克·赫希教授在巴布亚高原的最初研究对象是富尤格人，他考察了他们对景观、神话、权力和仪式的看法及其相互联系。在这项工作的基础上，赫希之后又对富尤格人受殖民政府和传教士的影响进行了历史研究，后来的研究重点是当地矿山对富尤格人土地所有权和文化财产观念的影响。著有《殖民单元与仪式单元：巴布亚高原人视野的历史变迁》（1999年）、《巴布亚高原祖灵存在的宇宙论与历史经验》（2021年）；合著《人类学的艺术：论文和图表》（1999年）、《组织内部：工作中的人类学家》（2001年）、《交易与创造：美拉尼西亚人的财产守护与刺激》（2004年）、《生育技术：辅助受孕时代的亲属关系》（2005年）、《知道如何知道：田野工作与民族学的当下》（2008年）、《美拉尼西亚人的世界》（2019年）、《顺从：妥协下的文化与网络》（2021年）、《顺从：适应下的文化与网络》（2023年）。

迈克尔·奥汉隆（Michael O'hanlon），英国国家博物馆民族志部的原助理馆长，1998年起任牛津大学皮特·里弗斯博物馆馆长、人类学学院联合院长，2015年荣休。研究方向是视觉人类学、物化和新几内亚民族志，曾在巴布亚新几内亚高原地区与瓦吉人区域进行过长期的实地考察。著有《理解肤色：瓦吉人的装饰、展示和社会》（1989年）、《天堂：描绘新几内亚高地》（1993年）和《皮特·里弗斯博物馆：内部世界》（2014年），合编《景观人类学》（1995年）、《狩猎采集者》（2000年）和《身体艺术与现代性》（2007年）。

译者简介

徐桐，北京林业大学园林学院副教授，东京大学博士、清华大学博士后。研究领域为文化景观与城乡遗产保护、文化遗产思辨性、景观人类学。出版专著《迈向文化性保护：遗产地的场所精神与社区角色》，合著《中国世界文化遗产 30 年》《中国文物古迹保护思想史研究文集》《世界遗产委员会大会年度观察报告》等。

周丹丹，中国农业大学社会学与人类学系副教授，清华大学博士。研究领域为乡村人类学、景观人类学、农业文化遗产及历史人类学。出版专著《风景的商品化与民间社会的自我保护：肇兴侗寨个案》，合著《费孝通与中国历史社会学》。